Diogenes Taschenbuch 20500

de
te
be

Das Simenon Lesebuch

Herausgegeben von Daniel Keel

Diogenes

Nachweise am Schluß der einzelnen Beiträge

Zweite, erweiterte und verbesserte Auflage, 1988

60/88/36/2
ISBN 3 257 20500 7

»Ich lese gerne Romane von Simenon.
Sie erinnern mich an Čechov.«

William Faulkner

Inhalt

François Bondy

Über Georges Simenon

»In Wirklichkeit leben und lebten wir viel weniger, als wir das meinen. Ich glaube, daß bei den meisten Individuen eine kleine Zahl von Gipfelpunkten, von bewegenden oder farbigen Augenblicken ihre Existenz zusammenfaßt – eine so kleine Zahl, daß man am Ende gerade so viel hat, wie in die hohle Hand geht.«

Das diktierte Georges Simenon am 22. Juli 1975, und wir lesen es im 1977 französisch erschienenen Band seiner Tagebücher *Un banc au soleil**. Was ist der Anlaß dieser selbstkritischen Betrachtung? Immerhin ist das, von früheren autobiographischen Schriften ganz abgesehen, der neunte Memoirenband, den dieser Autor vorlegt. Simenon hatte eine Reihe von Erinnerungswerken gelesen, deren Autoren – Politiker, Schauspieler, Chansonniers – er gut gekannt hat; mit Enttäuschung findet er darin nur jene Geschichten, die sie ihm mindestens vierzigmal erzählt hatten und die sie nun, wo sie an die achtzig sind, mit dem gleichen Augenzwinkern und der gleichen Betonung wiederum zum besten geben. »Das beunruhigt mich« – schreibt Simenon – »hinsichtlich meiner eigenen fast täglichen Diktate.«

Und in der Tat, wenn wir vom ersten zu den »Memoiren« gerechneten schmalen Buch *Lettre à ma mère* absehen – ein Meisterwerk und zum Verständnis Simenons unentbehrlich –, so sind diese Aufzeichnungen zwar gewinnend unprätentiös, aber gar sehr ausführlich. Simenon findet alles, was ihm Tag für Tag widerfährt, mitteilens- und sogar wiederholenswert. Gewiß, jeder einzelne Band kann auf einen Sitz gelesen werden; diese Kürze macht die Ausführlichkeit wett.

Simenon hat Hunderte von Büchern geschrieben, er hat

* Die Titel werden im folgenden auf französisch zitiert. Die deutschen Titel der bisher bei Diogenes erschienenen Simenon-Edition [Stand: September 1988] finden Sie im Anhang (Seite 354).

Tausende – er sagt sogar: Zehntausende – von Frauen »besessen«, wobei er dieses Wort allerdings in Anführungszeichen schreibt. Er hat an Bord seiner Schiffe oder in Arizona und in vielen anderen Gegenden Jahre verbracht – also was man ein erfülltes Leben, eine Vita activa nennen darf. Sein Leben ist reicher, vielschichtiger als dasjenige aller seiner Gestalten, mit Ausnahme des wandlungsfähigen Maigret, des Kommissars, der ihn durch vierzig Jahre als sein Held und Alter ego begleitet hat; um so mehr muß man sich fragen, warum jeder einzelne der Romane spannender und bewegender ist als der Bericht über das eigene Leben – soweit es nicht um die Kindheit, die Jugend geht, über deren Nöte und Demütigungen Simenon nie hinweggekommen ist und ohne die er alle jene durch Erniedrigung, durch Verletzung ihrer Würde geprägten Gestalten seiner Phantasie nicht geschaffen hätte.

Auch die Romane sind meist handlungsarm; ihr Rahmen, ihre Themen sind Alltag. Zunächst ist alles banal, vertraut, gewohnt. Kommissar Maigret, treuliebender Gatte einer schweigsamen, vorzüglich kochenden Frau – ein Simenon-Fan hat ein Buch über die Rezepte der Madame Maigret veröffentlicht –, ist allerdings nicht realistisch. Er leistet sich Übergriffe, die auch in Frankreich nicht geduldet würden, macht in seinen Ermittlungen grobe Fehler, vernachlässigt wichtige Spuren, verzichtet darauf, entscheidende Zeugen zu verhören, dafür saugt er sich wie ein Schwamm voll von der Atmosphäre; aus deren Nebel verdichtet sich schließlich die Erkenntnis, wer der Täter war, als ein innerliches von Sympathie durchdrungenes Verstehen, das keinen Raum für eine moralische Verurteilung läßt, ja der Kommissar entzieht zuweilen den Schuldigen dem Gericht und behält seine Erkenntnisse für sich.

Es unterscheidet die Romane von den späteren Memoiren, daß sie den Leser nicht in eine einfache, sondern in eine doppelte Welt einführen. Alles Vertraute befremdet plötzlich den Betroffenen – jeder Roman hat immer eine einzige zentrale Figur, und die sogenannten Psychos haben oft die Form eines Bekenntnisses. Einer meinte, Kommunikation mit der Umgebung oder den ihm Nächsten zu haben, und spürt auf einmal, daß er sich mit keinem Menschen versteht – auch sich selber nicht versteht. Auf einmal wird alles sonderbar. Das führt zu extremem Verhalten, Flucht, Versuch, die eigene Identität abzuschütteln, Verbrechen, Selbstmord – und dieses Verhalten eines in Extremsituationen getriebenen Menschen wird zu seiner zweiten Normalität, in der er seine Wahrheit erfährt. Es beginnt also mit einer Selbstverständlichkeit und führt zu einer anderen Selbstverständlichkeit – zum Beispiel die Verwirklichung eines Vatergefühls wie in *L'horloger d'Everton* oder die Entdeckung des Nichtdazugehörens, wie sie der russisch-jüdische Antiquar in einer Kleinstadt in *Le petit homme d'Archangelsk* macht, der sich mit seiner Umgebung völlig identisch fühlt und nach dem Verschwinden seiner verhurten Frau von allen für den Mörder gehalten wird, dann die Beweise seiner Unschuld nicht zur Geltung bringt, sondern sich erhängt.

Es kommt aber auch vor, daß diese Flucht aus dem bisherigen Leben, diese Ausstoßung nicht ein neues Verhältnis zur eigenen Existenz herbeiführt; es geht zurück zum Ausgangspunkt, wie im Roman mit dem ironischen Titel *Une vie comme neuve*. Die Normalität war auf einmal unerträglich, die Veränderung war aber auch keine Verwandlung, sondern eine Illusion. Oft bietet die letzte Seite des Romans eine Überraschung. Zum Beispiel in *L'homme au petit chien*, ein Roman, von dem Alfred Andersch gesagt hat, er allein genüge für den Ruhm eines Autors. Der Ich-Erzähler hat den Liebhaber seiner Frau erschossen, das Gericht versteht die Kränkung, die Eifersucht und urteilt milde. Uns Lesern aber beichtet dieser Erzähler, er habe für eine ganz andere Demütigung Rache genommen, weil er damit nicht leben konnte. Ohnehin ist die Tragödie der Mißachtung, der beleidigten Würde das häufigste unter den an Zahl beschränkten Motiven, mit denen Simenon arbeitet – die er vielmehr aus der eigenen Substanz schöpft. Wenn Simenon nach Gogol, den er am höchsten stellt, und neben Čechov, Dostojewskij verehrt, so ist es gewiß vor allem der Autor von *Die Erniedrigten und Beleidigten*.

Auch die späten Memoiren sind allerdings nicht ohne Drama. Da ist die heftige und dauernde Bindung an Teresa, die Italienerin, die eine Angestellte seiner Frau war – vom Verleger Mondadori eingeführt – und die Simenon einmal plötzlich und wortlos »nahm«, als sie über einen Tisch gebeugt arbeitete.

Daraus wurde eine tiefe Liebe, es kam zur Scheidung, und die Angst vor allem, was die seither ständig prozessierende geschiedene Gattin Denise nach seinem Tode noch an Unheil stiften könnte, untergräbt das Behagen dieses gesicherten Lebensabends. Doch sind die Memoiren oft anekdotisch, voll von Betrachtungen, in denen Originalität zwar nie gesucht, aber auch nie erreicht wird. Ereignislosigkeit ist kein Kriterium – sie kennzeichnet viele berühmte Tagebücher. Es geht um etwas anderes. Die Aufzeichnungen eines Dostojewskij würden auch den Leser ergreifen, der nichts von den Romanen des Russen wüßte. Diese Notate Simenons hingegen sind nur für Leser interessant, die ohnehin seine Fans sind und die den Proteus in Hunderten von Gestalten endlich in seiner »eigentlichen Gestalt« fassen möchten. Doch ist jede der erfundenen Gestalten packender gegenwärtig als der Gestalter – soweit es sich nicht um die Kindheit, die Jugend handelt; da bleibt der stark autobiographische und umfangreiche Roman *Pedigree* zum Verständnis des Menschen wie aller Motive des Werks unentbehrlich; hier haben wir die Kindheit in Lüttich, die Mutter, die flämisch und deutsch spricht und von der Armut geprägt und verformt bleibt.

Die Romane enthüllen Komplexe, Nöte, Träume. Es geht nie um einen zu lösenden Fall, immer um ein zu erhellendes Schicksal; treffend ist bemerkt worden, daß Simenons Gestalten trotz der kargen, an Vokabular bewußt eingeschränkten, dennoch dichterischen Sprache ein Innenleben haben, das sie geheimhalten und ummauern.

Simenon, der so viele Frauen genommen hat, ist kein Romancier der Frauen. Die vertreten die Häuslichkeit, die Konvention im guten wie im schrecklichen Sinn oder aber die sexuelle Bereitschaft in sehr direkter Form. Ein Kenner hat alle Romane Simenons aufgezählt, in denen wir von Frauen und Mädchen erfahren, daß sie keinen Schlüpfer tragen, damit es einfacher sei. Die eine Person, um die jeder Roman kreist, ist fast immer ein Mann. Was ihm widerfährt, hat jeweils mit dem ungewollten Übergang von Ritus und Routine zu Schicksal zu tun, das – es sei wiederholt – auch bei Verbrechen nicht als Schuld wirkt, denn Simenon selber verurteilt nie.

Die Dichte der Romane ist mit ihrer Kürze verbunden –

ohne Pause in Tagen, höchstens Wochen geschrieben, dazu bestimmt, ohne Unterbrechung gelesen zu werden. Diese Stärke ist aber auch eine Grenze. Die Weltliteratur bietet »große Romane«, in denen wir in ein dichtes Geflecht von Beziehungen gezogen werden und die beim fünftenmal spannender sind als beim ersten. Romane, die eine bestimmte Situation zu ihrer extremen Konsequenz führen und dann oft in einer Pointe enden, können nicht in dieser Weise lang und tief wirken. Die Kürze wird zur Verkürzung, wir lebten uns eben noch in ein Schicksal ein, und durch das Prestissimo des jähen Endes wird es zu einem Mechanismus – überraschend, aber nur für einmal.

Es gibt Romane Georges Simenons, für die dieser Vorbehalt – genauer gesagt: diese Definition – nicht gilt; manche davon nennt André Gide in den Briefen an Simenon: *La Marie du port, Le testament Donadieu* gehören dazu, mindestens ein Dutzend mehr. Nur darf die quantitative Produktion, auch wenn sie staunens- und sogar bewundernswert ist, nicht mit literarischer Schöpferkraft verwechselt werden.

Um die Erkenntnis, daß Georges Simenon, der weltberühmte Volks- und Erfolgsautor, ein hervorragender Schriftsteller ist, dessen Romanwelt einen ganzen Kosmos bildet, muß längst nicht mehr gerungen werden. Der Memoirenschreiber Simenon gehört bereits selber zur Nachwelt des Romanciers, der er nicht mehr ist. Auch wir sind in diesem Sinn Nachwelt des Romanciers, weshalb wir uns differenzierend seiner Eigenart und seiner Grenze bewußt sein dürfen. Georges Simenon ist oft ein »Groß-Schriftsteller«, unter dessen Romanen sich etliche Varianten und Dubletten finden. Daneben jedoch bleibt er immer noch ein großer, in seinen besten Romanen sehr großer Erzähler und Sprachkünstler, dessen Meisterschaft so unbestreitbar ist wie seine Modernität.

Über Georges Simenon erschien erstmals unter dem Titel *Groß-Schriftsteller Simenon* in den ›Schweizer Monatsheften‹, 58. Jahr, Heft 5, Mai 1978. Abdruck mit freundlicher Genehmigung des Autors.

Drei Erzählungen

Der Arzt von Kirkenes

Man kann nicht gleichzeitig in seiner eigenen und in der Haut eines anderen stecken; und auch nicht, wenn man sich mit jemandem streitet, die Dinge so sehen, wie man sie selbst sieht und wie der andere sie sieht; andernfalls würde man sich bestimmt nicht mehr streiten. Dr. Joachim Troms hatte an jenem wie an den anderen Tagen bereits genug Sorgen mit Dr. Joachim Troms, und was Anders Solstad betraf, den man meistens Stor-Anders nannte, was soviel bedeutet wie der große Anders, wer hätte sich an seiner Stelle so bemüht, Entschuldigungen für die Bösartigkeit der Menschen zu finden?

Es war nicht einmal drei Stunden Tag gewesen. Tag und nicht etwa sonnig, denn der Himmel hatte sich darauf beschränkt, die Farbe von Schnee anzunehmen, der zu schmelzen beginnt und der diese gelblichen Reflexe zeigt, die an Krankheit denken lassen.

Es war Dezember, und auf den Straßen von Oslo, von Bergen und allen Städten mußten die Frauen ihre Kinder von Schaufenster zu Schaufenster ziehen, vom hellen Glanz einer Auslage zum hellen Glanz einer anderen, um die Berge von Spielzeugen zu betrachten, von nützlichen Geschenken oder Sachen, die man essen konnte, das Ganze mit Tannen- und Stechpalmenzweigen geschmückt, mit ausgeschnittenen Papiersternen, mit Schneeflocken aus Watte und glitzernden, fast unwirklichen Girlanden, wie man sie nur vor Weihnachten sieht.

Der Arzt dachte vielleicht an das. Vielleicht dachte er nicht daran. Man konnte es nicht wissen, da er sozusagen nie sprach, und als Berner Kalvaag, der Bergwerksdirektor, der einzige, der ein richtiges Haus in Kirkenes hatte, eine Frau, Kinder und einen Salon, in dem abends Klavier gespielt wurde, als Berner Kalvaag ihn eingeladen hatte, da hatte er abgelehnt und versichert, er sei ein alter Bär.

Wie hatte Troms diesen Tag verbracht? Bestimmt wie die

anderen Tage. Er hatte in den großen Fayenceöfen Feuer entfacht. Einer von ihnen stand im Behandlungsraum, links vom Flur; dann ein grüner mit figürlichen Darstellungen gegenüber in der Apotheke; ferner ein sehr breiter, milchig weißer in dem Hinterzimmer, in dem sich der Arzt meist aufhielt.

Er hatte seinen Haushalt versorgt. Der Hausknecht kam nur zweimal in der Woche. Er hatte gegessen, den Tisch wieder abgeräumt. Was noch? Und was hatte er während der ganzen Zeit gedacht?

Er war klein, zurückhaltend, hatte graue Haare im Gesicht, eine merkwürdige Art, den Hals zwischen die Schultern zu ziehen, als würden ihm die Menschen Furcht einjagen oder ihn abstoßen. Hatte er zum Fenster hinausgeschaut, zwischen dem gelben und dem grünen Glasbehälter hindurch? In diesem Fall hätte er lediglich eine Straße ohne Bürgersteig sehen können mit dem zu beiden Seiten aufgeschaufelten Schnee und der glatten Fahrrinne der Schlitten, einer Hecke, dann, jenseits eines unbebauten Geländes, einen hohen Schornstein, merkwürdige Eisengerüste, ein großes, gleichsam in der Luft aufgehängtes Rad, das sich von Zeit zu Zeit drehte, um am Ende eines Seils den Käfig mit den eingepferchten Männern in den Schacht hinunterzulassen.

Drückte man das Gesicht an die vereiste Fensterscheibe und blickte man nach links, konnte man etwas anderes entdecken: Wasser, das Wasser des Hafens, des Eismeers, das jedoch gefroren war, und einen englischen Fischkutter, der seit zwei Tagen dort lag und der eine Furche in das Eis hatte graben müssen, die man noch erkennen konnte.

Es war warm. Das Haus des Arztes war wie die anderen aus Holz. Hin und wieder legte er Fichtenscheite in den drei Öfen nach, dann kam er zurück, schmiegte sich in seine Ecke, und um drei Uhr, als Stor-Anders die Tür aufstieß, die ein Klingelzeichen auslöste, saß Troms ganz allein vor einem Schachspiel.

Er erhob sich nicht gleich, um in die Apotheke zu gehen. Er trank zuvor mit der Geste dessen, der heimlich trinkt, den blaugrünen Inhalt seines Glases aus, darauf versteckte er die Flasche, die auf dem Tisch stand, hinter seinem Sessel.

Dann erst schlurfte er in seinen Pantoffeln herbei, wobei er sich das Barthaar mit dem Ärmelaufschlag abwischte, sah Anders und fragte sich, was Anders wohl von ihm wolle.

Das war das Beängstigendste an ihm: seine Art, die Leute anzusehen. Man konnte meinen, er suche ein Geheimnis zu entdecken, verdächtige sie, irgendwelche dunklen Absichten zu hegen. Er schaute sie nicht an, er belauerte sie, und sein Gesicht war von nervösen Zuckungen bewegt.

»Was willst du, Anders?«

Nun, an diesem Tag war der andere nicht gerade ruhiger. Anstatt sich offen zu erklären, sah er sich prüfend um, zupfte an seinen langen schwieligen Händen, hustete, hustete viel zu stark, um natürlich zu wirken, deutete auf seine Brust, seinen Hals.

»Ich glaube, ich habe mich erkältet... Ich hätte gern ein Rezept für Whisky oder etwas anderes Hartes...«

Denn in Kirkenes wurden alkoholische Getränke nur nach ärztlicher Verordnung abgegeben. Und der Arzt verkaufte sie in seiner Apotheke. Was wäre geschehen, wenn sich die Bergarbeiter, die dort Monat um Monat lebten, ohne gesellschaftlichen Umgang zu haben, fern von ihrer Familie, die in Oslo oder anderswo wohnte, eines Tages in betrübter Stimmung betrunken hätten?

Sicher ist, daß Anders den Alkoholgeruch wahrgenommen hatte, der den Arzt umgab. Er wartete. Der andere beobachtete ihn. Man hätte denken können, daß sie noch lange so, ohne ein Wort zu reden, verharren würden.

»Wo tut es dir weh?«

»Sie wissen ganz genau, worum es geht... Geben Sie zu, daß ich nicht zu oft aus diesem Grund komme!... Es gibt Leute, denen Sie etwas verordnen, ohne daß sie krank sind... Ist mein Geld nicht genausoviel wert wie ihres?...«

Stor-Anders, der immer so ruhig war, so vorbildlich, ein Werkmeister nach Maß, ereiferte sich, ließ sich hinreißen.

»Wenn ich Ihnen sage, daß ich krank bin, daß ich das brauche, dann stimmt das, und es ist nicht nötig, mich so zu mustern... Geben Sie mir wenigstens einen halben Liter...«

Er hielt das Geld in einer Hand bereit. Er legte es auf die Theke neben die Feinwaage. Und als er sah, daß der Arzt zu seinen Regalen trat, wo die braunen Glasbehälter aufgereiht waren, fragte er sich, was der wohl machen würde. Der Arzt wußte es vielleicht selbst nicht. Er schüttelte verdrossen den Kopf und streckte schließlich den Arm aus, griff nach einer Flasche.

»Ich werde dir Jodtinktur geben. Du gibst ein paar Tropfen davon in Milch, bevor du schlafen gehst...«

Als er sich umdrehte, war Anders, keuchend vor Wut, schon an der Tür, und er stürzte hinaus und knallte sie hinter sich zu.

Das war ihre erste Begegnung an diesem Tag, und nachdem Anders gegangen war, schaltete der Arzt das Licht an, denn es war Nacht geworden. Auf der Straße brannte die elektrische Laterne, und Schneekristalle glitzerten. Auch am Hafen und beim Bergwerk waren die Lampen an, aber sozusagen niemand war unterwegs, um den Schnee unter den Gummisohlen knirschen zu lassen. Das Thermometer zeigte achtundzwanzig Grad unter Null.

Der Arzt schüttelte erneut den Kopf, kehrte in das zweite Zimmer zurück, das seine Höhle war, bückte sich, um die Flasche Aquavit aufzuheben, schenkte sich ein Glasvoll ein, dann ein weiteres und begann, das behaarte Kinn in die Hand gestützt, vor seinem Schachspiel nachzudenken.

Mit der gleichen Heftigkeit, mit der er die Apotheke verlassen hatte, stieß Anders, den man sonst den Sanften hätte nennen können, die Tür zum Klub der Arbeiter auf. Dort, in einem weiträumigen, mit gebeizten Fichtenwänden abgeteilten Saal, verbrachten die Bergleute die Stunden, die sie nicht unter Tag waren. Tabakqualm zog um die Lampen und dichter noch, Gott weiß warum, über den Billardtischen dahin.

Anders durchquerte den Raum so schnellen Schrittes, daß alle sich umdrehten. Er rannte buchstäblich auf den Tisch von Peter dem Einäugigen zu, einem Mann, den er im Betrieb hundertmal zur Ordnung gerufen hatte und der manchmal betrunken aufgelesen wurde.

»Sag mal, Peter...«

Er hatte sich auf die Bank fallen lassen und wußte nicht, was er mit seinen großen Händen machen sollte.

»Schau mich nicht so an... Hast du Whisky, Aquavit oder Gin?«

Der Einäugige deutete nur auf den Tisch, wo lediglich eine Flasche Dünnbier stand, das einzige geduldete Getränk.

»Wenn ich welchen hätte ...« brummelte er.

»Gut! Ich glaube dir... Und wenn du welchen hast, wo bekommst du ihn her? ... Bestimmt nicht vom Arzt ...«

Der Einäugige öffnete den Mund weit zu einem lautlosen Lachen und nickte.

»Du mußt mir die Wahrheit sagen ... Ich will es nicht der Polizei weitermelden ... Mir ist etwas passiert ... Tut nichts zur Sache ... Ich muß was zu trinken haben, verstehst du? ...«

Und dem Einäugigen war nicht mehr danach, zu lachen, so sehr zitterte Anders, als sei er nahe dran, in Tränen auszubrechen.

Die anderen spielten indessen Billard oder Karten; einige hatten die Füße auf den Tisch gelegt und lasen. In einem großen verglasten Schrank, auf dem eine Gipsbüste des Königs thronte, erblickte man die in schwarzes Leinen gebundenen Bücher, die auf dem Rücken ein kleines Etikett mit einer Ziffer trugen.

»Hast du es bei den Lappen versucht?« flüsterte der Einäugige, wobei er woanders hinsah.

»Haben die welchen?«

Stor-Anders lebte nun schon das dritte Jahr in Kirkenes und hatte keine Ahnung. Er konnte nicht einmal Karten spielen. Abends zog er sich mit seiner Werkzeugkiste in seine Ecke zurück und beschäftigte sich stundenlang mit Laubsägearbeiten, fertigte Spielzeug und Puppenstubenmöbel an, die er mit dem Schiff an seinen Sohn schickte.

»Manchmal kommen sie mit ihren Schlitten durch das schmale Stück von Finnland. Dort ist es mit dem Alkohol ähnlich wie hier. Doch an der russischen Grenze tauschen die Wachen gerne ihren Wodka gegen Konserven ein ... So hat es dich also auch gepackt?«

Anders hatte weder seinen pelzgefütterten Mantel noch seine Gummistiefel ausgezogen, selbst seine Fischottermütze hatte er aufbehalten. Er ging, wie er gekommen war, und als er auf der Straße unter den Laternen dahinlief, sah es aus, als renne er hinter der leichten Wolke her, die sein Atem bildete.

Er sah das Haus von Direktor Berner Kalvaag ... Es war ein

richtiges, rechteckiges Haus mit einem Obergeschoß und warmem Licht hinter den Vorhängen, und stets konnte man von weitem Klavierklänge hören. Hätte er eintreten können, diesen Salon betreten, den er einmal flüchtig gesehen hatte mit seiner Lampe und dem rosa Schirm, und Herrn Kalvaag erklären:

»Ja, ich bin's, Anders ... Ich bitte Sie, ich flehe Sie an, mir Alkohol zu geben ... Sie haben welchen, weil das Gesetz nicht für Sie gemacht ist ... Man befürchtet nicht, daß Sie sich eines Tages in trüber Stimmung betrinken und Dummheiten begehen ...«

Er marschierte weiter, ohne jemandem zu begegnen. Und wenn er an Bord des englischen Fischkutters nachfragte?

Zuerst zu den Lappen ... Das waren nur drei Holzhütten, und in einer von ihnen vernahm man das Gestampfe der Rentiere. Er stieß die Tür auf, trat in die Wärme, in den ranzigen Geruch, streifte ein Ren ohne Geweih, das steif von der Decke herabhing und von dem man täglich ein Stück Fleisch abschnitt.

Man sah ihn erstaunt an. Man kannte ihn hier nicht. Kleine, fette Kinder krochen auf dem Boden herum.

»Ich möchte Alkohol ...« sagte er sehr schnell. »Egal, was.«

Seine Erregung hatte zugenommen. Außerdem war er so kräftig marschiert, daß er außer Atem war. Ängstlich beobachtete er den alten Lappen, der den Kopf schüttelte.

»Ich habe nur noch einen Tropfen ... An der Grenze haben sie die Wachen gewechselt, und als ich mich das letzte Mal ihnen genähert habe, da haben die Neuen geschossen ...«

Wieder draußen, und immer noch mit diesem brennenden Verlangen. Er sprach jetzt mit sich selbst, sagte Worte wie:

»Ich muß ... Ich muß ... Sonst weiß ich nicht, was ...«

Seine Bewegungen waren ruckartig, sein Gang glich dem eines Irren. Beinahe wäre er ins Hafenbecken gefallen und hielt nur mit knapper Not vor dem englischen Fischkutter inne. Er hörte, daß in seiner Nähe gesprochen wurde, man sprach norwegisch. Es waren die beiden Zöllner, die am Kai auf und ab marschierten.

Fünfmal, sechsmal hatte Dr. Joachim Troms sein Glas gefüllt, und jedesmal hatte er es in einem Zug geleert. Seine Schachpartie war noch nicht beendet. Er betrachtete die Figuren und kratzte sich an den rauhen Wangen, während man von der Straße aus im Dämmerschein das große grüne und das große braune Glasgefäß erkennen konnte.

Als die Türklingel läutete, blieb er einen Augenblick unbeweglich sitzen, dann seufzte er, erhob sich, vergaß, die Flasche hinter seinen Sessel zu stellen, wie er es sonst tat.

Wieder stand der riesige Anders mitten in der Apotheke, doch seit seinem vorherigen Besuch hatte seine Erregung Zeit gehabt anzuwachsen, so daß er jetzt nahezu erschreckend wirkte.

»Hören Sie, Doktor... Ich begreife, daß Sie nicht jedermann Alkohol geben, da es das Gesetz so will... Sie müssen Ihren Posten behalten, nicht wahr? ... Wie jeder hier! ... Es stimmt, daß ich nicht krank bin, mich nicht erkältet habe...«

Da haben wir das Unglück! Stor-Anders konnte nicht aus seiner Haut. Er konnte nur wie Stor-Anders denken. Und er mochte ruhig den Arzt mit seinen fiebrigen Augen verschlingen, es war ihm unmöglich, und sei es für eine Minute, wie Dr. Troms zu denken.

Andernfalls wäre nichts passiert.

Zunächst war für Anders dieser Troms schmutzig. Und das stimmte. Er pflegte sich nicht, rasierte sich nie, schnitt sich wohl den Bart mit der Schere von den Wangen. Wusch er sich überhaupt? Man hatte ihn niemals im Bad gesehen, und von seiner Person strömte ein Geruch aus wie von einem alten Ochsen.

Was sollte Anders von einem Mann wie diesem halten, der mit niemandem sprach, allein in seinem Loch hauste und nach Alkohol roch?

Ganz zu schweigen davon, daß er für bestimmte Leute Ausnahmen machte und daß Arbeiter, die es eben verstanden und die nicht die geringste Bronchitis hatten, Whisky oder Rum erhalten hatten.

Und dann diese Art, einen anzusehen, wie jemand, der kein reines Gewissen hat! Das war das Peinlichste. Man hätte am liebsten zu ihm gesagt:

»Komm doch! Hab keine Angst! Ich werd dich nicht schlagen...«

Doch das wäre zu einfach gewesen. Mit einer Hand hätte Anders ihn am Hals packen und an die Wand drücken können, um ihn zu zermalmen ...

»Ich will Ihnen die Wahrheit sagen, Doktor ... Sie kennen mich ... Sie wissen, daß ich kein Trinker bin und kein Spieler ... Ich bin nie gekommen wie viele andere, um ein bißchen Alkohol zu erbetteln ... Heute brauche ich welchen, denn wenn ich keinen bekomme, wenn ich mit meinen Gedanken allein bleibe, weiß ich nicht, wozu ich fähig bin ... Ich werde verrückt, Doktor! ... Ich werde verrückt!«

Er brüllte diese Worte buchstäblich heraus.

»Wenn Sie mir keinen Alkohol geben wollen, dann geben Sie mir ein Medikament, das mich für Tage schlafen läßt, betäuben Sie mich, machen Sie mit mir, was Sie wollen, aber verhindern Sie, daß ich weiterdenke ... Sie ist tot! ... Sie ist tot, und ich weiß nichts darüber! Sie ist tot, und ich habe keine Ahnung, woran sie gestorben ist, was sie mit dem Jungen gemacht haben ...«

Seine Hand tastete jetzt zu seiner Tasche. Er wollte das Telegramm herausholen, das er am Morgen erhalten hatte und das keine Unterschrift enthielt, zweifellos ein offizielles Telegramm, vom Polizeikommissar oder jemand ähnlichem, falls es nicht von einem Nachbarn stammte.

Ehefrau Solstad verschieden 6. Dezember.

Er fand das Papier nicht gleich und dachte, er müsse es dem Arzt ja auch nicht unbedingt zeigen. Denn der würde sicher nicht glauben, daß er ihm wegen ein paar Tropfen Alkohol eine solche Komödie vorspielte!

»Hier ist es! Da steht geschrieben, daß sie am 6. Dezember gestorben ist, und wir haben heute den 12. Begreifen Sie? ... Das sind sechs Tage, so daß sie bereits beerdigt ist. Der 6. Dezember, das war der Nikolaustag. Ich hatte Spielzeug für den Kleinen geschickt ... Sie war nicht krank, als sie mir am 24. November den letzten Brief geschrieben hat ... Die Spielsachen müssen am 5. mit dem Schiff eingetroffen sein ... Und zu dem Zeitpunkt ... Sagen Sie ... Was hat sich bei uns zugetragen in diesem Augenblick? ... Wer war wohl bei ihr? ...«

Der Arzt hatte wahrscheinlich nie jemanden so eindringlich angeblickt, doch es war keine Spur von innerer Bewegung von seinem Gesicht abzulesen. Hätte man ihm eine seltene Probe vorgehalten, eine Probe von irgend etwas, oder hätte er an einer Schachpartie zwischen Weltmeistern teilgenommen, dann hätte er bestimmt den gleichen scharfen Blick gezeigt, die gleiche gerunzelte Stirn, die gleiche Gespanntheit.

Und so schüttete Stor-Anders, der nicht getrunken hatte, wie ein Betrunkener sein Herz vor ihm aus. Vielmehr, es platzte aus ihm heraus. Es brodelte schon zu viele Stunden in ihm. Man hatte ihm das Telegramm morgens gegen zehn ins Bergwerk gebracht. Er hatte wie betäubt dagestanden. Er hatte nichts gesagt. Eine Weile hatte er die Arbeit seiner Mannschaft weiter geleitet, dann war er plötzlich gegangen, war wortlos am Pförtner vorbeigeschritten, der vergeblich versucht hatte, ihn zurückzurufen.

Er war marschiert. Er hatte Selbstgespräche geführt. Er hatte sich auf sein Bett geworfen und das Gesicht ins Kissen gedrückt. Aber er hatte noch nicht geweint.

Weil das alles überstieg! Das lag außerhalb von dem, was man begreifen konnte. Das war gemein! Das war eine himmelschreiende Ungerechtigkeit!

Hatte er, Anders, einen derart harten Schlag verdient? Hanna, seine Frau, war nicht stark gewesen, aber tapfer. Das zeigte zum Beispiel, daß sie sich nie beklagt hatte, als er monatelang arbeitslos war, und zwar gerade als ihr Sohn auf die Welt gekommen war.

»Wenn ich mich von meiner Niederkunft erholt habe, werde ich wieder arbeiten ...« hatte sie gesagt.

Sie wohnten in einer Art Arbeiterkaserne in einem Vorort von Oslo. Es gab ein paar kleine Geschäfte in dieser Gegend, und Hanna hatte davon geträumt, eines Tages so einen kleinen Laden zu haben, am liebsten ein Milchgeschäft, weil das am saubersten war und man immer eine weiße Schürze umhatte.

Eine Frau dieses Typs war sie. Und er, wenn er den Job in Kirkenes angenommen hatte, dann gerade wegen dieses Ladens. In Oslo oder anderswo hätte er nie genug Geld verdient, um ein Geschäft zu kaufen.

»Nach fünf Jahren Arbeit da unten«, hatte er erklärt, »haben wir soviel beiseite gelegt, daß ...«

Und was hatte er gemacht? Ja, was hatte er damals gemacht,

als er einen Jungen von wenigen Monaten hatte, den er kaum zu Gesicht bekam? Er hatte im ersten Jahr seinen Urlaub nicht angetreten, weil er dadurch mehrere hundert Kronen sparte!

Jetzt zog sich der Arzt hinter seine Theke zurück, als habe er Angst vor ihm. Grinste Stor-Anders? Er war sich dessen nicht bewußt. Er mußte das loswerden.

»*Ehefrau Solstad verschieden*... Verstehen Sie? ... Nichts weiter! ... Und der Kleine? ... Wer war bei ihm? ... Wo ich keine Familie habe... Oder wenn ich eine habe, dann hat sie sich nie um mich gekümmert... Und was Hanna betrifft, ihr Vater ist eine Art Trunkenbold, der...«

Wenn er gewußt hätte, daß das eine oder andere dieser Fläschchen Mittel enthielt, die ihn für Stunden am Denken hindern würden!

»Erst in acht Tagen geht wieder ein Schiff... Acht Tage lang, verstehen Sie, acht Tage lang möchte ich von morgens bis abends betrunken sein... Andernfalls werde ich tollwütig... Vorher wird es keinen Brief geben... Nichts wird es geben... Wollen Sie mir nun Whisky verkaufen? ... Wie? ...«

Er starrte ihn wild und zugleich flehentlich an, und seine hohe Gestalt warf einen gigantischen Schatten an die Wand.

In diesem Moment kam eine Katze aus dem zweiten Zimmer, der Höhle des Arztes, und rieb sich mit gebuckeltem Rücken an Anders' Beinen.

Es herrschte Schweigen. Ein Holzscheit knisterte in dem grünen Ofen. Der Arzt schien eine Anstrengung zu machen und stammelte schließlich:

»Sie wissen sehr gut, daß es nicht geht...«

Anders merkte nicht, daß die letzten Worte ohne Zorn ausgesprochen worden waren. Das Verwirrendste daran war die dünne und sanfte Stimme.

»Die Polizei ist in der letzten Zeit streng... Wenn man Sie betrunken antrifft, wird man sofort wissen, woher das kommt, und ich verliere meine Stelle...«

Anders merkte nicht, daß in den letzten Worten ein Zittern mitschwang.

Er war nur Anders.

Und der andere...

»Sie weigern sich trotz allem, was ich Ihnen erzählt habe?«

Es war unfaßbar! Alle Welt wußte, daß Dr. Troms ein Bär war, ein Sonderling, gleichsam ein Wilder, der den Mund nur aufmachte, wenn es unbedingt nötig war. Er wurde von der Bergwerkgesellschaft besoldet. Immer die gleiche Arbeit: Bronchitis, Lungenentzündung, Tuberkulose... Oder Unfälle... Er untersuchte seine Kranken, ohne ein Wort zu sagen. Er hörte ihnen nicht zu, schüttelte den Kopf, schrieb seine Rezepte aus, gab die Medikamente heraus.

Aber daß ein Mann wie Anders zu ihm kam und ihm ehrlich und offen gestand, daß...

»Doktor, ich flehe Sie an... Sie wissen nicht, wozu ich fähig bin... Ich habe immer alles ertragen, das Leben in Oslo, die Arbeitslosigkeit, das Leben hier... Alles!... Weil ich an Hanna und an das Kind gedacht habe... Begreifen Sie das, ja?... Jetzt habe ich das Gefühl, daß man mich bestohlen hat, daß man mich getäuscht hat, daß man...«

Er ließ sich von seiner Wut mitreißen.

»Und Sie, Sie verweigern mir wegen dieser blödsinnigen Vorschriften das bißchen Alkohol, um das ich Sie bitte, um das ich Sie anflehe...«

Es war zu einer fixen Idee geworden.

»Sie, der Sie selbst ein Säufer sind... Ja... Ich schreie es frei heraus, ich rieche es bis hierher...«

War er ein Museumsstück, daß er derart angestarrt wurde, ohne Anteilnahme, bestenfalls mit einem gewissen Schrecken? Waren seine Empfindungen nicht achtbar? Hätte ihm der Arzt nicht...

»Tut mir unendlich leid, mein Freund... Alles, was ich für Sie tun kann, ist, Ihnen einen Sirup zuzubereiten...«

Da stieg der Zorn in Anders' Kehle auf, so daß der geringste Anlaß genügte, um ihn zum Ausbruch zu bringen. Die Katze, die sich nicht mehr an seinem Bein rieb, kehrte in das Nebenzimmer zurück. Man hörte ein Geräusch. Das war das Tier, das auf den Tisch sprang. Anders blickte zur Seite, warf mechanisch einen Blick hinüber, doch dieser kurze Blick genügte, um festzustellen, daß dort auf der karierten Tischdecke eine angebrochene Flasche Aquavit stand.

»Schuft!« knurrte er. »Verdammter Schuft... Da hast du...«

Außer der Katze wohnte dieser Szene niemand bei. Um acht, als die Bewohner von Kirkenes alle zu Abend gegessen hatten und der englische Fischkutter, der die Anker gelichtet hatte, sein langgezogenes Tuten vernehmen ließ, stieß Stor-Anders mit dem Fuß die Tür zum Klub auf, und sein Kopf schien auf dem Weg durch den Saal die Rauchschwaden zu zerreißen, die noch dichter geworden waren.

Er hatte seine Fischottermütze verloren. An seinem Mantel haftete schmutziger Schnee, als habe er sich auf der Erde gewälzt. Alle Anwesenden hatten bemerkt, daß sein Gang schwerfällig und unsicher war.

Er grüßte niemanden, sagte nichts, ließ sich auf die Bank in der Nähe des Einäugigen fallen, der stundenlang reglos und schweigend sein Glas betrachten konnte, und sei es nur ein Glas fades Dünnbier.

Die Nasenflügel des Einäugigen bebten. Nach einem langen, sehr langen Schweigen murmelte er:

»Du hast also was gekriegt...«

Dann wieder eine Pause.

»Wieviel hat dir der Bandit dafür abgenommen?«

Anders sah ihn an, als würde er ihn nicht verstehen. Er schien sich sogar zu fragen, wie er hierher gekommen war, und wischte sich mit der Hand über die Stirn. Die Kugeln rollten über die Billardtische, über denen Lampen mit grünem Schirm hingen. Das Radio übertrug aus Oslo die Musik einer Oper.

»Hör zu, Peter... Es wäre vielleicht gut, mal nach dem Doktor zu schauen...«

Er fröstelte. Peter der Einäugige begriff nicht sofort.

»Bei ihm hast du...?«

Nicken.

»Er hat freiwillig...?«

Dann erhob er sich plötzlich.

»Du...?«

Wieder nickte der Kopf, und einen Augenblick später trat Peter zu einer Gruppe von Männern, einige hörten auf, Billard zu spielen, und ein kleiner Trupp entfernte sich durch den knirschenden Schnee.

Bis auf das Radio waren die Geräusche verstummt, und erstaunt blickte sich Anders in dem leeren Saal um. Er war müde. Die Bänke hatten keine Lehne. Er fühlte, daß er nach hinten fallen könnte.

Da stand er auf, machte ein paar schwankende Schritte und näherte sich einem der Öfen; er glich einem Soldat nach einem langen Marsch. Gott weiß, warum er seinen pelzgefütterten Mantel auszog, ein Plätzchen suchte, sich hinhockte, der Länge lang ausstreckte und mit dem Kleidungsstück zudeckte.

Er war am Ende. Er brauchte Schlaf. Als die Männer eine halbe Stunde später zurückkehrten, schnarchte er, aber man sah noch in seinem Augenwinkel die glänzende Spur einer Träne.

Zunächst hatte man gehofft, daß es nur ein falscher Alarm sei. Hinter den farbigen Glasgefäßen schimmerte schwaches Licht. Die Apotheke war leer. Lediglich eine Katze nutzte das Eintreffen der Arbeiter, schlüpfte durch die Tür und sprang hinaus.

Auf dem Boden jedoch lagen die Scherben einer Fayenceschale, die der Arzt zum Anrühren seiner Salben verwendete. Es zeigten sich auch dunkle Flecken, sogar an der Tapete, etwa in Kopfhöhe.

Im zweiten Zimmer fand man dann Dr. Troms, er saß in seinem Sessel, den Kopf auf seinem Schachbrett, daneben die umgekippte Flasche Aquavit.

Als man seinen Kopf hochhob, erblickte man eine Lache geronnenen Bluts, ein besudeltes, bleiches Gesicht.

Merkwürdigerweise klebte ein Stück Papier von seinen Rezeptvordrucken an seinem Bart.

»Zieh es vorsichtig weg.. Man weiß ja nie...«

»Vielleicht sollte man ihn besser nicht berühren?... Da er doch tot ist... Vielleicht sollte lieber die Polizei...«

Doch das Stück Papier löste sich von selbst. Man mußte es vom Boden aufheben. Mit Bleistift stand darauf geschrieben: »Ich bin seit vier Jahren taub... Ich weiß nicht, was er...«

Das war alles. Die Männer sahen sich an und begriffen nicht.

Es roch nach Alkohol und verbrannter Fichte.

Anders schlief so fest, daß der Polizist, der ihn festnehmen sollte, einen Augenblick zögerte, ihn zu wecken.

»He! ... Anders ... Wachen Sie auf ...«

Als er ein Auge aufschlug, erblickte er den großen Schrank mit den in schwarzes Leinen gebundenen Büchern und darüber die Gipsbüste des Königs.

Er war ruhig. Man hätte meinen können, er kehre aus einem Alptraum zurück. Er sagte lediglich, während er aufstand und sich das Gesicht rieb:

»Ah! Ja ...«

Dann stehend:

»Nun gut!«

Seine Kollegen schauten ihn an und wagten nichts zu sagen. Er war kein Mann mehr wie sie. Er hatte getötet. Er hatte Dr. Joachim Troms umgebracht.

Mit einem Gefühl, das an Respekt grenzte, rückte man von ihm ab.

Er hatte die Tür erreicht, als er sich umdrehte.

»Mein Pelzmantel ...«

Er hob ihn auf. Man hatte den Eindruck, er würde den Staub abklopfen, so sorgfältig waren seine Gesten. Und er suchte noch etwas. Man fragte sich, was. Er spähte über den Fußboden, den Tisch und runzelte die Stirn.

»Meine Mütze ...«

Dann erinnerte er sich, und beruhigt wiederholte er:

»Ah! Ja ...«

Die Mütze war ihm heruntergefallen, als er den Arzt mit dem Kopf gegen die Wand geschlagen hatte. Sie mußte dort liegen. Sie war nicht verloren.

Der Polizist wurde nicht ungeduldig. Er, der einen Mann, der ungeschickterweise nach der Polizeistunde draußen gesungen hatte, so hart angefaßt hatte, schien jetzt beeindruckt. Und alle um ihn herum ebenfalls. Man verfolgte neugierig die geringsten Bewegungen dieses Anders, weil man spürte, daß er nicht mehr in der gleichen Welt lebte wie die anderen.

Da ihm der Mund wie verklebt war, wollte er ein Glas Bier leeren, das auf dem Tisch neben einer leeren Flasche stand, dann besann er sich ohne ersichtlichen Grund anders, folgte dem Polizisten und schlug, als er draußen war, den Mantelkragen hoch.

Le docteur de Kirkenes. Zuerst in: ›Gringoire‹, Dezember 1939. Abgedruckt in: *La rue aux trois poussins*, Paris 1963. Deutsch von Wolfram Schäfer. Aus: *Gesammelte Erzählungen*, Zürich 1980, sowie *Meistererzählungen*, Zürich 1988.

Das Verbrechen des Unliebenswürdigen

Konnten diese Leute ahnen, daß es um Leben oder Tod ging? Vielleicht nicht ganz um Tod, aber fast. Und selbst dann! Ja, um Tod, eindeutig!

Doch sie ahnten gar nichts. Sie kamen und gingen in der Sonne wie zwei dicke Fliegen, die trunken von Blütenstaub sind. Sie frohlockten. Sie sahen die Côte d'Azur sicher zum erstenmal. Sie kamen aus dem Staunen nicht heraus, im Februar wahre Wälder von Mimosen vorzufinden, ein blaues Meer, einen blauen Himmel, kleine bunte Barken, die aufs Wasser geklebt schienen, während im Heck ein Mann den Grund mit einer Art Periskop, aus einer alten Kanne angefertigt, absuchte und violette, stachlige Bällchen mit Hilfe einer langen Bambusstange herausfischte.

»Was machen die da?« hatte der Mann gefragt, der sie von der Terrasse aus beobachtete.

Und Monsieur Chincholle hatte mürrisch, und ohne sein Inventar aus den Augen zu lassen, geantwortet:

»Sie angeln Seeigel ...«

Der Mann hatte es seiner Frau übersetzt. Sie hatte es nicht begriffen. Sie wußte nicht einmal um die Existenz von Seeigeln. Aber sie war trotzdem begeistert gewesen und hatte immer wiederholt, als handle es sich um ein Zauberwort: »Seeigel ...«

So war es seit dem frühen Vormittag. Genauer, seit ihr langer Wagen durch Gott weiß welches Wunder vor dem Laden von Monsieur Chincholle gehalten hatte, der an der schlechteren Seite des Hafens von Cannes zwischen einer Brasserie und einem Ansichtskartenhändler eingekeilt lag. Neben dem Nummernschild hatte Monsieur Chincholle gelesen: »NL«. Also Holländer! Er hatte den livrierten Chauffeur gemustert, das Paar, das noch jung zu sein schien und die gleiche rosa Babyhaut hatte. Trotzdem hatte er sich vergeblich bemüht, liebenswürdig zu erscheinen. Nicht ohne Grund nannte man ihn den Unliebenswürdigen. Seine Leber. Seine Frau. Dann die Geschichte mit seinem Sohn. Dann ...

›Jungverheiratete‹, hatte er sich gesagt.

Er hatte sich gewundert, als man eine große Villa mit mindestens sechs Zimmern zu mieten wünschte. Und als man hinzugefügt hatte, es sei für den ganzen Sommer, verschlug es ihm fast die Sprache. Sollte endlich ...?

»Ich habe da eine sehr schöne Villa, am Cap d'Antibes, die ›Rochers Pourpres‹ ... Sie ist gerade seit einem Monat frei ... Andere Kunden sollten sie morgen besichtigen ... Wenn Sie einen Termin vereinbaren wollen ...«

Diese Leute trafen kaum ein, und schon hatten sie es eilig. Sie atmeten bereits den Süden mit allen Poren ein. Sie wollten kein Krümchen, keine Sekunde von ihrem Genuß verlieren.

»Sofort ...«

Sie wußten nicht, daß Madame Chincholle, die kürzlich zum drittenmal innerhalb von zwei Jahren operiert worden war, hinter dem Laden in einem düsteren Raum auf einem alten Sofa lag. Sie unterhielten sich in ihrer Sprache über Chincholle und mußten erstaunt sein, daß ein Mann, der in einem solchen Klima lebte, ein Mann, der den ganzen Tag den Hafen von Cannes mit seinen Hunderten von Yachten vor Augen hatte, eine gelbe Hautfarbe haben und in Schwarz gekleidet sein konnte.

Die Rochers Pourpres ... Eine riesige, fünfzig Jahre alte Villa, Rokoko, mit bleiverglasten Fensterscheiben, einer Heizung, die nicht funktionierte, mit ihrer Feuchtigkeit, die wegen der exponierten Lage bis in den Hochsommer hinein haften blieb.

Diese Leute jedoch sahen nur das Schöne. Obwohl sie in Den Haag oder in Amsterdam wahrscheinlich ein äußerst gepflegtes, modernes Haus bewohnten, begeisterten sie sich hier für das Moos an den alten Steinen und die nachgemachten verblichenen Orientteppiche.

Wieviel sollte Chincholle ihnen abverlangen? Er durfte sie nicht erschrecken. Er durfte aber auch keine zu niedrige Summe nennen. Zwanzigtausend? Fünfundzwanzig? ...

Wozu sollte er übertreiben, da sie möglicherweise schon vor

dem Ende der Besichtigung angewidert sein würden? Zwanzigtausend Francs, das reichte genau hin, um ...

Natürlich hatte Monsieur Chincholle mit den Zimmern begonnen, die zum Meer hinaus lagen und manchmal Sonne hatten.

»Wie Sie sehen, ist diese Terrasse wundervoll, und hier halten sich die Mieter die meiste Zeit auf ... Links das Eßzimmer ... Daneben der große Salon ... Der Billardraum ...«

Und der Holländer war entzückt, daß es einen Billardtisch gab! Allerdings hatte er ihn nicht ausprobiert! Und tatsächlich wäre er nie auf die Idee gekommen, Billard zu spielen! So waren die Mieter eben. Chincholle hatte da seine Erfahrungen! Sie sahen sich alles an, ließen sich alles erklären, brachen in Begeisterung aus, versprachen, am nächsten Tag wiederzukommen, und ...

Welches andere Haus hätte er ihnen vermieten können? Sein Schaufenster war voller Fotos von Villen, die man kaufen oder mieten konnte, sowie von Yachten, die ebenfalls zum Verkauf standen oder gemietet werden konnten, aber niemand hatte ihn mit diesen Geschäftsabschlüssen beauftragt. Er war nur ein ganz kleiner Agent. Zwischen Cannes und Nizza gab es fünfzig, hundert solcher Agenturen, die alle die gleichen Fotos ausstellten und lediglich mit den armseligen Objekten Erfolg hatten, Drei-Zimmer-Wohnungen über einer Wäscherei oder einem Schuhmacher ...

Am gefährlichsten war es, die Fenster zu öffnen. Das letzte Mal hatte er plötzlich einen Fensterflügel in der Hand gehalten, oder vielmehr: er war ihm auf den Kopf gefallen. Er versuchte, sich nicht zu vertun und nur die zu bewegen, die in einem nicht so schlechten Zustand waren.

Und diese beiden sprachen immer noch in ihrer Landessprache! Waren sie voller Bewunderung? Oder spotteten sie über das Ganze? Er öffnete die Schubladen eines Büfetts:

»Sie werden feststellen, daß das Silberbesteck vollständig ist ... Ich werde Ihnen übrigens einen Durchschlag der Inventarliste überreichen, dann können Sie selbst kontrollieren ...«

Es war grausam, nicht Bescheid zu wissen, einem unzufriedenen Ausdruck dieser sanftmütigen Frau mit den hellen

Augen ausgeliefert zu sein, deren Lächeln noch geheimnisvoller war als das der Mona Lisa. Konnte er ihnen erklären:

»So ist die Situation: Ich habe nie Glück gehabt. Mein Leben lang bin ich Hundert-Francs-Scheinen hinterhergerannt. Meine Frau sammelt alle Krankheiten, die in einem medizinischen Wörterbuch verzeichnet sind. Unaufhörlich bezahle ich die Ärzte und Kliniken. Ich habe kein Dienstmädchen. Ich muß ihr abends, wenn ich nach Hause komme, den Bauch massieren und die Arzneien bereitstellen. Ich werde ein Stück Wurst kaufen und ein Pfund Brot. Doch das wäre noch gar nichts, wenn ...«

Wie hätte er da lächeln können?

Sollte er ihnen sagen, daß er Hitze und Sonne nicht vertrug, daß ihn die Augen schmerzten und daß man ihm die Berge empfahl? Daß diese Jahreszeit die tödlichste von allen war, wegen der kalten Zugluft, die einen plötzlich im Nacken oder im Kreuz packte?

»Der große Salon ... Man kann hier Empfänge für fünfzig oder mehr Personen geben ...«

Die Frau fragte ihren Gatten etwas. Der Gatte übersetzte:

»Gibt es eine Zentralheizung?«

Und zu ihr gewandt, erwiderte der Unliebenswürdige, wobei er trotz allem ein Lächeln versuchte:

»Eine Etagenheizung, *yes*!«

Denn er hatte sich angewöhnt, allen Fremden gegenüber *yes* zu sagen. Er sah sie natürlich schon in der kommenden Woche wegen dieser Heizung angelaufen kommen! Er würde schwören, sie in Ordnung zu bringen. Bis dahin wäre der wirkliche Frühling vielleicht eingezogen. Und dann hatte er das Geld kassiert!

Zwanzigtausend? Fünfundzwanzig?

»Wenn Sie nun hinaufgehen und die Schlafzimmer besichtigen wollen ...«

Es gab insgesamt zwölf, acht für die Herrschaften und vier für die Dienstboten, drei Badezimmer, Wandschränke, Abstellkammern aller Art. Und er glaubte, aus den Worten und Gesten der Frau soviel zu verstehen, daß das Ehepaar nicht frischverheiratet war, sondern Kinder hatte, mindestens drei, zwei Gouvernanten, zwei Zimmermädchen, eine Köchin ...

Und die waren alle bereits im Hotel!

Und Monsieur Swaan weilte in Australien! Das zählte jetzt vor allem! Monsieur Swaan, der Besitzer, der die Rochers Pourpres eines Tages gekauft hatte, nachdem er offenbar zuviel Whisky getrunken hatte, und der sie ihm, der Agentur Chincholle, bis zur nächsten Saison anvertraut hatte.

Nun, in der »nächsten« Saison war er nicht zurückgekehrt. Drei Jahre war er inzwischen fort. So daß, wenn es Chincholle zufällig gelingen sollte, die Villa zu vermieten... Was konnten ihm, diesem Swaan, der so reich war, zwanzig- oder fünfundzwanzigtausend Francs bedeuten?

»Sie haben hier zwei Telefonapparate, einen im Erdgeschoß und einen in der ersten Etage, aber wenn Sie längere Zeit bleiben, könnte man in den wichtigsten Zimmern weitere anschließen...«

Und er steckte seine Nase in sein Inventarverzeichnis: »Ein Bett mit Baldachin, echt Louis-treize, leicht restauriert, besetzt mit Stoffen aus Jouy..«

Was sie jedoch interessierte, das waren die Fenster, die sich auf eine herrliche Landschaft öffneten, das war die Baie des Anges, die man in der Ferne wahrnahm, ein großes weißes Schiff, das aus Nizza eintraf, die Alpen, auf denen noch Schnee lag. Und diese spitzen Boote der Seeigel-Fischer...

»Die Küche?« erkundigte sich der Holländer auf eine Frage seiner Frau.

Also los! Sie war nicht sehr schön, aber man mußte hindurch. Eine weiträumige Küche, sicher, doch die Wände waren in einem häßlichen Braun gehalten. Bei ihnen...

»Sehen Sie! Mehr als ausreichend... Kaltes und warmes Wasser... Große Schränke... Vollständiges Küchengeschirr... Ein Teil davon aus Kupfer... Der andere...«

Aus Aluminium, was!

»Und hier...«

Er wollte ihnen den Vorratsraum zeigen. Er war auf seine Art sehr gewissenhaft. Außerdem war er so an Fehlschläge gewöhnt...

Er machte einen Schritt. Ein ekelerregender Geruch benahm ihm den Atem. Er öffnete die Tür des Wandschranks. Die Holländer wendeten sich bereits dem Ausgang zu, sprachen von anderen Dingen.

Sie merkten nichts, weder daß Chincholle gelber wurde, noch daß er hustete, noch daß er sie eilig hinausschob.

»Selbstverständlich werde ich die Villa gleich morgen früh saubermachen lassen ...«

»Aber morgen früh wollen wir bereits einziehen ...«

Wieder eine Unterhaltung in ihrer Landessprache.

»Meine Frau sagt, sie habe es lieber, wenn die Reinigung von unseren Dienstboten vorgenommen wird ... Sie kommt mit ihnen morgen früh ... Haben Sie die Schlüssel?«

Wenn Chincholle ihnen nicht den Rücken zugekehrt hätte, da er damit beschäftigt war, am schmiedeeisernen Schloß einer alten Kommode herumzuhantieren, hätten sie gesehen, daß er weinte. Und vielleicht kam ihm für einen Augenblick der Gedanke, auf die Knie zu fallen und ihnen zu gestehen:

»Die Wahrheit ist, daß sich eine Leiche im Vorratsschrank befindet. Ich weiß nicht, wer es ist. Ich glaube jedoch, an seinem Bart den vorigen Mieter erkannt zu haben ... Er war nicht Holländer, sondern Ungar ... Er hatte eine sehr hübsche Frau ... Er hatte für drei Monate gemietet, und nach sechs Wochen erhielt ich aus Rom einen Brief, in dem man mir mitteilte, daß er von dem Mietvertrag zurücktrete.«

Was würde passieren? Die Polizei! Und in den Zeitungen die Geschichte von dem Leichnam im Vorratsschrank. Niemand mehr, der die Mord-Villa mietet!

›Ich hätte mich ja noch über Wasser halten können, Herr Holländer, denn ich bin es gewohnt, selbst mit den Operationen meiner Frau, wenn mein Dummkopf von Sohn ...‹

Ein Junge von sechzehn Jahren, dem er den Besuch des Gymnasiums bezahlte, indem er sich krummlegte! Ein Bengel, der, einfach um anzugeben und seine betuchten Kameraden nachzuahmen, auf der Croisette einen Wagen entwendet hatte und in Begleitung eines jungen Mädchens auf der Straße nach Nizza davongebraust war. Das Auto war hin. Der Sohn hatte ein Bein gebrochen und hatte innere Verletzungen. Ins Krankenhaus! Wie die Zeitungen es lakonisch ausdrückten. Das junge Mädchen entstellt. Mein Gott! Dieser Besuch des Vaters im Lokal der Agentur für Immobilien!

Und der des Autobesitzers, eines Weinhändlers aus Béziers!

»In die Besserungsanstalt, ja, Monsieur!... Wenn man einen Sohn hat, der...«

Er verlangte achtundzwanzigtausend Francs. Man hatte sich auf zwanzigtausend geeinigt. Chincholle der Unliebenswürdige hatte die Hälfte mit dem Geld bezahlt, das er gerade als Miete zu Händen eines Pariser Kunden erhalten hatte.

Sobald ich die Miete erhalten habe..., hatte er diesem Klienten geschrieben.

Und der hatte telegrafisch geantwortet:

Wenn diese Ausländer nicht zahlen, schmeißen Sie sie raus.

Da standen sie nun alle drei in der Sonne auf der Terrasse, oberhalb dieser berühmten Felsen, die nicht purpurn waren, auch nicht rosa wie die von Esterel, sondern einfach leicht getönt.

Die Villa erschien nahezu heiter. Die Luft war mild. Es war Mittag. Man hörte die Glocken von Antibes, und die Seeigel-Fischer legten sich in die Riemen.

»Wenn Sie wollen, daß ich morgen früh wegen der Schlüssel zu Ihnen komme, schreibe ich Ihnen den Scheck aus... Ja, wieviel soll es denn kosten, das ganze Haus?«

»Dreißig...« stammelte er.

»Dreißigtausend?«

Lohnte es überhaupt, darüber zu verhandeln? Ganz leise, als wolle er das Schicksal beschwören, stotterte er:

»Dreißigtausend, letzter Preis. Ich habe den ausdrücklichen Auftrag von meinem Klienten, einem amerikanischen Milliardär, der sich gegenwärtig...«

Die Holländer blickten sich an. Hatte die Frau...? Ihr Mann übersetzte ihr die Summe. Zum Glück betrachtete sie in diesem Moment eine leuchtendblaue Barke mit rotem Band, auf der ein safrangelbes Segel gesetzt wurde. Sie kniff die Augen zusammen. Und mit den Gedanken vielleicht ganz woanders, nickte sie. An diesem Nachmittag besuchte er seinen Sohn im Krankenhaus nicht, aber er tat alles, was er sonst auch machte: ein Holzkohlenfeuer entfachen, um Wasser zu kochen, Kaffee mahlen und Schlag zwei Uhr, als die Sonne seinen Laden erreichte, die alte rot-gelb-gestreifte Markise herunterziehen...

Dann folgte die Massage seiner Frau, die wegen der Fliegen gleichsam im Halbdunkel lebte. Schließlich mußte er noch in der Bücherei hinter der Brasserie ihren Unterhaltungsroman gegen einen neuen austauschen, denn die arme Frau las täglich ein Buch, wobei man sich fragte, wie sie bei der Beleuchtung etwas sehen konnte und wovon sie wohl träumte.

Er machte auch kleine Plakate. Je schlechter die Geschäfte gingen, desto eifriger widmete er sich, an seinem Schreibpult stehend, dieser Arbeit. Er schrieb die Immobilienangebote für seine Auslage selbst, sorgfältig mit Rundbuchstaben.

Abends um neun, als die Läden geschlossen waren, fragte ihn seine Frau mit der ätherischen Stimme einer Kranken:

»Was hast du vor?«

»Ich muß noch einmal weg. Ich habe eine Verabredung mit einem Kunden.«

»Du nimmst dein Fahrrad?« wunderte sie sich.

»Es ist außerhalb der Stadt... Ich komme spät zurück... Es handelt sich um ein wichtiges Objekt... Die Rochers Pourpres...«

Dreißigtausend! Einfach so, ohne mit der Wimper zu zukken! Sie mußten sehr reich sein! Die letzten Mieter hatten nur zehntausend für drei Monate bezahlt, und außerdem hatte er ihnen elektrische Heizkörper installieren müssen, die Chincholle für dreitausend Francs erstanden hatte.

Das hatte ihnen allerdings kein Glück gebracht. War es wirklich Monsieur Czaris, der... Ein sehr ordentlicher Mann. Ansehnliche Erscheinung. Schöner Bart. Die Art des k.u.k. Diplomaten um 1900. Eine Frau, vielleicht zu hübsch und zu jung für ihn. Und dann der Sekretär...

Chincholle rollte auf seinem altmodischen Fahrrad diese Straße entlang, auf der Luxuslimousinen und große Autobusse dahinglitten.

Zehntausend Francs, um endlich den Weinhändler aus Béziers zufriedenzustellen. Zehntausend für den Villenbesitzer aus Paris, der fähig war, ihm eines Tages auf den Pelz zu rücken. Denn der war einer von den Gerissenen und hatte eine Drogerie. Er hatte sich eine Villa bauen lassen, die er nur in den drei Sommermonaten bewohnte, und er hatte die Absicht, seine Unkosten durch die Vermietung des Hauses im Winter und im Frühjahr zu decken. Leute, die rechnen können. Und die sofort vom Rausschmeißen reden.

Zwanzig von dreißig, bleiben zehn. Zehntausend Francs, auf die niemand wartete ... Eine Summe, die der Unliebenswürdige nie für persönliche Bedürfnisse in der Hand gehabt hatte, seit ... Man kann wohl sagen, seit seiner Geburt. Allerdings würde es hart werden. Es wäre besser, an diesem Bistro anzuhalten und ein großes Glas Kognak zu trinken. Dann noch eines an der Place d'Antibes. Nein! Nicht an der Place d'Antibes, wo er Gefahr lief, erkannt zu werden.

Die Dunkelheit ängstigte ihn ebenso wie das Licht. Der dicke Schlüssel der Villa lastete in seiner Jackentasche. Hatte er den Holländern nicht gesagt, daß Aga Khan ihr Nachbar sein würde? Der Ehemann hatte es übersetzt. Die Frau hatte einen kleinen Schrei des Entzückens ausgestoßen. Nachbar, das war so eine Redensart, denn es lagen zwölf oder dreizehn Villen zwischen ihnen. Und Aga Kahn war für sieben oder acht Monate in Indien.

Chincholle hatte den ganzen Nachmittag Zeit zum Nachdenken gehabt. Er kannte die Villa besser als jeder andere. Er wußte, daß es in einer Ecke des Gartens, in der Nähe des Gewächshauses ohne Scheiben, ein Loch gab, in das früher, als noch ein Gärtner da war, der Humus geschüttet wurde. Im Gewächshaus befanden sich ein paar Gartengeräte.

Ohne seinen Hut abzunehmen und seine Handschuhe auszuziehen – denn er trug immer Handschuhe –, begann er, soviel Humus wie möglich abzutragen. Dann ...

Er hatte sogar Hustenbonbons mitgenommen, die ein starkes Aroma hatten. Er wagte nicht, Licht anzumachen. Er tastete sich vorwärts. Geräusche ertönten bei jedem seiner Schritte: ein Knarren, ein Zischen, manchmal so etwas wie ein Schlurfen oder ein Gemurmel.

Er hätte nicht zu sagen vermocht, ob er das für seine Frau tat oder für seinen Sohn oder ...

Im Grunde machte er es, weil er immer Pech gehabt hatte und es ein Pech mehr war, eine halbverfallene Leiche in einem Vorratsschrank gerade an dem Tag zu entdecken, da er eine Miete von dreißigtausend Francs ergattern konnte.

Er hatte einen Sack mitgenommen, den er auf dem Gepäckträger festgeklemmt hatte. Er hatte auch eine Taschenlampe bei sich, die er jedoch nicht zu benutzen wagte.

Er hätte noch mehr trinken sollen. Selbst das Wasser klatschte auf finstere Weise an die Purpurfelsen! Und der Mond, der sich im rechten oder vielmehr im unrechten Moment zeigte!

Morgen früh würden diese Leute frisch gewaschen, gut gekleidet, selbstzufrieden und in der Sonne lächelnd von diesem Hause Besitz ergreifen, die kaputten Fenster öffnen, ein Feuerwerk von Staub aufwirbeln und bemerken, daß die Füße der Sessel nicht mehr hielten.

Sie würden versuchen, die Heizung anzustellen, und dann...

Aber sie hätten bezahlt. Es wäre zu spät.

Er fühlte den Bart unter seinen Fingern. Er sah ihn nicht. Der Sack war zu klein. Er hätte nie geahnt, daß es so schwer war, einen menschlichen Körper in einen Sack zu stecken.

Er schaufelte den Humus ins Loch zurück. Jetzt hatte es zuviel darin. Er kratzte etwas davon wieder weg, trampelte darauf herum. Schließlich dachte er an seine Fußspuren und holte eine Harke.

Als er nach Hause kam, war es ein Uhr morgens, und er war nicht betrunken.

»Bist du es?« fragte seine Frau, als könnte es jemand anderes sein.

Er antwortete, er sei es, ging in die Küche und nahm eine Flasche aus einem Schrank. Genauer gesagt: die Flasche, denn es gab nur eine. Eine Flasche Wermut. Manchmal ist man verpflichtet, einem Kunden etwas zu trinken anzubieten, und Wermut ist immer noch am preiswertesten und kann dennoch vorgezeigt werden.

Gestalten hinter den crèmefarbenen Gardinen des Casinos. Leute, die dort spielten, Tausende, Zehn-, Hunderttausende von Francs auf den Tischen...

»Was machst du, Pierre?«

Er hieß Pierre. Er antwortete nicht, denn er war dabei, aus der Flasche zu trinken.

»Pierre, wo bist du?«

»Hier...« stammelte er schließlich.

»Warum kommst du nicht?«

Warum? Weil der Wermut nicht hinunterfloß und weil er mitten in der Küche von Übelkeit befallen wurde.

»Ich wette, du hast wieder getrunken ...«

Eine Marotte seiner Frau. Er trank nie etwas, wegen seiner Leber.

»Haben sie unterschrieben?«

»Wer?«

»Deine Kunden ... Den Vertrag für die Rochers Pourpres ...«

»Sie kommen morgen früh wieder her.«

»Glaubst du?«

Er erstarrte vor Schreck. Wenn sie tatsächlich nicht zurückkamen? Er kannte weder ihren Namen noch ihre Adresse. Er hatte das »NL« neben dem Nummernschild ihres Wagens gelesen, aber er hatte das Kennzeichen nicht behalten.

»Ich habe kein Auge zugekriegt ... Auf einer Yacht, genau gegenüber von uns, haben Seeleute nicht aufgehört, in irgendeiner fremden Sprache zu singen ...«

Hatte er schlafen können? Als er jedenfalls um acht Uhr morgens seine Läden öffnete und ihm ein Kellner von der Brasserie nebenan guten Morgen wünschte, zeigte er sich unliebenswürdiger denn je.

Er war von vornherein sicher, daß die Holländer ... Er hätte mißtrauisch bleiben sollen: Von dem Augenblick an, da sie nicht um den Preis gefeilscht hatten ...

Gleichsam aus Protest gegen das Schicksal, das sich unaufhörlich gegen ihn stellte, rasierte er sich nicht, was soviel bedeutete wie:

Nun ja, so ist es eben! Wozu soll ich mich rasieren, mir die Haare schneiden lassen, meine Hose unter die Matratze legen, damit die Bügelfalte drinbleibt, um sechs Uhr morgens die Fenster putzen, um nicht gesehen zu werden, kleine Kärtchen hübsch beschriften, die doch niemanden täuschen ...

Moderner Komfort, herrlicher Seeblick, bescheidene Preise ...

»Pierre, das Wasser kocht!«

Na und? Was, wenn er Lust hätte, statt Kaffee zu mahlen, ihn an der Theke eines Bistros zu trinken und ein warmes Hörnchen dazu zu essen?

»Wab, wab!«

Er sprang auf, lief zum Schaufenster. Es war nur der Lieferwagen des Kolonialwarenhändlers, der die Bestellungen auf die Yachten brachte... Und man putzte die Brücken... Und man wienerte die Messingteile... Und man breitete die Segel im klaren Morgen wie Wäsche zum Trocknen aus...

Und die beiden Holländer mit ihren ebenfalls herausgeputzten Kindern, ihren Gouvernanten, wie sie sagten, den Zimmermädchen und der Köchin saßen jetzt wohl voller Glücksgefühl an den Fenstern irgendeines Hotelpalastes.

»Sollten wir uns nicht noch andere Villen ansehen, bevor wir uns entscheiden?«

Und der Leichnam? Er hatte seine Handschuhe auf dem Rückweg an den Straßenrand geworfen. Sie waren aus imitiertem Schweinsleder.

»Wab, wab!«

Der Briefträger... Ein Brief aus Paris. Er hatte damit gerechnet. Eine Bestätigung des Telegramms. Papier mit dem Briefkopf der Drogerie. Maschinegeschrieben.

...Es wundert mich doch sehr, daß Sie nicht genauere Erkundigungen über die Mieter eingeholt haben, die...

...und ich bitte Sie, in gebotener Eile dafür zu sorgen, daß...

Wieder einer, der im Grunde seine zehntausend Francs nicht brauchte.

»Vergißt du auch nicht meine Arznei, Pierre?... Du weißt doch? Das Buch, das du mir gestern gebracht hast... Ich hab es schon gelesen... Du müßtest...«

...Wrrrrrrr...

Ein Brummen wie von einem Flugzeug. Ein ganz leichtes Knirschen. Eine Stille wie ein Seufzer der Erleichterung.

Das Auto war da, der glitzernde Wagen der Holländer! Die beiden waren noch schöner, rosiger und strahlender als am Vortag. Das Verdeck des Autos war offen. Drei kleine Mädchen zwischen vier und acht Jahren wie Blumen auf dem Rücksitz. Neben dem Chauffeur zwei Kindermädchen in himmelblauen Kostümen.

»Haben Sie den Vertrag vorbereitet?«

»Aber... Ich wußte nicht, daß Sie so früh kommen würden... Ich...«

Brummiger und unliebenswürdiger denn je. Absichtlich. Und je stärker er die Ungeduld der Holländer spürte, desto länger brauchte er, um den Mietvertrag in drei Exemplaren auszustellen, den Preis der Stempelmarken auszurechnen, sie in der Schublade zu suchen und laut die Inventarliste vorzulesen, um sie sich bestätigen zu lassen.

»Ich muß Sie auch darauf hinweisen, daß der Preis für die Sauberhaltung, selbst wenn Sie sie selbst übernehmen sollten, in der Miete nicht inbegriffen ist und daß Sie ordnungsgemäß eine Kaution von fünftausend Francs für eventuelle Schäden zu hinterlegen haben...«

Er konnte nicht dagegen an. Es war seine Natur.

»Ich möchte Sie auch bitten, Ihren Scheck nicht zu kreuzen ... Auf meinen Namen, ja... Dreißig, und fünftausend Garantie... Und fünftausend für Reinigung und Instandsetzung... Darüber hinaus zehn Prozent Vermittlungsgebühren...«

Die kleinen Mädchen hatten an ihren Augenpaaren nicht genug, um das flimmernde Schauspiel des Hafengeschehens in sich aufzunehmen. Die Mutter schaute ungeduldig durch die Schaufensterscheiben in den Laden.

»Hier sind die Schlüssel... Wenn Sie wünschen, komme ich mit Ihnen. Ich muß Ihnen jedoch sagen, daß ich nur über ein Fahrrad verfüge...«

»Was machst du denn, Pierre?«

»Nichts...«

Ein Metallperlenvorhang trennte den Laden von Madame Chincholles Höhle.

»Haben sie bezahlt?«

»Ja«, rief er ihr fast bissig zu.

Was tat er? Er suchte die letzte römische Adresse von seinem Ungarn, vielmehr von diesem Ungarn, der gegenwärtig gar nicht in Rom sein konnte, da in einem Vorratsschrank...

»Kommst du mich nicht massieren?«

»Ja, gleich ...«

Hier! Hotel Excelsior...

Es war sicher nicht Monsieur Czaris, der den Brief geschrieben hatte. Sein Sekretär? Wahrscheinlich. Mit der Gattin neben sich, klar...

Madame,

ich erlaube mir, Ihnen schriftlich mitzuteilen, daß ich nach Ihrer überstürzten ...

Er schwankte zwischen »überstürzten« und »unerwarteten«. Er schrieb beides.

... und unerwarteten Abreise den Anweisungen des Besitzers und den Vorschriften der Immobilienagenturen gemäß eine vollständige Bestandsaufnahme der Räumlichkeiten angefertigt habe, und ...

»Pierre!«

Ein ärmliches Pärchen studierte wieder die Wohnungsangebote. Leute, die ihm den ganzen Tag raubten, um vielleicht mit einer Ermäßigung ein Zimmer zu mieten, in dem sie auch kochen und Wäsche waschen durften. Mit einer ruckartigen Bewegung ließ er den Vorhang zwischen ihrer Nase und den Annoncen herab.

... und aus dem Zustand dieser Räumlichkeiten, die ich überprüft habe, geht hervor, daß Sie mir für gewisse, sonderbare Schäden, deren Sie sich zweifellos erinnern werden, als Schadenersatz die Summe von ...

Also los! Eine Zahl...:

»Sei doch still, verdammt nochmal!« schrie er seine Frau an. »Siehst du nicht, daß ich arbeite?«

»Woran?«

»Laß mich in Ruhe!«

... die Summe von dreißigtausend Francs schuldig geblieben sind, die Sie mir bitte umgehend zukommen lassen wollen, andernfalls ...

Andernfalls?

... sähe ich mich gezwungen, den Verantwortlichen für diese Sache, die, davon bin ich überzeugt, nur ein Mißverständnis ist, persönlich zu belangen ...

»Wo gehst du hin?«

»Den Scheck einlösen. Man weiß ja nie.«

»Schließ die Tür richtig zu. Kürzlich hast du es vergessen, und ...«

Er löste den Scheck ein. Er schickte den Brief ab, nachdem er die Adresse noch einmal überprüft und in letzter Minute auf einer Ecke des Umschlags hinzugesetzt hatte: Bitte nachsenden!

Als er heimkam, hätte er sich beinahe einen Aperitif gegönnt, doch im gleichen Augenblick verspürte er einen Stich in der Höhe der Leber.

›In spätestens acht Tagen ...‹

Er versteckte die zehntausend Francs, die übriggeblieben waren, in einem Ordner mit der Aufschrift: Streitfälle.

»Pierre!«

»Nein!«

»Was machst du?«

»Ich arbeite ...«

Er arbeitete wirklich. Er skizzierte einen Brief für den Fall, daß Madame Czaris ihm antwortete und ihm die dreißigtausend Francs schickte. Denn dann ...

Ich bin untröstlich, Sie erneut behelligen zu müssen; Sie werden verstehen, daß eine Angelegenheit wie die, welche uns beschäftigt, erhebliche Unkosten nach sich zieht ...

Sechs Monate später starb seine Frau, allein in der Kammer hinter dem Laden, während er einen neuen Plan austüftelte, um ...

Es waren jetzt hunderttausend Francs in dem Ordner für »Streitfälle«. Madame Czaris und ihr Geliebter – mit Sicherheit der Sekretär ihres Ex-Gatten – waren in Kairo.

Madame und teure Klientin,

Unvorhergesehene Ereignisse versetzen mich in eine prekäre Situation, und zu meinem großen Bedauern bin ich gezwungen …

Er kümmerte sich so wenig um seinen Sohn, daß er nicht wußte, wann der Junge abends nach Hause kam oder ob er wegblieb. Er gab ihm kein Geld oder sehr wenig. Fünf Francs in der Woche. Er trank seinen Kaffee in der Brasserie, um die Holzkohlen zu sparen.

Nie würde er von dieser Frau ganz bezahlt werden können … Den ganzen Tag entwarf er Briefe, Briefe …

… Ich bitte Sie, sich in die Haut eines armen Mannes zu versetzen, der …

Hundertzwanzig-, hundertfünfzigtausend Francs in dem Ordner für »Streitfälle« … Aber wer hätte ihm sagen können, wieviel die ganze Sache tatsächlich wert war und ob er nicht betrogen wurde?

Le crime du malgracieux. In: *La rue aux trois poussins*, Paris 1963. Deutsch von Wolfram Schäfer. Aus: *Gesammelte Erzählungen*, Zürich 1980, sowie *Meistererzählungen*, Zürich 1988.

Monsieur Safts Schicksal

»Sie können sich wieder anziehen. Verheiratet? Kinder?«

In Wirklichkeit reagierte Monsieur Saft sehr gefaßt auf den Schock. In dem Spiegel im Konsultationszimmer konnte er sehen, wie er ihn traf. Er hielt gerade die Arme in die Luft, um sich das Hemd über den Kopf zu ziehen. In der schlechten Beleuchtung war seine fette Brust mit den schwarzen Haaren so fahlweiß wie seine Wäsche. Vorher hatte ihn der Arzt vor dem Auskultieren vertraulich in die Brust gekniffen. Er hatte Brüste wie ein junges Mädchen.

»Das Fett hier gefällt mir gar nicht, mein Lieber ...!«

Es war ein billiger Arzt im dritten Stock eines alten Hauses in der Rue Coquillière, bei den Markthallen. Es war Winter, fünf Uhr nachmittags. Unten in der engen, vom Schaufensterlicht erleuchteten Straße mit den schwarzen und kalten Durchfahrten war Paris voll bunten Lebens – Männer, Frauen, Autos, vor Wagen gespannte Pferde. In dem Haus, in dem der Arzt wohnte, rumorte es hinter allen Türen, es wurde gesprochen, geflüstert, es gab einen Friseur, eine Wahrsagerin, einen Hutfedernhändler, einen kleinen Spediteur für die Hallen, ein Anlagebüro, und in dem schlecht erleuchteten Treppenhaus stießen andauernd Leute mit den Schuhen gegen die Stufen.

»Ich lebe allein ...« brachte Monsieur Saft mit beinahe fester Stimme hervor und versuchte, mit seinen dicken Lippen ein bitteres Lächeln zustande zu bringen, »Sie können es mir ruhig sagen ... Sie sind schon der dritte heute nachmittag ...«

Der Arzt dachte schon wieder an etwas anderes.

»Der dritte was?«

»Arzt ...«

»Was haben Ihnen die beiden andern gesagt?«

»Dasselbe wie Sie ...«

»In diesem Fall ... wenn Sie es wissen ... Denken Sie daran, daß Sie, wenn Sie sich keine Exzesse erlauben, noch sechs Monate leben können ... vielleicht auch noch ein Jahr ...«

Das schwierigste war, die Krawatte zu binden, denn Monsieur Safts Finger zitterten doch ein wenig.

»Was schulde ich Ihnen?«

»Zwanzig Francs...«

Drei Ärzte zu zwanzig Francs, der erste Place de la République, der zweite Rue Bergère... Für die sechzig Francs hätte er sich auch einen feinen Doktor nehmen können, aber hätte er dort mehr erfahren? Vielleicht weniger, die feinen Doktoren glauben ja immer, sie müßten mehr Optimismus zeigen.

»Es wird ganz schnell gehen, nicht?«

Den Arzt ließ das gleichgültig, er dachte an die sieben Patienten, die noch im Vorzimmer warteten – sieben Patienten zu zwanzig Francs –, und er bemerkte so nebenbei:

»Vermutlich... Sie brauchen keine Angst zu haben...«

Auf der Straße schlug Monsieur Saft den Kragen seines Überziehers hoch, es war kalt. Die Menge, die mitleidig herbeigeeilt wäre, wäre eine Katze von einem Auto überfahren worden, hastete an ihm vorüber und rempelte ihn an, ohne etwas zu ahnen. Monsieur Saft blieb vor den Schaufenstern stehen, um sich zu beweisen, daß er ruhig war. Weihnachten stand bevor, und in einigen Auslagen waren Girlanden aus künstlichem Schnee und kleine bunte Kugeln zu sehen.

Er hatte immer geahnt, daß das eines Tages kommen würde – und nun war es eingetreten! Er betrachtete sich im Fensterglas einer Metzgerei; das Glas mußte fehlerhaft sein, denn er sah sich mit leicht verbogener Nase und so verschwommenen Gesichtszügen wie hinter Dampfschwaden.

»Der erste Arzt hat gesagt, zwei oder drei Jahre, aber das war ein alter Mann, der vielleicht selber Angina pectoris hatte...«

Beinahe hätte ihn ein Lastwagen umgefahren, er konnte gerade noch auf das schmale Trottoir springen. Seine Schläfen waren feucht. Er näherte sich den großen Boulevards. Vor einem Kirchenportal blieb er stehen, mit feuchter Nase, stärker bedrückt, als er es bei den drei Ärzten gewesen war. Auf der Erde saß ein alter Mann, eine Krücke über den Beinen, und auf der Krücke lagen Abendzeitungen ausgelegt. Der Alte hielt nicht nach Kunden Ausschau. Er sah zu Boden, man bediente sich selbst und warf das Geld in eine Holzschale.

Nun erst verspürte Monsieur Saft seine ganze Angst. Der

Alte erinnerte ihn an einen anderen Alten. Das war in Warschau gewesen, als er noch ein Kind war. Der Schnee war dabei, sich in gelblichen Matsch aufzulösen. Streifen eisigen Regens durchzogen den Lichtschein der Gaslaternen. Um eine Statue auf einem Platz ein Gitter. Gegen das Gitter gelehnt, direkt am Boden, ein bärtiger Alter zwischen Zeitungen, die um ihn her verstreut lagen.

Der kleine Saft trug damals keine richtigen Schuhe. Er schlenderte umher, die Hände in den Taschen, die Schultern eingezogen, und er betrachtete lange den Zeitungsverkäufer. Die Menge lief vorbei, wie hier, die Schlitten glitten durch den Matsch und spritzten ihn bis in die Mitte der Gehsteige.

Warum war der kleine Junge unbeweglich stehengeblieben, mit gerunzelten Augenbrauen, während sich die Zeitungen langsam im Schnee aufzulösen schienen? War ihm der Gedanke gekommen – aber daran wollte er nicht mehr denken –, schnell die Hand in die Holzschale zu tauchen und davonzulaufen?

Jedenfalls hatte er, als er näher kam, eine Entdeckung gemacht: Der Alte war tot, obwohl ihm die Augen offenstanden ... Er war mitten auf der Straße gestorben, ohne daß es jemand bemerkt hätte, sein Gesicht in Höhe der Beine der Passanten, die an ihm vorbeiliefen ...

Ein Frösteln lief Monsieur Saft den Rücken hinunter, und er ging schneller. Auf dem Boulevard Saint-Martin betrat er einen Hof, zwischen einer Musikalienhandlung und einer Pfeifenfabrik. Der Hof war nur durch den Lichtschein erhellt, der aus den Fenstern drang. Er stieß eine Tür auf, stieg einige Stufen hinunter und betrat sein Büro, das ein Emailschild hatte: *Editions Optima*.

»Der Briefträger ist gerade dagewesen«, berichtete Madame Pourcel, die unter einem Knäuel Bindfaden, das von der Decke hing, Pakete schnürte.

Sie merkte nichts. Er führte dieselben Handgriffe aus wie jeden Tag. Zuerst mußte er für jedes Paket, das sie fertiggemacht hatte, ein gelbes Postformular ausfüllen. Dann übertrug er Namen und Adresse in eine Liste. Direkt hinter ihm stand der Ofen. Regale füllten den ganzen Raum im Untergeschoß aus, aus dem nur – wie für den Alten in Warschau! – die Beine und Füße der Leute zu sehen waren, die am Hof vorbeigingen.

»Ich gehe auf die Post, Monsieur Saft. Muß ich nachher wieder zurückkommen?«

Er sah sie erschrocken an.

»Natürlich, wir müssen ...«

»Es ist dann schon sechs Uhr, und ...«

Madame Pourcel war vierzig oder fünfzig Jahre alt. Sie fungierte gleichzeitig als Aufwartefrau, Lagerverwalterin, Angestellte, und manchmal machte Monsieur Saft um diese Uhrzeit plötzlich das Licht aus, ohne es vorher anzukündigen, denn vor dem Kellerfenster war kein Vorhang. Sie protestierte nicht. Sie zeigte weder Freude noch Mißfallen. Er machte wieder Licht und nutzte das, nachdem er schon stand, um den Ofen nachzulegen.

»Es ist etwas weniger Post als gestern ...« erklärte sie.

Immer dieselben Briefe mit einer Bestellung darin. Die Annoncen in den kleinen Blättern lauteten: »Diskrete Zusendung ...«

Den ganzen Tag lang verpackten Madame Pourcel und Monsieur Saft schlechte Broschüren aus schlechtem Papier, aber mit ansprechendem Titel.

Madame Pourcel blieb eine halbe Stunde weg. Im Postamt standen die Leute Schlange. Sie wunderte sich, warum Monsieur Saft auf der Türschwelle stand und auf sie wartete.

»Ich möchte Sie gern etwas fragen«, sagte er, »würde es Ihnen was ausmachen, bei mir zu schlafen?«

Sie verstand nicht ganz.

»Bei Ihnen schlafen?«

»Es ist nicht, wie Sie denken... ich möchte nur... na, unwichtig! Natürlich würde ich Ihr Gehalt erhöhen ...«

»Das ist nicht das Problem. Es ist nur nicht möglich. Mein Sohn wohnt bei mir ...«

»Sie haben einen Sohn?«

»Ja, er ist sechzehn... Er arbeitet in einer Garage... Ich kann ihm ja nicht einfach erklären ...«

»Na schön.«

»Sind Sie böse ...«

»Nein ...«

»Warum schauen Sie mich so an? Hab ich noch was zu tun heut abend? Ich komme sonst zu spät zum Abendessen ...«

»Guten Abend ...«

Er sagte dieses »Guten Abend« mit einer Stimme, die sie auf dem ganzen Heimweg beunruhigte.

Monsieur Saft blieb wie jeden Abend bis halb acht Uhr im Büro. Er heftete die Bestellungen zusammen, nachdem er sie signiert hatte, dann die Briefe. Schließlich versicherte er sich, daß der Ofen am Ausgehen war, zog seinen Mantel an, seinen Hut und schloß die Tür hinter sich ab.

Hundert Meter weiter, in der Rue de Bondy, fand er seinen freien Tisch in seinem kleinen Restaurant, sein Gedeck und die gewohnte Bedienung, die ihm mitteilte:

»Es gibt Eintopf heute ...«

Sie war schwarz gekleidet, trug eine weiße Schürze und hatte immer ein müdes Gesicht. Er wußte, daß sie ein Kind in Pflege hatte. Nein! Auch wie würde nicht bereit sein ...

»Sie sehen so abwesend aus, Monsieur Saft ...«

Er lächelte vage, wie um sich zu entschuldigen. Auch hier wieder entdeckte er sich in einem Spiegelglas. Ohne Hut sah er beinahe noch fetter aus; er war fast kahl, und die wenigen Haare kämmte er über seinen Schädel, so daß sie wie mit Tusche gezeichnet aussahen.

»Na, lesen Sie heute keine Zeitung?«

Für gewöhnlich las er beim Essen die Zeitung. Er hatte sich keine gekauft, wegen des alten Mannes und wegen der Erinnerung an Warschau. Eine Art abergläubische Furcht hatte ihn daran gehindert. Die Bedienung, Marthe, schlüpfte zwischen den Tischen hindurch, die so eng zusammenstanden, daß sie die Rücken der Gäste streifte. Wenn es ihn hier traf ...? Er sah in den Spiegel und versuchte, sich vorzustellen, wie er als Toter aussah. Er hatte begonnen sich auszuziehen. Er wohnte in einer Drei-Zimmer-Wohnung in der Rue de Turenne, einer sehr sauberen Wohnung mit hübschen neuen Möbeln. Die Concierge machte ihm den Haushalt, und auch das kleinste Stück stand auf seinem Platz. Im ganzen sahen die Zimmer genauso aus wie in dem Möbelkatalog.

Vielleicht war es das, was ihm plötzlich Angst machte. Er hatte das Gefühl, als sei er ganz allein in einem leeren Raum, und fast hätte er um Hilfe gerufen, so wie man mitten in der Nacht aufwacht und einen Halt sucht.

Die Concierge war verheiratet und hatte zwei Kinder. Als er an ihrer Loge vorbeikam, zog sie gerade das kleinere davon aus, und sie überlegte sich, daß er wohl ins Kino ginge. Ohne das Baby loszulassen, zog sie die Schnur und ahnte nicht, daß er große Lust gehabt hätte, hereinzukommen und sich für eine Weile in die warme Loge zu setzen.

Zuerst konnte man ihn in einer Brasserie auf der Place de la République vor einem Glas Mineralwasser sitzen sehen. Mit trüben Augen sah er die Leute an, wie in einem Wartesaal im Bahnhof. Neben ihm unterhielt sich ein Pärchen, und plötzlich legte die Frau die Hand auf den Arm ihres Begleiters und zeigte mit dem Kinn zu ihm hinüber.

»Er hört uns zu ...«

Der Mann schaute ihn übelgelaunt an. Was dachte er über ihn? In Plougastel, wo er seine Ferien verbrachte, hatten ihn die Leute für einen Spion gehalten, weil er immer allein war. In der Metro wurden die Frauen mißtrauisch, als würde er ihnen gleich ein unanständiges Angebot machen. Er fühlte es. Er fragte sich, weshalb. Er schlich sich die Mauern entlang, verschämt, und wenn er das Wort an jemanden richtete, machte er immer den Eindruck, als bitte er dafür um Verzeihung.

Die Brasserie machte zu, und er ging die Boulevards entlang.

Die verlassenen Plätze machten ihm mit einem Mal angst. Er beschleunigte den Schritt und ging hinter irgend jemandem her, nur, um nicht allein zu sein, und manchmal drehte sich einer der Verfolgten unruhig oder ärgerlich um. Sogar Stadtpolizisten ...

Um ein Uhr morgens saß er in einer kleinen Bar in der Rue Montmartre. Er mußte auch hier wieder gehen, weil zugemacht wurde, aber zum Glück blieb das Café an der Ecke zu den großen Boulevards die ganze Nacht offen.

»Es wäre mir lieber, wenn Sie zu mir kämen ...« brummte er, als sie Seite an Seite die verlassene Straße hinuntergingen.

»Nein, mein Lieber, ich mag das nicht ...«

Auch sie war mißtrauisch, und dabei war es ja ihr Beruf, ganz gleich mit wem mitzugehen. Sie hatte Schlimmeres erlebt. In dem Café hatten zwei gesessen. Als er ihnen kurz ein Zeichen machte, hatten sie sich angesehen, dann hatten sie leise miteinander gesprochen, und er hatte verstanden, daß eigentlich die an der Reihe war, die ihn nicht begleiten wollte ... Diese hier war blond und dick, mit Wülsten über dem Gürtel und kräftigen Hüften.

»Kommst du aus der Provinz?«

Er ließ sie in dem Glauben, er wollte ihr nicht widersprechen. Als sie in ihrem Zimmer waren und er ihr erklärte, daß er lediglich die Nacht bei ihr verbringen wollte, wurde sie ärgerlich und überließ ihn einem zweifelhaften Bett und einer Waschschüssel aus Email.

Er setzte sich ganz angezogen auf den Bettrand und blieb so sitzen bis zum Morgen, ein wenig beruhigt, denn er hörte das unaufhörliche Gehen und Kommen in den benachbarten Zimmern. Als er hinunterging, sah ihn das Zimmermädchen von der Seite an, und er war einer der ersten, der durch die noch dunklen Straßen von Paris irrte. Hätte ein Friseursalon offen gehabt, er hätte sich rasieren lassen. Sein Bart wuchs sehr schnell. Es heißt, auf dem Gesicht der Toten wächst er noch viel schneller.

»Fahren Sie mich zum Quai de Javel ... Ich weiß die Nummer nicht ... Ich sage Ihnen, wo Sie halten sollen ...«

Was dachte der Chauffeur wohl von ihm? Was würde er tun und was würde er sagen, wenn er bei der Ankunft seinen Kunden tot im Wagen fand?

Seit zwanzig Jahren war er nicht mehr am Quai de Javel gewesen, aber er war sicher, daß er das Haus bei der Zeitungsauslieferung wiedererkennen würde. Ein kleines Haus, wie in der Provinz, mit einem einzigen Stockwerk und mit geschwärzten Ziegelsteinen. Das war seine erste Bleibe in Paris gewesen. Man hatte ihn bei der Auslieferung angestellt, damit er die Ausgänge notierte. Er hatte bei Madame Van Osten ein Zimmer gefunden, einer Belgierin, die den ganzen Tag Putzeimer herumschleppte.

»Monsieur Charles! Ein Brief für Sie ...«

»Monsieur Stephan. Zu Tisch ...«

Der Korridor war eng und die Zimmer so klein, daß sie alle

die Wärme und die Gerüche aus der Küche abbekamen. Madame Van Osten behandelte die Mieter, als wäre es ihre eigene Familie.

»Ich wette, daß Sie diese Woche noch nicht die Socken gewechselt haben. Geben Sie sie mir, ich wasche sie schnell ...«

Die Erinnerung war ihm nachts gekommen, als er auf dem Bettrand saß, und es war vielleicht die wärmste und angenehmste Erinnerung aus seinem Leben. Jemand hatte sich um seine Socken gekümmert! Jemand hatte ihn angeknurrt, wenn er gar zu sparsam war!

Denn außer den Mittagsmahlzeiten, die Madame Van Osten für alle zubereitete, aßen die Mieter, wie es ihnen gefiel. Jeder hatte seine Blechdose für Vorräte. Man begegnete sich in der Küche. Ein Russe, ein Fabrikarbeiter – er war später Ingenieur geworden –, ernährte sich von Camembert und geräucherten Heringen.

»Monsieur Saft, Sie essen nicht genug ... Sie werden noch krank, Sie werden sehen!«

Er dachte bereits daran, ein Geschäft aufzuziehen, und er hatte beschlossen, nicht unter zweitausend Francs anzufangen.

»Kaufen Sie sich wenigstens ein Ei ... Ein junger Mann in Ihrem Alter kann nicht von Brot und Yoghurt ...«

Um mit dem Feuer zu sparen, verbrachte er die Abende in der Küche, und im Winter legte er die Füße an den Herd. Es gab eine Tochter, Elisa, sie hinkte ein wenig, und Monsieur Saft hatte sie eines Nachts gehört, wie sie in das Zimmer des Russen, Monsieur Bogdanowski, ging ...

»Wenn ich Ihre Mutter wäre ...«

Madame Van Osten zwang ihn, das Hemd zu wechseln, sie machte Flicken in seine Hosen ...

»Fahrer, warten Sie, ich glaube ...«

Er erkannte den Quai de Javel kaum wieder. Neue Häuser standen dort. Das einstöckige Haus ... Aber warum war jetzt eine Bar im Erdgeschoß?

»Warten Sie auf mich ...«

Drinnen war Licht, der Tag hatte noch kaum begonnen. Er sah den Rücken einer riesigen Frau, die Gläser spülte, und als sie sich umdrehte, glaubte er sie zu erkennen.

»Mademoiselle Elisa, nicht wahr?«

Die kramte ihrerseits in ihrem Gedächtnis.

»Was gibt's?«

»Erinnern Sie sich nicht an Monsieur Saft?«

»Ach ja, der polnische Jude ... Entschuldigen Sie ... Was wollen Sie?«

»Ihre Mutter ...«

»Mama ist schon lange tot ... Sich so abzuarbeiten wie sie für ihre Mieter ...«

»Haben Sie keine Mieter mehr?«

»Warum? Wollen Sie ein Zimmer?«

Sie hantierte noch immer mit ihrem nassen Spüllappen und reihte die Gläser auf dem Schanktisch auf. Jemand kam mit schweren Schritten die Treppe herunter, die jetzt direkt in die Bar führte.

»Eine Limonade, Elisa ...«

Er sah den Neuankömmling mißtrauisch an, bemerkte das Taxi und überlegte, wer ...

»Sagen Sie ... Sie haben doch sicher ein Zimmer für mich übrig, oder? Ich zahle, was Sie wollen ...«

»Die Mansarde ist noch frei. Sie kennen sie ja ... Aber ich mache Sie darauf aufmerksam ...«

Ein kleines Mädchen im langen weißen Hemd und mit nackten Füßen kam nun ebenfalls die Treppe herunter.

»Willst du wohl deine Pantoffeln anziehen?«

»Aber Mama ...«

»Tu, was ich dir sage ...«

»Aber sie sind unter dem Bett ... Ich kann sie nicht kriegen ...«

»Ja soll ich jetzt vielleicht ...«

»Entschuldigen Sie mich einen Augenblick. Ich bezahle das Taxi ...«

»Sagen Sie mal, Monsieur Saft, haben Sie nichts zu tun?«

Er saß in seiner Ecke direkt unter der Wendeltreppe, und jedesmal wenn jemand hinauf- oder hinunterstieg, mußte er wegrücken. Er tat es unaufgefordert und stotterte dabei:

»Tschuldigung ... Ich kann Ihnen ja was helfen, wenn Sie wollen ...«

»Na schön! Schälen Sie die Kartoffeln, wenn es Ihnen Spaß macht … Wenn ich denke, daß ich extra nicht geheiratet habe, um nicht den ganzen Tag einen Mann um mich rum zu haben …«

Sie hatte drei Kinder. Die Älteste, sie war sechzehn und sah Monsieur Bogdanowski ähnlich, arbeitete in einem Milchladen. Das war die bösartigste. Sie konnte Monsieur Saft nicht riechen und versteifte sich darauf, kein Wort mit ihm zu reden. Einmal hatte er ihr Schokolade mitgebracht, und sie hatte sie zurückgewiesen:

»Danke schön! Ich nehme keine Geschenke von irgendwem …«

Er saß da von morgens bis abends, und er störte.

»Sagen Sie, Monsieur Saft, würde es Ihnen etwas ausmachen, einen Spaziergang zu machen, damit ich Ihr Zimmer putzen kann?«

Er ging jedoch nicht weit. Er stand auf dem Bordstein und wartete auf den Moment, wo er wieder zurückkonnte.

»Wenn Sie Besorgungen zu machen haben, gehn Sie nur … Ich passe auf das Café auf …«

»Können Sie auch noch das Ragout überwachen?«

»Warum nicht?«

Seine Füße waren schon immer empfindlich gewesen, und er lief jetzt nur noch in Pantoffeln herum. Noch eine andere Gewohnheit hatte er angenommen, die Elisa widerlich fand. Um keinen Stehkragen anziehen zu müssen, behielt er den ganzen Tag sein Nachthemd mit der kreuzstichbestickten Einfassung an.

»Monsieur Saft, gehen Sie doch mal in den Keller, Wein holen …«

Je mehr man von ihm verlangte, um so zufriedener war er. Er hatte sogar gelernt, Belote zu spielen, weil abends manchmal ein Vierter fehlte. Und er erhob sich, wenn einer der Spieler etwas zu trinken wollte.

Er gewöhnte sich an, morgens die Kohlen aus dem Keller zu holen.

»Wenn ich gewußt hätte, daß Sie derart penetrant sind …« seufzte Elisa. »Nun ja! Es wird nicht mehr lang dauern …«

»Was wollen Sie damit sagen?«

»Daß ich bald das Geschäft abgebe ... Ich hab genug davon, immer die anderen zu bedienen, jeden, der daherkommt ...«

»Das tun Sie wirklich?«

»Jawohl. Bei dem, was ihr alle mir einbringt ... als Bedienung in einer Brasserie verdien ich mehr.«

Gerade da wurde das Zimmer im ersten Stock zur Straße frei.

»Wenn Sie ein besseres Zimmer haben wollen ...«

Jetzt nicht mehr. Er hatte sich schon zu sehr an seine Mansarde gewöhnt.

»Sind Sie noch immer so knickrig? Manchmal frage ich mich, weshalb Sie hierhergekommen sind ... Wenn Sie nicht Ihre polizeiliche Anmeldung ausgefüllt hätten, könnte man meinen ... Naja! Wie Sie wollen ... Es ist ja nur noch für ein paar Monate ...«

»Und wenn ...«

Aber er würde seinen Satz erst zehn Tage später beenden, an einem Morgen, als sie allein in der Bar waren. Die Stühle standen auf den Tischen. Er sagte alles, was er zu sagen hatte. Daß er nur noch kurze Zeit zu leben hatte, daß er mehr als zweihunderttausend Francs auf der Bank hatte, daß er niemanden hatte, dem er sein Vermögen hinterlassen konnte, daß ...

»Und was hat das alles mit mir zu tun?«

»Nun, wenn ich Sie heiraten würde?«

Sie brach in Gelächter aus und weigerte sich, noch weiter darüber zu reden. Er kehrte in seine Ecke zurück, und in der Woche darauf war er schweigsamer als je zuvor.

»Übrigens, Monsieur Saft ... Was Sie neulich zu mir gesagt haben ... Geben Sie zu, daß Sie einen Hintergedanken dabei hatten ... Sie haben gewußt, daß die Zeitungsauslieferung das Haus braucht, um sich zu vergrößern, nicht? Ich sage Ihnen, wieviel sie mir bieten ... Es sind schon zwei Jahre, daß sie um den heißen Brei rumschleichen ... Jetzt sind sie bei sechzigtausend ... Bei hunderttausend werde ich ...«

Eines Morgens bat das sechzehnjährige Mädchen, das im Milchladen arbeitete, um einen freien Tag, um auf die Hochzeit ihrer Mutter gehen zu können. Die beiden jüngeren hielt sie an der Hand.

Monsieur Saft war mit dreizehn Jahren in einem Güterzug

aus Wilna geflohen, seinem Geburtsort. Mit siebzehn hatte er Warschau verlassen, und am Quai de Javel hatte er in fünf Jahren die nötigen zweitausend Francs gespart, um...

Nun war er wieder am Quai de Javel. Man konnte ihn nicht mehr von dort vertreiben...

»Hallo Chef...«

Niemand hinderte ihn daran, den ganzen Tag in Pantoffeln herumzulaufen und über seiner alten Weste das Nachthemd anzubehalten.

»Hast du die Bierkisten runtergebracht?«

Damals hatte er auf Elisa Lust gehabt, als sie zu Bogdanowski ins Zimmer ging und er das Ohr an die Zwischenwand hielt und zuhörte. Jetzt war sie seine Frau, und sie schliefen zusammen in dem großen Bett der Mutter Van Osten.

Er hatte sich eine kleine Welt für sich gesichert. Ein Stück Quai, den Blick auf einen Abschnitt Seine mit ihren Flußkähnen, seinen Stuhl unter der Wendeltreppe. Elisa scheuchte ihn von morgens bis abends herum.

»Die Kiste Aperitif hast du noch immer nicht aufgemacht! Glaubst du, die Flaschen kommen von selber raus?«

Wenn sie »du« sagte, war es, als hätte sie einen Knödel im Hals, den sie nicht hinunterbrachte.

»Trotzdem frage ich mich...« Sie beobachtete ihn mißtrauisch.

»Das soll nicht heißen... Aber ob du nicht doch etwas auf dem Gewissen hast?... Sogar die Mieter sind mißtrauisch!

Ich habe immer das Gefühl, ich habe eine Dummheit gemacht...« gab sie zu. »Wenn es nicht wegen der Kinder gewesen wäre... Abgesehen davon, daß die Ärzte sich vielleicht geirrt haben... Wenn du überhaupt dort warst. Wie ich dich kenne...«

Die Sonne schien. Es war Juli. Und er lebte immer noch!

»Wenn du darauf bestehst, kann ich ja hingehn und mir ein Attest geben lassen... Ich erinnere mich an ihre Adressen... Es ist nicht meine Schuld, wenn ich...«

Hatte er sich nicht das Recht erkauft auf die Wärme der anderen, auf ihr Leben, das er von morgens bis abends atmete und das...

»Vergiß nicht, daß der dritte Arzt, der in der Rue Coquillière, gemeint hat, es würde ganz plötzlich gehen ...«

Er schien sich dafür zu entschuldigen, daß er noch da war, aber es lag etwas wie das Aufflackern eines Triumphes in seinen braunen Augen.

»Am Ende beerdigst du noch uns alle ...«

Und er, mit einem bescheidenen Lächeln, und trotzdem etwas ängstlich:

»Du übertreibst!«

Trotzdem starb sie als erste, an Brustkrebs, nach zwei Jahren. Auf dem Heimweg von der Beerdigung ging ihre Tochter vor ihm her. Er fragte sich, ob ...

Er überlegte. Es war vielleicht etwas heikel. Aber schließlich hinderte ihn nichts ...

Er war mit seinen Gedanken so beschäftigt, daß er, als ihn ein Zeitungsausrufer anstieß, vom Gehsteig auf die Straße trat. Die Trambahn erfaßte ihn. Alles drehte sich. Die Zeitungen, die der Junge geschwenkt hatte, flatterten auf der Straße umher.

»Wer ist es?« fragte jemand, als der Fahrer einen Wagenheber holte, um die Trambahn anzuheben.

Und Monsieur Saft konnte sterbend unter den Rädern noch hören:

»Es ist mein Stiefvater.«

So war er also nicht als jemand gestorben, der... als ein Mann, der ...

Le destin de Monsieur Saft. Zuerst in: ›Gringoire‹, November 1940. Abgedruckt in: *Œuvres complètes 26*, Lausanne 1969. Deutsch von Angela von Hagen. Aus: ›Tintenfaß Nr. 10‹, Zürich 1985, sowie *Emil und sein Schiff*, Zürich 1985.

Zwei Maigret-Geschichten

Die Aussage des Ministranten

I

Das Läuten zur Sechs-Uhr-Messe

Ein feiner kalter Regen fiel. Es war dunkel. Nur am Ende der Straße, auf der Seite der Kaserne, von wo man um halb sechs Trompetensignale gehört hatte und von wo nun das Getrappel von Pferden herüberklang, die zur Tränke geführt wurden, sah man das schwach erhellte Rechteck eines Fensters: wohl jemand, der früh aufstand, oder vielleicht ein Kranker, der die ganze Nacht wach gelegen hatte.

Sonst schlief die Straße. Es war eine ruhige, breite, praktisch neue Straße, mit Häusern, die sich alle glichen, ein-, höchstens zweistöckig, wie man sie in den Vororten der meisten großen Provinzstädte sieht.

Das ganze Viertel war neu, ohne Geheimnis, die Bewohner waren ruhige, bescheidene Leute, Angestellte, Handelsvertreter, Kleinrentner, friedfertige Witwen.

Maigret stand mit hochgeschlagenem Mantelkragen in der Ecke zur Einfahrt der Knabenschule und wartete, seine Pfeife rauchend, mit der Uhr in der Hand.

Genau um Viertel vor sechs läuteten die Glocken der Pfarrkirche hinter ihm, und er wußte, daß das das erste Läuten zur Sechs-Uhr-Messe war, wie der Junge es erklärt hatte.

Der Klang der Glocken schwang noch in der feuchten Luft, als er mehr erriet als hörte, wie im Haus gegenüber ein Wecker losging und entnervend rasselte. Das dauerte nur ein paar Sekunden. Der Junge hatte wohl schon die Hand aus dem warmen Bett gestreckt und im Dunkeln tastend den Wecker abgestellt. Kurz darauf wurde das Mansardenfenster im zweiten Stockwerk hell.

Es spielte sich genau so ab, wie der Junge gesagt hatte. Leise stand er als erster auf, während im Hause alles weiterschlief.

Nun zog er wohl seine Kleider und die Socken an, wusch sich das Gesicht und die Hände und fuhr mit dem Kamm durch das Haar.

»Die Schuhe«, hatte er gesagt, »trage ich hinunter und ziehe sie erst auf der letzten Treppenstufe an, um die Eltern nicht zu wecken.«

So ging es Tag für Tag, Sommer und Winter, seit bald zwei Jahren schon, seit Justin begonnen hatte, bei der Sechs-Uhr-Messe im Krankenhaus zu ministrieren.

Er hatte auch gesagt:

»Die Uhr des Krankenhauses geht immer drei oder vier Minuten hinter der der Pfarrkirche nach.«

Und dafür hatte der Kommissar den Beweis. Die Inspektoren der Kriminalpolizei, zu der er vor einigen Wochen beordert worden war, hatten mit den Achseln gezuckt, als sie am Abend zuvor diese detaillierten Geschichten von den Glokken, vom ersten und vom zweiten Läuten gehört hatten.

Hatte Maigret deshalb nicht gelächelt, weil er selbst lange Zeit Ministrant gewesen war?

Zuerst läuteten um Viertel vor sechs die Glocken der Pfarrkiche, dann rasselte der Wecker in der Mansarde, in der Justin schlief, kurz darauf erklangen die helleren Kapellglocken des Krankenhauses, die an Klosterglocken erinnerten.

Er hielt immer noch die Uhr in der Hand. Der Junge brauchte kaum mehr als vier Minuten zum Anziehen. Das Licht ging aus. Wahrscheinlich tappte er jetzt im Dunkeln die Treppe hinunter, um die Eltern nicht zu wecken, setzte sich auf die unterste Stufe, um die Schuhe anzuziehen, und nahm Mantel und Mütze vom Kleiderständer aus Bambusrohr, der rechts im Flur stand.

Die Tür ging auf. Der Junge schloß sie lautlos, schaute sich ängstlich nach beiden Seiten um und sah die große Silhouette des Kommissars auf sich zukommen.

»Ich hab Angst gehabt, Sie seien nicht da.«

Dann marschierte er schnell los. Der Junge war zwölf Jahre alt, blond, mager und schon eigenwillig.

»Sie wollen, daß ich es genau gleich mache wie immer, nicht wahr? Ich gehe immer schnell, einmal, weil ich ausgerechnet habe, wieviel Minuten ich brauche, und dann, weil ich im Winter in der Dunkelheit Angst habe. In einem Monat beginnt es um diese Zeit schon zu tagen.«

Er bog in die erste Straße rechts ab; sie war noch ruhig, etwas kürzer und führte auf einen runden, mit Ulmen bepflanzten Platz, über den Straßenbahnschienen liefen.

Maigret fielen winzige Einzelheiten auf, die ihn an seine Kindheit erinnerten. Etwa, daß der Junge nicht an den Häusern entlang ging, wahrscheinlich aus Angst, plötzlich jemanden aus dem Dunkel einer Tür auftauchen zu sehen. Beim Überqueren des Platzes wich er auch den Bäumen aus, weil sich dahinter ein Mann hätte verstecken können.

Er war eigentlich tapfer, denn zwei Winter hindurch, bei jedem Wetter, manchmal in mondloser, schwärzester Nacht oder in dichtem Nebel, hatte er jeden Morgen ganz allein denselben Weg zurückgelegt.

Wenn wir in der Mitte der Rue Sainte-Catherine sind, werden Sie das zweite Läuten der Pfarrkirche hören ...«

»Um wieviel Uhr kommt die erste Straßenbahn?«

»Um sechs Uhr. Ich hab sie nur zwei- oder dreimal gesehen, als ich zu spät war... Einmal, weil der Wecker nicht geläutet hatte, ein andermal, weil ich wieder eingeschlafen war. Deshalb springe ich jetzt sofort aus dem Bett, wenn er läutet.«

Ein kleines, bläßliches Gesicht in der regnerischen Nacht, etwas schlaftrunkene Augen, ein nachdenklicher und ganz leicht ängstlicher Ausdruck.

»Ich werde nicht mehr ministrieren. Heute bin ich nur gekommen, weil Sie darauf bestanden haben ...«

Sie gingen nach links in die Rue Sainte-Catherine; wie in den anderen Straßen in jenem Viertel stand dort alle fünfzig Meter eine Straßenlaterne, die ihren runden Lichtschein aufs Pflaster warf. Zwischen diesen Lichtflecken ging der Junge unbewußt schneller, als wenn er sich in ihrer beruhigenden Zone befand.

Immer noch vernahm man von weither die Geräusche aus der Kaserne. Einige Fenster wurden hell. Irgendwo in einer Querstraße hörte man Schritte, wahrscheinlich ein Arbeiter, der zur Arbeit ging.

»Hast du nichts gesehen, als du zu der Straßenecke kamst?«

Das war der heikelste Punkt, denn die Rue Sainte-Catherine verlief gerade, war zu der Zeit menschenleer, hatte schnurgerade Gehsteige, und die Straßenlaternen standen in so kurzen, gleichmäßigen Abständen, daß man im Halbschatten zwischen ihnen zwei sich streitende Männer sehen mußte, selbst auf hundert Meter Distanz.

»Vielleicht hab ich nicht geradeaus geschaut. Ich sprach vor mich hin, daran erinnere ich mich ... Es kommt oft vor, daß ich am Morgen unterwegs halblaut vor mich hin rede ... Ich wollte zu Hause meine Mutter um etwas bitten und wiederholte, was ich ihr sagen wollte ...«

»Was wolltest du ihr sagen?«

»Ich wünsche mir schon lange ein Fahrrad ... Ich hab schon dreihundert Francs mit Ministrieren verdient.«

War es Einbildung? Es schien Maigret, als entferne sich der Junge weiter von den Häusern. Er verließ sogar ein Stück weit den Gehsteig.

»Hier ist's ... Hören Sie! ... Jetzt läutet die Pfarrkirche zum zweitenmal.«

Maigret versuchte, sich in die Welt des Jungen hineinzudenken, ohne zu fürchten, daß er sich lächerlich machen könnte.

»Ich muß aufgeschaut haben ... Wissen Sie, so, wie wenn man blindlings läuft und plötzlich vor einer Mauer steht ... Genau hier war es ...«

Er zeigte auf dem Gehsteig auf die Linie, die das Dunkel vom Lichtschein einer Laterne trennte, in dem der feine Regen wie heller Staub aussah.

»Zuerst hab ich einen Mann ausgestreckt am Boden liegen sehen, und er kam mir so groß vor, daß ich hätte schwören können, er nehme die ganze Breite des Gehsteigs ein.«

Das war unmöglich, denn der Gehsteig war mindestens zweieinhalb Meter breit.

»Was ich dann gemacht habe, weiß ich nicht mehr genau ... Ich muß zur Seite getreten sein ... Ich bin nicht sofort geflohen, weil ich in seiner Brust das Messer mit dem braunen Horngriff gesehen habe. Es ist mir aufgefallen, weil mein Onkel Henri fast dasselbe Messer hat und er mir gesagt hatte, es sei Hirschhorn ... Ich bin sicher, daß der Mann tot war ...«

»Warum?«

»Ich weiß nicht. Er sah aus wie ein Toter.«

»Waren seine Augen geschlossen?«

»Ich hab nicht auf seine Augen geachtet. Ich weiß nicht mehr ... Aber ich hab das Gefühl gehabt, er sei tot ... Wie ich Ihnen gestern in Ihrem Büro gesagt habe, ging alles sehr schnell ... Ich hab all dies gestern den ganzen Tag lang so oft wiederholen müssen, daß ich mich nicht mehr zurechtfinde. Schon gar nicht, wenn ich merke, daß man mir nicht glaubt ...«

»Und der andere Mann?«

»Als ich aufgeschaut habe, hab ich vielleicht fünf Meter weiter weg jemanden mit sehr hellen Augen stehen sehen. Er hat mich eine Sekunde lang angeblickt und ist dann davongelaufen. Es war der Mörder.«

»Woher weißt du das?«

»Weil er geflohen ist, so rasch er konnte.«

»In welche Richtung?«

»Geradeaus.«

»In Richtung Kaserne also?«

»Ja.«

Tags zuvor war Justin tatsächlich mindestens zehnmal vernommen worden. Bevor Maigret ins Büro gekommen war, hatten die Inspektoren eine Art Spiel daraus gemacht. Aber Justin war nie auch nur im geringsten von seiner ersten Aussage abgewichen.

»Und was hast du gemacht?«

»Ich bin auch losgerannt. Es ist schwer zu erklären ... Ich glaube, ich bekam Angst, als ich den Mann fliehen sah ... Und dann bin ich davongerannt, so schnell ich konnte ...«

»In die entgegengesetzte Richtung?«

»Ja.«

»Ist dir nicht eingefallen, um Hilfe zu rufen?«

»Nein ... Ich hab zu sehr Angst gehabt. Ich fürchtete vor allem, daß meine Knie plötzlich nachgeben würden, denn ich spürte sie sozusagen nicht mehr ... Ich bin zur Place du Congrès zurückgekehrt ... Dann bin ich in eine andere Straße eingebogen, die auf einem Umweg ebenfalls zum Krankenhaus führt.«

»Gehen wir.«

Die hellen Kapellglocken bimmelten wieder. Nach fünfzig Metern kam eine Kreuzung; links sah man die Kasernenmauern mit den Schießscharten, rechts ein schwach beleuchtetes riesiges Portal und darüber eine Uhr mit einem graublauen Zifferblatt. Es war drei Minuten vor sechs.

»Ich bin eine Minute zu spät... Gestern war ich trotzdem pünktlich, weil ich gelaufen bin.«

An der Eichentür war ein schwerer Klopfer. Der Junge hob ihn an, und der Lärm widerhallte im Innern. Ein Pförtner in Pantoffeln öffnete die Tür; er ließ Justin herein, versperrte aber Maigret den Weg und musterte ihn mißtrauisch.

»Was wollen Sie?«

»Polizei.«

»Haben Sie einen Ausweis?«

Sie gingen durch eine Vorhalle, wo es schon nach Krankenhaus roch, und durch eine zweite Türe gelangten sie in einen großen Hof und zu den Pavillons. Von weitem gewahrten sie im Dunkeln die weißen Hauben der Krankenschwestern, die zur Kapelle gingen.

»Warum hast du gestern dem Pförtner nichts gesagt?«

»Ich weiß nicht... Ich hatte es eilig.«

Maigret verstand das. Justin wollte nicht beim Hauptportal, beim mißtrauischen und mürrischen Pförtner Zuflucht suchen, auch nicht im kalten Hof, über den lautlos Tragbahren getragen wurden, sondern in der warmen Sakristei neben der Kapelle, wo eine freundliche Schwester die Altarkerzen anzündete.

Der Junge mußte sich jeden Morgen sozusagen von einem Pol zu einem andern durchkämpfen, von seinem Dachzimmer, aus dem ihn der Wecker vertrieb, zur Sakristei der Kapelle. Die Leere dazwischen wurde nur von den Glocken belebt.

»Kommen Sie mit hinein?«

»Ja.«

Justin schien beunruhigt, ja entsetzt zu sein beim Gedanken, daß der Kommissar, der vielleicht ungläubig war, in sein Heiligtum eindringen wollte.

Gerade dies erklärte Maigret, warum das Kind jeden Morgen den Mut aufbrachte, so früh aufzustehen und die Angst zu überwinden.

In der warmen Kapelle fühlte es sich geborgen. In den Bänken des Kirchenschiffs saßen schon graublau gekleidete

Kranke, einige mit Kopfverbänden, andere mit Armschlingen oder Krücken.

Auf der Empore bildeten die Schwestern eine einheitliche Gruppe, und alle weißen Hauben senkten sich gleichzeitig in hingebungsvoller Andacht.

Sie mußten ein paar Stufen emporsteigen und neben dem Altar, auf dem schon die Kerzen brannten, nach rechts gehen.

In der dunkel getäfelten Sakristei stand ein sehr großer, hagerer Priester, der soeben das Meßgewand angezogen hatte. Ein Chorhemd aus feinen Spitzen wartete auf den Ministranten, und eine Nonne füllte gerade die Meßgefäße.

Erst hier war Justin am Tag zuvor keuchend, außer Atem, mit zitternden Beinen stehengeblieben. Hier hatte er geschrien:

»In der Rue Sainte-Catherine ist ein Mann umgebracht worden...«

Eine kleine, in das Getäfel eingebaute Uhr zeigte genau sechs an. Die Glocken läuteten wieder, aber in der Sakristei hörte man sie nicht so deutlich wie draußen. Justin sagte zur Nonne, die ihm das Chorhemd gab:

»Das ist der Polizeikommissar...«

Maigret blieb dort, während der Junge hastig zu den Altarstufen schritt, gefolgt vom Priester mit seiner roten Soutane, deren Falten sich hin und her bewegten.

Die Mesnerin hatte gesagt:

»Justin ist ein lieber, sehr frommer Junge, der uns nie angelogen hat. Ein paarmal ist er nicht zur Messe gekommen. Er hätte nachher behaupten können, er sei krank gewesen. Doch das hat er nicht getan! Er hat offen zugegeben, daß er sich nicht aufzustehen getraut hatte, weil es zu kalt war oder weil er in der Nacht Alpträume gehabt hatte und müde war...«

Und nach der Messe hatte der Priester den Kommissar angeschaut, mit seinen hellen Augen, die an die der Heiligen auf den Kirchenfenstern erinnerten:

»Warum sollte das Kind eine solche Geschichte erfunden haben?«

Maigret wußte nun, was tags zuvor in der Krankenhauskapelle geschehen war. Justin war am Ende seiner Kräfte gewesen. Er hatte mit den Zähnen geklappert und schließlich einen richtigen Weinkrampf gehabt. Die Messe konnte nicht verschoben werden. Die Mesnerin hatte die Oberin benachrichtigt und anstelle des Kindes ministriert, das unterdessen in der Sakristei gepflegt wurde.

Erst zehn Minuten später fiel es der Oberin ein, die Polizei zu alarmieren. Sie mußte durch die Kapelle gehen. Alle hatten gemerkt, daß etwas los war. Auf dem Polizeirevier des Viertels begriff der diensttuende Wachtmeister zunächst nicht:

»Wie? ... Oberin? ... Oberin wovon? ...«

Eine gedämpfte Stimme, wie man sie in Klöstern hört, wiederholte, in der Rue Sainte-Catherine sei ein Verbrechen verübt worden. Die Polizisten fanden aber nichts, weder ein Opfer noch einen Mörder...

Als wäre nichts geschehen, war Justin wie jeden Tag um halb neun zur Schule gegangen. Nachdem die Kriminalpolizei benachrichtigt worden war, holte ihn Inspektor Besson um halb zehn aus dem Klassenzimmer. Besson war ein untersetzter Mann, der wie ein Boxer aussah und den harten Mann spielte.

Armer Junge! In einem düsteren, nach Pfeifenrauch und einem qualmenden Ofen riechenden Büro war er geschlagene zwei Stunden nicht wie ein Zeuge, sondern wie ein Schuldiger verhört worden.

Die drei Inspektoren Besson, Thiberge und Vallin hatten der Reihe nach versucht, ihn hereinzulegen und ihn in Widersprüche zu verwickeln.

Und obendrein hatte man dann noch die Mutter geholt. Sie hatte im Vorzimmer gesessen, geweint oder sich geschneuzt und immer wieder beteuert:

»Wir sind rechtschaffene Leute und hatten noch nie mit der Polizei zu tun.«

Maigret hatte am Abend zuvor lange mit einer Rauschgiftaffäre zu tun gehabt und war deshalb erst gegen elf Uhr ins Büro gekommen.

»Was ist los?« hatte er gefragt, als er den Jungen sah, der ohne zu weinen, aber wütend auf seinen mageren Beinen dastand.

»Ein Flegel, der uns einen Streich spielen will. Er behauptet, auf der Straße eine Leiche und sogar einen Mörder gesehen zu haben, der geflohen sei, als er hinzukam. Vier Minuten später aber fuhr eine Straßenbahn durch diese Straße, und der Fahrer hat nichts gesehen. Es ist eine stille Straße, und niemand hat etwas gehört. Als nach einer Viertelstunde die Polizei, von irgendeiner Nonne benachrichtigt, erschien, war überhaupt nichts auf dem Gehsteig zu sehen, nicht der kleinste Blutstropfen...«

»Kommen Sie in mein Büro, mein Junge.«

Maigret war an jenem Tag der erste, der Justin nicht wie einen tückischen Lausbuben mit zuviel Einbildungskraft, sondern wie einen jungen Mann behandelte.

Er ließ sich die Geschichte nochmals schildern und hörte gelassen und ruhig zu, ohne zu unterbrechen und ohne sich Notizen zu machen.

»Wirst du weiterhin bei der Messe im Krankenhaus ministrieren?«

»Nein. Ich will nicht mehr hingehen. Ich fürchte mich zu sehr.«

Das war ein großes Opfer. Sicher war das Kind fromm. Sicher gefiel ihm die Poesie der Frühmesse in der warmen und etwas geheimnisvollen Atmosphäre der Kapelle.

Zudem verdiente es etwas dabei, zwar nicht viel, doch immerhin genug, um sich eine kleine Summe zusammensparen zu können. Der Junge wünschte sich ja sehnlichst ein Fahrrad, und die Eltern konnten ihm keines geben!

»Ich möchte dich bitten, morgen früh noch ein letztes Mal hinzugehen.«

»Ich traue mich nicht.«

»Ich gehe mit dir. Ich warte vor deinem Haus auf dich. Du wirst dich genau gleich verhalten wie immer...«

Das war nun geschehen, und Maigret stand um sieben Uhr früh allein vor dem Portal des Krankenhauses, in einem Viertel, das er bis anhin nur vom Vorbeifahren mit Straßenbahn oder Auto gekannt hatte.

Der Himmel war jetzt blaugrün. Es fiel immer noch ein eisiger Sprühregen, der schließlich an den Schultern des Kommissars haften blieb, und er mußte zweimal niesen. Einige Fußgänger gingen mit hochgestelltem Mantelkragen und mit den

Händen in den Taschen an den Häusern entlang. Metzger und Krämer öffneten die Läden vor ihren Schaufenstern.

Ein friedlicheres, ruhigeres Viertel hätte man kaum finden können. Allerdings, daß zwei Männer, etwa zwei Betrunkene, morgens um fünf vor sechs auf dem Gehsteig der Rue Sainte-Catherine miteinander stritten, wäre zur Not vorstellbar gewesen.

Unter Umständen wäre es auch möglich gewesen, daß ein Landstreicher, irgendein Tunichtgut, in der Frühe einen Fußgänger auf dem Gehsteig überfallen, ausgeraubt und ihm einen Messerstich versetzt hätte.

Aber das war ja nicht alles. Laut Angaben des Jungen floh der Mörder, als Justin kam, und das war um fünf vor sechs gewesen.

Um sechs Uhr fuhr die erste Straßenbahn vorbei, und der Fahrer behauptete, nichts gesehen zu haben.

Er war vielleicht zerstreut oder hatte in die entgegengesetzte Richtung geschaut.

Aber um fünf nach sechs kamen zwei Polizisten auf ihrer Runde vorbei, über denselben Gehsteig. Sie hatten nichts gesehen!

Drei Häuser von der von Justin bezeichneten Stelle entfernt wohnte ein Rittmeister. Sieben oder acht Minuten nach sechs hatte er wie jeden Tag das Haus verlassen, um in die Kaserne zu gehen.

Auch er hatte nichts gesehen!

Um zwanzig nach sechs schließlich fanden Polizisten auf Fahrrädern, die vom Kommissariat des Viertels losgeschickt worden waren, auch keine Spur von einem Opfer.

War inzwischen jemand gekommen und hatte die Leiche mit einem Auto oder mit einem Lieferwagen weggeschafft?

Maigret bemühte sich, nüchtern und besonnen alle Hypothesen in Betracht zu ziehen, und die eine erwies sich als ebenso falsch wie die andere. Im Haus Nr. 42 wohnte eine kranke Frau. Ihr Mann hatte die ganze Nacht bei ihr gewacht. Er sagte folgendes:

»Wir hören das kleinste Geräusch von draußen. Ich achte ganz besonders darauf, weil meine Frau sehr leidet und beim geringsten Lärm zusammenzuckt. Doch halt ... Kaum war sie endlich eingeschlafen, wurde sie von der Straßenbahn geweckt. Ich kann bestätigen, daß vor sieben Uhr früh kein Wagen vorbeigefahren ist. Zuerst ist die Kehrichtabfuhr gekommen.«

»Und sonst haben Sie nichts gehört?«

»Einmal ist jemand durch die Straße gelaufen...«

»Vor der Straßenbahn?«

»Ja, denn meine Frau schlief. Ich kochte gerade Kaffee.«

»War es nur eine Person?«

»Eher zwei...«

»Wissen Sie nicht, in welche Richtung?«

»Der Rolladen war heruntergelassen. Da er beim Hochziehen quietscht, hab ich nicht hinausgeschaut.«

Dies war die einzige Zeugenaussage zugunsten Justins. Zweihundert Meter von dem Haus entfernt war eine Brücke. Der Polizist, der dort auf Posten stand, hatte kein Auto vorbeifahren sehen.

Mußte man demnach annehmen, daß der Mörder, kurz nachdem er geflohen war, umkehrte, sein Opfer auf die Schultern nahm und weiß Gott wohin trug, ohne Aufmerksamkeit auf sich zu lenken?

Es gab noch Schlimmeres, es gab eine Zeugenaussage, die Achselzucken hervorrufen mußte, wenn von der Geschichte des Jungen die Rede war. Die Stelle, die Justin angegeben hatte, lag genau vor dem Haus Nummer 61. Inspektor Thiberge hatte tags zuvor dort vorgesprochen, und Maigret, der nichts dem Zufall überließ, klingelte nun selbst dort.

Es war ein fast neues Haus aus rotem Backstein; drei Stufen führten zu einer lackierten Tür aus Kiefernholz mit einem glänzenden kupfernen Briefkasten.

Es war erst ein Viertel nach sieben in der Früh, man hatte dem Kommissar jedoch gesagt, er dürfe schon zu dieser Zeit dort vorsprechen.

Eine hagere alte Frau mit einem Anflug von Schnurrbart öffnete vorerst ein kleines Türfenster und verhandelte mit Maigret, ehe sie ihn in den Vorraum eintreten ließ. Dort duftete es nach frischem Kaffee.

»Ich schaue gleich, ob der Herr Richter Sie empfangen will...«

In dem Haus wohnte nämlich ein pensionierter Friedensrichter, von dem es hieß, daß er eine Rente beziehe, und der allein mit seiner Haushälterin lebte.

Im vorderen Zimmer, das normalerweise das Wohnzimmer hätte sein sollen, wurde geflüstert. Dann kam die Alte zurück und sagte böse:

»Treten Sie ein... Wischen Sie gefälligst die Schuhe ab... Sie sind hier nicht in einem Stall.«

Es war kein Wohnzimmer, überhaupt kein Zimmer, wie man es sich vorzustellen pflegt. Der recht große Raum hatte etwas von einem Schlafzimmer, Arbeitszimmer, von einer Bibliothek oder gar einem Estrich, denn er war voll von den merkwürdigsten Dingen.

»Suchen Sie die Leiche?« kicherte jemand, so daß der Kommissar zusammenfuhr.

Da ein Bett im Zimmer stand, hatte er natürlich in diese Richtung geschaut, es war aber leer. Die Stimme kam vom Kamin, wo ein magerer Greis mit einer Decke um die Beine in einem Sessel saß.

»Ziehen Sie den Mantel aus, ich habe es nämlich gerne warm, und Sie würden es hier nicht lange aushalten.«

Das stimmte. Der Alte hatte eine Feuerzange in Griffnähe und versuchte, im Holzfeuer möglichst hohe Flammen zu entfachen.

»Ich hatte geglaubt, die Polizei habe seit meiner Zeit Fortschritte gemacht und gelernt, den Aussagen von Kindern zu mißtrauen. Kinder und Mädchen sind die gefährlichsten Zeugen, und als ich noch Richter war...«

Er trug einen dicken Morgenrock und hatte trotz der Wärme im Zimmer einen breiten Schal um den Hals geschlungen.

»Das Verbrechen soll also vor meinem Haus verübt worden sein, nicht wahr? ... Und wenn ich nicht irre, sind Sie der berühmte Kommissar Maigret, den man in unsere Stadt zu schicken geruhte, um die Kriminalpolizei zu reorganisieren? ...«

Seine Stimme war krächzend. Er war der Typus des grimmigen, aggressiven, boshaft ironischen Greises.

»Nun, mein lieber Kommissar, sofern Sie mich nicht etwa beschuldigen, mit dem Mörder unter einer Decke zu stecken, muß ich Ihnen leider sagen, wie ich schon gestern Ihrem jungen Inspektor erklärte, daß Sie auf dem Holzweg sind.

Gewiß haben Sie schon gehört, daß Greise recht wenig Schlaf brauchen... Es gibt auch Leute, die zeitlebens sehr wenig schlafen. So zum Beispiel Erasmus, ebenso ein unter dem Namen Voltaire bekannter Herr.«

Mit Genugtuung ließ er einen Blick über die Bücherborde gleiten, die bis zur Decke hinauf voll waren.

»Ich könnte Ihnen noch mehr Namen nennen, die Sie aber wohl auch nicht kennen ... Kurz, das ist auch bei mir der Fall, und ich rühme mich, während der letzten fünfzehn Jahre keine Nacht länger als drei Stunden geschlafen zu haben. Da mich meine Beine seit zehn Jahren nicht mehr tragen und ich übrigens auch keine Lust habe, irgendwohin zu gehen, verbringe ich Tag und Nacht in diesem Zimmer, das, wie Sie sehen, direkt auf die Straße geht.

Ab vier Uhr früh sitze ich in diesem Sessel, bei klarstem Bewußtsein, das können Sie mir glauben ... Ich könnte Ihnen das Buch zeigen, in das ich gestern morgen vertieft war, aber es handelt sich um einen griechischen Philosophen, und das interessiert Sie vermutlich nicht.

Trotzdem kann ich Ihnen versichern, daß ich es bemerkt hätte, wenn vor meinem Fenster so etwas, wie es der Junge mit seiner allzu blühenden Phantasie erzählt, geschehen wäre. Meine Beine sind zwar schwach geworden, wie gesagt, aber ich hab immer noch gute Ohren.

Ich habe auch noch soviel natürliche Neugierde, daß mich alles interessiert, was auf der Straße vor sich geht, und es mag Ihnen Spaß machen zu hören, daß ich von jeder Hausfrau im Viertel sagen kann, wann sie einkaufen geht.«

Er schaute Maigret mit triumphierendem Lächeln an.

»Sie haben also immer gehört, wie Justin an Ihrem Haus vorbeigegangen ist?« fragte der Kommissar mit engelhafter Milde.

»Natürlich.«

»Sie haben ihn gehört und gesehen?«

»Ich verstehe nicht.«

»Während mehr als der Hälfte, während nahezu zwei Dritteln des Jahres ist es morgens um sechs taghell. Das Kind ministrierte im Sommer und im Winter bei der Sechs-Uhr-Messe.«

»Ich sah es vorübergehen.«

»Da es sich um etwas so Alltägliches und Regelmäßiges handelte wie die erste Straßenbahn, müssen Sie darauf geachtet haben.«

»Was wollen Sie damit sagen?«

»Wenn zum Beispiel eine Fabriksirene jeden Tag zur selben Zeit heult, wenn jemand pünktlich wie eine Uhr an Ihrem Fenster vorübergeht, so sagen Sie sich natürlich: ›Aha! Es ist soundsoviel Uhr.‹ Und wenn die Sirene nicht heult, so stellen Sie fest: ›Heute ist also Sonntag...‹ Wenn der Fußgänger nicht kommt, fragen Sie sich: ›Was ist wohl mit ihm los? Ist er etwa krank?‹«

Der Richter warf Maigret einen lebhaften, irgendwie heimtückischen Blick zu. Er schien Maigret böse zu sein, weil er ihn belehrt hatte.

»Das weiß ich doch alles«, brummte er und knackte mit seinen dürren Fingern. »Ich war schon Richter, ehe Sie bei der Polizei waren.«

»Wenn der Ministrant vorüberging...«

»Hörte ich ihn, wenn es das ist, was Sie von mir hören wollen!«

»Und wenn er nicht vorüberging?«

»Das wäre mir vielleicht aufgefallen, aber es hätte mir ebensogut entgehen können. Wie bei der Sirene, die Sie eben erwähnten. Man ist nicht jeden Sonntag überrascht, wenn die Sirene nicht heult...«

»Und gestern?«

Täuschte sich Maigret? Er hatte den Eindruck, der alte Richter mache ein ablehnendes Gesicht und es liege etwas Verdrießliches, etwas Verstocktes in seinen Gesichtszügen. Schmollen Greise nicht wie Kinder? Sind sie nicht oft ebenso eigensinnig wie Kinder?

»Gestern?«

»Ja, gestern...«

Warum wiederholte er die Frage, wenn nicht, um Bedenkzeit zu gewinnen?

»Es ist mir nichts aufgefallen.«

»Weder, daß er vorbeiging...«

»Nein...«

»Noch, daß er nicht vorbeiging ...«

»Nein ...«

Einmal log er, davon war Maigret überzeugt. Er wollte der Sache noch weiter nachgehen und fragte: »Ist niemand vor Ihren Fenstern vorbeigelaufen?«

»Nein.«

Diesmal kam das Nein sofort; der Greis log sicher nicht.

»Haben Sie nichts Außergewöhnliches gehört?«

»Nein.«

Wieder dasselbe offene, fast triumphierende ›Nein‹.

»Keine Schritte, kein Fallen, kein Röcheln?«

»Überhaupt nichts ...«

»Vielen Dank.«

»Nichts zu danken.«

»Da Sie Richter gewesen sind, frage ich Sie selbstverständlich nicht, ob Sie bereit wären, Ihre Aussagen unter Eid zu wiederholen.«

»Wann immer Sie es wünschen ...«

Der Greis sagte dies mit einer Art freudiger Ungeduld.

»Entschuldigen Sie, daß ich Sie gestört habe, Herr Richter.«

»Ich wünsche Ihnen viel Erfolg bei Ihrer Untersuchung, Herr Kommissar.«

Die alte Haushälterin mußte hinter der Türe gestanden haben, denn sie kam gerade im rechten Augenblick, um den Kommissar hinauszugeleiten und hinter ihm zu schließen.

Maigret hatte ein sonderbares Gefühl, als er wieder in den Alltag zurückkehrte, in diese stille Vorstadtstraße, wo die Hausfrauen auf dem Weg zu den Geschäften waren und die Kinder zur Schule gingen. Es schien ihm, er sei eben hinters Licht geführt worden, und doch hätte er schwören können, daß der Richter nicht gelogen, höchstens einmal nicht alles gesagt hatte. Es war ihm, als sei er in einem bestimmten Augenblick nahe dabei gewesen, etwas sehr Merkwürdiges, Subtiles, Unerwartetes zu entdecken; als ob er sich in dem Augenblick nur hätte ein wenig anstrengen müssen, daß er aber dazu nicht imstande gewesen war.

Wieder sah er den Jungen; wieder sah er den Greis. Er suchte eine Verbindung.

Er stand am Gehsteigrand und stopfte langsam seine Pfeife.

Da er noch nicht gefrühstückt, nicht einmal beim Aufstehen eine Tasse Kaffee getrunken hatte und da sein durchnäßter Mantel an seinen Schultern klebte, ging er zur Place du Congrès, wartete auf die Straßenbahn und fuhr nach Hause.

2

Madame Maigrets Tee und die Pfeife des Kommissars

Die Laken und Bettdecken hoben sich wie eine Dünung, ein Arm kam zum Vorschein, auf dem Kopfkissen sah man ein gerötetes und von Schweiß glänzendes Gesicht; eine mürrische Stimme brummte:

»Gib mir das Fieberthermometer.«

Madame Maigret saß am Fenster und nähte. Sie hatte den Spitzenvorhang zurückgezogen, um trotz der Dämmerung genug zu sehen. Seufzend stand sie auf und drehte den Lichtschalter.

»Ich hab geglaubt, daß du schläfst. Du hast doch erst vor einer knappen halben Stunde Fieber gemessen.«

Sie wußte aus Erfahrung, daß es sinnlos war, ihrem dickköpfigen Mann zu widersprechen, schüttelte resigniert das Fieberthermometer und schob es ihm zwischen die Lippen.

Vorher hatte er sich noch erkundigt:

»Ist niemand gekommen?«

»Das solltest du wissen, du hast ja nicht geschlafen.«

Er mußte doch eingenickt sein, wenn auch nur für einige Minuten. Aber dieses verflixte Gebimmel riß ihn immer wieder aus seinem Dämmerzustand ins volle Bewußtsein zurück.

Sie waren nicht daheim. Der Aufenthalt von Maigret in der Provinzstadt sollte ungefähr sechs Monate dauern. Für Madame Maigret war der Gedanke unerträglich gewesen, daß ihr Mann so lange auswärts essen mußte; deshalb war sie mit ihm gegangen, und sie hatten in der Oberstadt eine möblierte Wohnung gemietet.

Es war zu hell in dieser Wohnung mit den geblümten Tapeten, den Warenhausmöbeln und einem Bett, das unter dem Gewicht des Kommissars ächzte. Sie hatten wenigstens eine ruhige Straße ausgesucht, in der, wie Madame Danse, die Vermieterin, sagte, keine Menschenseele vorbeikam.

Daß es im Erdgeschoß einen Milchladen gab und es deshalb im ganzen Haus fade nach Käse roch, hatte sie nicht erwähnt.

Da Maigret zum ersten Mal tagsüber im Bett lag, fand er nun heraus, daß sie noch etwas verschwiegen hatte: An der Ladentür war anstelle einer Glocke oder einer Klingel eine seltsame Vorrichtung aus Metallröhren angebracht, die jedesmal, wenn eine Kundin eintrat, lange gegeneinanderschlugen und bimmelten.

»Wieviel?«

»Achtunddreißig fünf...«

»Vorhin hattest du achtunddreißig acht.«

»Und am Abend werde ich über neununddreißig haben.«

Er war wütend. Wenn er krank war, war er stets schlechter Laune. Er schaute Madame Maigret verärgert an, denn sie wollte durchaus nicht weggehen, und er hätte sich doch so gerne eine Pfeife gestopft.

Es regnete immer noch, immer noch das gleiche leise und trübe Nieseln; die Tropfen klebten an den Fensterscheiben; man kam sich vor wie in einem Aquarium. Das Licht der Glühlampe, die ohne Schirm am Kabel hing, war viel zu grell. In Gedanken sah man leere Straßen, Fenster, die nacheinander hell wurden, Leute, die wie Fische im Glas in ihrem Käfig hin und her gingen.

»Trink nun noch eine Tasse Tee.«

Es war ungefähr die zehnte seit Mittag, und das Getränk trieb ihm jeweils den lauen Schweiß aus allen Poren, so daß die Laken zu feuchten Kompressen wurden.

Maigret mußte eine Grippe oder eine Angina erwischt haben, als er am Morgen im kalten Regen vor der Knabenschule auf den Jungen gewartet hatte, oder später, als er in den Straßen umhergeirrt war. Er war gegen zehn Uhr in seinem Büro bei der Kriminalpolizei gewesen, hatte das Feuer mit Bewegungen, die beinahe schon zu einem Ritual geworden waren, geschürt und hatte gleich darauf zu frösteln begonnen. Dann war es ihm heiß geworden. Seine Augenlider hatten gebrannt, und als er auf der Toilette in den Spiegel geschaut hatte, hatte er gesehen, daß seine Augen groß und glänzend waren.

Die Pfeife hatte zudem auch nicht wie gewohnt geschmeckt, und das war ein sicheres Zeichen.

»Sagen Sie, Besson, könnten Sie, falls ich am Nachmittag nicht kommen sollte, dem Fall des Ministranten weiter nachgehen?«

Besson, der sich stets schlauer vorkam als die anderen, fragte:

»Glauben Sie im Ernst, Chef, daß es diesen Fall des Ministranten gibt? Ließe sich das Ganze nicht mit einer tüchtigen Tracht Prügel erledigen?«

»Lassen Sie trotzdem die Rue Sainte-Catherine von einem Ihrer Kollegen überwachen, von Vallin zum Beispiel...«

»Für den Fall, daß die Leiche zurückkommen und sich vor dem Haus des Richters auf den Boden legen sollte?«

Maigret war wegen des beginnenden Fiebers so matt, daß er nicht auf die Bemerkung eingehen mochte. Umständlich gab er weitere Anweisungen.

»Erstellen Sie mir eine Liste von allen Anwohnern der Straße. Das gibt nicht viel zu tun, weil sie nicht lang ist.«

»Soll ich den Jungen nochmals verhören?«

»Nein...«

Seither hatte er Fieber, er fühlte, wie der Schweiß ihm aus den Poren trat; er hatte einen faden Geschmack im Mund. Er hoffte immer wieder, einschlummern zu können, doch dann hörte er wieder das lächerliche Gebimmel der Kupferröhren im Milchladen.

Krank zu sein war schrecklich für ihn; es demütigte ihn, und zudem war Madame Maigret stets um ihn herum, so daß er keine Pfeife rauchen konnte. Wenn sie doch nur in die Apotheke hätte gehen müssen, um etwas zu besorgen: Aber sie hatte vorsorglicherweise eine Schachtel voll Medikamente mitgenommen.

Krank zu sein war schrecklich, und dennoch gab es Augenblicke, in denen er es beinahe genoß, die Augen schloß und sein Alter vergaß, weil sich Empfindungen einstellten, die er als Kind gehabt hatte.

Dann sah er auch Justin wieder, mit dem blassen und doch

schon energischen Gesicht. Was er am Morgen gesehen hatte, tauchte auf, unwirklicher, undeutlicher, aber mit der Intensität von Gefühlserlebnissen.

So hätte er zum Beispiel jene Mansarde, in der er nie gewesen war, genau beschreiben können, das Bett, wahrscheinlich ein eisernes, den Wecker auf dem Nachttisch, das Kind, das den Arm ausstreckte, sich leise und immer mit den gleichen Bewegungen anzog...

Immer mit den gleichen Bewegungen! Das schien etwas Augenscheinliches, Bedeutsames zu sein. Wenn jemand zwei Jahre lang immer zur selben Zeit ministriert, tut er schließlich nahezu alles völlig automatisch...

Das erste Läuten um ein Viertel vor sechs... der Wekker... die Kapellglocken, etwas heller... Die Schuhe auf der untersten Treppenstufe, das Kind, das die Tür einen Spaltbreit öffnet und in die kalte Morgenluft der Stadt hinaustritt.

»Weißt du, Madame Maigret, er hat nie Kriminalromane gelesen.«

Sie sagten stets Maigret und Madame Maigret zueinander, wahrscheinlich, weil sie sich einmal zum Spaß so genannt hatten, und schließlich hatten sie beinahe vergessen, daß sie wie jedermann einen Vornamen hatten.

»Zeitungen liest er auch nicht...«

»Du würdest besser schlafen...«

Sehnsüchtig schaute er nach der Pfeife auf dem Kamin aus schwarzem Marmor, dann schloß er die Augen.

»Ich hab seine Mutter lange befragt. Sie ist eine brave Frau, aber vor der Polizei hat sie einen Heidenrespekt...«

»Schlaf jetzt.«

Eine Zeitlang schwieg er. Er begann tiefer zu atmen. Er schien endlich einzuschlummern.

»Sie hat mir beteuert, er habe nie einen Toten gesehen... Dieser Anblick wird Kindern möglichst erspart.«

»Ist das wichtig?«

»Er hat mir gesagt, die Leiche sei so groß gewesen, daß sie den ganzen Gehsteig zu versperren schien. Diesen Eindruck hat man tatsächlich, wenn ein Toter auf dem Boden liegt. Ein Toter wirkt immer größer als ein Lebender... Verstehst du?«

»Ich sehe nicht ein, warum du dich abquälst, Besson befaßt sich ja damit.«

»Besson glaubt nicht daran.«

»Woran?«

»An den Toten...«

»Soll ich das Licht auslöschen?«

Er protestierte, doch sie stieg trotzdem auf einen Stuhl und umhüllte die Lampe mit Ölpapier, um das Licht zu dämpfen.

»Versuch, eine Stunde zu schlafen. Nachher kriegst du noch eine Tasse Tee. Du schwitzt nicht genug.«

»Meinst du, wenn ich eine Pfeife rauchte – nur ein paar Züge...«

»Bist du verrückt?«

Sie ging in die Küche, um nach der Gemüsesuppe zu sehen; er hörte sie leise umhergehen; immer wieder sah er die Rue Sainte-Catherine vor sich und alle fünfzig Meter eine Laterne.

»Der Richter behauptet, nichts gehört zu haben...«

»Was sagst du?«

»Wetten, daß sie sich hassen?...«

Von der Küche her tönte es:

»Von wem sprichst du? Du siehst doch, daß ich zu tun habe.«

»Vom Richter und vom Ministranten... Sie haben nie miteinander gesprochen, aber ich könnte schwören, daß sie sich hassen. Du weißt ja, sehr alte Leute, besonders alleinstehende, werden mit der Zeit wie Kinder.

Justin ging jeden Morgen vorbei, und jeden Morgen saß der alte Richter am Fenster... Er sieht aus wie eine Eule...«

»Ich verstehe nicht, was du meinst...«

Sie stand mit einem Suppenlöffel in der Hand unter der Tür.

»Paß mal auf! Der Richter behauptet, nichts gehört zu haben. Vermutlich lügt er nicht, die Sache ist zu ernst.«

»Siehst du! Versuch, nicht mehr daran zu denken.«

»Ob er gestern morgen Justin vorbeigehen gehört hat oder nicht, wagt er allerdings nicht zu sagen.«

»Vielleicht war er wieder eingeschlafen?«

»Nein... Er traut sich nicht zu lügen und sagt absichtlich nichts Genaues. Und der Mann, der in Nr. 42 bei seiner kranken Frau wachte, hatte jemand auf der Straße laufen hören.«

Darauf kam er immer wieder zurück. Er fieberte, seine Gedanken drehten sich im Kreise.

»Was ist dann mit der Leiche passiert?« wandte Madame Maigret mit dem gesunden Menschenverstand einer reifen Frau ein. »Komm, denk nicht mehr daran! Besson versteht sich auf sein Handwerk, das hast du selber schon oft gesagt!«

Entmutigt wickelte er sich in seine Decken und gab sich ernstlich Mühe einzuschlafen, doch bald sah er wieder das Gesicht des Ministranten und die blassen Beine über den schwarzen Socken.

»Etwas stimmt nicht...«

»Was sagst du? Was stimmt nicht? Fühlst du dich schlechter? Soll ich den Arzt rufen?«

»Aber nein!«

Er kehrte nochmals zum Ausgangspunkt zurück, begann stur wieder beim Eingang der Knabenschule, überquerte die Place du Congrès.

»*Voilà*. Da hat die Sache einen Haken...«

Einmal darum, weil der Richter nichts gehört hatte. Auch wenn man ihn beschuldigte, falsch ausgesagt zu haben, war nicht anzunehmen, daß wenige Meter vor seinem Fenster ein Kampf ausgetragen worden, ein Mann in Richtung Kaserne und Justin in die entgegengesetzte Richtung davongerannt war.

»Sag mal, Madame Maigret...«

»Was willst du schon wieder?«

»Wenn beide in die gleiche Richtung gerannt wären?«

Madame Maigret seufzte, nahm ihre Näharbeit wieder auf und hörte sich pflichtschuldigst den mit heiserer Stimme vorgetragenen Monolog ihres Mannes an.

»Es ist logischer...«

»Was ist logischer?«

»Daß beide in dieselbe Richtung laufen... In diesem Fall allerdings nicht zur Kaserne.«

»Der Junge hätte also den Mörder verfolgt?«

»Nein. Der Mörder hätte den Jungen verfolgt...«

»Wozu? Er hat ihn ja nicht umgebracht.«

»Um ihn zum Schweigen zu bringen, zum Beispiel.«

»Er hat ihn aber nicht zum Schweigen gebracht, denn der Junge hat erzählt...«

»Oder um ihn davon abzuhalten, eine bestimmte Einzelheit zu erwähnen ... Hör zu, Madame Maigret!«

»Was willst du?«

»Ich weiß schon, du wirst es zuerst ablehnen, aber es geht nicht anders. Gib mir die Pfeife und den Tabak ... Nur ein paar Züge ... Mir scheint, ich verstehe jetzt bald, in einigen Minuten, wenn ich den Faden nicht verliere ...«

Sie holte die Pfeife vom Kamin, gab sie ihm und seufzte resigniert:

»Ich wußte doch, daß du einen triftigen Grund finden würdest. Am Abend mache ich dir aber auf jeden Fall einen Umschlag, ob du willst oder nicht ...«

Zum Glück gab es in der Wohnung kein Telephon. Man mußte in den Milchladen hinuntergehen, wo es hinter dem Ladentisch einen Apparat gab.

»Geh hinunter, Madame Maigret, und ruf Besson an. Es ist sieben Uhr. Vielleicht ist er noch im Büro. Wenn nicht, telephonier ins Café du Centre, wo er wahrscheinlich mit Thiberge Billard spielt.«

»Soll ich ihn bitten, hierherzukommen?«

»Er soll mir so schnell wie möglich die Liste bringen, und zwar nicht von allen Anwohnern der Straße, sondern nur von den Mietern in den Häusern auf der linken Seite, von der Place du Congrès bis zum Haus des Richters.«

»Aber deck dich wenigstens nicht ab in der Zwischenzeit!«

Kaum war sie auf der Treppe, sprang er mit einem Satz aus dem Bett, ging barfuß schnell zum Tabakbeutel, stopfte sich noch eine Pfeife, schlüpfte wieder unter die Laken und setzte ein unschuldiges Gesicht auf. Durch den dünnen Fußboden hörte er ein Gemurmel; es war Madame Maigret am Telephon. Trotz der starken Halsschmerzen paffte er genießerisch. Langsam rannen Wassertropfen an den dunklen Fensterscheiben herunter, und das erinnerte ihn wieder an seine Kindheit; damals brachte ihm seine Mutter immer Karamelkrem ans Bett, wenn er Grippe hatte.

Madame Maigret kam wieder herauf, ein wenig keuchend. Sie warf einen Blick ins Zimmer, als suchte sie etwas Ungewöhnliches, dachte aber nicht an die Pfeife.

»Ungefähr in einer Stunde ist er hier.«

»Ich muß dich noch um einen Gefallen bitten, Madame Maigret... Mach dich zum Ausgehen bereit...«

Sie schaute ihn mißtrauisch an.

»Geh zum kleinen Justin und bitte seine Eltern um die Erlaubnis, ihn zu mir zu bringen... Sei nett zu ihm. Der Junge würde bestimmt erschrecken, wenn ich einen der Inspektoren hinschickte, und er ist ohnehin eher verstockt. Sag ihm einfach, daß ich gerne einige Minuten mit ihm plaudern möchte.«

»Und wenn seine Mutter ihn begleiten will?«

»Dann laß dir etwas einfallen, ich will sie nicht dabeihaben.«

Ganz allein, schwitzend und durchnäßt, lag er unter der Decke, und aus der Pfeife über dem Laken stieg eine dünne Rauchwolke auf. Er machte die Augen zu und sah immer wieder die Ecke der Rue Sainte-Catherine; er war nicht mehr der Kommissar Maigret, er war der Ministrant, der schnell marschierte, der jeden Morgen zur selben Zeit denselben Weg zurücklegte und halblaut vor sich hinsprach, um sich Mut zu machen.

Er bog um die Ecke der Rue Sainte-Catherine.

»Mama, kauf mir doch ein Fahrrad...«

Der Junge probte die Szene, die er vor seiner Mutter spielen wollte, wenn er vom Krankenhaus zurückkäme. Wahrscheinlich aber war die Sache komplizierter. Der Junge hatte sich bestimmt etwas Geschickteres ausgedacht.

»Weißt du, Mama, wenn ich ein Fahrrad hätte, dann könnte ich...«

Oder etwa:

»Ich hab schon dreihundert Francs gespart... Wenn du mir den Rest leihst, verspreche ich, daß ich dir das Geld zurückgeben werde. Ich verdiene es mit Ministrieren, ich könnte auch...«

Die Ecke der Rue Sainte-Catherine. Kurz vor dem zweiten Läuten der Glocken der Pfarrkirche. Er mußte nur noch hundertfünfzig Meter durch die verlassene dunkle Straße gehen, dann konnte er an der schützenden Krankenhauspforte anklopfen. Nur noch ein paar rasche Sprünge zwischen den Lichtflecken der Laternen...

Der Junge wird sagen:

»Ich schaute auf und sah ...«

Da steckte das Problem. Der Richter wohnte ungefähr in der Mitte der Straße, auf halbem Weg zwischen der Place du Congrès und der Kasernenecke. Er hatte nichts gesehen, nichts gehört.

Der Mann der kranken Frau im Haus Nr. 42 wohnte näher bei der Place du Congrès, auf der rechten Straßenseite. Er hatte die hastigen Schritte eines laufenden Mannes gehört.

Fünf Minuten später lag keine Leiche und kein Verletzter auf dem Gehsteig. Kein Auto oder Lieferwagen war vorbeigefahren. Weder der Wache auf der Brücke noch den Polizisten auf Streife war etwas Außergewöhnliches aufgefallen, etwa ein Mann, der einen andern auf dem Rücken trug.

Das Fieber stieg gewiß an, doch Maigret dachte nicht mehr daran, es zu messen. Es war sehr gut so. Es war sogar besser so. Die Wörter schufen Bilder, und diese wurden überraschend deutlich.

Es war wie damals, als er klein war. Wenn er krank im Bett lag und seine Mutter sich über ihn beugte, erschien sie ihm größer und größer, größer als das Haus.

Quer auf dem Gehsteig lag ein Körper, der so lang schien, weil es ein Toter war mit einem Messer mit braunem Griff in der Brust.

Und wenige Meter weiter hinten stand ein Mann mit sehr hellen Augen, der dann weglief ... Er lief Richtung Kaserne, während Justin Hals über Kopf in die entgegengesetzte Richtung davonrannte.

»Das ist's!«

Was denn? Maigret hatte das laut gesagt, als enthielte diese Äußerung die Lösung des Problems, als wäre sie selbst die Lösung, und er schmunzelte zufrieden und paffte genießerisch.

So geht es Betrunkenen. Plötzlich leuchtet ihnen etwas ein, was sie nicht zu erklären vermögen und was sich im Ungefähren verliert, sobald sie wieder nüchtern sind.

Da stimmte doch etwas nicht! Und in seinem Fieber glaubte Maigret gerade hier den springenden Punkt zu sehen.

Justin hat nichts erfunden ...

Als er im Krankenhaus ankam, waren seine Angst, seine

Panik nicht gespielt. Auch den zu langen Körper auf dem Gehsteig hatte er nicht erfunden. Und mindestens eine Person in der Straße hatte eilige Schritte gehört.

Was hatte doch der alte Richter höhnisch lächelnd hierzu gesagt?

»Glauben Sie immer noch den Aussagen von Kindern?«

Jedenfalls etwas in diesem Sinne. Der Richter hatte aber nicht recht. Kinder können nichts erfinden, weil man nicht Wahrheiten aus dem Nichts greifen kann. Es braucht Material. Kinder gestalten vielleicht um, aber sie erfinden nicht.

»Das ist's!« Wieder dieses zufriedene »Das ist's«, das Maigret nach jedem Gedankenschritt sagte, gleichsam, um sich zu beglückwünschen...

Auf dem Gehsteig lag ein Körper...

Und zweifellos stand in der Nähe ein Mann. Hatte er helle Augen? Das war möglich.

Und jemand rannte davon.

Und Maigret hätte schwören können, daß der alte Richter nicht ein Mann war, der vorsätzlich log.

Ihm war heiß. Er war in Schweiß gebadet, stieg aber trotzdem aus dem Bett, um sich vor Madame Maigrets Rückkehr noch eine letzte Pfeife zu stopfen. Da er schon aufgestanden war, benutzte er die Gelegenheit, öffnete den Wandschrank und trank einen großen Schluck Rum gleich aus der Flasche. Auf etwas mehr oder weniger Fieber kam es ihm in jener Nacht nicht mehr an, dafür war der Fall bald geklärt!

Und es war doch eine ganz reizvolle Sache, eine außergewöhnliche Untersuchung, vom Bett aus durchgeführt. Madame Maigret wußte so etwas leider nicht zu schätzen.

Der Richter hatte zwar nicht gelogen, aber er hatte bestimmt versucht, dem Jungen, den er haßte, wie nur zwei gleichaltrige Kinder sich hassen können, einen Streich zu spielen.

Nanu! Es kamen weniger Kunden, denn er hörte das lächerliche Gebimmel von unten nicht mehr so oft. Wahrscheinlich saß der Milchhändler mit seiner Frau und der rotbackigen Tochter im Hinterraum beim Abendessen.

Er hörte Schritte auf dem Gehsteig, dann auf der Treppe. Füße stolperten, Kinderfüße. Madame Maigret öffnete die Tür und schob Justin herein. Auf seinem dunkelblauen Mantel aus grober Wolle perlten Regentropfen. Er roch wie ein nasser Hund.

»Wart, mein Kleiner, ich zieh dir den Mantel aus.«

»Das mach ich schon selbst.«

Madame Maigret sah sich wieder mißtrauisch um. Sie konnte sich offensichtlich nicht vorstellen, daß er immer noch an der gleichen Pfeife rauchte. Wer weiß, ob sie nicht auch ahnte, daß er sich hinter die Rumflasche gemacht hatte?

»Setz dich, Justin«, sagte der Kommissar und wies auf einen Stuhl.

»Danke. Ich bin nicht müde.«

»Ich hab dich kommen lassen, damit wir ein paar Minuten wie Freunde miteinander plaudern können. Was hast du eben gemacht?«

»Meine Rechenaufgaben.«

»Bist du denn nach der Aufregung trotzdem zur Schule gegangen?«

»Warum hätte ich nicht gehen sollen?«

Stolz war er, der Junge. Wiederum stand er mit rabiatem Ausdruck da. Fand er wohl auch, der Kommissar sei dicker und länger, als er ihn im Bett liegen sah?

»Madame Maigret, geh doch bitte in die Küche nach der Gemüsesuppe schauen und schließ die Tür!«

Danach zwinkerte er dem Jungen zu und sagte: »Hol mir meinen Tabakbeutel auf dem Kamin ... Und die Pfeife, die in der Manteltasche stecken muß ... Ja, in jenem, der hinter der Tür hängt ... Danke, mein Junge ... Hast du Angst gehabt, als meine Frau dich abholte?«

»Nein.«

Er sagte das voller Stolz.

»Hat es dich geärgert?«

»Ja, weil alle immer wieder behaupten, ich hätte die Geschichte erfunden.«

»Und du hast sie nicht erfunden, nicht wahr?«

»Auf dem Gehsteig lag ein Toter, und ich sah einen Mann, der ...«

»Pst!«

»Was ist?«

»Nicht so schnell ... Setz dich doch!«

»Ich bin nicht müde.«

»Das hast du schon gesagt, aber mich stört es, wenn ich dich stehen sehe.«

Er setzte sich auf die Stuhlkante, seine Füße berührten den Boden nicht, die Beine baumelten, und die nackten Knie schauten zwischen den Socken und den kurzen Hosen hervor.

»Was für einen Schabernack hast du dem Richter gespielt?«

Die Antwort kam sofort, empört, unkontrolliert:

»Ich hab ihm nie etwas getan.«

»Weißt du, welchen Richter ich meine?«

»Den, der immer am Fenster sitzt und wie ein Kauz aussieht.«

»Wie eine Eule, würde ich sagen ... Warum mögt ihr euch nicht?«

»Ich hab nie mit ihm gesprochen.«

»Warum mögt ihr euch nicht?«

»Im Winter hab ich ihn nie gesehen, weil die Vorhänge zugezogen waren, wenn ich vorüberging.«

»Und im Sommer?«

»Da hab ich ihm die Zunge rausgestreckt.«

»Wieso?«

»Weil er mich anschaute, als machte er sich über mich lustig. Wenn er mich sah, begann er höhnisch zu grinsen.«

»Hast du ihm oft die Zunge rausgestreckt?«

»Jedesmal, wenn ich ihn gesehen hab.«

»Und er?«

»Er brach dann in ein boshaftes Lachen aus ... Ich hab mir gedacht, er tue dies, weil ich ministriere, und daß er ein Ungläubiger sei.«

»Demnach hat er gelogen.«

»Was hat er gesagt?«

»Gestern morgen sei vor seinem Haus nichts passiert, sonst hätte er es bemerkt.«

Der Junge schaute Maigret prüfend an, dann senkte er den Kopf.

»Er hat gelogen, nicht wahr?«

»Es lag eine Leiche mit einem Messer in der Brust auf dem Gehsteig.«

»Ich weiß.«

»Woher wissen Sie es?«

»Ich weiß es, weil es wahr ist«, wiederholte Maigret leise. »Reich mir bitte die Streichhölzer... Ich hab die Pfeife ausgehen lassen.«

»Haben Sie Fieber?«

»Nichts Schlimmes... die Grippe...«

»Haben Sie sie heute morgen erwischt?«

»Kann sein... Setz dich.«

Er horchte, dann rief er:

»Madame Maigret! ... Kannst du hinuntergehen? ... Ich glaube, Besson ist gekommen, und ich will nicht, daß er heraufkommt, ehe ich fertig bin. Leiste ihm unten Gesellschaft. Mein Freund Justin wird euch rufen...«

Dann forderte er den Jungen nochmals auf: »Setz dich... Daß ihr beide gelaufen seid, ist auch wahr...«

»Ich hab Ihnen schon gesagt, daß es wahr ist.«

»Davon bin ich überzeugt... Schau mal nach, ob niemand hinter der Tür steht und ob sie richtig geschlossen ist!«

Der Junge tat dies, ohne zu verstehen, aber plötzlich davon überzeugt, daß sein Tun und Verhalten wichtig war.

»Justin, du bist ein tapferer kleiner Kerl.«

»Warum sagen Sie mir das?«

»Auch die Leiche war da, das stimmt. Und der Mann, der davongeeilt ist...«

Das Kind hob wieder den Kopf, und Maigret sah, daß seine Lippen bebten.

»Der Richter hat nicht gelogen, denn ein Richter würde nicht zu lügen wagen, aber er hat nicht die volle Wahrheit gesagt...«

Im Zimmer roch es nach Grippe, Rum und Tabak. Dünste von der Gemüsesuppe drangen von der Küche herein. Silbrige Regentropfen rannen immer noch an den dunklen Fensterscheiben herunter, hinter denen die Straße menschenleer dalag. Waren es noch ein Mann und ein Kind, die sich gegenübersaßen? Waren es zwei Männer? Oder zwei Kinder?

Maigret hatte einen schweren Kopf, seine Augen glänzten. Seine Pfeife schmeckte seltsam nach Krankheit, was aber gar nicht unangenehm war. Er erinnerte sich an die Gerüche im Krankenhaus, in der Kapelle und in der Sakristei.

»Der Richter hat nicht die volle Wahrheit gesagt, weil er dich ärgern wollte... Und du hast auch nicht ganz die Wahrheit gesagt... Aber fang bloß nicht zu weinen an! Es brauchen nicht alle zu wissen, worüber wir jetzt miteinander sprechen. Verstehst du, Justin?«

Der Junge nickte.

»Wenn das, was du erzählt hast, überhaupt nicht passiert wäre, hätte der Mann im Haus Nr. 42 niemanden rennen hören...«

»Ich habe nichts erfunden.«

»Eben! Wenn es sich aber so abgespielt hätte, wie du gesagt hast, dann hätte der Richter nicht versichern können, er habe nichts gehört... Und wenn der Mörder in Richtung Kaserne gerannt wäre, hätte der Alte nicht schwören können, daß niemand an seinem Haus vorbeigerannt sei.«

Der Junge blieb ganz still und starrte auf seine Füße, die in der Luft baumelten.

»Im Grunde war der Richter ehrlich, weil er nicht gewagt hat zu behaupten, du seist gestern an seinem Haus vorbeigegangen. Aber er hätte vielleicht zugeben können, daß du nicht vorbeigegangen bist. Das ist die Wahrheit, denn du bist in die entgegengesetzte Richtung geflohen. Gewiß war er auch ehrlich, als er behauptete, niemand sei auf dem Gehsteig an seinem Fenster vorbeigerannt. Denn der Mann ist nicht in jene Richtung geflohen...«

»Woher wissen Sie das?«

Er war ganz erstarrt und sah Maigret mit weitaufgerissenen Augen an, wie er wohl tags zuvor den Mörder und das Opfer angestarrt hatte.

»Der Mann muß in dieselbe Richtung gerannt sein wie du, sonst hätte ihn der Mann im Haus Nr. 42 nicht gehört... Weil er wußte, daß du ihn und die Leiche gesehen hattest und ihn überführen konntest, ist er *dir nachgerannt*...«

»Wenn Sie es meiner Mutter sagen, so...«

»Pst! Ich hab nicht die geringste Absicht, deiner Mutter oder sonst jemandem etwas zu sagen... Schau, Justin, ich will nun mit dir wie mit einem Mann sprechen. Ein Mörder, der so klug und so kaltblütig ist, daß er es fertigbringt, binnen weniger Minuten eine Leiche spurlos verschwinden zu lassen, hätte nicht die Dummheit begangen, dich fliehen zu lassen, nach dem, was du gesehen hattest.«

»Ich weiß nicht.«

»Aber ich weiß. Es ist mein Beruf, so etwas zu wissen. Das Schwierigste ist nicht, jemanden zu töten, sondern nachher die Leiche fortzuschaffen. Das hat der Mörder großartig gemacht. Die Leiche ist verschwunden, obwohl du sie und den Mörder gesehen hast. Mit anderen Worten, der Mörder ist äußerst geschickt, und wer so durchtrieben ist und seinen Kopf aufs Spiel setzt, hat dich sicher nicht einfach laufen lassen ...«

»Ich hab nicht gewußt ...«

»Was hast du nicht gewußt?«

»Ich hab nicht gewußt, daß es so ernst ist.«

»Es ist überhaupt nicht schlimm, weil nun alles wieder in Ordnung kommt.«

»Haben Sie ihn verhaftet?«

Er fragte das voller Hoffnung.

»Er wird bald verhaftet werden ... Bleib sitzen ... Hör auf, mit den Beinen zu schlenkern.«

»Ich bleibe ganz ruhig.«

»Wenn sich der Mord vor dem Haus des Richters, das heißt in der Mitte der Straße, abgespielt hätte, so wärst du früher darauf aufmerksam geworden und hättest Zeit gehabt wegzulaufen. Das ist der einzige Fehler, den der Mörder gemacht hat, so durchtrieben er sonst auch sein mag.«

»Wie haben Sie das erraten?«

»Ich hab es nicht erraten, aber auch ich bin Ministrant gewesen, und auch ich habe in der Sechs-Uhr-Messe gedient ... Du wärst nicht beinahe hundert Meter die Straße entlanggegangen, ohne nach vorn zu schauen. Die Leiche lag also viel näher, nämlich hinter der Straßenecke.«

»Fünf Häuser weiter vorne.«

»Du hast an etwas anderes gedacht, an dein Fahrrad, und bist vielleicht zwanzig Meter weit gegangen, ohne etwas zu sehen.«

»Das können Sie unmöglich wissen ...«

»Und als du den Mann und die Leiche gesehen hast, bist du zur Place du Congrès gerannt, um durch die andere Straße zum Krankenhaus zu gelangen ... Der Mann ist dir nachgerannt.«

»Ich bin fast gestorben vor Angst.«

»Hat er dir die Hand auf die Schulter gelegt?«

»Er hat mich mit beiden Händen an den Schultern gepackt . . . Ich dachte, er wolle mich erwürgen . . .«

»Er hat von dir verlangt, daß du sagst . . .«

Der Junge weinte, aber ohne zu schluchzen. Er war leichenblaß, und Tränen rannen ihm langsam über die Wangen.

»Wenn Sie es meiner Mutter sagen, wird sie es mir mein Leben lang vorhalten. Sie macht mir immer Vorwürfe.«

»Er hat verlangt, du solltest sagen, daß sich die Sache weiter vorne abgespielt habe.«

»Ja.«

»Vor dem Haus des Richters?«

»Das war meine Idee, weil ich dem Richter jeweils die Zunge rausgestreckt habe . . . Er wollte nur, daß ich sage, es sei am andern Ende der Straße geschehen und er sei in Richtung Kaserne geflohen . . .«

»Es wäre beinahe ein perfektes Verbrechen geworden, denn niemand hat dir geglaubt, da weder ein Mörder noch eine Leiche oder sonst eine Spur gefunden worden ist und alles unwahrscheinlich erschien . . .«

»Aber Sie?«

»Ich zähle nicht. Es ist ein Zufall, daß ich Ministrant gewesen bin und heute Fieber habe . . . Was hat er dir versprochen?«

»Er hat gesagt, wenn ich nicht sagte, was er verlange, würde er mich trotz der Polizei finden, wohin ich auch immer ginge, und er würde mir den Hals umdrehen wie einem Huhn.«

»Und dann?«

»Dann hat er mich gefragt, was ich mir wünsche . . .«

»›Ein Fahrrad‹, hast du zur Antwort gegeben.«

»Woher wissen Sie das?«

»Ich hab dir doch gesagt, daß auch ich Ministrant gewesen bin.«

»Haben Sie sich denn auch ein Fahrrad gewünscht?«

»Ein Fahrrad und viele Dinge, die ich nie bekommen habe . . . Weshalb hast du gesagt, er habe helle Augen?«

»Ich weiß nicht . . . Ich hab seine Augen nicht gesehen. Er hat eine Brille mit dicken Gläsern getragen. Ich wollte nicht, daß er erwischt wird . . .«

»Wegen des Fahrrads.«

»Vielleicht . . . Sie sagen es meiner Mutter, nicht wahr?«

»Weder deiner Mutter noch sonst jemandem. Sind wir beide denn nicht gute Kameraden? . . . Komm. Gib mir doch nochmals meinen Tabak und sag Madame Maigret nicht, daß ich drei Pfeifen geraucht habe, seit du hier bist . . . Siehst du, die Erwachsenen sagen auch nicht immer die volle Wahrheit . . . Vor welcher Tür war es, Justin?«

»Vor dem gelben Haus neben der Metzgerei.«

»Hol meine Frau!«

»Wo ist sie?«

»Unten. Sie ist mit Inspektor Besson, der so böse zu dir gewesen ist.«

»Wird er mich verhaften?«

»Öffne den Schrank.«

»Er ist offen, und jetzt?«

»Es hängt eine Hose darin.«

»Was soll ich damit tun?«

»In der Hose findest du links eine Brieftasche.«

»Ich hab sie.«

»In der Brieftasche hat es Visitenkarten.«

»Wollen Sie sie?«

»Gib mir eine davon . . . und dazu die Füllfeder, die auf dem Tisch liegt . . .«

Maigret schrieb damit auf die Visitenkarte:

Gutschein für ein Fahrrad

3

Der Mieter des gelben Hauses

»Treten Sie ein, Besson!«

Madame Maigret warf einen Blick auf die dichte Rauchwolke, die um die mit Ölpapier verhüllte Lampe hing, dann stürzte sie in die Küche, aus der es nach angebranntem Essen roch.

Besson nahm den Stuhl, von dem der Knabe eben aufgestanden war, und sagte mit einem verächtlichen Seitenblick auf Justin:

»Ich habe die Liste, die Sie von mir verlangt haben. Ich muß Ihnen aber gleich sagen ...«

»Daß sie unnötig ist ... Wer wohnt in Nr. 14?«

»Augenblick!«

Besson schaute in seinen Aufzeichnungen nach.

»Warten Sie ... Vierzehn ... Das Haus hat nur einen Mieter.«

»Das hab ich mir gedacht.«

»Ah!«

Ein kurzer, beunruhigter Blick auf den Jungen.

»Ein Ausländer, der mit Schmuck handelt. Er heißt Frankelstein ...«

Maigret sank in das Kopfkissen zurück und murmelte, als ob es unwichtig sei:

»Ein Hehler!«

»Was sagen Sie, Chef?«

»Ein Hehler ... Überdies vielleicht auch Bandenchef.«

»Ich verstehe nicht.«

»Das ist unwichtig ... Seien Sie so freundlich, Besson, und reichen Sie mir die Rumflasche, die im Schrank steht. Machen Sie schnell, bevor Madame Maigret kommt. Ich wette, daß ich um die neununddreißig fünf Fieber habe und die Laken heute nacht zweimal gewechselt werden müssen ... Frankelstein ... Bitten Sie den Untersuchungsrichter um einen Durchsuchungsbefehl ... Nein! Um diese Zeit dauert das zu lange, denn er spielt gewiß Bridge ... Haben Sie schon zu Abend gegessen? ... Ich warte auf meine Gemüsesuppe ... In meinem Büro gibt es Formulare für Durchsuchungsbefehle. In der linken Schublade. Füllen Sie eines aus. Durchsuchen Sie das Haus. Sie werden die Leiche finden, wenn vielleicht auch eine Kellermauer eingerissen werden muß.«

Beunruhigt schaute der arme Besson seinen Chef an, dann den Jungen, der artig in einer Ecke wartete.

»Beeilen Sie sich, mein Lieber. Wenn er erfährt, daß der Junge heute abend hierhergekommen ist, wird er ausfliegen. Er ist *mit allen Wassern gewaschen*, Sie werden es sehen!«

Er war tatsächlich *mit allen Wassern gewaschen*. Als die Kriminalpolizei bei ihm läutete, versuchte er, durch die Hinterhöfe und über die Mauern zu flüchten. Es dauerte eine ganze Nacht, bis er gefaßt wurde – man konnte ihn schließlich auf einem Dach festnehmen. Unterdessen durchstöberten andere Polizisten stundenlang das Haus, bis sie auf die mit Kalk zugedeckte verwesende Leiche stießen.

Offensichtlich eine Abrechnung. Ein Mann, der mit seinem Chef nicht zufrieden gewesen war, sich betrogen gefühlt hatte und ihm in aller Frühe auf die Bude gestiegen war. Frankelstein hatte ihn vor seiner Haustüre erstochen, ohne zu ahnen, daß ein Ministrant im selben Augenblick um die Straßenecke biegen könnte.

»Wieviel?«

Maigret brachte den Mut nicht mehr auf, selbst auf das Thermometer zu sehen.

»Neununddreißig drei.«

»Schwindelst du nicht?«

Er wußte, daß sie schwindelte und er höheres Fieber hatte, aber er machte sich nichts daraus; er genoß es, so angenehm unbewußt dahinzudämmern, sich schwindelerregend rasch in eine verschwommene und doch erschreckend wirkliche Welt gleiten zu lassen, in der ein Ministrant, der dem jungen Maigret von einst glich, zu Tode erschrocken durch die Straße lief, voller Angst, erwürgt zu werden, und voller Hoffnung, ein vernickeltes Fahrrad zu bekommen.

»Was sagst du?« fragte Madame Maigret. Sie hielt einen heißen Umschlag in den rundlichen Händen und wartete darauf, ihn ihrem Mann um den Hals wickeln zu können. Er stammelte wirres Zeug, wie ein fieberndes Kind, sprach vom »ersten Läuten« und vom »zweiten Läuten« ...

»Ich komme zu spät.«

»Wohin zu spät?«

»Zur Messe ... Die Nonne ... Die Nonne ...«

Es gelang ihm nicht, das Wort »Mesnerin« auszusprechen.

»Die Nonne ...«

Endlich schlief er ein, einen dicken Wickel um den Hals, und träumte von den Messen in seinem Dorf und von Marie Titins Gasthaus, an dem er vorbeirannte, weil er Angst hatte.

Angst wovor ...?

»Den hab ich aber doch durchschaut...«

»Wen?«

»Den Richter.«

»Welchen Richter?«

Es war kompliziert zu erklären. Der Richter glich jemandem in seinem Dorf, dem er die Zunge herausgestreckt hatte... Dem Schmied?... Nein... Dem Schwiegervater der Bäckersfrau... Das spielte aber keine Rolle. Es war einfach jemand, den er nicht mochte... Der Richter hatte alles verfälscht, um sich am Ministranten zu rächen und die Leute zu ärgern. Er hatte gesagt, er habe keine Schritte *vor seinem Haus* gehört.

Er hatte aber verschwiegen, daß er weiter weg das Geräusch von Schritten gehört hatte.

Die Greise werden wieder Kinder... Und sie zanken sich mit den Kindern... Wie Kinder...

Maigret war trotz allem zufrieden. Heimlich hatte er drei oder vier Pfeifen geraucht. Vom Tabak hatte er einen guten Geschmack auf der Zunge und konnte nun schlafen.

Und morgen würde ihm Madame Maigret eine Karamelkrem machen, weil er Grippe hatte.

Le témoignage de l'enfant de chœur. In: *Maigret et l'inspecteur malgracieux*, Paris 1947. Deutsch von Angelika Hildebrandt-Essig. Aus: *Maigret-Geschichten*, Zürich 1980, sowie *Meistererzählungen*, Zürich 1988.

Die Versteigerung

Maigret schob den Teller weg, stieß den Tisch zurück, stand auf, schneuzte sich und hob mechanisch die Ofenklappe hoch.

»An die Arbeit, Leute! Wir wollen heute früh schlafen gehen!«

Die andern, die rund um den großen Wirtshaustisch saßen, sahen ihn resigniert an. Frédéric Michaux, der Wirt, dem in den letzten drei Tagen ein dichter Stoppelbart gewachsen war, erhob sich als erster. Er ging auf die Theke zu.

»Was darf ich ...«

»Nein, nein, genug!« rief Maigret aus. »Genug Weißwein, Calvados, Weißwein und wieder ...«

Alle Beteiligten waren so erschöpft, daß ihnen die Lider brannten und der ganze Körper weh tat. Julia, mehr oder weniger Frédérics Frau, trug eine Schüssel in die Küche, in der ein Rest roter Bohnen eintrocknete. Thérèse, das kleine Dienstmädchen, rieb sich die Augen, nicht weil sie weinte, sondern weil sie einen Stirnhöhlenkatarrh hatte.

»Womit fangen wir an?« fragte sie. »Damit, daß ich abräume?«

»Es ist acht Uhr, also fangen wir mit dem an, was um acht Uhr abends geschehen ist.«

»Also, dann bring ich den Teppich und die Karten ...«

Im Gasthaus war es warm, sogar zu warm, draußen aber fegte ein eiskalter Regensturm durch die Nacht.

»Setzen Sie sich an den Platz, an dem Sie gesessen haben, Père Nicolas ... Sie, Monsieur Groux, Sie waren noch nicht da ...«

Der Wirt mischte sich ein:

»Als ich die Schritte von Groux draußen hörte, sagte ich zu Thérèse: ›Leg die Karten auf den Tisch.‹ «

»Soll ich jetzt noch einmal so tun, als käme ich herein?« brummte Groux. Er war Landwirt, einen Meter achtzig groß und breit wie ein Bauernschrank.

Sie wirkten wie Schauspieler, die zum zwanzigsten Mal eine Szene probten: wie ausgehöhlt, mit schlaffen Bewegungen und ausdruckslosem Blick. Sogar Maigret, der alles wie ein Regisseur leitete, hatte Mühe, sich vorzustellen, daß dies alles Wirklichkeit war. Allein der Ort! Wer hielt sich schon drei Tage lang in einem Gasthaus auf, das mitten im Sumpfgebiet der Vendée, kilometerweit vom nächsten Dorf entfernt lag?

Die Gegend hieß Pont-du-Grau, und es gab auch tatsächlich eine Brücke hier, eine lange Holzbrücke über einen sumpfigen Kanal, der zweimal täglich anschwoll, wenn das Meer Hochwasser hatte. Das Meer aber sah man nicht. Das einzige, was man weit und breit sah, waren Sumpfwiesen, die von zahlreichen Rinnsalen durchschnitten wurden, und ganz am Horizont die flachen Dächer von Gehöften.

Man mußte sich fragen, wer eigentlich dieses Gasthaus hier aufsuchte. Vielleicht Enten- und Kiebitzjäger? Vor dem Haus stand eine rotgestrichene Benzinpumpe, und auf dem Giebel thronte eine große blaue Schokoladenreklame.

Jenseits der Brücke gab es ein verfallenes Gemäuer, einen richtigen Kaninchenstall: Da wohnte Nicolas, ein Aalfischer. Dreihundert Meter entfernt lag ein ziemlich großer Hof mit langgestreckten, einstöckigen Gebäuden, der Besitz von Groux.

Am 15. Januar... Punkt 13 Uhr... findet an der Mulatière... die öffentliche Versteigerung eines Hofes statt. Dreißig Hektar Sumpfwiesen... Vieh und Pachtgegenstände... landwirtschaftliche Geräte... Möbel, Geschirr...

Bezahlung in bar

Damit hatte alles angefangen. Seit Jahren verliefen die Abende im Gasthaus alle gleich. Père Nicolas kam schon halb betrunken an und stürzte, bevor er sich vor seinem Schoppen am Tisch niederließ, erst einmal ein Glas an der Theke hinunter. Danach kam Groux von seinem Hof herüber. Thérèse breitete dann einen roten Teppich auf dem Tisch aus, brachte die Karten und Jetons. Sie mußten noch auf den Zöllner warten, der als vierter Mann zum Spiel gebraucht wurde. Wenn er einmal nicht kam, spielte Julia mit.

Am 14. Januar nun, am Abend vor der Versteigerung, waren noch zwei andere Gäste da gewesen, Bauern, die von weither zur Versteigerung gekommen waren: Borchain aus der Gegend von Angoulême und Canut aus Saint-Jean-d'Angély.

»Augenblick!« sagte Maigret, als der Wirt begann, die Karten zu mischen. »Borchain ging schon vor acht Uhr schlafen, gleich nach dem Essen. Wer von euch hat ihn auf sein Zimmer gebracht?«

»Ich«, antwortete Frédéric.

»Hatte er viel getrunken?«

»Nicht besonders. Ein wenig schon. Er hat mich gefragt, wer dieser düstere Kerl sei, und ich erklärte ihm, das sei Groux, dessen Hab und Gut versteigert werden sollte... Dann hat er mich noch gefragt, wie Groux das nur geschafft habe, all sein Geld zu verlieren, wo er doch so gute Sumpfwiesen besitze, und ich...«

»Das reicht!« brummte Groux.

Der Koloß sah finster drein. Er wollte nicht zugeben, daß er sich nie richtig um sein Land und sein Vieh gekümmert hatte, er fühlte sich vom Schicksal verraten.

»Gut. Wer hatte um diese Uhrzeit Borchains Brieftasche gesehen?«

»Alle. Er hatte sie beim Essen herausgezogen, um ein Foto seiner Frau herumzuzeigen... Jeder hatte also sehen können, daß sie voller Geldscheine steckte. Aber selbst wenn wir sie nicht gesehen hätten... Jeder wußte doch, daß er mit der Absicht gekommen war zu kaufen und daß man bar bezahlen mußte.«

»So hatten also auch Sie, Canut, mehr als hunderttausend Francs bei sich?«

»Hundertfünfzigtausend. Höher wollte ich nicht gehen.«

Gleich bei seiner Ankunft am Tatort hatte Maigret, der zu jener Zeit die Kriminalpolizei von Nantes leitete, Frédéric Michaux kritisch gemustert. Michaux, ungefähr fünfundvierzig Jahre alt, sah mit seinem Boxerhemd und dem gebrochenen Nasenbein nicht gerade so aus, wie man sich einen Gastwirt auf dem Lande vorstellt.

»Sagen Sie mal... Irgendwie kommt es mir so vor, als wären wir uns schon mal begegnet?«

»Na ja, fackeln wir nicht lange herum, Kommissar... Sie haben recht... Aber jetzt ist bei mir alles in Ordnung.«

Zuhälterei im Ternes-Viertel, Schlägereien, verbotene Wettspiele, Geldautomaten... Kurz, Frédéric Michaux, Gastwirt in Pont-du-Grau, im fernsten Winkel der Vendée, war der Polizei besser bekannt unter dem Namen Fred der Boxer.

»Julia werden Sie wahrscheinlich auch noch kennen... Sie haben uns ja zusammen eingelocht vor zehn Jahren... Wenn Sie wüßten, wie bürgerlich die inzwischen geworden ist...«

Das stimmte. Die dick geschminkte, aufgedunsene, ungepflegte Julia mit den fettigen Haaren, die in ihren Pantoffeln ständig zwischen Küche und Wirtsstube hin und her schlurfte, war kaum mehr als die Julia von der Place des Ternes zu erkennen, und das Erstaunlichste war, daß sie außerordentlich gut kochte.

»Wir haben auch Thérèse zu uns genommen... Sie war ein Fürsorgepflegling...«

Achtzehn Jahre alt, lang und dünn, mit spitzer Nase, einem komischen Mund und einem frechen Blick.

»Sollen wir richtig spielen?« fragte der Zöllner, der Gentil hieß.

»Macht es genau so wie an dem Abend. Canut, warum sind Sie nicht schlafen gegangen?«

»Ich schaute der Partie zu«, murmelte der Bauer.

»Besser gesagt, er war dauernd hinter mir her«, warf Thérèse bissig ein, »und ich sollte ihm unbedingt versprechen, in sein Zimmer zu kommen...«

Maigret bemerkte, daß Fred dem Mann einen bösen Blick zuwarf und daß Julia Fred ansah.

Gut... Nun waren alle an ihren Plätzen... An dem Abend hatte es ebenfalls geregnet. Borchains Zimmer lag im Erdgeschoß, am Ende des Korridors. Von diesem Korridor gingen noch drei andere Türen ab: eine, durch die man zur Küche gelangen konnte, eine, die zur Kellertreppe führte und eine dritte, auf der 00 stand.

Maigret seufzte und fuhr sich mit einer müden Bewegung

über die Stirn. Jetzt war er schon drei Tage hier, er fühlte sich vom Geruch des Hauses ganz durchdrungen, von der Atmosphäre bis zur Übelkeit angeekelt.

Aber welche andere Möglichkeit blieb ihm? Am 14. hatte Fred gegen Mitternacht, als das Kartenspiel noch immer im Gange war, plötzlich angefangen herumzuschnuppern und dann zu Julia, die in der Küche war, hinausgerufen:

»Brennt da was an im Ofen?«

Dann war er aufgestanden und hatte die Korridortür geöffnet.

»Verdammt, da brennt doch etwas!«

Groux war ihm nachgegangen, ebenso Thérèse. Der Geruch war aus dem Zimmer des Gastes gekommen. Er hatte geklopft. Dann hatte er geöffnet, denn es gab kein Schloß an der Tür.

Es war die Matratze gewesen, die da gebrannt hatte, eine Wollmatratze, die einen scharfen Wollfettgeruch verbreitete. Auf der Matratze hatte Borchain in Hemd und Unterhose gelegen, mit eingeschlagenem Schädel.

Fred hatte sofort telefoniert. Um ein Uhr morgens war Maigret alarmiert worden. Um vier Uhr war er bei sintflutartigem Regen mit roter Nase und blaugefrorenen Händen hier angekommen.

Borchains Brieftasche war verschwunden. Das Fenster seines Zimmers war geschlossen. Von außen hätte niemand eindringen können, denn Michaux hielt einen scharfen Schäferhund.

Es war unmöglich, alle zu verhaften. Alle aber kamen als Täter in Frage, alle außer Canut, der als einziger die Wirtsstube den ganzen Abend über nicht verlassen hatte.

»Also los jetzt, Leute! Ich höre euch zu. Ich sehe euch zu. Macht genau das, was ihr am 14. zur selben Stunde getan habt.«

Die Versteigerung war auf ein späteres Datum verschoben worden. Am 15. waren den ganzen Tag über Neugierige vor dem Haus erschienen, das der Kommissar hatte verschließen lassen.

Inzwischen war der 16. Maigret hatte diesen Raum während der ganzen Zeit nur für ein paar Stunden verlassen, um zu schlafen. Ebenso die andern. Sie konnten es kaum mehr ertragen, von morgens bis abends zusammen eingesperrt zu sein, immer wieder dieselben Fragen zu hören, dieselben Bewegungen machen zu müssen.

Julia kochte. Die Außenwelt schien entrückt. Es wurde immer unvorstellbarer, daß noch irgendwo in Städten Leute lebten, die nicht pausenlos dasselbe wiederholten:

»Also ... Ich hatte gerade Herz abgehoben, da legte Groux seine Karten auf den Tisch und sagte: ›Ich brauche wirklich nicht weiterzuspielen ... Nicht eine einzige gute Karte ... Ich hab eben Glück wie immer!‹ Dann stand er auf ...«

»Stehen Sie auf, Groux!« befahl Maigret. »Machen Sie alles genau wie an dem Abend.«

Der Koloß zuckte mit den Achseln.

»Wie oft soll ich denn noch aufs Klo?« brummte er. »Fragen Sie doch Frédéric ... Fragen Sie Nicolas ... Geh ich an den andern Abenden vielleicht nicht auch mindestens zweimal hinaus? Was glauben Sie denn, wo ich mit meinen vier oder fünf Flaschen Weißwein pro Tag bleibe?«

Er spuckte aus und wandte sich zur Tür, ging durch den Korridor und stieß die Tür, auf der 00 stand, mit der Faust auf.

»Also bitte! Soll ich jetzt vielleicht auch noch drin bleiben?«

»So lange wie nötig schon ... Und ihr übrigen, was habt ihr in seiner Abwesenheit getan?«

Der Zöllner lachte nervös über die Wut von Groux, sein Lachen klang leicht irr. Er hatte die schwächsten Nerven und konnte am wenigsten aushalten.

»Ich sagte zu Gentil und zu Nicolas, daß es diesmal schlecht für ihn ausgehen würde!« gestand Fred.

»Daß es schlecht für wen ausgehen würde?«

»Für Groux und seinen Hof ... Er hatte immer noch gehofft, daß es nicht zum Verkauf kommen würde und er noch Geld auftreiben könnte. Als dann der Gerichtsvollzieher kam und ihm den Kuckuck dranklebte, hat er ihn mit dem Gewehr bedroht.

Es ist nicht leicht, in seinem Alter noch als Knecht anfangen zu müssen, wenn man immer einen eigenen Hof gehabt hat ...«

Groux war wortlos wieder hereingekommen und warf einen bösen Blick in die Runde.

»Seid ihr bald fertig?« schrie er. »Sagt doch gleich, daß ich den Mann umgebracht und seine Matratze angesteckt habe. Los, führt mich doch ab! Ihr braucht euch nicht zu genieren.«

»Wo waren Sie denn zu dem Zeitpunkt, Julia? Ich hab den Eindruck, Sie befinden sich nicht auf Ihrem Platz ...«

»Ich habe in der Küche Gemüse geputzt. Wir erwarteten Gäste zum Mittagessen, wegen der Versteigerung. Ich hatte zwei Hammelkeulen bestellt... Und wenn ich daran denke, daß wir bis jetzt erst mit einer fertig geworden sind ...«

»Und Thérèse?«

»Ich ging auf mein Zimmer hinauf.«

»Wann genau?«

»Kurz nachdem Monsieur Groux zurückgekommen war.«

»Gut, dann werden wir jetzt einmal zusammen hinaufgehen... Die übrigen machen bitte weiter... Haben Sie noch weitergespielt?«

»Nicht sofort. Groux hatte keine Lust. Ich holte eine Schachtel Gauloises von der Theke.«

»Kommen Sie, Thérèse.«

Das Zimmer, in dem Borchain umgebracht worden war, lag strategisch sehr günstig. Die Treppe war nur zwei Meter entfernt. Thérèse hätte leicht...

Ihr Zimmer war schmal, nur mit einem eisernen Bettgestell und einem Stuhl möbliert, auf dem Wäsche und Kleider lagen.

»Was haben Sie hier getan?«

»Ich habe geschrieben.«

»Was denn?«

»Daß wir am nächsten Tag gewiß nicht einen einzigen Augenblick allein sein würden ...«

Sie blickte ihn herausfordernd an.

»Sie wissen genau, wovon ich spreche... Das habe ich an Ihren Blicken und Ihren Fragen gemerkt... Die Alte ist mißtrauisch.

Sie ist dauernd hinter uns her. Ich habe Fred angefleht, mit mir von hier fortzugehen, und wir hatten beschlossen, im Frühjahr abzuhauen.«

»Wieso im Frühjahr?«

»Ich weiß auch nicht. Fred hat diesen Zeitpunkt festgelegt. Wir wollten nach Panama, wo er früher schon einmal gelebt hat, und dort wollten wir ein Bistro aufmachen.«

»Wie lange sind Sie in Ihrem Zimmer geblieben?«

»Nicht lange ... Ich habe die Alte heraufkommen hören. Sie fragte mich, was ich da machte. Ich antwortete: ›Nichts!‹

Sie haßt mich, und ich hasse sie. Ich möchte schwören, daß sie unseren Plan spitzgekriegt hatte ...«

Thérèse hielt Maigrets Blick stand. Sie war eine von denen, die wissen, was sie wollen, und auch kein Mittel scheuen, es zu erreichen.

»Meinen Sie nicht, Julia würde Fred lieber im Gefängnis sehen, als ihn gemeinsam mit Ihnen irgendwo in der Weltgeschichte zu wissen?«

»Dazu ist sie imstande!«

»Was hat sie in ihrem Zimmer gemacht?«

»Sie hat ihren Gürtel ausgezogen ... Sie braucht einen Gummigürtel, um ihre Reste zusammenzuhalten ...«

Thérèses spitze Zähne erinnerten an die eines kleinen Tieres, auch ihre unbewußte Grausamkeit hatte etwas Tierhaftes. Wenn sie über die Frau sprach, die vor ihr Freds Herz besaß, warf sie die Lippen trotzig auf.

»Am Abend, vor allem, wenn sie zuviel gegessen hat – sie stopft sich so voll, daß einem schon vom Anblick schlecht wird –, fühlt sie sich von dem Gürtel so eingezwängt, daß sie hinaufgeht und ihn auszieht ...«

»Wie lange blieb sie in ihrem Zimmer?«

»Vielleicht zehn Minuten. Als sie herunterkam, half ich ihr beim Gemüseputzen. Die andern saßen noch immer beim Kartenspiel.«

»Stand die Tür zwischen Küche und Schankraum offen?«

»Sie steht immer offen.«

Maigret warf ihr noch einmal einen Blick zu und ging dann schwerfällig die knarrenden Stiegen hinunter. Er hörte den Hund draußen im Hof, der an seiner Kette zog. Gleich hinter der Kellertür gab es einen Kohlehaufen, und auf dem Kohlehaufen hatte man das Mordwerkzeug gefunden: einen schweren Kohlehammer. Doch er war ohne Fingerabdrücke. Der Mörder hatte das Werkzeug gewiß mit einem Tuch angefaßt. An allen übrigen Stellen des Hauses, einschließlich des Türknaufs des Zimmers, gab es zahlreiche Fingerabdrücke: diejenigen aller Leute, die am 14. anwesend gewesen waren.

Die Brieftasche hatten zehn Leute an den unwahrscheinlichsten Orten gesucht, Leute, die in solchen Dingen Erfahrung hatten; am Vortag war sogar die Abortgrube geleert worden.

Der arme Borchain war von seinem Ort hierhergekommen, um den Hof von Groux zu kaufen. Nachdem er sein Leben lang nur Pächter gewesen war, wollte er endlich einen eigenen Hof erwerben. Er war verheiratet und hatte drei Töchter. An dem Abend hatte er an einem der Tische gesessen, sich dabei mit Canut unterhalten, der ebenfalls an dem Kauf interessiert war, und ihm das Foto seiner Frau gezeigt.

Von der allzu schweren und reichlich genossenen Mahlzeit müde geworden, hatte er sich, wie er es als Bauer gewohnt war, zur Schlafenszeit zu Bett begeben. Ob er seine Brieftasche unters Kopfkissen gesteckt hatte?

In der Wirtsstube hatten vier Männer wie jeden Abend beim Weißwein gesessen und Belote gespielt: Fred, Groux, der alte Nicolas, dessen Gesicht, wenn er einen gewissen Weinpegel erreicht hatte, violett anlief, und der Zöllner Gentil, der auch besser daran getan hätte, seine Runde zu machen.

Hinter ihnen hatte Canut rittlings auf einem Stuhl gesessen und abwechselnd die Spieler und Thérèse beobachtet, in der Hoffnung, daß diese Nacht, die er fern von zu Hause verbrachte, durch ein Abenteuer gekrönt würde.

In der Küche hatten zwei Frauen, Julia und die Kleine von der Fürsorge, vor einer Schüssel mit Gemüse gesessen.

Einer der Beteiligten war zu einem bestimmten Zeitpunkt unter irgendeinem Vorwand auf den Korridor hinausgegangen, hatte zunächst die Kellertür geöffnet, um den Kohlehammer zu nehmen, und dann die Tür zu Borchains Zimmer.

Niemand hatte etwas gehört. Die betreffende Person konnte auch nicht lange weggeblieben sein, denn keinem war ihre Abwesenheit aufgefallen.

Dabei hatte der Mörder doch immerhin die Brieftasche in Sicherheit bringen müssen!

Denn er mußte damit rechnen, daß die brennende Matratze bald bemerkt und sofort Alarm geschlagen würde, daß man die Polizei rufen und alle durchsuchen würde!

»Daß Sie hier nicht einmal ein Bier haben, das man trinken

kann!« beklagte sich Maigret, als er die Wirtsstube wieder betrat.

So ein kühles, schäumendes, frisch gezapftes Bier! Hier gab es nur Flaschen mit einem unbeschreiblichen sogenannten Familienbier!

»Und die Partie?«

Fred sah auf die Reklameuhr aus himmelblauer Fayence. Er war geübt im Umgang mit der Polizei. Auch er war müde, genau wie die andern, aber weniger nervös.

»Zwanzig vor zehn... Noch nicht... Wir unterhielten uns noch... Du, Nicolas, hast dann nochmals Wein bestellt.«

»Kann sein...«

»Ich rief Thérèse zu: ›Füll noch eine Flasche Wein ab!‹

Dann stand ich aber auf und ging selbst in den Keller.«

»Warum?«

Er zuckte mit den Achseln.

»Es kommt jetzt sowieso nicht mehr darauf an, oder? Soll sie es ruhig hören. Wenn dies hier vorüber ist, geht es sowieso nicht weiter wie vorher... Ich hatte gehört, daß Thérèse in ihr Zimmer hinaufgegangen war, und ich dachte, sie habe mir sicher ein Briefchen geschrieben. Ich wollte im Schloß der Kellertür nachsehen... Hörst du, Julia? ... Ich kann auch nichts dafür, Alte! Du hast mir ja auch keine Szene erspart als Ausgleich für unsere seltenen angenehmen Augenblicke...«

Canut lief rot an. Nicolas grinste in seinen rötlichen Bart. Monsieur Gentil blickte beiseite, denn auch er hatte Thérèse Avancen gemacht.

»Und war ein Briefchen da?«

»Ja... Ich habe es unten gelesen, während der Wein in die Flasche lief. Thérèse schrieb nur, daß wir am nächsten Tag wohl nicht einen Augenblick allein sein würden...«

Fred war eine erstaunliche Leidenschaft und ganz unerwartete Bewegung anzumerken. Man hörte Thérèse in der Küche plötzlich aufstehen. Sie kam auf den Tisch zu, an dem die Spieler saßen.

»Ist es jetzt endlich ausgestanden?« fragte sie mit zitternden Lippen. »Besser wär's, wenn wir alle verhaftet und ins

Gefängnis gebracht würden. Dann würde man ja sehen. Aber weiterhin hier wie die Katze um den heißen Brei zu schleichen und so zu tun ..., so zu tun ...«

Sie brach in Schluchzen aus, drehte sich zur Wand und versteckte das Gesicht in den Armen.

»Sie sind also mehrere Minuten lang im Keller geblieben ...« fuhr Maigret unbeeindruckt fort.

»Drei oder vier Minuten lang, ja.«

»Und was haben Sie mit dem Briefchen gemacht?«

»Ich habe es in der Kerzenflamme verbrannt.«

»Hatten Sie Angst vor Julia?«

Fred ärgerte sich über diese Frage Maigrets.

»Verstehen Sie denn nicht? Sie haben uns vor zehn Jahren doch selbst verhaftet! ... Wissen Sie, wenn man gewisse Dinge zusammen durchgemacht hat ... Na ja! Wie Sie wollen ... Reg dich nicht auf, meine arme Julia ...«

Aber Julia antwortete ganz gelassen aus der Küche:

»Ich rege mich nicht auf.«

Das Tatmotiv, das berühmte Tatmotiv, von dem in jedem Kriminologieunterricht die Rede ist! Ein Motiv hatten sie alle! Groux vielleicht noch mehr als die andern, denn Groux war am Ende, er sollte am nächsten Tag vor die Tür gesetzt, sein Hab und Gut verkauft werden, so daß er sich in Zukunft nur noch als Knecht verdingen konnte! Er kannte sich auch aus hier, kannte die Kellertür, den Kohlehaufen, den Hammer ...

Und Nicolas? Nun, er war ein alter Säufer, der ein elendes Dasein führte. Aber hatte er nicht eine Tochter in Niort, die als Dienstmädchen mit Müh und Not für den Unterhalt ihres Kindes aufkam? Wäre er nicht fähig gewesen ... Vor allem, da er, wie Fred vorhin gesagt hatte, jede Woche einmal zum Holzspalten und Kohlebrechen herkam!

Gegen zehn Uhr war Nicolas nämlich aufs Klo gegangen und hatte dabei so geschwankt, daß Gentil noch sagte:

»Hoffentlich findet er die richtige Tür!«

Es gibt solche Zufälle! Warum hatte Gentil das gesagt, während er mechanisch weiter Karten spielte?

Warum hätte nicht Gentil selbst auf die Idee kommen können, das Verbrechen zu begehen, als er ein paar Minuten nach dem alten Nicolas ebenfalls hinausgegangen war?

Gut, er war Zöllner, aber jeder wußte doch, daß er nicht zuverlässig war, daß er, statt seine Runden zu machen, lieber im Café saß und daß man mit ihm immer handelseinig wurde.

»Hören Sie, Kommissar...« begann Fred.

»Entschuldigen Sie, es ist jetzt fünf nach zehn... Was geschah da an dem Abend?«

Thérèse setzte sich schniefend hinter ihren Chef und berührte dabei mit der Schulter seinen Rücken.

»Saßen Sie da?«

»Ja... Ich war mit dem Gemüse fertig... Dann nahm ich meine Strickarbeit zur Hand, einen Pullover, aber ich habe nicht daran weitergearbeitet...«

Julia hielt sich noch immer in der Küche auf, man konnte sie nicht sehen.

»Was wollten Sie gerade sagen, Fred?«

»Es ging mir da so ein Gedanke durch den Kopf... Ich glaube, es gibt ein Detail, das beweist, daß niemand aus dem Haus den Mann umgebracht haben kann... Denn...

Nehmen Sie einmal an... Nein, ich wollte etwas anderes sagen... Wenn ich also jemanden in meinem Haus umbrächte, meinen Sie, dann käme ich auf die Idee, Feuer zu legen? Wozu denn? Vielleicht, um die andern aufmerksam zu machen?«

Maigret hatte sich gerade eine neue Pfeife gestopft und steckte sie gemächlich an.

»Gib mir jetzt doch einen kleinen Calvados, Thérèse! ... Fred, warum meinen Sie, hätten Sie kein Feuer gelegt?«

»Na, weil...«

Er verlor den Faden.

»Wenn es nicht angefangen hätte zu brennen, hätte sich doch kein Mensch um den Mann gekümmert. Die andern wären nach Hause gegangen... und...«

Maigret grinste, verzog dabei eigentümlich seine Lippen um das Mundstück seiner Pfeife.

»Schade, daß Sie damit gerade das Gegenteil von dem beweisen, was Sie beweisen wollten, Fred... Diese Brandlegung ist nämlich das einzige ernstzunehmende Indiz, das wir haben, das fiel mir sofort auf, als ich kam. Nehmen wir ruhig einmal an, Sie bringen den alten Mann um, wie Sie sagen. Jeder weiß, daß er bei Ihnen ist. Sie dürfen also nicht davon ausgehen, die

Leiche fortschaffen zu können. Sie müssen am nächsten Morgen die Tür öffnen und Alarm schlagen... Übrigens, um wieviel Uhr wollte er denn geweckt werden?«

»Um sechs. Er wollte den Hof und das Land vor dem Verkauf noch ansehen.«

»Wenn man die Leiche also um sechs Uhr morgens entdeckt hätte, wären nur Sie, Julia und Thérèse im Haus gewesen. Monsieur Canut können wir aus dem Spiel lassen, denn ihn hätte bestimmt niemand verdächtigt. Auch hätte niemand angenommen, daß das Verbrechen während des Kartenspiels hätte begangen werden können...«

Fred hörte den Erklärungen des Kommissars aufmerksam zu, und Maigret hatte den Eindruck, daß er blasser geworden war. Er zerpflückte sogar gedankenverloren eine Karte und ließ die Fetzen auf den Boden fallen.

»Passen Sie auf, wenn Sie nachher wieder spielen wollen, werden Sie vergeblich nach dem Pik-As suchen... Also, ich sagte... Ah, ja... Wie also konnte der Mörder vor dem Aufbruch von Groux, Nicolas und Monsieur Gentil auf das Verbrechen aufmerksam machen, so daß der Verdacht auch auf sie fiel? Es gab ja keinen Vorwand, das Zimmer zu betreten... Keinen außer dem Feuer...«

Diesmal verlor Fred die Fassung. Mit geballten Fäusten sprang er auf, sein Blick verhärtete sich, und er schrie:

»Herrgottsakrament!«

Alle verstummten. Es war, als hätte man ihnen einen Schock versetzt. Denn zuletzt hatte keiner mehr richtig an die Existenz eines Mörders geglaubt, so sehr waren sie alle ermüdet. Sie hatten ganz vergessen, daß er sich ja hier im Hause befinden mußte, daß sie mit ihm sprachen, an einem Tisch mit ihm saßen, vielleicht mit ihm Karten spielten und tranken.

Fred durchmaß die Wirtsstube mit Riesenschritten, während Maigret ganz zusammengesunken dasaß und kleine Augen bekam. Sollte er endlich am Ziel sein? Seit drei Tagen hielt er sie nun in Atem, ließ sie keine Minute in Ruhe, zwang sie, dieselben Bewegungen, dieselben Worte x-mal zu wiederholen, in der Hoffnung, daß plötzlich irgendein Detail, dem man vorher keine Beachtung geschenkt hatte, zum Vorschein käme, vor allem aber in der Absicht, ihre Nerven aufs äußerste zu strapazieren und den Mörder so in die Enge zu treiben, daß er zusammenbrach.

Man hörte seine freundliche Stimme, die von kurzen Zügen an der Pfeife in Silben zerhackten Worte.

»Die entscheidende Frage ist jetzt, wer ein so sicheres Versteck hatte, daß die Brieftasche nicht gefunden werden konnte...«

Jeder einzelne von ihnen war durchsucht worden. Einer nach dem andern waren sie in der berühmten Nacht bis auf die Haut entkleidet worden. Auch die Kohle an der Kellerstiege war vollkommen umgeschaufelt worden. Man hatte Mauern und Fässer abgeklopft. Dennoch hatte man die dicke Brieftasche mit mehr als hundert Tausend-Francs-Scheinen nicht finden können...

»Mir wird ganz schwindlig, wenn Sie immer so hin und her gehen, Fred.«

»Verdammt noch mal, verstehen Sie denn nicht, daß...«

»Daß was?«

»Daß ich ihn nicht umgebracht habe! Daß ich doch nicht so blöd bin! Daß meine Akte schon dick genug ist, um...«

»Wollten Sie nicht im Frühjahr mit Thérèse nach Südamerika und dort ein Bistro kaufen?«

Fred warf einen Blick zur Küchentür und fragte dann mit zusammengepreßten Zähnen:

»Na und?«

»Mit welchem Geld denn?«

Er sah Maigret durchdringend an.

»Also darauf wollen Sie hinaus? Da sind Sie aber auf dem Holzweg, Kommissar. Geld werde ich nämlich am 15. Mai haben. Da hatte ich nämlich einmal eine ganz bürgerliche Idee, als ich mit meinen Boxkämpfen noch ganz nett verdiente: Ich schloß eine Versicherung über hunderttausend Francs ab, und die wird an meinem fünfzigsten Geburtstag fällig. Ja, und mein fünfzigster Geburtstag, der ist genau am 15. Mai... Jawohl, Thérèse, ich habe ein bißchen mehr auf dem Kasten, als es gewöhnlich den Anschein hat...«

»Wußte Julia etwas von dieser Versicherung?«

»Das geht die Frauen nichts an!«

»Julia, Sie wußten also nichts davon, daß Fred hunderttausend Francs ausbezahlt bekommen wird?«

»Ich wußte es.«

»Was?« schrie Fred und fuhr hoch.

»Ich wußte auch, daß er mit dieser Nutte abhauen wollte...«

»Und hätten Sie das zugelassen?«

Julia blieb unbeweglich stehen, den starren Blick auf ihren Liebhaber gerichtet. Eine seltsame Ruhe ging von ihr aus.

»Sie haben mir nicht geantwortet!« sagte Maigret fordernd.

Sie blickte nun ihn an, ihre Lippen begannen sich zu bewegen. Vielleicht war sie im Begriff, etwas Wichtiges zu sagen? Nein, sie zuckte nur mit den Achseln.

»Weiß man, wozu ein Mann fähig ist?«

Fred hörte nicht zu. Er sah aus, als hätte er plötzlich eine andere Sorge. Mit zusammengezogenen Brauen dachte er nach, und Maigret hatte den Eindruck, daß ihre Gedanken in dieselbe Richtung gingen.

»Sagen Sie mal, Fred!«

»Was?«

Er wirkte, als hätte man ihn aus einem Traum geholt.

»Diese Versicherungspolice, die Julia ohne Ihr Wissen gesehen hat, die würde ich ganz gern auch einmal sehen...«

Auf welch verschlungenen Pfaden die Wahrheit schließlich ans Licht kam! Maigret hatte geglaubt, an alles gedacht zu haben. Thérèse hatte ihm in ihrem Zimmer von der geplanten Abreise erzählt, also brauchten sie Geld... Fred gestand, daß er eine Versicherung abgeschlossen hatte...

Und nun entpuppte sich alles als so blödsinnig einfach, daß er fast lachen mußte: Zehnmal hatte man das Haus auf den Kopf gestellt und weder Versicherungspolice noch Personalausweise noch Wehrpaß gefunden!

»Ich stehe zu Ihrer Verfügung, Kommissar«, sagte Fred seufzend und ganz ruhig. »Bei der Gelegenheit können Sie auch sehen, wie hoch meine Ersparnisse sind...«

Er wandte sich zur Küche.

»Sie können hereinkommen... Wenn man in so einem Nest lebt... Außerdem hab ich einige Papierchen, die meine

Kumpel von früher vielleicht nicht ungern an sich nehmen würden...«

Thérèse folgte ihnen staunend. Dann hörte man die schweren Schritte von Groux näherkommen, und schließlich erhob sich auch Canut.

»Nicht, daß Sie mich deswegen für besonders schlau halten müßten... Rein zufällig war ich in meiner Jugend mal Kesselschmied...«

Rechts neben dem Ofen gab es einen riesigen Abfalleimer aus verzinktem Blech. Fred stülpte den Eimer mitten im Raum um und nahm einen doppelten Boden heraus. Er sah es als erster. Seine Augenbrauen schoben sich langsam zusammen, langsam hob er den Kopf, öffnete den Mund...

Unter verschiedenen Papieren kam da eine dicke, durch die Abnutzung grau gewordene Brieftasche zum Vorschein, um die ein rotes, aus einem Reifen ausgeschnittenes Gummiband gewickelt war.

»Nun, Julia?« fragte Maigret.

In diesem Augenblick erkannte man in den aufgequollenen Zügen der Wirtin ein wenig jene Julia wieder, die sie einst gewesen war. Sie blickte alle an. Ihre Oberlippe verzog sich zu einer verachtungsvollen Schnute. Fast sah es aus, als wolle sie gleich losschluchzen. Aber sie beherrschte sich. Mit matter Stimme sagte sie nur:

»Na und? Es ist aus mit mir.«

Am erstaunlichsten war, daß jetzt Thérèse plötzlich in Tränen ausbrach und heulte wie ein Schloßhund, während die Mörderin fragte:

»Ich nehme an, daß Sie mich gleich mitnehmen, da Sie ja mit dem Auto hier sind... Kann ich meine Sachen einpakken?«

Er ließ sie ihr Bündel schnüren. Er fühlte sich traurig: die Reaktion auf eine lange nervliche Anspannung.

Vor wie langer Zeit hatte Julia Freds Versteck entdeckt? Hatte sie beim Anblick der Versicherungspolice nicht sofort begriffen, daß er mit Thérèse abhauen würde, sobald er sein Geld ausbezahlt bekäme?

Sie hatte eine Gelegenheit gesehen, zu noch mehr Geld zu kommen, als Fred erhalten würde! Und sie wollte ihm dieses

Geld bringen, in ein paar Tagen, ein paar Wochen, wenn Gras über die Sache gewachsen gewesen wäre!

»Schau, Fred«, hätte sie dann gesagt, »ich wußte alles ... Du wolltest mit ihr weggehen, nicht? Du hast geglaubt, daß ich zu nichts mehr zu gebrauchen sei ... Mach mal dein Versteck auf ... Ich, deine Alte, wie du mich nennst, habe für dich ...«

Maigret bewachte sie aus Sicherheitsgründen, während sie in ihrem Zimmer, dessen einzige Einrichtung aus einem Mahagoni-Bett und einem Foto von Fred als Boxer bestand, hin und her ging und ihre Sachen packte.

»Ich muß meinen Gürtel wieder anziehen«, sagte sie. »Schauen Sie lieber nicht her, es ist nicht gerade ein erhebender Anblick ...«

Erst im Auto brach sie zusammen, während Maigret starr auf die Regentropfen blickte, die an den Scheiben herunterliefen. Was die andern wohl jetzt machten im Gasthaus? Und wem würde der Hof von Groux zugeschlagen, wenn er nun endgültig zur Versteigerung kam?

Vente à la bougie. In: *Maigret et les petits cochons sans queue*, Paris 1953. Deutsch von Linde Birk. Aus: *Maigret-Geschichten*, Zürich 1980, sowie *Meistererzählungen*, Zürich 1988.

Reportagen, Meinungen und Erinnerungen

Das Gericht der zwölf Häuptlinge

Es ist, wie fast jeden Morgen, ein plötzliches Erwachen, so als würde ins Horn geblasen: Eine triumphierende Sonne läßt die Umgebung hell aufleuchten, die Erde auf den Wegen noch röter erscheinen. Das Grün wirkt blaß im Sonnenlicht, und überall sieht man die Negerinnen mit ihren Krügen auf dem Kopf.

Man muß diesen Anblick in aller Eile genießen. Dieser allmorgendliche Eindruck der Offenbarung und Freudigkeit herrscht kaum zehn Minuten, in dieser Zeit hat man sein erstes Hemd durchgeschwitzt, und man spürt schon das Scheuern des Tropenhelms.

Ich bin im Herzen Afrikas, im Busch von Uele, im Nordosten von Belgisch-Kongo. Vor einem Jahr noch mußte man, um die Station, wo ich heute übernachtet habe, zu erreichen, eine einmonatige Schiffsreise auf dem Nil quer durch den ägyptischen Sudan, dann einige Wochen Sänfte in Kauf nehmen. Heute nimmt man das Flugzeug, es gibt eine ausgezeichnete Autostraße, was aber nicht heißt, daß man alle drei Monate auf einen Weißen trifft. Die schlimmsten Straßenhindernisse sind die monströsen Haufen von wilden Elefanten.

Belgisch-Kongo! Das besagt, daß diese Station hier wie eine Art Park mit tadellos gepflegten Blumenbeeten angelegt ist, daß sich an jeder Biegung Gebotsschilder befinden wie »Rechts fahren!«, »Gefährliche Kurve!« oder »Durchfahrt verboten!«. Fehlte nur noch der Hinweis auf eine Einbahnstraße!

Belgisch-Kongo, das bedeutet auch, daß die beiden Weißen, die hier wohnen, zwei Beamte, prunkvolle Villen besitzen. Sie sind Beamte, also zahlt der Staat! Man nimmt zum Beispiel an, daß das Haus eines bestimmten Beamtenanwärters in Léopoldville auf 300 000 Francs kommt.

Belgisch-Kongo, das besagt weiter... Das besagt so viele

Dinge! Zum Beispiel, daß keinerlei Unordnung herrscht! Daß sich unsere Leute mit einer gewissen Eleganz anziehen und daß eine Frau es nicht wagen würde, ohne Strümpfe und ohne Stöckelschuhe aus dem Haus zu gehen.

Zwei Häuser, hatte ich Ihnen gesagt. Sie befinden sich dreihundert Meter voneinander entfernt. Das größere gehört dem Gebietsverwalter, im anderen wohnt sein Stellvertreter. Zwischen beiden Häusern sind in einem weiteren Bau die Büroräume untergebracht.

Damit hat es sich. Weit, sehr weit davon entfernt liegen die Eingeborenendörfer. Außer einem Missionar, der fünfzig Kilometer entfernt wohnt und auf einem Motorrad herumfährt, gibt es keine Weißen in diesem Gebiet.

Was also verwalten die beiden Verwalter? – Sie verwalten die Neger, wahrhaftig! Neger, die völlig nackt sind! Die Frauen tragen nichts als ein Strohbüschel über der Scham, und die Männer, weniger eitel, begnügen sich mit einem Stückchen Tuch. Sie stellen nichts her! Sie verkaufen nichts! Sie bebauen exakt ihre zehn Ar Land, so wie die Weißen es von ihnen verlangen. Das heißt, sie kratzen mit einer Hacke die Oberfläche der Erde an, lassen die Samenkörner fallen, und zwei Monate später, durch die Arbeit eines einzigen Tages, wächst genug, um eine Familie ein ganzes Jahr hindurch zu ernähren.

Die Verwalter verwalten dennoch. Verwalten bedeutet in erster Linie, Steuern zu erheben. Weiter müssen für dreißig Centimes am Tag Arbeiter für den Straßenbau beigetrieben werden. Schließlich und endlich müssen für die Instandhaltung der Station, der Blumenbeete, der Wege, der Büroräume und der Straßenschilder Sträflinge gemacht werden. Eine Station kann nicht bestehen, wenn sie nicht mindestens einhundert Sträflinge hat, denen man hier ein hübsches, gelb-schwarz gestreiftes Trikot überzieht. Meistens gehören zu diesem Kostüm noch Ketten. Es handelt sich um städtische Arbeiter. Von Zeit zu Zeit sucht man einen von ihnen heraus – er muß mindestens zwanzig Jahre alt sein – und bringt ihm so weit Lesen und Schreiben bei, daß er Stationssekretär werden kann. Hat man keine Sträflinge, dann macht man welche! Denn kein Neger darf sich rühmen, den Gesetzen getreu zu leben!

Ich sagte, daß ich im Haus des Verwalters von Fanfaren

geweckt wurde; das war nicht nur eingebildet. Denn ich nehme tatsächlich fernes Stimmengewirr wahr, kreischende Töne, Schreie, einen dumpfen Rhythmus, vielleicht das Trommeln von Füßen.

Der Verwalter und seine Frau erwarten mich zum Frühstück. Sie sind freundlich, gut gekleidet, von ausgesuchter Höflichkeit. Mein Gastgeber trägt einen gestärkten Kragen und eine schwarze Seidenkrawatte, in der eine falsche Perle steckt.

»Sie werden die großen Palaver miterleben! Alle sechs Monate oder einmal im Jahr versammeln sich die Stammesoberhäupter der Eingeborenen hier, um über Streitfälle zu entscheiden. Es handelt sich dabei um zwölf Oberhäupter, die von der belgischen Regierung anerkannt sind. Man hat ihnen eine silberne Plakette verliehen, groß wie eine Untertasse, die sie stolz auf der Brust tragen. Sie werden sehen!«

Das Stimmengewirr in der Ferne ist mannigfaltig, erfüllt alle Winkel des Horizonts. Dies erinnert mich an ein Gymnastikfest in einer kleinen Stadt, wo man vom frühen Morgen ab das Trompetengeschmetter der aus den benachbarten Dörfern eintreffenden Vereine hört.

Draußen herrscht ein freudiges Treiben, welches durch die Blumen im Park und vor allem durch diesen roten Erdboden, der in der Sonne wie eine Fahne aufflackert, noch bunter wirkt. Die Geräusche werden lauter, während wir unseren *café au lait* trinken. Ein Schwarm schreiender Neger und Negerinnen zieht jetzt an der Veranda vorbei, dann entdecke ich einen Neger, der dicker ist als die übrigen und der sanft in der Höhe der Köpfe dahinschwebt. Es ist das Stammesoberhaupt Matafa in seiner Sänfte, das heißt, er wird auf einem Stuhl getragen. Er ist umringt von seinen tanzenden Narren, von hohen Würdenträgern und Schaulustigen. Sein Zug hält in einiger Entfernung, bewacht von den Privatpolizisten des Oberhauptes, die einen blauen Umhang, kurze Hosen und Wickelgamaschen, aber keine Schuhe tragen. Dahinter folgen ein oder zwei Dutzend mit ihren kleinen Strohbüscheln geschmückte Frauen.

Wir essen. Die Frau des Verwalters trägt ein blau-gelb gemustertes Kleid. Wir werden recht gut bedient. Die Möbel im Raum sind von rührender Geschmacklosigkeit, Kaufhausware direkt aus Paris oder Brüssel. Auf dem Sofa liegt sogar eines dieser abscheulichen Kissen mit goldfarbenem Seidenüberzug, der noch mit einer aus Samt aufgenähten Katze verziert ist. Es wurden bestimmt zehntausend Stück von diesem Kissen gefertigt.

»Die wichtigste aller Fragen ist die der territorialen Kader. Solange die Rekrutierung ...«

Vorhin noch sprachen wir über die »gleiche Behandlung für alle«, dabei rührte der Verwalter in seinem Kaffee. Er ist fünfundzwanzig Jahre alt. Ein hübscher junger Mann, etwas kränklich, der mich, so gut er konnte, empfangen hat; ich wäre untröstlich, wenn ich ihn aus irgendeinem Grund in Verlegenheit brächte. Ein wohlerzogener Junge, aus gutem Hause. Seine Frau ist sanft wie Honig und kann wunderbar backen.

Weitere, uns unsichtbar bleibende Gruppen treffen ein und ziehen in Richtung des Bürogebäudes. Acht Uhr. Dann neun Uhr. Ich frage: »Um wieviel Uhr tritt das Gericht zusammen?«

»Sobald ich eintreffe. Ich nehme zwar nicht offiziell an den Verhandlungen teil, führe aber den Vorsitz und schreibe die Urteile nieder.«

Halb zehn! Alle Stammesoberhäupter sind versammelt, manche von ihnen sitzen mit ihrem Gefolge schon seit mehr als einer Stunde in der Sonne. Ebenso Dutzende von Eingeborenen, die bis zu sechs Tage durch den Busch marschiert sind, um verurteilt zu werden.

»Haben Sie das neue Buch von ... gelesen?«

Zehn Uhr. Mein Gastgeber ist reizend. Zurückgelehnt auf dem Sofa fragt er mich nach meiner Meinung über Filme, die er noch nicht kennt.

Die zwölf Stammesoberhäupter sind echte Häuptlinge, das Amt wird seit Generationen vom Vater auf den Sohn vererbt.

»Glauben Sie nicht, daß es Zeit wäre ...?«

Der Verwalter steht auf, gießt sich noch eine Tasse Kaffee ein und rührt den Zucker um. In Europa würde er wahrscheinlich hinter dem Giroschalter einer Bank stehen, oder er wäre Verkäufer in einer seriösen Abteilung eines Kaufhauses, bei den Schuhen etwa oder den Möbeln. Er gähnt, rückt den Knoten seiner Krawatte zurecht, küßt seine Frau.

»Kommt nicht zu spät zum Mittagessen!«

Seit dem frühen Morgen wartet ein Diener vor der Tür. Er erhält Order, die Fanfaren zu blasen, und wir gehen auf die Menge zu, wo Oberhäupter und Untertanen beisammenstehen. Einen Augenblick lang wimmelt es wie in einem Ameisenhaufen. Alle bewegen sich gleichzeitig. Die Oberhäupter stellen sich in einer Reihe auf und nehmen stramme Haltung ein.

Wir ziehen vorbei, wir gehen gelassen und ungezwungen an ihnen vorüber, so als wären wir sehr große, sehr berühmte Persönlichkeiten. Wir gehen an ihnen vorbei wie Leute, die so beschäftigt sind, daß sie die dicht zusammengedrängte Menge um sich herum nicht wahrnehmen. Aber wir ziehen vorbei, endlich!... Und die Oberhäupter halten den Atem an!... Mein junger Begleiter hält inne. Sein müder Blick wandert über dieses bühnenhafte Geschehen, ohne sich irgendwo aufzuhalten... Sein Stellvertreter kommt auf uns zu. Auch er ist ein wohlerzogener junger Mann.

»Sind alle da? Dann fangen wir an...!«

Wir nähern uns dem ehemaligen Büro, das nicht mehr benutzt wird und jetzt als Gerichtsgebäude dient. Ein großer, nackter, mit Kalk verputzter Raum. Wie alle Häuser hier ist auch dieses von einer Veranda umgeben. Bald haben sich Hunderte von Negern eingefunden, sitzen im Kreis auf dem Rasen, stehen an die Verandasäulen gelehnt oder sind auf die Bäume geklettert. Fast wie bei dem Gymnastikfest.

Der Verwalter und ich thronen an einem Tisch aus rohem Holz, und die Häuptlinge ordnen sich, so gut es geht, um uns herum. Sie haben Stühle oder Klappstühle mitgebracht. Sie tragen alle möglichen Kleidungsstücke, vom Maßanzug bis zur alten Uniform irgendeiner längst aufgehobenen Armee.

Mein Begleiter langweilt sich! Es ist schrecklich, ihn so gelangweilt zu sehen! Sein Blick gleitet über die Seiten eines Aktenbündels, und er seufzt:

»Ouaraga gegen Maligbanga!«

Er spricht bengalisch, die Sprache der hiesigen Eingeborenen. Alle Belgier müssen den Dialekt eines Gebietes erlernen, bevor sie Antwerpen verlassen.

Nach fünf Minuten ist der Raum mit dem beißenden Geruch des Negerschweißes erfüllt, weshalb ich mir eine Zigarette nach der anderen anzünde. Eines der Oberhäupter ist leprakrank, ein Bein hat er schon verloren. Ein anderer, noch sehr jung, hat erst vor kurzem das Amt seines Vaters übernommen. Er wohnt dem Gericht zum erstenmal bei und ist schüchtern wie ein junges Mädchen.

Die Wachen führen zwei Männer und eine Frau herbei. Einer der Männer beginnt mit eintöniger Stimme zu sprechen, unbeweglich, mit erstarrten Zügen. Er redet eine halbe Stunde lang, wobei er starr vor sich hinblickt. Er scheint aufregende Dinge zu erzählen, denn die Stammesoberhäupter begleiten seine Rede mit Lächeln, Kopfnicken, sogar mit Ausrufen, während die Frau von Zeit zu Zeit ein höhnisches Lachen ausstößt. Sie ist nackt. Ihre sinnlichen Brüste hüpfen einen Meter vor der Nase des Verwalters auf und ab. Ich halte die Hitze nicht mehr aus, muß raus.

Das Schauspiel draußen erinnert mich ein wenig an ein Wettspiel an einem heißen Sonntag: Überall auf dem Rasen sitzen oder liegen Gruppen von Menschen, man trinkt aus Kürbisflaschen, man ißt. Fehlten nur noch Sardinenbüchsen und fettige Papierschnitzel! Die jungen Leute toben herum, und der Narr eines Oberhauptes unterhält eine ganze Gruppe von umstehenden Gaffern mit seinen Luftsprüngen.

Ich kehre in den Saal zurück. Der Verwalter langweilt sich zusehends mehr. Er langweilt sich so sehr, daß er dem Schwarzen befiehlt zu schweigen und der Frau das Wort gibt. Es folgt ein monotoner Bericht von einer halben Stunde. Jetzt ist der Neger an der Reihe, ein sarkastisches Lächeln zu zeigen. Die Oberhäupter mischen sich ein, stellen Fragen.

Ich erkundige mich: »Worum geht es?«

Mein Begleiter schreitet zu einer Erklärung, doch die Stimme der Frau stört ihn, und er heißt sie schweigen, einfach so. Seine Erklärung dauert eine Viertelstunde. Die Stammesoberhäupter warten unbeweglich ab, bis es dem Weißen beliebt weiterzumachen. Ihre Untertanen bringen ihnen zu trinken, reichen ihnen die angezündeten Pfeifen, die von einem zum anderen weitergegeben werden.

Ich gebe hier den Wortlaut des ersten Urteils wieder, welches vom Häuptling Matafa gesprochen und vom Verwalter in ein großes Amtsbuch eingetragen wurde:

»Palaver zwischen Ouaraga vom Stamm der Maki und

Maligbanga, dessen Vater Mongu und dessen Mutter Baligi ist. Ouaraga, der Mann des Palavers, verlangt, daß ihm der Preis für seine Frau zurückerstattet wird, weil sie ihn nicht zugelassen hat (wörtliche Übersetzung). Er hat für seine Frau fünf Hacken und eine Ziege bezahlt.

Die Worte Maligbangas sagen, daß die Frau selbst schwört, daß sie zusammen geschlafen haben (bu alali na ye).

Darauf sagt Ouaraga nein.

Darauf sagt die Frau, daß sie, obwohl mit ihm verheiratet, nicht gerne mit Ouaraga schläft, und sie hat in Wirklichkeit dreimal mit Maligbanga geschlafen, weil Ouaraga nicht potent genug ist (adzi makasi wapi).

Die Worte der Richter sagen, daß es schlecht war von Maligbanga, mit Ouaragas Frau zu schlafen, und daß er ihr ein Kind in den Bauch getan hat. Er wird drei Ziegen bezahlen müssen und achtzehn Peitschenhiebe bekommen, denn die Richter sagen, es ist sehr schlimm, was er getan hat.«

Ich fange endlich an zu begreifen. Man erstattet die Hacken und die Ziegen zurück – vor versammeltem Gericht. Und man führt den Liebhaber hinters Haus und verpaßt ihm die achtzehn Peitschenhiebe.

Mein Verwalter schreibt weiter in das Buch. Er tut mir leid; andere Neger erscheinen und bringen ihre Geschichte vor.

»Sind Sie nicht durstig?« fragt er mich.

Er läßt das Signalhorn blasen. Die Sitzung ist aufgehoben. Am Nachmittag, wenn wir zu Mittag gegessen und den Kaffee und den Verdauungsschnaps getrunken und träge die Scheidungsgeschichte von wer weiß welcher Schauspielerin durchgehechelt haben, wird sie wieder aufgenommen werden.

Draußen in der Sonne drängen sich die Neger, während sie darauf warten, daß wir herauskommen. Zweiundachtzig Fälle müssen behandelt werden, und dazu brauchen wir acht Tage. Jeden Tag werden sich die Stammesoberhäupter in ein anderes Lager zurückziehen und dort spät nachts um die Wachfeuer ihre wilden Saufgelage feiern.

Im folgenden in Kürze einige Fälle, welche ich die zwölf Stammesoberhäupter entscheiden sah.

Eine Frau beklagt sich über ihren Mann, welcher sie dazu zwingen wollte, mit einem andern zu schlafen (amtlicher

Text). Sie verlangt eine Entschädigung. Das Gericht spricht ihr drei Hacken zu und verurteilt den Mann zu zwölf Peitschenhieben und zwei Wochen Gefängnis.

Eine andere Frau, deren Liebhaber sie verläßt, weil er heiratet, verlangt eine Entschädigung dafür, daß sie drei Jahre mit ihm zusammengelebt hat. Das Gericht spricht ihr zwei Lendenschurze, eine Decke und fünfzig Francs zu.

Zwei Frauen, die mit demselben Mann verheiratet sind, bezichtigen diesen des Beischlafs mit einer dritten, verlangen ihre Freiheit, weigern sich jedoch, ihrem Ehegatten den für sie bezahlten Preis zurückzuerstatten. Das Gericht lehnt ab. Die beiden ziehen sich unter Drohungen zurück, und die Polizisten führen sie ins Gefängnis, damit sie dort ihre erhitzten Gemüter etwas abkühlen können.

Ein Ehemann verstößt seine Frau, weil sie leprakrank ist, und verlangt, daß ihm die Mitgift zurückerstattet werde. Der Vater der Frau behauptet, diese hätte bloß aus vier Hacken bestanden, die er mitgebracht hat und vorzeigt. Zehn Zeugen werden angehört. Es waren eben doch fünf Hacken, und der Ehemann trägt sie triumphierend davon und dankt dem Himmel für die Lepra.

Mein Verwalter schreibt dies alles mit, vergißt nichts, keinen Vornamen, keine noch so nichtige Einzelheit; nachher wird er von den Gerichtsurteilen mehrere Kopien anfertigen müssen und diese an den Generalgouverneur schicken, welcher sie seinerseits ans Kolonialministerium und sonstige zuständige Stellen weiterleitet.

Inzwischen bäckt seine Frau Kekse, brüht den Tee auf und richtet allerlei leckere Häppchen für ihn her. Sie hat zwei Boys und läßt sich über die Schäbigkeit des Lebens in Europa aus, wo sie selbst abspülen mußte.

Die Neger amüsieren sich. Sie heiraten, verstoßen ihre Frauen, stellen eine Mitgift, die sie anschließend zurückfordern, betrügen einander und rennen aus dem dichtesten Busch daher, um alles brühwarm dem Weißen zu erzählen, während dieser seine großen gelangweilten Augen über sie schweifen läßt.

Wenn der Weiße nicht versteht, ruft man einen Dolmetscher dazu. Der Dolmetscher streitet sich mit den Eingeborenen herum. Jeder hat etwas anderes verstanden. Vor lauter Ziegen und Hacken weiß keiner mehr, wer nun die Ehebrecherin ist, wer der Schwager, der Vater oder der Liebhaber.

Doch das ist unwichtig! Es geht darum, zu einem Ende zu kommen! Die Ordonnanz kommt dem Weißen zu Hilfe, und alle ziehen zufrieden von dannen, der, der gewonnen hat, ebenso wie der, der verloren hat. Man hat stundenlang geredet und einen Weißen dazu gezwungen, sich mit der Geschichte zu befassen.

Ich möchte wetten, daß die meisten der vor Gericht gebrachten Fälle reine Erfindung sind, daß die Schwarzen untereinander abgesprochen haben, sich ein anständiges Palaver und einen Jux zu leisten!

Mein junger Verwalter schreitet dennoch, durchdrungen vom Gefühl der Wichtigkeit seiner Aufgaben, seine Truppe ab. Die Stammesoberhäupter erwarten ihn in Habachtstellung.

Aber machen die sich nicht auch einen Jux? Und lassen dabei das Gesicht dieses Grünschnabels nicht aus den Augen, das zusehends anämischer wird und zusehends bleicher, die Augen rot verquollen?

Über kurz oder lang wird man ihn auswechseln. Ein anderer wird sich für diesen Posten aufreiben. Und dann noch einer. Nette junge Männer, gebildet, überaus freundlich, die ihren Titel und das Abzeichen, das man ihnen auf den Helm klebt, ernst nehmen!

Im Zentrum der Station erheben sich die beiden Häuser der Weißen. Aber glauben Sie, daß diese vier Personen sich oft sehen!? – Nie im Leben! Hier herrscht Hierarchie! Keine Vertraulichkeiten bitte! Die beiden Männer vermeiden es prinzipiell, sich im Büro die Hand zu geben. Und erst als eine der Frauen ein Kind bekam, stattete die andere ihr einen Besuch ab!

Sie werden wiederkommen! So lange sie leben! Sie werden wiederkommen und um das hübsche Haus und in dem Park, der von Sträflingen instand gehalten wird, herumlaufen.

Und die vielen tausend Neger in der Umgebung werden weiterhin nackt leben, die Erde ein bißchen ankratzen, damit ihre Nahrung wächst, und mit Pfeil und Bogen spazierengehen.

Die Neger haben Zeit! Sie sind seit jeher da! Seit jeher halten sie Palaver über den Ehemann, der nicht potent genug ist, oder über Hacken, die nicht zurückgegeben wurden. Nur – ist es weiser oder dümmer? – sie haben sich nie damit amüsiert, diese Dinge auf Kanzleibögen und mit mehrfachen Kopien schriftlich festzuhalten.

Es ist ein Zermürbungskrieg! Wer zuerst ermüdet, seine Kräfte zuerst dahinschmelzen sieht, der hat verloren!

Es werden immer wieder neue Weiße kommen, um jene, die nicht mehr dienen können, zu ersetzen. Aber werden sie eine Ewigkeit lang kommen?

Nun, die Neger haben die Ewigkeit vor sich. Sie zählen die Jahre nicht. Sie wissen ihr Alter nicht. Es kümmert sie auch nicht zu wissen, wie viele von ihnen im Busch um den Weißen herum leben, den Weißen, der schwitzt und leidet, Papier bekritzelt, Zahlen aneinanderreiht, sich die Haare rauft, weil drei Centimes bei der Steuer fehlen, und einen blauen Brief vom Gouverneur bekommt, weil die Einzelheiten aus dem Prozeß Ouaraga gegen Maligbanga nicht klar genug berichtet wurden oder weil das Papierformat nicht den Vorschriften entsprach.

Le tribunal des douze chefs ist die zweite von insgesamt sechs Reportagen, die unter dem Titel *L'heure du nègre* zuerst erschienen sind in: ›Voilà‹, Nr. 81–86, Oktober bis November 1932. Abgedruckt in: *Œuvres complètes 4*, Lausanne 1967. Deutsch von Annerose Melter. Aus: ›Das Tintenfaß‹, 12. Jg. 26. Folge, Zürich 1976.

Besuch bei Trotzki

I

Konstantinopel, 7. Juni 1933

Ich bin Hitler ungefähr zehnmal im »Kaiserhof« begegnet, als er bereits Reichskanzler war und nervös und aufgeregt seinen Wahlkampf führte [Reichstagswahlen vom 5. März 1933]. Ich habe erlebt, wie Mussolini ohne ein Zeichen von Erschöpfung den Vorbeimarsch von Tausenden junger Leute abnahm. Und im Montparnasse-Viertel habe ich eines Abends in einer weißen Silhouette, die an den Häusern entlangstrich, Ghandi erkannt, mit einem Gefolge von jungen fanatischen Frauen.

Um ein Interview mit Trotzki zu bekommen, stehe ich jetzt auf einer Brücke, auf der mehr Gewimmel herrscht als auf dem Pont-Neuf in Paris: der Brücke, die das alte und das ehemalige Konstantinopel, Stambul und Galata, miteinander verbindet. Warum werde ich von nun an den Eindruck nicht los, einen schönen Sonntag auf der Seine bei Saint-Cloud, Bougival oder Poissy zu verbringen? Ich vermag es nicht zu sagen.

Alle Schiffe um die verschachtelten Anlegestellen herum lassen mich an die Bateaux-mouches denken. Diese hier sind größer? Stimmt; sie haben sogar ein bißchen das Aussehen von richtigen seegängigen Dampfern, und ihre Schrauben wirbeln Salzwasser auf. Aber das ist eine Frage der Proportionen. Die ganze Szenerie ist gewaltiger, selbst der Himmel weiter entfernt. Hier heißt das eine Ufer Europa, das andere Asien. Anstelle der Schlepper und Lastkähne auf der Seine sind es ebenso viele Frachter und Passagierdampfer unter der Flagge aller Länder der Welt, die auf der Fahrt zum Schwarzen Meer sind oder durch die Dardanellen schlüpfen.

Was spielt das schon für eine Rolle? Ich habe weiterhin das Gefühl, bei schönem Sonntagswetter in der Pariser Banlieue in einem ländlichen Lokal zu sein. Auf dem Schiffsdeck drängen sich Liebespaare, Bauern, die Hühner und Hähne in Käfigen transportieren, und Seeleute auf Landgang, denen man die Vorfreude auf das Vergnügen ansieht, das sie sich gönnen werden.

Trotzki? Ich habe ihm vorgestern geschrieben und ihn um eine Unterredung gebeten. Schon am folgenden Morgen war ich durch das Läuten des Telefons geweckt worden.

»Monsieur Simenon? Hier spricht der Sekretär von Monsieur Trotzki! Monsieur Trotzki wird Sie morgen um vier Uhr empfangen. Ich muß Ihnen allerdings vorher sagen, daß Monsieur Trotzki, weil seine Erklärungen allzu häufig sinnentstellt wiedergegeben worden sind, Ihre Fragen gern vorher schriftlich entgegennehmen möchte. Er wird sie ebenfalls schriftlich beantworten ...«

Ich habe drei Fragen gestellt. Der Himmel ist blau, die Luft ebenso durchsichtig wie das tiefe Wasser, in dem man jedoch Algen von tiefem Grün hin und her schaukeln sieht. Am Horizont tauchen im Marmara-Meer, eine Stunde von Konstantinopel entfernt, vier Inseln auf, »die Inseln«, wie man sie hier einfach nennt, und im Nu machen wir an der Landungsbrücke der ersten von ihnen fest.

Es ist wie Meudon oder Saint-Cloud, mit den Farben der Côte d'Azur dazu. Die Hänge sind sanft und grün, von schattenspendenden Kiefern überwachsen. Echte Vorortatmosphäre herrscht hier. Tippfräulein und Nähmädchen träumen im Fond der winzigen Barken, die ihre Liebhaber rudern. Schokolade und Eiskrem wird verkauft, Photographen halten die Passanten an, während eine gutmütige Frau eine Schießbude betreibt.

Zwischen den Inseln ist beinahe nicht mehr Abstand als zwischen den Seine-Ufern. Das Grün ist übersät mit weißen Villen, die stufenförmig ansteigen. Ein weiterer Halt. Dann noch eine Anlegestation. Fast alle Pärchen haben inzwischen das Schiff verlassen.

Endlich Prinkipo, die Insel, auf der irgendwo Trotzkis Haus stehen muß.

Da ist, glaube ich, von einem Ruhestand in Prunk und Pracht die Rede gewesen, von einer luxuriösen Sommerfrische, einem paradiesischen Anwesen geschrieben worden.

Auch an der Seine steigt, je weiter man sich von Paris entfernt, das gesellschaftliche Niveau um eine Nuance. Die stattlichen Villen lösen die Ausflugslokale ab, und Motorboote ersetzen die kleinen Ruderkähne, die man mieten kann.

Auf Prinkipo ist der Landungssteg besonders hübsch. Ringsum liegen Restaurants, deren weiße Tischdecken in der Sonne leuchten. Wagen mit zwei kleinen Pferden davor und mit einem leinenen Baldachin bespannt warten in Reih und Glied auf Passagiere, aber sie müssen sich die Konkurrenz von Eseln gefallen lassen, die gesattelt herumstehen und geduldig warten. Fünfzig, vielleicht sogar hundert drängen sich auf einem kleinen Platz.

Freitags, wenn in der Türkei der traditionelle Ruhetag ist, werden sie gestürmt. Und überall, wo es Schatten und ein Stück Rasen gibt, im kleinsten Winkel, hinter Hecken und auf den Böschungen, wimmelt es dann von Menschen, die ihre mitgebrachten Eßwaren ausbreiten und sich am Lachen, an der Musik und an Techtelmechteln berauschen.

Zu Trotzki? Ein Wagen nimmt mich auf und fährt mit mir eine Allee entlang, die beiderseits von Villen gesäumt ist. Viele sind zu vermieten oder zu verkaufen, denn die Wirtschaftskrise hat auch vor der Türkei nicht haltgemacht. Die Jalousien sind heruntergelassen, aber die Gärten sind voll Rosen, die so dick sind, daß sie direkt fettleibig wirken. Unterhalb sieht man das Meer glatt und blau heraufschimmern. Der Wagen hält. Mein Kutscher zeigt mir mit ausgestrecktem Arm den Weg. Ich brauche nur noch ein Gäßchen zwischen zwei Mauern hinabzusteigen. Alles ist derart still und unbeweglich – die Luft, das Wasser, die Blätter, der Himmel –, daß man meint, die Sonnenstrahlen zu zerbrechen, wenn man sie durchschreitet.

Doch da steht mit einem Mal ein Mann hinter einem Gittertor. Seine Tunika, die ihn als türkischen Polizeibeamten ausweist, läßt ein weißes Hemd sehen. Er hat weiche Pantoffeln an wie ein friedlicher Rentner in seinem Garten.

Ein zweiter Polizist kommt heraus, in Zivil oder vielmehr in

Hemdsärmeln, denn er hat sich wohl gerade gewaschen und wischt sich die Ohren mit einem Handtuchzipfel aus.

»Monsieur Simenon?«

Ich bin unversehens in dem dicht mit Bäumen bestandenen Garten, der nicht mehr als hundert mal fünfzig Meter mißt. Ein Hündchen wälzt sich vergnügt im Staub. In einem Korbsessel sitzt ein nachlässig gekleideter junger Mann und liest eine englische Broschüre, ohne mich eines Blickes zu würdigen.

Ein zweiter Jüngling steht unter der Veranda, auch er in Pantoffeln und Hemdsärmeln. Und zwei weitere trinken Kaffee im angrenzenden Zimmer, das nur mit einem Tisch und Stühlen möbliert ist.

All dies kommt mir wie eine Zeitlupenaufnahme vor. Ich glaube, die Luft ist schuld daran. Ich selbst bewege mich ebenfalls in Zeitlupe, ohne Hast, ich wollte sagen: ohne Neugierde.

»Monsieur Simenon?«

Einer der jungen Männer kommt mir lächelnd, mit ausgestreckter Hand entgegen, und bald sitzen wir beide auf der Terrasse, während am anderen Ende des Gartens der Polizist seine Toilette beendet.

Stundenlang könnte man hier sitzen bleiben, ohne etwas zu tun, ohne zu sprechen, vielleicht sogar ohne zu denken.

»Wenn Sie einverstanden sind, werden zunächst wir beide miteinander plaudern. Dann werde ich Sie zu Monsieur Trotzki bringen.«

Der Sekretär ist kein Russe. Er ist ein junger Mann aus Nordfrankreich, der vor Gesundheit strotzt. Er hat eine rosige Gesichtsfarbe und wache Augen. Sein Französisch deutet darauf hin, daß er aus Paris stammt.

»Ich bin sehr verwundert darüber, daß Monsieur Trotzki sich bereit erklärt hat, Sie zu empfangen. Gewöhnlich geht er nämlich den Journalisten aus dem Wege.«

»Können Sie mir sagen, was mir diese Gunst verschafft hat?«

»Ich weiß es wirklich nicht.«

Ich auch nicht. Und ich werde es wohl auch nie erfahren. Vielleicht sind meine Fragen zeitlich mit dem Wunsch Trotzkis zusammengefallen, zu bestimmten Dingen eine Erklärung abzugeben?

Wir halten einen Schwatz. Um uns herum ist alles unbeweglich in der Regungslosigkeit der Luft. Die zwei jungen Leute im Garten sind Gäste: ein Engländer und ein Schwede. Sie reisen nach einer Woche oder einem Monat wieder ab, und andere kommen aus wer weiß welchem Winkel der Erde, Freunde oder Jünger, die ebenfalls eine bestimmte Zeit lang im Kreis der Bewohner des Hauses von Prinkipo leben. Es ist eine echte Intimität, fast die uneingeschränkte gesellige Atmosphäre einer Kaserne.

Auf der Allee oben fahren Wagen vorbei.

»Hat es nie ein Attentat gegeben?«

»Nein, niemals. Wie Sie sehen, führen wir hier ein einfaches Leben. Die beiden Polizeibeamten wohnen in dem Gartenhäuschen da hinten. Monsieur Trotzki fährt nur selten nach Konstantinopel außer zum Besuch seines Arztes oder Zahnarztes. Er nimmt dann das Schiff, das Sie hergebracht hat, und die Polizisten begleiten ihn.«

Das ist fast das ganze Leben, das sich außerhalb des Hauses abspielt. Trotzki und seine Frau müssen einen Arzt aufsuchen.

Ansonsten gehen sie nicht einmal ins Dorf hinunter. Wozu auch? Man muß hier sein, um es zu verstehen, auf dieser Terrasse sitzen, über dem Garten und dem Meer, wo Asien auf der einen und Europa auf der anderen Seite den greifbar nahen Horizont bilden.

»Möchten Sie ihn jetzt sehen?«

In den Räumen sind die Wände kahl, ganz weiß, und nur Regale und Bücher sorgen für etwas Abwechslung. Es sind Bücher in allen Sprachen, und ich erkenne die *Reise ans Ende der Nacht* [Voyage au bout de la nuit, von Céline], deren Einband sehr abgenutzt ist.

»Monsieur Trotzki hat es gerade gelesen und ist davon außerordentlich erschüttert gewesen. Auf dem Gebiet der Literatur kennt er übrigens die französische am besten ...«

Trotzki erhebt sich, um mir die Hand zu reichen, setzt sich dann wieder an seinen Schreibtisch und läßt wohlwollend den Blick auf mir ruhen. Man hat ihn tausendmal beschrieben, und ich will gar nicht erst den Versuch unternehmen, es meinerseits noch einmal zu tun. Was ich gern vermitteln möchte, ist jene Ausstrahlung von Ruhe und friedvoller Gelassenheit, die ich empfing, die gleiche Ruhe, die gleiche Fröhlichkeit, wie sie vom Garten, vom Haus, von der ganzen Umgebung ausgeht.

Trotzki gibt sich schlicht und herzlich und reicht mir mit der Schreibmaschine beschriebene Blätter, die seine Antworten auf meine Fragen enthalten.

»Ich habe sie auf russisch diktiert, und mein Sekretär hat sie heute morgen übersetzt. Ich möchte Sie lediglich bitten, mir eine Kopie abzuzeichnen, die bei mir bleibt.«

Auf dem Schreibtisch herrscht ein Durcheinander von Zeitungen aus aller Welt. ›Paris-Soir‹ liegt ganz oben auf einem Stapel. Zweifellos hat Trotzki das Blatt vor meinem Eintreffen überflogen.

Durch das offenstehende breite Fenster ist hinter dem Garten ein winziger Hafen zu erkennen, in dem zwei kleine Wasserfahrzeuge treiben: eine der kleinen landesüblichen Barken und ein Boot mit Außenbordmotor.

»Wissen Sie«, bemerkt Trotzki lächelnd, »von sechs Uhr morgens an bin ich beim Angeln ...«

Er fügt nicht hinzu, daß er genötigt ist, einen seiner Polizisten dabeizuhaben, aber ich weiß es.

Mit einer Handbewegung deutet er auf die sanften Hügel Kleinasiens, die knapp fünf Kilometer entfernt sind.

»Im Winter kann man da hinten auf die Jagd gehen ...«

Auf dem Tisch erkenne ich neben den Zeitungen einen halbfertigen Aufsatz.

Das ist alles, so sieht das ganze Leben dieses Hauses aus. Einmal, oft zweimal am Tag verläßt Trotzki es, um seine Netze und Angelruten im ruhigen Wasser des Marmara-Meeres auszulegen.

Während der übrigen Zeit hält er sich in diesem Arbeitszimmer auf, das so weit entfernt von der Welt da draußen und ihr zugleich doch so nahe ist.

»Ich bekomme leider die Zeitungen mit mehrtägiger Verspätung.«

Er lächelt. Sein Gesicht wirkt ausgeruht, der Blick ist ruhig. Ob ihn das nicht eine gewisse Anstrengung kostet? Ist er nicht gezwungen, mit seinen Kräften hauszuhalten? Zwingt er sich nicht dieses vorsichtige Leben, das ein wenig an die zögernden

Gesten eines Genesenden denken läßt, einzig und allein auf, um sein Werk fortzusetzen?

Aber vielleicht ist alles nur kluge Mäßigung?

»Sie können mir Fragen stellen.«

Das geschieht dann auch, mit der Auflage, daß ich mich verpflichten muß, das, was er nun sagt, nicht zu veröffentlichen. Trotzki erläutert die schriftlichen Stellungnahmen, die er mir übergeben hat. Seine Stimme und seine Bewegungen harmonieren mit dem friedlichen Ambiente.

Wir sprechen des längeren über Hitler. Das Thema beschäftigt ihn. Man spürt, daß er besorgt ist. Ich zähle ihm die widersprüchlichen Meinungen auf, die ich fast überall in Europa gehört habe, nicht über die Leistungen des »Führers«, sondern über seine Persönlichkeit, über seinen Eigenwert. Und ich glaube meinem Versprechen nicht untreu zu werden, wenn ich einige Worte zitiere, die dort unten in dem Haus auf Prinkipo, so weit von Berlin entfernt, Eindruck auf mich gemacht haben:

»Hitler hat sich selbst gemacht in dem Maße, wie er sein Werk ins Leben rief. Er hat Stufe um Stufe, Schritt für Schritt im Verlauf seines Kampfes um die Macht hinzugelernt...«

Die Antworten auf meine Fragen? Wir gehen sie zusammen durch.

2

Ich habe von Trotzki wissen wollen: »Glauben Sie, daß die Rassenfrage im Vordergrund der Evolution stehen wird, die der gegenwärtigen Gärung folgt? Oder wird es die soziale Frage sein oder die wirtschaftliche oder die militärische?«

Trotzkis Antwort:

»Nein, ich bin weit davon entfernt zu glauben, daß die Rasse einen entscheidenden Faktor bei der Evolution der künftigen Epochen bilden wird. Die Rasse ist ein anthropologischer Rohstoff – heterogen, unrein, gemischt, ein *mixtum compositum* –, ein Rohstoff, aus dem die historische Entwicklung Halbfertigwaren gemacht hat, Nationen genannt... Die Klassen und die gesellschaftlichen Gruppen, die politischen Strömungen, die auf ihrem Grund keimen, werden über das

Schicksal der neuen Epoche entscheiden. Ich leugne selbstverständlich nicht die Bedeutung der verschiedenen Eigenschaften und der Unterscheidungsmerkmale der Rassen, aber im evolutionären Prozeß treten sie hinter der Technik der Arbeit und der Technik der Ideen zurück. Die Rasse ist ein statisches und passives Element, die Geschichte stellt die Dynamik dar. Wie kann ein relativ starres Element von sich aus die Bewegung und Entwicklung bestimmen? Alle besonderen Rassenmerkmale verschwinden angesichts des Verbrennungsmotors, vom Maschinengewehr ganz zu schweigen.

Als Hitler sich anschickte, ein der rein germanisch-nordischen Rasse entsprechendes Staatsgebilde zu errichten, ist ihm nichts Besseres eingefallen, als die romanische Rasse Südeuropas zu plagieren. Mussolini hat seinerzeit, als er um die Macht kämpfte, die Sozialdoktrin eines Deutschen oder eines deutschen Juden, Marx nämlich, umgestoßen, den er noch ein oder zwei Jahre zuvor als ›unser aller unsterblicher Gebieter‹ bezeichnet hatte. Wenn sich heute im zwanzigsten Jahrhundert die Nazis zum Ziel setzen, der Geschichte, der sozialen Dynamik, der Zivilisation den Rücken zu kehren, um zur ›Rasse‹ zurückzukehren, warum sollten sie dann nicht noch weiter zurückgreifen? Die Anthropologie ist doch nur ein Teil der Zoologie, nicht wahr? Wer weiß? Vielleicht finden die Rassisten im Königreich der Menschenaffen die erhabensten und indiskutabelsten Inspirationen für ihre schöpferische Tätigkeit?«

Diktaturen und Demokratien

Frage:

»Kann die Gruppe der Diktaturen als Embryo der Umgruppierung der Völker angesehen werden, oder stellt sie nur eine Art Betriebsunfall dar?«

Dazu Trotzki:

»Ich bin nicht der Meinung, daß sich die Staatengruppierungen einerseits unter dem Zeichen der Diktatur, andererseits unter dem der Demokratie vollziehen werden.

Mit Ausnahme einer dünnen Schicht von professionellen

Politikern leben die Nationen, die Völker, die Klassen nicht für die Politik. Die Staatsformen sind nur Mittel zum Zweck angesichts bestimmter, vor allem wirtschaftlicher Aufgaben. Natürlich ist eine gewisse Ähnlichkeit der Staatsregime der Annäherung dienlich und fördert sie. Aber letzten Endes entscheiden die materiellen Erwägungen: die wirtschaftlichen Interessen und die militärischen Kalküls.

Ob ich die Gruppe der faschistischen Diktaturen (Italien, Deutschland) und die der quasi bonapartistischen (Polen, Jugoslawien, Österreich) für episodisch und eine vorübergehende Erscheinung halte? Nun, eine derart optimistische Prognose vermag ich leider nicht zu teilen. Der Faschismus ist nicht durch eine Psychose oder durch eine ›Hysterie‹ (so trösten sich die Salontheoretiker vom Schlag des Grafen Sforza) ausgelöst worden, sondern durch eine schwere ökonomische und soziale Krise, die den Leib Europas unerbittlich wie ein Geschwür zerfrißt. Die gegenwärtige zyklische Krise trägt lediglich dazu bei, morbide organische Prozesse noch zuzuspitzen. Sie wird automatisch einer Wiederbelebung der Konjunktur Platz machen, wenn diese auch geringer ausfällt, als man es sich erhofft hat. Die Gesamtlage in Europa wird sich aber nicht wesentlich bessern. Nach jeder Krise werden die kleinen und schwachen Unternehmen noch schwächer oder gehen völlig ein, während die großen Unternehmen noch stärker werden. Das zerstückelte Europa stellt eine Verbindung kleiner Unternehmen dar, die einander feindlich gesonnen sind und denen die Wirtschaftsgiganten der Vereinigten Staaten gegenüberstehen. Die Lage Amerikas ist zur Zeit sehr schwierig: sogar der Dollar hat nachgegeben. Trotzdem wird sich als Folge der derzeitigen Krise das Kräfteverhältnis in der Welt zugunsten Amerikas und zum Nachteil Europas verändern.

Die Tatsache, daß der Alte Kontinent in seiner Gesamtheit die privilegierte Stellung verliert, die er in der Vergangenheit innehatte, führt zu einer krassen Verschärfung der Antagonismen zwischen den europäischen Staaten und zwischen den gesellschaftlichen Klassen innerhalb dieser Staaten. Wohlgemerkt haben in den verschiedenen Ländern diese Prozesse einen unterschiedlichen Grad der Spannung erreicht. Aber ich spreche von einer allgemeinen historischen Tendenz. Das Anwachsen sozialer und nationaler Diskrepanzen ist meiner Ansicht nach die Erklärung für das Entstehen und die relative Stabilität der Diktaturen.

Um meine Gedanken hierzu zu verdeutlichen, möchte ich auf Ausführungen zurückgreifen, die ich vor einigen Jahren zum Thema zu machen Gelegenheit hatte: Warum machen die Demokratien den Diktaturen Platz, und wird das noch lange so weitergehen? Lassen Sie mich dazu aus meinem Artikel vom 25. Februar 1929 zitieren:

›Es wird zuweilen behauptet, daß wir es in diesem Fall mit Nationen zu tun haben, die rückständig sind oder denen es an Reife fehlt. Das ist eine Auslegung, die wohl auf Italien kaum zutrifft. Aber selbst in den Fällen, in denen sie stimmt, bringt sie keine Klarheit. Im 19. Jahrhundert hielt man es für ein Gesetz, daß die rückständigen Länder mühsam die Stufen der Demokratie erklommen. Warum stößt sie dann das 20. Jahrhundert auf den Weg der Diktatur? Die demokratischen Institutionen zeigen, daß sie dem Druck der gegenwärtigen Diskrepanzen, die teils international, teils national, meist jedoch beides zugleich sind, nicht standzuhalten vermögen. Ist das gut? Ist es schlecht? Auf alle Fälle ist es eine Tatsache.

Analog zur Elektrotechnik kann man die Demokratie als System von Kommutatoren und Isolatoren gegen die überstarken Strömungen der nationalen oder sozialen Auseinandersetzungen definieren. Keine Epoche in der Geschichte der Menschheit war derart von Antagonismen übersättigt wie die unsere. Immer mehr macht sich an verschiedenen Punkten des europäischen Netzes eine Überspannung des Stroms bemerkbar. Infolge einer zu großen Spannung der Klassenunterschiede und der internationalen Gegensätze schmelzen die Kommutatoren der Demokratie oder zerplatzen. So entstehen auch die Kurzschlüsse der Diktaturen. Die am wenigsten widerstandsfähigen Schalter geben naturgemäß als erste nach.‹

Als ich diese Zeilen schrieb, hatte Deutschland an seiner Spitze noch eine sozialdemokratische Regierung. Es ist klar, daß der spätere Gang der Ereignisse in Deutschland, einem Land, das niemand als rückständig bezeichnen wird, in keiner Weise mein Werturteil umzustoßen vermocht hat.

Es stimmt, daß inzwischen die revolutionäre Regierung in Spanien nicht nur die Diktatur Primo de Riveras weggefegt hat, sondern auch die Monarchie. Konträre Strömungen dieser Art sind im Verlauf eines historischen Prozesses nicht zu vermeiden. Die Herstellung des inneren Gleichgewichts ist auf der Halbinsel jenseits der Pyrenäen aber noch längst nicht erreicht. Das neue spanische Regime hat seine Stabilität noch nicht unter Beweis gestellt.«

Frieden oder Krieg?

Frage:

»Glauben Sie, daß eine allmähliche Evolution möglich ist, oder halten Sie einen heftigen Schock für notwendig? Wie lange kann sich Ihrer Meinung nach das gegenwärtige Schwanken noch hinziehen?«

Antwort:

»Der Faschismus, insbesondere der deutsche Nationalsozialismus, beschert Europa die unbestreitbare Gefahr kriegerischer Verwicklungen. Vielleicht täusche ich mich, weil ich abseits stehe, doch mir scheint, man hat keine genügende Vorstellung vom ganzen Umfang dieser Gefahr. Wenn man eine nicht nach Monaten, sondern nach Jahren zählende Perspektive – allerdings keine von -zig Jahren – im Auge hat, dann sehe ich eine kriegerische Explosion seitens des faschistischen Deutschlands für absolut unvermeidbar voraus. Eben dieses Problem kann dann für das Schicksal Europas entscheidend werden. Übrigens hoffe ich, mich sehr bald in der Presse über dieses Thema äußern zu können.

Vielleicht finden Sie, daß ich eine sehr düstere Einschätzung der Lage vornehme. Ich bemühe mich aber lediglich, Schlußfolgerungen aus Tatsachen zu ziehen und dabei nicht die Logik von Sympathie und Antipathie, sondern die Logik des objektiven Geschehens als Richtschnur zu nehmen. Daß unsere Epoche nicht eine ist, die von friedvoller, ruhiger Prosperität und von politischer Bequemlichkeit gekennzeichnet ist, hoffe ich nicht erst beweisen zu müssen. Aber meine Beurteilung kann nur in den Augen derer pessimistisch erscheinen, die den Gang der Geschichte mit einer zu kurzen Elle messen. Von nahem besehen, erscheinen alle großen Zeitabschnitte der Geschichte sehr düster. Die Mechanik des Fortschritts ist zugegebenermaßen sehr unvollkommen. Doch es besteht keinerlei Grund zu der Annahme, daß es Hitler oder der Kombination mehrerer Hitler für immer oder auch nur für einige Jahrzehnte gelingt, diese Maschinerie rückwärts laufen zu lassen. Sie werden viele Zähne des Getriebes zerstören, viele Hebel verbiegen; sie sind imstande, Europa auf eine Reihe von Jahren hinaus zu erschüttern. Ich zweifle indessen nicht daran, daß sich eines Tages die Humanität durchsetzen wird. Die ganze Vergangenheit ist eine Garantie dafür.«

Rückkehr ins politische Leben?

»Haben Sie noch weitere Fragen?« will Trotzki geduldig wissen.

»Eine einzige, aber ich fürchte, sie ist indiskret.«

Er lächelt und ermutigt mich mit einer Handbewegung fortzufahren.

»Eine Reihe von Zeitungen hat behauptet, Sie hätten kürzlich Besuch von Emissären aus Moskau erhalten, die mit dem Auftrag gekommen seien, Sie zur Rückkehr nach Rußland zu bewegen.«

Das Lächeln verstärkt sich:

»Das stimmt nicht, aber ich kenne die Quelle für diese Meldung. Sie geht auf einen Artikel von mir zurück, der vor zwei Monaten in der amerikanischen Presse erschienen ist. Ich betonte darin unter anderem, daß ich angesichts der derzeitigen politischen Lage in Rußland bereit sei, erneut in den Dienst meines Landes zu treten, wenn es von irgendeiner Gefahr bedroht sei.«

Er ist ruhig und gelassen.

»Sie würden also auf die politische Bühne zurückkehren?«

Er deutet mit einer Kopfbewegung Zustimmung an, während einer der jungen Leute, zweifellos für den abendlichen Fischfang, Netze in einer der Barken verstaut.

Rückfahrt von Saint-Cloud, will sagen: Prinkipo, und Bateau-mouche.

Am Abend speise ich im Restaurant »La Régence«. Im Prospekt heißt es: »Das elegante Restaurant, in dem Sie von Damen der russischen Aristokratie empfangen werden …«

Es gibt nämlich noch ein gutes Tausend russischer Emigranten in Konstantinopel, und des Abends regiert hier ebenso wie in Paris, Berlin und anderswo das Heimweh in Gestalt von Balalaikas, Piroggen, Wodka und Schaschlik.

Um diese Stunde ist Prinkipo von den Nähmädchen und Ladenschwengeln längst verlassen, und Trotzki schläft.

Chez Trotsky. Zuerst in: ›Paris-Soir‹, 16. und 17. Juni 1933. Abgedruckt in: *Simenon*, hrsg. von Francis Lacassin und Gilbert Sigaux, Paris 1973. Deutsch von Guy Montag.

Meine tiefe Überzeugung

Diese drei Worte stören mich, ehrlich gesagt, wegen ihrer Feierlichkeit, und weil sie irgendwie schamlos klingen. Aus Temperament und Tradition habe ich stets Umzüge, Banner, Glaubensbekenntnisse und Manifeste gemieden. Was könnte ich wohl von meiner Überzeugung oder meinen Überzeugungen sagen, ohne daß ich den Eindruck haben müßte, mich öffentlich auszuziehen? Habe ich überhaupt solche Überzeugungen? Und wenn ja, will ich sie aus dem Halbbewußtsein holen, wo sie nisten?

Vielleicht gibt es dennoch ein mitteilbares Gefühl, das in mir im Lauf der Jahre immer stärker wird. Das einzige, so scheint mir, was das Leben mich – wie viele andere – gelehrt hat, ist, daß der Mensch mehr wert ist, als es jeder von den anderen und auch von sich selber denkt. Mein Erstaunen, meine Zärtlichkeit wächst gegenüber diesem ungeschützten Tier, das nicht weiß, was es ist, woher es kommt, wohin es geht, und das sich dennoch seit unausdenklichen Zeiten harte Lebensregeln auferlegt hat. Ist es nicht erstaunlich, daß diese Regeln, die oft seinem Instinkt und seinem Interesse zuwiderlaufen, von ihm die meiste Zeit befolgt werden? Und noch erstaunlicher, daß es an Gewissensbissen leidet, wenn es sie verletzt? Man spricht sehr viel von Kriminalität, von Auflösung der Sitten. Mir hingegen erscheint es fast unglaublich, daß der Verbrecher die Ausnahme bleibt, daß die Gesetze in solchem Ausmaß befolgt werden und daß der Schuldige die Strafe, die ihm seinesgleichen zumißt, meist ohne Empörung und Bitterkeit annimmt.

Ich empfand diese staunende Bewunderung unlängst in meinem Garten, während ich das Treiben eines Schwalbenpaares beobachtete, das fünf Schwalbenküken, die mit offenem Schnabel am Nestrand hockten, ihre Atzung brachte. Es war schon ihr zweites Nestvoll des Jahres, und zweifellos nicht das letzte. Vom ersten sind zwei Junge gestorben, wie von den zwölf oder fünfzehn Kindern, die unsere Urgroßmütter gebaren, mindestens vier oder fünf jung starben. Meine Schwalben kehren jedes Frühjahr wieder, von Gott weiß woher, erstellen das Nest fleißig aufs neue, am gleichen Ort unter dem Säulengang, brüten abwechselnd, und wenn die Nestlinge ausgeschlüpft sind, jagen sie ohne Unterlaß von Sonnenaufgang bis zum Abend.

Hunderte Millionen von Menschen, Milliarden auf der Erdoberfläche, kommen und gehen, an kümmerliche Tätigkeiten angeschirrt, und man könnte sagen, daß sie nicht für eine gefährdete Gegenwart arbeiten, sondern daß sie seit den Zeiten von vor dem Neandertaler und vor dem Cro-Magnon sich darauf kaprizieren, allmählich ein Wesen zu schaffen, das wir noch nicht kennen, so verschieden von uns, wie wir selber es von unseren fernsten Ahnen sind.

Meine tiefe Überzeugung – nunmehr erschrecke ich weniger vor diesem Wort – ist, daß jedes Wesen während seines kurzen Lebens tapfer daran mitarbeitet, was sein wird. Die Freuden, die Schmerzen, die Reue – unterschiedliche Wörter für das Gleiche, für dieses unerklärbare und ergreifende Bedürfnis, Neues zu erschaffen.

In: *Ma conviction profonde*, hrsg. von Roger Nordmann, Genf 1963. Deutsch von François Bondy. Aus: ›Das Tintenfaß‹, 10. Jg. 24. Folge, Zürich 1974.

Über Charlie Chaplin

Montag, 14. November 1960

Samstagabend merkwürdiger Eindruck. Abendessen mit Charlie und Oona Chaplin, den Millers – und uns. Charlie erzählt, mimt, ist brillant, lustig, amüsant. Dann gesteht er Miller und mir plötzlich:

»Ich muß immer, zumindest am Anfang, erst einmal meine Rolle spielen, zunächst aus Schüchternheit und dann, weil ich weiß, was man von mir erwartet.«

Wir nicht. Er merkte das. Er wußte es von mir. Nicht von Miller. Und nach dem Essen saßen wir drei Männer nicht etwa in den Sesseln, von denen genug herumstanden, sondern mit den Ellbogen auf den runden Tisch gestützt, während D. sich in einer Ecke mit Oona unterhielt.

Eine Klammer. Oona ist eine der wenigen Frauen, vielleicht die einzige, die ich geheiratet hätte, wenn sie mir vor D. begegnet wäre.

Ich habe sie im übrigen verraten an jenem Abend, und ich bitte sie dafür um Verzeihung. Aber ich muß zuerst erzählen.

Nur kurz, denn das, was C. Ch. uns sagte, kann man in seinem Memoirenband wiederfinden, der jetzt fertig ist und neunhundert Seiten umfaßt.

Er hat versucht, uns seine Reaktion auf die Tatsache zu erklären, daß die USA sich von ihm plötzlich grausam und unerbittlich abwandten. (Ich habe das auf einer niedereren, ausdrücklicheren Ebene schon vor vier oder fünf Jahren in meinem Roman *Le petit homme d'Archangelsk* getan.)

Noch eine Klammer, weil ich versuche, meinem Gedankenfluß zu folgen, und nicht komponieren will. Schon lange bevor ich Chaplin um 1947 oder 1948 in Los Angeles kennenlernte, hatte ich eine Erklärung für diese Tatsache, die mit der seinen nicht übereinstimmt, mir aber weiterhin richtig erscheint.

Als er seine ersten Filme machte und noch lange danach, glaubten die Amerikaner natürlich (wenn man sie kennt), daß er sich über das (ungeschickte, lächerliche, unnütze und griesgrämige) Männchen lustig mache. Sie haben gelacht. Sie haben sich begeistert.

Danach haben sie durch Kritiken und die Reaktionen der anderen Länder entdeckt, daß das Männchen der Held und daß die anderen lächerlich oder hassenswert sind. Sie haben den Anarchisten entdeckt! Und so erklärt sich ihre Wut, hinters Licht geführt worden zu sein. Für sie war das wie Betrug. Jahrelang hatten sie dem Feind der für die amerikanische Zivilisation notwendigen Ordnung Beifall geklatscht. Mag die Erklärung nun richtig sein oder nicht, Chaplin glaubt nicht sehr daran. Ich habe wohl bemerkt, daß sie ihn nicht befriedigt und ihm jene andere Erklärung lieber ist, die er in seinem Buch gibt, das erst in einem Jahr erscheinen wird: bestimmte Äußerungen während des Krieges in San Francisco.

Ich komme auf uns drei um den runden Tisch zurück, auf unsere drei Gesichter, die beiden Frauen in einer Ecke sprechen über Kinder. Oona zeigt kein Interesse für uns. D. dagegen versucht, mitzuhören und etwas zu verstehen.

Chaplin erzählt uns seine bewegendste Erfahrung: Der kleine Schauspieler, der in Hollywood 75 Dollar in der Woche verdient hat, wird plötzlich über Nacht ein Star für Millionen. Er muß nach New York fahren. Er besteigt gemeinsam mit seinem Bruder Sidney den Zug. Beim ersten Halt sieht er, wie eine Menschenmenge den Bahnhof stürmt. Er weiß noch nicht, daß die Leute seinetwegen gekommen sind. Musik. Offizielle Abordnungen. Panik überfällt ihn. Am zweiten Bahnhof wird es noch schlimmer, erst recht am dritten, und als er sich New York nähert, bittet ihn der Bürgermeister, inkognito an der 175. Straße auszusteigen, um der Menge auszuweichen, die den Grand Central Bahnhof belagert und derer man nicht mehr Herr wird.

Der Bürgermeister und der Polizeichef holen ihn gemeinsam ab, um ihn ins Plaza zu geleiten.

Am selben Abend geht er, während die Menge ihn sucht, in den Straßen spazieren, ohne erkannt zu werden.

»Jeder kannte mich«, sagte er, »und ich kannte niemanden. Ich hatte niemanden, mit dem ich hätte sprechen können!«

Die Menge machte ihm Angst. Er fühlte sich von ihr gehetzt. Auch die Einsamkeit machte ihm Angst. Er war ganz jung. Ich glaube, daß ihn das für den Rest seines Lebens gezeichnet hat.

All dies erzählt er uns mit belegter, leidenschaftlicher Stimme. Oona hört nicht zu:

»Ich habe das schon hundertmal gehört!«

D. versucht zuzuhören, ohne dabei ihr Gespräch über Kinder und Geburten zu unterbrechen.

Die Chaplins, die eigentlich um zehn Uhr gehen wollten, blieben bis Mitternacht. Miller geht tiefbewegt mit uns noch in den Salon, wo wir über das Gehörte reden.

D. sprach die Wahrheit aus, ganz ruhig. Ich erinnere mich nicht genau an ihre Worte. Sie sagte nicht weniger, als daß wir an einer Show teilgenommen hätten, daß ein erheblicher Teil »acting« bei dem mitspielte, was wir soeben miterlebt hatten.

Ich mußte ihr, obwohl ich ihre Meinung teilte, heftig widersprechen, denn die Wahrheit hätte Miller verletzt. Für ihn war das einer der größten Abende seines Lebens.

Auch in seinem Leben spielt dieses »acting« eine Rolle.

Wollte man ihm dies sagen, so würde man ihn nicht nur verletzen, sondern ihm auch noch einen Teil seines Selbstvertrauens nehmen. Ihm ein wenig seinen Glauben nehmen. Und so befinde ich mich wider Willen mehr als zwei Stunden lang (denn wir beenden unser Gespräch erst um drei Uhr morgens) in der Lage, gegen meine Überzeugung, gegen meine Frau, mit der ich einer Meinung bin, kämpfen zu müssen.

Ich verrate sie, um einem Mann nicht weh zu tun, den ich gewiß bewundere und für den ich Zuneigung empfinde, der aber in Wahrheit keine Rolle in meinem Leben spielt.

Blödsinnig, oder? Wenn ich ihr wenigstens mit einem Zeichen hätte zu verstehen geben können, daß ich log, daß ich gegen meine Überzeugung sprach.

Denn Chaplin hat sein »acting« auch noch fortgesetzt. Ein anderes, ihm selbst schon viel näher kommendes »acting«, das aber dennoch von der Wahrheit entfernt war.

Alles wirkt zerfahren, beabsichtigt.

Johnny hat das verstanden. Wunderbarer Johnny!

Ich werde vielleicht darauf zurückkommen. Jetzt muß ich D. wecken, die nach mehreren Nächten, in denen sie nur drei bis vier Stunden Schlaf bekam, endlich zugestimmt hat, sich noch einmal eine Stunde hinzulegen.

Noch einmal, guten Tag. Guten Tag, meine alte Kay, die ich ebenfalls nicht vergesse und die mir immer noch teuer ist!

15. November 1960

Ohne es noch einmal durchlesen zu müssen, weiß ich genau, daß alles, was ich gestern geschrieben habe, einigermaßen, aber doch nicht ganz richtig ist.

Was mir dabei vorschwebte, war, am Beispiel von zwei Schicksalen gewisse Menschentypen zu schildern, die »nehmen«, ohne zu geben, in aller Natürlichkeit, weil sie Kinder geblieben sind.

Sie sind also grausam und egoistisch wie Kinder. Sie sind das, was man Bohemiens nennt. Und C. Ch. bleibt ein Bohemien (der Seele), trotz seiner sieben Kinder mit Oona, Sidney nicht gerechnet.

Außergewöhnliches Schicksal. Bis zum Alter von fünfundfünfzig Jahren hat er nie das Bedürfnis gehabt, sich an irgend etwas oder irgend jemanden zu binden. Er begegnet einem siebzehnjährigen Mädchen, heiratet es, und da ist er nun mit einundsiebzig Jahren Vater von sieben kleinen Kindern, wobei das Jüngste erst sechs Monate alt ist. Er liebt sie. Er liebt Oona. Er liebt sein gegenwärtiges Leben. Aber...

Dasselbe bei Miller. Er ist wieder neu verliebt. Er wird nach Spanien oder anderswohin – er weiß es selbst noch nicht – eine junge Hamburgerin mitnehmen, die zwei Kinder hat. Von ihm? Er hat seine Kinder nicht zu ihrer Mutter, die sie nicht mehr will, geschickt, sondern zu seiner dritten Frau, die sie vielleicht in sechs Monaten auch nicht mehr will.

Ich verurteile ihn nicht. Ich sage noch einmal, sie sind aufrichtig, alle beide.

Ich fühle, daß ich immer noch nicht ausgedrückt habe, was ich denke, was ich spüre, wahrscheinlich ist das unmöglich.

17. November 1960

Schon der 17.! Wenn ich vor Weihnachten noch einen Roman schreiben will, wird es Zeit. Ich hoffe, Ende der nächsten Woche damit anfangen zu können, und ich werde die Einkäufe vorher machen.

Gestern habe ich Georges Charensol von den ›Nouvelles Littéraires‹ empfangen, den ich seit etwa 1925 kenne. Mit einem Telegramm bat er mich dringend um einen Artikel anläßlich der Verleihung des Nationalen Literaturpreises, den mein Freund Blaise Cendrars am nächsten Samstag oder Montag erhalten soll, wenn nicht noch im letzten Augenblick irgendwelche anderen Fäden gezogen werden. Ich habe natürlich zugesagt. Ich habe einen offenen Brief geschickt, denn Artikel schreibe ich schon lange nicht mehr, und darin bin ich zu 99 % aufrichtig.

Genau wie beim Großen Preis der Stadt Paris wartet man auch bei diesem Preis immer so lang, bis die Leute schon im Sterben liegen, und fast regelmäßig erhalten diese ihn dann im Bett überreicht. Jean-Paul Fargue, Carco ist es so ergangen. Cendrars ist seit mehr als zwei Jahren gelähmt, und ich habe ihn nie besucht, weil man mir gesagt hat, daß er sich vor seinen Freunden gedemütigt fühlt.

In meinem offenen Brief spreche ich von Henry Miller und Chaplin. Auch Cendrars ist ein Bohemien, eine Art ständiger Anarchist, und ich würde das gern näher ausführen, was ich vorgestern über dieses Thema schrieb.

Im Grunde ist es mit diesen Heften wie mit meinen Romanen. In einem Roman behandle ich ein bestimmtes Thema oder eine Person. Sie quälen mich auch hinterher noch, weil ich das Gefühl habe, meinen Gedanken nicht bis zu Ende gedacht, ihn unzureichend oder unrichtig ausgeführt zu haben. Seit einiger Zeit nehme ich dann das Thema oder die Person in einer anderen Form wieder auf.

Einige habe ich fünf- oder sechsmal wieder aufgegriffen und bin noch immer nicht zufrieden. Gewisse Kritiker werfen mir das vor und sprechen sogar prätentiös von meinen »Themen«, als wäre ich davon besessen. Bei einem Maler wird so etwas ohne weiteres hingenommen, sie malen oft zwanzigmal eine Muttergottes oder eine Blumenvase.

Ich komme auf Miller, Cendrars und Chaplin zurück. Es ist sicher, daß wir mehr oder weniger ein und derselben Familie angehören. Und damit bin ich nun bei den Bohemiens im allgemeinen, bei den Aufsässigen, den Existenzen am Rande der Gesellschaft.

Es sind mir viele von ihnen begegnet, auf dem Montmartre, dem Montparnasse, in Südfrankreich, dann in Tahiti, in Greenwich Village. Ich habe den Eindruck, daß sie immer zahlreicher werden, je uniformer, domestizierter der Mensch allgemein wird; es gibt inzwischen regelrechte Kolonien, in Rom zum Beispiel, und jetzt auch in San Francisco.

Sie stehen mir nun gleichzeitig sehr nah und sehr fern. Ich teile ihren Nonkonformismus, die meisten ihrer Ideen, ihre Auflehnung.

Warum aber stören sie mich? Weil ich scheinbar wie ein Bürger lebe? Ich glaube kaum. Das reicht tiefer. Ich habe von ihrer Reinheit gesprochen – von ihrer kindlichen Reinheit –, und ich habe schon lange den Verdacht, daß sie nicht immer Schwächlinge oder Nichtangepaßte oder auch von Natur aus Aufsässige sind.

Viele von ihnen haben begriffen, daß die, scheinbare oder wirkliche, Schwäche in einer harten Welt die beste Waffe ist.

Scheinbar waffenlos, fliegen ihnen alle Sympathien, jede Hilfe, jede Nachsicht zu. Sie werden von ihren Gönnern nicht nur akzeptiert, sondern geradezu gesucht. Für sie schaffen die Regierungen unnötige Posten oder Stipendien.

Man verlangt von ihnen nichts anderes, als ungeschickt, naiv, unversöhnlich zu sein. So verhalten sie sich auch gegenüber den Frauen, gegenüber ihren Kindern; sie akzeptieren keinerlei Verantwortung, keinerlei Regeln.

Von Grund auf sind sie gewiß häufig wirklich schwach, wirklich echt infantil. Doch nicht immer. Und daraus wird schnell eine bequeme Haltung.

Gerade diese Haltung aber ärgert D., und ich kann sie verstehen. Ihr schon fast krankhafter Gerechtigkeitssinn sträubt sich gegen eine gewisse Nachsicht, die unverdient wirkt und es vielleicht auch ist.

Warum lasse ich mich nun mit dieser Zunft ein? Ganz einfach deshalb, weil ich zunächst ebenso antikonformistisch bin und mich ebenso auflehne. Auch ich bin ein wirklicher Anarchist, doch weil ich innerhalb der Gesellschaft lebe und wider meinen Willen von ihr profitiere, sehe ich es als meine Aufgabe an, ihre Regeln zu befolgen. Ohne an diese zu glauben. Ohne sie meinen Kindern beizubringen. Gerade weil ich nicht an sie glaube, befolge ich sie um so sorgfältiger, das ist meine Art, meinen »Tribut zu leisten«.

Ich habe es immer noch nicht ganz getroffen. Ich spüre das. Ich liebe jene Bohemiens, die ich organisiert nennen würde. Mit ihnen fühle ich mich wohl. Zwischen ihnen und mir gibt es fast brüderliche Anhänglichkeit. Gleichzeitig regen sie mich auf, so wie ich wahrscheinlich sie aufrege. Ich bleibe mir der Rolle bewußt, die sie – fast aufrichtig – spielen, und gerade dieses »fast« trifft den Kern des Problems. Genau wie Kinder sind sie hervorragende Schauspieler. Und weiß man je, wo bei einem Kind das »acting« anfängt und wo es aufhört?

Apropos »acting« – ein Wort, das ich bereits in meinem letzten kleinen Kapitel verwendet habe –: D. sagt mir, daß ich es nicht richtig angewandt habe und daß es auf jeden Fall zu stark sei. Sie hat recht. Ich hätte schreiben sollen: »X. zieht seine Nummer ab.« Und selbst das ist vielleicht noch übertrieben. Es ist sehr schwierig, bei einem Menschen die Grenze zwischen Aufrichtigkeit und Unaufrichtigkeit zu ziehen, vor allem mit Wörtern, gleichgültig, ob es sich dabei um eine Komödie, ein Drama oder einfach um eine Konvention handelt. Ich fühle es. Es ist dann, als ob etwas in mir ausklinkt. Aber wer wollte sagen, in welchem Augenblick die Unaufrichtigkeit begonnen und wie weit sich jemand von der Aufrichtigkeit entfernt hat . . .

Genug für heute, für heute morgen zumindest. Ich möchte gern so leer wie möglich sein, um meinem nächsten Roman Platz einzuräumen.

Soll ich noch einen kleinen Absatz hinzufügen? Gestern

abend sprach S. im Fernsehen über seinen neuen Roman. Er kennt mein Werk. Er schreibt ein Buch über mich. Er hat mir hier erklärt, daß er sich für seinen Roman direkt an einem der meinen inspiriert hat. Gleiches Thema. Gleiche Situation. Fast identischer Hauptheld. Er sagte auch noch, *hier*, daß er sich dessen so sehr bewußt sei, daß er aus Anständigkeit einen Satz aus meinem Buch als Motto verwendet habe. Im Fernsehen aber sprach er von diesem Fall, als sei er seine eigene psychologische Entdeckung. Desgraupes – oder war es Dumayet, ich verwechsle sie stets –, der mein Werk ebenfalls kennt, hat nicht den geringsten Einwand gemacht.

Erbitterung? Ehrlich nicht. Eine leichte Enttäuschung, die sich mit dem trifft, was ich weiter oben schrieb. Ich bin nicht schwach genug. Ich mache den Eindruck, stark zu sein, und möglicherweise bin ich es auch bis zu einem gewissen Grad.

In: *Quand j'étais vieux*, Paris 1970. Deutsch von Linde Birk. Aus: *Als ich alt war*, Zürich 1977.

Über Lektüre

Montag, 5. Dezember 1960

Ich komme darauf, weil mir beim Umräumen der Bücher in den verschiedenen Bücherschränken hier im Haus ein Buch von Queneau in die Hand fiel, in dem ich irgendwo neben vielem anderen jene Werke aufgeschrieben habe, die ich auf eine einsame Insel mitnehmen würde.

Ich kann mich daran nicht erinnern. Jede Woche kommen Fragebogen ins Haus. Ich fülle sie aus, weil ich keinem Journalisten schaden will. Ganz kurz. Fast immer nur mit ein, zwei Worten für jede Frage, auf dem Fragebogen selbst. Und dann kommt dabei ein Werk heraus, das bei der Nouvelle Revue Française erscheint! (In Klammern gesagt, ich habe viel Bewunderung für Queneau.)

Man hat mich häufig gefragt, welche Bücher ich gelesen, welche mich geprägt haben, und vielleicht habe ich darauf nicht immer dasselbe geantwortet. Denn man kann mit einigen Worten nicht streng wahrheitsgetreu antworten. Auch würde bei einem Blick in meine Bibliothek ein falscher Eindruck von meiner Lektüre entstehen. Bei jedem Umzug habe ich ein Viertel, manchmal sogar die Hälfte meiner Bücher verkauft. (Genau gesagt habe ich nur in meinen Anfangsjahren in Paris die meisten Originalausgaben, die ich als junger Mann bei den Bouquinisten ausgegraben hatte, verkauft. Danach begnügte ich mich damit, sie jemandem zu schenken oder auch wegzuwerfen – doch das waren dann keine Originalausgaben mehr!) An deren Stelle schaffe ich immer wieder neue an, und heute habe ich nur noch Werke, die ich für meine Kinder aufbewahre.

So glaube ich zum Beispiel nie gesagt zu haben, daß die Comtesse de Ségur oder Jules Verne je zu meiner Lektüre gehört haben, die ich aber, wie alle Kinder meiner Generation, gelesen habe. In welchem Alter? Sehr früh gewiß. Wahrscheinlich zwischen acht und dreizehn Jahren, denn mit zwölf las ich Alexandre Dumas père und bald schon ... Paul de Kock. Auch einige Fantomas, nicht viele, doch mit einer gewissen Verschämtheit, als sei dies nicht standesgemäß, und mit dreizehn oder vierzehn, nach Fenimore Cooper und Walter Scott, die Russen, von Puschkin bis Gorki über Tolstoi, Dostojewski und vor allem Gogol, der mir am besten gefiel. Turgenjew mochte ich nie. Balzac anfangs, dazwischen, nachher, in immer kleineren Dosen. Ich hatte immer bestimmte Perioden. Es gab unter anderem die Periode der Theaterstücke: den ganzen Labiche, den ganzen Augier, den ganzen Alexandre Dumas père und sogar Meilhac und Halévy. Warum?

Auguste Comte mit sechzehn oder siebzehn (die Autoren, die ich in der Schule las, lasse ich weg), und Dickens zur selben Zeit wie Shakespeare.

Von meinen Freunden war ich als einziger gegen Anatole France und gegen alle jene gelbeingebundenen Romane, die heute einen weißen Einband haben. Descartes, Pascal und vor allem Montaigne, der mindestens zehn Jahre lang auf meinem Nachttisch lag, hatten mir mehr zu sagen.

Ich verabscheute Barrès und Bourget, die ich in eine Reihe stellte mit Georges Ohnet oder Jules Claretie.

Nach Maeterlinck war ich zwei Jahre lang verrückt.

Und noch verrückter nach Conrad und Stevenson (vor allem nach dem Stevenson der Tuamotu, dessen Spur ich später auf dem Pazifik und dann in Monterey, Kalifornien, wiederfand, wo noch das Haus am Hafen steht, in dem er gewohnt hat.)

Mit dreiundzwanzig oder vierundzwanzig habe ich in Paris auf einen Schlag die ganze Sammlung Budé gekauft, Griechen und Lateiner, allerdings auf französisch, denn ich habe nur ein Jahr lang Latein gehabt, bevor ich den wissenschaftlichen Zweig wählte. Alles gierig verschlungen.

Etwas später entdeckte ich Faulkner, Dreiser, Sherwood Anderson (der mir sehr gut gefallen hat), und dann schließlich Dos Passos und ... den *Zauberberg*. Unter den Amerikanern galt meine größte Sympathie Mark Twain und dem Zöllner mit dem Wal.

Ich las – und liebte – Proust, *Du coté de chez Swann*, *A*

l'ombre des jeunes filles en fleurs mit zweiundzwanzig, zur selben Zeit, als ich die erste Freud-Übersetzung entdeckte.

Jahrelang verschlang ich ein bis drei Bücher am Tag, von Goethe (*Dichtung und Wahrheit* ist mein Lieblingswerk) bis zu den Briefen Napoleons.

Mit siebenundzwanzig beschloß ich dann plötzlich, keine Romane mehr zu lesen, nur noch einige ausländische und die klassischen Romane. Erst als ich 1944 krank wurde, las ich der Reihe nach zunächst den ganzen Proust, dann den ganzen Balzac und schließlich den ganzen Stendhal (den ich bewundere, aber gegen den ich mich sträube, während Proust mich immer begeistert, Claudel zuweilen).

Ich habe bestimmt einige vergessen, doch nicht viele, zumindest keine, die zählen. Wenn ich zusammenfasse, so habe ich wohl am meisten für die Russen geschwärmt, dann für die Engländer, die Amerikaner. Die Franzosen kommen erst am Schluß. Warum? Ich weiß es nicht. Vielleicht, weil sie mehr Moralisten sind als Erzähler. Vielleicht auch, weil besonders bei Balzac die meisten Konflikte durch das Geld ausgelöst werden. Da bin ich eher für die Seele Melvilles, auch wenn sie protestantisch ist.

Die Bibel und die Evangelien, das Bürgerliche Gesetzbuch und das Strafgesetzbuch habe ich immer wieder gelesen. Ich lese sie auch heute noch in kleinen Auszügen.

Versucht, Gide zu lesen, dessen Freund ich werden sollte. Konnte nicht. Habe es ihm nie gesagt.

Ich habe, weniger für meine Romane als aus Neugier, fast alles gelesen, was über die Kriminologie geschrieben worden ist, und lese auch weiterhin Werke und Zeitschriften über dieses Thema. Der Psychiatrie gehört meine Leidenschaft und, als Folge davon, der Medizin.

Maigret wollte Arzt werden. Und ich? Als ich jung war, habe ich nicht daran gedacht. Später ja. Doch ohne Bedauern. Und wie zufällig waren und sind die meisten meiner Freunde Ärzte. Diese Leidenschaft wird immer stärker, und ich verschlinge jetzt die amerikanischen, englischen, französischen und schweizerischen medizinischen Fachzeitschriften. Ich lese darin natürlich nicht alles. Dazu fehlen mir die Grundlagen. Vieles kann ich nicht verstehen und muß, wenn ich es verstehen will, erst lange nachforschen. Und ich bin nun einmal faul.

Meine gegenwärtige Lektüre folgt einem sehr merkwürdigen Mechanismus. Ich gehe zum Beispiel zufällig von einem Werk über die prähistorischen Tiere zu einem paläontologischen Werk über, das mich wiederum zu anderen weiterführt, die mich dann auf biologische Werke bringen.

Weil es wegen der Blutgruppen einen Berührungspunkt gab, bin ich jetzt beim Studium der menschlichen Rassen gelandet. Meine Annäherungsweise läßt sich dabei nie vorhersehen, und mein Buchhändler staunt über meine Bestellungen, auf die von den vorangegangenen nicht zu schließen war.

Tatsächlich weiß ich nichts. Ich promeniere im Wissen der anderen und versuche dabei, mir zu meinem persönlichen Gebrauch eine Art Gleichgewicht herzustellen.

Genauso wie ich in keiner Sportart gut bin, weil ich sie fast alle ein wenig betrieben habe, so daß ich keine richtig beherrsche, denn ich habe alles nur als Amateur angefaßt.

In all diesen Werken suche ich im Grunde nach kleinen Hinweisen, die es mir ermöglichen, den Menschen ein wenig besser zu verstehen.

Und der Mensch von heute – damit komme ich auf meinen kleinen Satz von gestern abend zurück – ist ziemlich verdrossen. Er, der ein so großes Bedürfnis hat, zu *sein*, existiert immer weniger, je mehr das Wissen über die Welt zunimmt. Das unendlich Große der kosmischen Räume auf der einen Seite, das unendlich Kleine auf der anderen.

So ist er gefangen zwischen zwei Unendlichkeiten, über die er alles weiß, außer dem Wesentlichen, das heißt, er weiß also nichts, und betrachtet unzählige Welten, in denen seine Stellung immer lächerlicher erscheint.

Ist nicht aus der Kunst, aus der Presse, aus der Laune der Leute zu spüren, daß der Mensch dabei ist, einen Komplex zu entwickeln?

Er ist nicht mehr der »Auserwählte«. Er ist nicht einmal jener, der »am wenigsten ...«

Er bedient sich physikalischer Gesetze, die er nicht kennt, und noch weniger – je weiter die Medizin fortschreitet – weiß er, was sich in ihm abspielt!

Ein mir befreundeter Amerikaner, Arzt, Herausgeber einer medizinischen Zeitschrift, Professor für Geschichte der Medizin, hat ein aufregendes Buch geschrieben: *The Antibiotic Saga.* Darin geht es um die Geschichte des Kampfes gegen die Viren, um die Geschichte ihrer Entdeckungen und, soweit man diese kennt, um die Geschichte dieser Viren selbst.

Das Buch ist wie ein Epos geschrieben. Man fühlt die Bewunderung des Autors für diese unendlichen Kleinheiten, und wie soll man sagen ...? Man fühlt sogar einen gewissen Neid.

Ich übertreibe kaum. Damit sind wir beim Komplex des Virus. Vor allem seit die russischen Wissenschaftler verkündet haben, daß diese Viren zwanzigtausendmal stärkeren Strahlungen widerstehen können als der Mensch.

Ich bin sicher, daß es heute Millionen menschlicher Wesen gibt, die bei dieser Vorstellung mehr oder weniger melancholisch werden – bei der Vorstellung, daß sie selbst eines Tages nicht mehr auf dieser Welt sein könnten, auf der diese Wesen überleben würden, von denen man nicht weiß, ob sie etwas anderes sind als eine chemische Verbindung, und auf die wir heute mit mehr oder weniger Glück die Jagd eröffnet haben.

Das Bedürfnis, zu sein! Wichtig zu sein! Nicht nur unser Individuum, die ganze Spezies. Hier für etwas da zu sein. Nicht aus Zufall oder durch einen Unglücksfall. Auch nicht, um nur eine zeitweilige Form des Lebens zu sein.

Ich frage mich, ob die Wissenschaftler gut daran getan haben, ihre Entdeckungen der großen Öffentlichkeit bekannt zu machen. Ich frage mich sogar, ob sie selbst sie immer verkraften können.

Man nimmt es hin, an einer Grippe, an einem schmerzhaften Krebs, durch einen Autounfall zu sterben. Aber man lehnt sich auf gegen die Vorstellung, durch eine chemische Explosion oder ein Naturereignis von der Erde weggefegt oder mitsamt der Erde selbst vernichtet zu werden.

Der Komet von Halley (1910 glaube ich) hat Dutzende von Selbstmorden ausgelöst.

Wenn ich einmal einen Psychiater treffe, muß ich ihn fragen – und ich glaube, ich weiß schon, was er antworten wird –, ob die neuesten Entdeckungen nicht mehr als alles andere Ursache dafür sind, daß sich die Heilanstalten füllen.

Ich hätte besser daran getan, meinen Roman zu schreiben.

In: *Quand j'étais vieux*, Paris 1970. Deutsch von Linde Birk. Aus: *Als ich alt war*, Zürich 1977.

Über unser Jahrhundert

Mittwoch, 7. Dezember 1960

Ich bin froh, Anfang des zwanzigsten Jahrhunderts geboren zu sein. Ich bin ziemlich zufrieden mit meiner Epoche. Wahrscheinlich hätte ich zu jeder anderen Zeit genau dasselbe gesagt, weil ich unbewußt von den Gedanken und Vorurteilen meiner Zeit beeinflußt worden wäre.

Gewiß erlebte und erlebe ich Geschehnisse mit, unter denen ich leide und gelitten habe. Ich habe zwei Kriege, zwei Besatzungen mitgemacht, die ich für nicht schlimmer halte als den Krieg. Wir haben die Massenmorde miterlebt, ob in Deutschland, Polen oder Hiroshima. Wir beobachten auch heute noch politische Ereignisse, deren kleine und große Unlauterkeiten gerade die am wenigsten gewitzten Leute am meisten zu spüren bekommen. Und zwar überall, im Osten, in den USA, in Afrika oder Frankreich. Ist die große Masse der Menschen besser geworden (man müßte dieses Wort definieren und es von seiner moralischen Bedeutung befreien), und sind die in Politik, Finanz und sonstwo Tonangebenden weniger auf ihren eigenen Vorteil bedacht als früher?

Ich weiß es nicht. Ich möchte es auch gar nicht wissen. Ich habe lediglich den Eindruck, daß ich – so, wie ich geschaffen bin – in jedem früheren Jahrhundert mehr zu leiden gehabt hätte als heute. Auch in den großen Jahrhunderten der Geschichte in Ägypten, in Griechenland oder Rom, später in Frankreich, Spanien, Florenz oder Venedig, in London oder Amsterdam.

Sind wir sentimental geworden? Ist das gut oder schlecht? Ist es eine Degenerationserscheinung? Entfernen wir uns von den Ursprüngen und von der menschlichen Evolution und den uns unbekannten Regeln, die vor dieser Evolution gültig waren?

Auch das weiß ich nicht.

Ich bin froh, in unserer Zeit zu leben, und ich bin ziemlich stolz auf sie, trotz ihrer Unvollkommenheiten, weil:

Selbst wenn noch jeden Tag brutale Gewalt herrscht, diese doch von den meisten verurteilt wird; selbst wenn der Mensch nicht so frei ist, wie er glaubt, es doch kaum mehr Sklaven gibt;

selbst wenn Fragen der Rassen und Hautfarbe oft nur als politisches Sprungbrett dienen, es doch Tausende von Menschen gibt, die sich aufrichtig dazu bekennen, daß jeder Mensch das Recht hat, ein Mensch zu sein;

sich Zehntausende junger Leute fast überall auf der Welt weigern, »legitim« zu töten, töten zu lernen, und lieber ins Gefängnis gehen, als ihren Militärdienst abzuleisten;

wenn auch viele weiterhin aus Vergnügen oder Eitelkeit Tiere umbringen, eine große Zahl doch die Jagd mit der Kamera vorzieht, das heißt die Tierwelt lieber studiert als sie zerstört;

der amerikanische Kommandant, der die Operation über Hiroshima geleitet hat, sich zehn Jahre später das Leben nahm;

der Pilot des Flugzeugs, aus dem die Bombe abgeworfen wurde, zweimal einen Selbstmordversuch gemacht hat und heute, nachdem er die merkwürdigsten Dinge gestohlen hat, in eine psychiatrische Heilanstalt eingeliefert wurde (oder genauer, soeben aus ihr entflohen ist);

die »Starken« ein schlechtes Gewissen haben und, wenn sie ihre Stellung halten wollen, gezwungen sind, die Schwachen zu beschützen oder vorzugeben, sie zu beschützen;

selbst wenn es noch soziale Klassen gibt, niemand im Grunde seines Wesens wirklich noch daran glaubt;

man wagt, ohne befürchten zu müssen, ausgelacht zu werden – oder im Gefängnis zu landen –, Dinge zu sagen oder zu schreiben, die früher, unter der Gefahr, als Märtyrer zu enden, nur von einigen religiösen oder philosophischen Sekten gemurmelt wurden;

der Mensch ganz allgemein seinen Hochmut und seine Selbstgerechtigkeit abgelegt hat und beginnt, sich darüber klarzuwerden, daß er nicht die Krönung der Schöpfung ist, geschaffen nach dem Ebenbild eines Gottes, sondern der kleine Teil eines Ganzen, von dem er nur Teile wahrnimmt;

die »Gelehrten« bei jeder neuen Entdeckung eingestehen,

daß diese uns nicht etwa weiterbringt, sondern uns zurückwirft, da sie, anstatt eine Bestätigung zu bringen, neue Fragezeichen setzt;

die . . .

Es gäbe viele solcher »Weil«, kleine nur, gewiß, die nur ein ganz schwacher Hoffnungsschimmer sind. Es gibt noch weit mehr »Aber«. Doch was nützt es, sie aufzuzählen, nachdem sie uns von allen Seiten überfluten?

Alle diese kleinen Hoffnungsschimmer, die immer zahlreicher werden und sich über einen immer größeren Teil der Erde ausbreiten, reichen schon aus, mir Mut zu geben und mich sogar ein wenig stolz zu machen.

Ich glaube an den Menschen.

Selbst und vor allem, wenn er gewissen biologischen Gesetzen (die uns zumindest als solche erscheinen) der Auslese, das heißt der Aussonderung der Schwachen, zuwider zu handeln scheint.

Ich glaube an den Menschen, sogar wenn mir mein Verstand . . .

In: *Quand j'étais vieux*, Paris 1970. Deutsch von Linde Birk. Aus: *Als ich alt war*, Zürich 1977.

Über Psychoanalyse

Dienstag, 14. März 1961

Meine erste Berührung mit der Psychoanalyse geht auf das Jahr 1923 (?) zurück, als Gallimard die *Drei Abhandlungen zur Sexualtheorie* veröffentlichte.

Zwischen 1927 und 1928 kaufte ich dann das *Tagebuch eines halbwüchsigen Mädchens* [hg. v. H. Hugh-Hellmuth, Internat. PSA-Verlag, Leipzig 1919] und *Eine Kindheitserinnerung des Leonardo da Vinci.*

Ich war also zwanzig, als ich Freud entdeckte. Seither habe ich auch Adler, Jung und andere gelesen, aber ich wurde, glaube ich, bei meinen Romanen nicht so davon beeinflußt wie heute zum Beispiel die amerikanischen Schriftsteller.

Kürzlich hat ein Psychoanalytiker zu mir gesagt, daß er auf seine Weise auch ein Romanschriftsteller sei und sein Beruf manchmal weniger mit Wissenschaft zu tun habe als der eines Romanautors.

Das hat keine Bedeutung. Ich komme nur darauf, weil gestern in einer Fernsehsendung davon die Rede war und man dabei wie gewöhnlich auf den Mutter- und den Vaterkomplex zurückging.

Ich frage mich, ob man dabei nicht irgendwie von einer falschen Voraussetzung ausgeht.

Das Kind, das sich nicht von seiner Mutter losreißen kann – dasjenige, das sich gegen seinen Vater erhebt oder im Gegenteil dessen ausschließlichen Schutz braucht, hat doch vielleicht einfach einen Schrecken vor dem Leben? Ich meine, vor dem natürlichen Leben.

Ich würde gern eine andere Betrachtungsweise vorschlagen. Je genauer ich die Menschen beobachte, je mehr sie selbst mir anvertrauen, desto öfter muß ich an den Titel eines schlechten Romans denken, den meine Mutter las: *La peur de vivre*, Die Angst zu leben.

Verschiedene Ängste, wie der Freudsche Komplex. Für die einen ist es die Angst vor dem künstlichen Leben und das Bedürfnis, im Urkokon eingehüllt zu bleiben, sich in Passivität und Traum zurückzuziehen.

Für die anderen dagegen die Angst, die stützende Rampe zu verlassen, plötzlich aus der Bahn zu geraten, die Absicherung durch diese Gesellschaft und ihre Zustimmung zu verlieren: Angst vor dem Instinkt also, vor dem ursprünglichen Leben, das wir in uns spüren.

Mit einer einfachen Wortänderung verlieren der Freudismus und die aus ihm hergeleiteten Theorien meiner Meinung nach ihren ein wenig vereinfachenden systematischen Charakter.

Der Vater und die Mutter, wird man mir entgegnen, sind nur Symbole.

Mag sein! Doch gerade innerhalb dieser Symbole erscheint mir die Wahrheit einfacher, menschlicher. Ich bin mit meinen achtundfünfzig Jahren entsetzt über die Vielzahl von Menschen, die Angst davor haben, dem Leben ins Gesicht zu blikken. Das trifft sich mit den Gedanken ähnlicher Art, die ich vor einigen Tagen niedergeschrieben habe.

Es ist ein wenig so, als brächte man uns von klein auf alles bei: alles außer zu leben. Wo sollte man dafür auch die Lehrer finden?

Die Wissenschaft hat Jahrhunderte gebraucht, um uns eine vernünftige (?) Ernährung für den Säugling wie für den Erwachsenen vorzuschlagen.

Sie hat daraus einen ganz neuen Zweig der Medizin entwickelt – wie aus der Kunst, alt zu werden. Aber was haben uns diese anderen Doktoren, die Psychologen, Moralisten und Philosophen Befriedigendes vorzuschlagen? Ich habe nur wenige von ihnen kennengelernt, drei oder vier, und sie hatten Angst vor dem Mann auf der Straße.

Wie schloß doch ein Psychoanalytiker neulich:

»Wir bringen unseren Patienten nichts bei. Im Gegenteil, wir lernen etwas von ihnen.«

Die im Fernsehen gestern sahen dagegen sehr zufrieden aus. Allerdings hatten sie das Bewußtsein, daß ihre Familie, ihre Freunde und Bekannten auf ihrem kleinen Bildschirm zusahen.

In: *Quand j'étais vieux*, Paris 1970. Deutsch von Linde Birk. Aus: *Als ich alt war*, Zürich 1977.

Über Geld

1973

Es war 1933 oder 1934. Die Maigrets gingen weg wie warme Semmeln, wie man so sagt, und die Rechte waren schon in mehrere Länder verkauft worden. Ich hatte auch zweimal Filmrechte verkauft, einmal für *La nuit du carrefour* mit Jean Renoir als Regisseur und seinem Bruder Pierre in der Rolle Maigrets; das andere Mal für *La tête d'un homme*, in der Regie von Julien Duvivier mit Harry Baur. Ich war reich!

Wie man es nimmt. Ich war reich im Vergleich zu dem, was ich vorher gewesen war. Vorher war ich aber sehr arm gewesen. Ich war nie ein wirklich reicher Mann, und ich wünsche es auch gar nicht.

Eines Abends fuhr ich mit dem Zug über die Schweiz nach Innsbruck in Österreich. Ich stieg in meinen Schlafwagen und sah, daß ich mein Abteil mit einem Herrn im besten Mannesalter teilte. Es war ein sehr eleganter, sehr nervöser, sehr gutaussehender Mann in den Fünfzigern mit leicht ergrautem Haar, und er rutschte die ganze Zeit unruhig hin und her und lehnte sich aus sämtlichen Wagenfenstern.

Ich las eine Zeitung. Ich beschloß, mich früh hinzulegen. Ich hatte ein Taschenfläschchen Kognak bei mir, ich machte es auf und trank daraus einen Schluck.

Mein Gegenüber betrachtete dieses Taschenfläschchen Schnaps mit gierigen Augen, und schließlich streckte er zitternd seine Hand aus:

»Kann ich auch ein bißchen davon haben?«

Ich reichte ihm das Fläschchen, das er fast vollständig leerte, nicht wie ein Trunkenbold, sondern wie jemand, der es wirklich nötig hat.

»Entschuldigen Sie«, sagte er. »Ich fühle mich nicht wohl. Würde es Ihnen etwas ausmachen, sich ein wenig mit mir zu unterhalten, bevor Sie einschlafen?«

Diese Unterhaltung dauerte fast drei Stunden. Jedesmal wenn ich mich hinlegen wollte, brachte mein Gesprächspartner ein anderes Thema aufs Tapet. Er klammerte sich förmlich an mich oder vielmehr an die Tatsache, nicht allein zu sein. Er zitterte immer noch. Wenn ich ein zweites oder sogar ein drittes Taschenfläschchen gehabt hätte, wären die auch noch draufgegangen.

Endlich passierten wir die schweizerische Grenze. Jetzt erst entspannte er sich, wurde ein anderer Mensch, selbstsicher, mit sehr würdevoller Haltung. Er fragte mich ohne Umschweife:

»Haben Sie ein Bankkonto?«

Ich antwortete, daß ich eins hätte, aber nicht in der Schweiz. Ich führe ganz einfach nach Innsbruck, um Ski zu laufen.

»Tun Sie, was ich Ihnen sage, und Sie werden sehr viel Geld verdienen. Sobald Sie angekommen sind, telegraphieren Sie Ihrer Bank, bestimmte Aktien zu kaufen (es waren welche der Nordafrikanischen Bergbaugesellschaft), die stehen jetzt bei etwa hundertfünfzig Francs. Möglicherweise werden sie fallen. Voraussichtlich fallen sie sehr tief. Verkaufen Sie sie nicht. Hören Sie gut zu: Verkaufen Sie auf gar keinen Fall, und eines Tages werden Sie sehen, welchen Preis Sie bekommen werden.«

Ich hatte noch nie Aktien gekauft. Ich hatte noch nie spekuliert. Das entspricht nicht meinem Charakter. Aber als ich in Innsbruck ankam, erfuhr ich, daß mein Gefährte aus dem Schlafwagen kein anderer war als der berühmte Bankier Oustrick, der aus Frankreich floh, wo nach einem spektakulären Börsenkrach nach ihm gefahndet wurde.

Ich ging schließlich in eine österreichische Bank. Ich ließ meiner Bank die Order übermitteln, einhundert Aktien, die mir genannt worden waren, zu kaufen. Dann dachte ich nicht mehr daran. Das Skilaufen nahm mich ganz in Beschlag. Dann, als ich wieder in Paris war, meine Romane. Zwei Jahre später teilte mir meine Bank mit, daß die Aktien auf fünfundzwanzig oder sechsundzwanzig Centimes standen. Getreu Oustricks Rat antwortete ich:

»Nicht verkaufen.«

Noch einmal vergingen Jahre, ohne daß ich an den Bankier

und seine Aktien dachte. Erst als sie schließlich auf weniger als zehn Centimes standen, beschloß ich, sie zu verkaufen. Immerhin etwas, denn sie sind dann auch nie wieder gestiegen.

So sah mein erster Kontakt mit der Finanzwelt aus. Er ist der einzige geblieben. Geld interessiert mich nicht. Sicher, ich mag meinen Komfort, ich mag eine gewisse Anzahl von Vergnügungen, die es ermöglicht. Aber ich lehne es ab, damit zu spielen, wenn ich so sagen darf. Mit den Häusern war es ebenso. Ich habe eine gewisse Anzahl davon im Laufe der letzten fünfzig Jahre gekauft. Ich hatte aber nicht nur Schwierigkeiten, sie wieder zu verkaufen, sondern ich habe auch mit Verlust verkauft. Eine einzige Ausnahme: meine Besitzung in Lakeville, in Connecticut, die ich genau zu dem Preis verkaufte, den ich bezahlt hatte.

Ich will von meinen Romanen leben, nur von meinen Romanen, und nur sie gelingen mir.

Der Rest interessiert mich nicht.

In: *Un homme comme un autre*, Paris 1975. Deutsch von Hans Jürgen Solbrig. Aus: *Ein Mensch wie jeder andere*, Zürich 1978.

Der Roman vom Menschen

Vor achtundvierzig Jahren schrieb ich fast Tag für Tag an meinem ersten Roman, *Au Pont des Arches*, der selbst für meine Heimatstadt Lüttich kein literarisches Ereignis bedeutet hat.

Wenn ich heute davon spreche, so deshalb, weil diesem Roman weitere gefolgt sind, und tatsächlich habe ich von diesem Zeitpunkt an nicht aufgehört, ein Romancier zu sein, oder – um einen Ausdruck zu gebrauchen, den ich vorziehen würde – ein *Romanhandwerker.*

Ich nehme an, es geht allen Handwerkern so, daß sie sich Fragen nach ihrem Metier, seinen Ursprüngen, seiner Entwicklung, seiner Nützlichkeit oder seinem Ansehen stellen. Und für mich sind es zwei Fragen, auf die ich in den verschiedenen Epochen meines Lebens zu antworten versucht habe, wobei ich Korrekturen, Änderungen anbrachte und zuweilen meine frühere Meinung von Grund auf revidierte, ohne jedoch jemals eine überzeugende und endgültige Theorie zu finden.

Werden meine Antworten heute treffender sein? Wahrscheinlich werde ich sie noch vervollkommnen, aber das soll kein Grund sein, sie nicht wenigstens versuchsweise, vorläufig zu formulieren.

Gerade die Beantwortung der ersten Frage ruft in dem nun vierundsechzigjährigen Mann, der ich inzwischen geworden bin, ohne mir dessen recht bewußt zu sein, die Erinnerung an den sechzehnjährigen Jüngling wach, der auf einem Mahagonitischchen, das eher daran gewöhnt war, eine Grünpflanze, umgeben von metallgerahmten Fotografien, zu tragen, Seite um Seite mit seiner kleinen säuberlichen Schrift füllt.

Ich war damals so ungeduldig wie ein Fohlen, und dank der wundersamen Nachsicht des Direktors einer Zeitung stand meiner Neugier seit einigen Monaten ein nahezu unbegrenztes Experimentierfeld offen.

Ich hatte den Lokalteil der ›Gazette de Liège‹, die »Unglücksfälle und Verbrechen«, zu betreuen, was sicher nicht großartig war, mir hingegen alle Türen öffnete und einem kaum der Kindheit entwachsenen Reporter die Möglichkeit gab, die Rückseite der Medaille seiner Stadt zu entdecken, hinter ihre Kulissen zu schauen und ihre treibenden Kräfte bloßzulegen.

Ich konnte den phantastischen Traum meiner Gymnasiastenjahre erfüllen und mir ein Fahrrad kaufen. Darüber hinaus hatte ich von der Zeitung die Erlaubnis, eines der mächtigen Motorräder der Redaktion zu benutzen.

So zog ich mich täglich, bei schönem oder schlechtem Wetter, in das Wohnzimmer meiner Eltern zurück, das nur bei besonderen Anlässen betreten wurde, setzte mich an mein wackliges Tischchen und befleißigte mich, Wörter zu häufen, Sätze und Abschnitte, die schließlich zu Kapiteln anwuchsen und ihrerseits zu einem Roman wurden, der – nach Ansicht einiger Kritiker – übrigens wie alle meine seither geschriebenen Romane zu kurz war.

Und heute stelle ich mir zum zwanzigsten oder fünfzigsten Mal die Frage: *Warum*?

Warum öffne ich nicht lieber die Tür und ergehe mich im Freien wie meine Artgenossen, von denen ich alles zu lernen hatte? Warum schließe ich mich so ein, fülle den von vier Wänden begrenzten Raum mit Pfeifenqualm und werfe mich ungeschickt ins Zeug, um eine Geschichte zu erzählen?

Wie man sich denken kann, stelle ich hier kein persönliches Problem zur Debatte, und ich versuche keineswegs, meine Zeitgenossen für den unbedeutenden jungen Mann zu interessieren, der sich alle Mühe gab, die Gestalt eines Apothekers zu umreißen, dessen ganzer Stolz und Ruhm es war, die »Abführpillen für Tauben« erfunden zu haben.

Tausende, Zehn- oder Hunderttausende von Menschen – und zwar anderen Formats – haben vor mir ihr Leben der Schriftstellerei gewidmet, sei es, um Geschichten zu erzählen oder zu versuchen, anderen zu erklären oder mitzuteilen, was sie undeutlich fühlen.

Es ist ohne Zweifel einer der ältesten Berufe der Welt, da es noch heutigen Tags unter der primitiven Bevölkerung von

Äquatorialafrika und der Südsee Menschen gibt, die erfinden oder erzählen, sogar belesene Männer, um die sich abends die Stammesmitglieder versammeln, wie wir uns unter der Lampe mit einem Buch zusammenfinden oder in dunklen Sälen zusammentreten.

Über Jahrtausende hin haben Menschen von Generation zu Generation eine Kette gebildet, um einen der schönsten Romane, vielleicht den schönsten der Welt, zu verfassen: das Alte Testament.

Wie viele unbekannte Dichter haben ihr Leben darangesetzt, um uns unter dem einzigen Namen Homer Gesänge zu überliefern, die nie veralten?

Zehn Jahre der Zurückgezogenheit brauchte Vergil, um die *Aeneis* zu schreiben, und Dante hat mehr als die Hälfte seines Daseins der *Divina Commedia* gewidmet.

Unter allen Himmelsstrichen, in allen Klimazonen, unter jedem Regime, unter Tyrannen und in Republiken haben sich Menschen abgekapselt oder sind ins Exil gegangen, wenn sie um ihr Leben bangen mußten, nur um dieses seltsame Schreibbedürfnis zu stillen.

Wie viele Balzac oder Dostojewski haben sich Nacht für Nacht unter kaum erträglichen Bedingungen abgemüht, um den Menschen Geschichten zu erzählen?

Ich übersehe dabei nicht, daß einige von ihnen der Ehrgeiz treibt, daß die Literatur manchmal als mehr oder weniger leichter Weg zum Reichtum und zur Berühmtheit betrachtet wird.

Ich bitte, mir zu glauben, wenn ich Ihnen versichere, daß der junge Mann, der *Au Pont des Arches* schrieb, davon überzeugt war, daß man mit einem Roman nicht sein Brot verdienen kann und daß Schreiben kein Beruf, sondern eine Berufung ist, von der man lediglich persönliche Befriedigungen erwarten sollte.

Die wenigen Andersdenkenden täuschen sich – man braucht nur einen Blick auf die Struktur irgendeines Landes zu werfen.

Hundert Bankiers, tausend Geschäftsleute, eine Menge Industrieller und Händler schreiten fröhlich auf der Straße des Geldes und der öffentlichen Achtung voran.

Fünfzig Botschafter, fast ebenso viele Minister, Senatoren, Abgeordnete, Präfekten oder Gouverneure, Kabinettschefs und hohe Funktionäre häufen Titel, Ehren und Auszeichnungen.

Wie groß ist dagegen die Zahl derer, die durch ihren Schriftstellerberuf, *und nur durch diesen*, auch nur ein Zehntel dieser Vorteile erhalten?

Wie viele Schriftsteller und Künstler einer Generation erfahren – nicht in einem kleinen oder großen Land, sondern in der ganzen Welt – die Bestätigung, die so vielen anderen auf andere Weise zuteil wird?

Dennoch, in dem Augenblick, da ich dies schreibe, haben sich Zehntausende von jungen Leuten und reifen Menschen in ihr oft ungemütliches Zimmer eingeschlossen. Einige von ihnen haben ihren Hunger nicht stillen können und sehen nicht den Tag, an dem sie es können werden. Ich kenne manchen, der nicht nur sich selbst aufopfert, sondern auch das Wohlergehen, die Sicherheit seiner Familie, seiner Frau und seiner Kinder.

Wenn sie wenigstens eine Gewißheit hätten!

Ob man ein guter oder schlechter Arbeiter, ein guter oder schlechter Kaufmann ist, kann man an den Ergebnissen leicht ablesen.

Die Personalakten eines Beamten enthalten die Beurteilungen, die seinen Wert bestimmen.

Nahezu für jedermann gibt es Kriterien, unbestrittene Diplome.

Ein Ingenieur ist ein Ingenieur, ein Arzt ein Arzt, ein Rechtsanwalt ein Rechtsanwalt, ob sie nun ausgezeichnet, gut, mittelmäßig oder schlecht sind. Ihre Fähigkeit ist ein für allemal anerkannt worden. Man hat sie berechtigt, den Beruf ihrer Wahl auszuüben, und die Regierung fühlt sich für ihre Zukunft verantwortlich.

Der Schriftsteller jedoch? Der Künstler?

Niemand, keine Institution hat ihm diesen Titel verliehen. Er hat ihn sich zugelegt, ohne zu wissen, ob er das Recht hatte, sich damit zu schmücken.

Die Aufgabe, die er sich gesetzt hat, ist ihm nicht gestellt worden. Sie entspringt keiner unmittelbaren Notwendigkeit, und es ist sehr gut möglich, daß sie sich im nachhinein als schädlich für die Gesellschaft erweist.

Wer soll diesem Menschen Mut einflößen und darüber entscheiden, ob er erfolgreich war oder sein Leben vertan hat?

Kritiker heben ihn in die Wolken? Gut! Aber eine ebenso große Zahl von Kritikern zieht ihn in den Schmutz.

Das Publikum zollt ihm Beifall? Es ist zunächst immer nur ein Teil der Öffentlichkeit, der applaudiert. Millionen Menschen bleiben gleichgültig, während andere sich hartnäckig feindlich verhalten.

Ein Preis? Ein Sitz in der Akademie? Die Gunst einer Regierung? Oft zu Recht wird dagegengehalten, daß dies lediglich Zeichen der Mittelmäßigkeit, der Gewandtheit oder der Geschicklichkeit sind.

Letztlich steht am Ende der Laufbahn, die in der stillen Stube eines jungen Mannes begonnen hat, nichts als derselbe junge Mann als Greis mit einem Packen vollgeschriebener Seiten, die gedruckt sind oder immer noch auf einen Verleger warten.

Und selbst wenn das Abenteuer durch ein Wunder mit einem Staatsbegräbnis endet, bleibt noch die Möglichkeit, daß eine neue Generation diesen Ruhm mit einem Lächeln oder einem Schulterzucken zunichte macht.

Nun stelle ich abermals die Frage: *Warum*?

Warum wählen seit Bestehen der Welt so viele Menschen, denen alle Wege offenstehen, ausgerechnet diesen, der nirgendwohin führt?

Das ist eine der beiden Fragen, die mich in bestimmten Abständen immer wieder bewegt haben. Natürlich habe ich mit zwanzig oder dreißig Jahren andere Antworten darauf gegeben als mit vierzig, dann mit fünfzig, mit sechzig Jahren, und jedesmal habe ich mich ein wenig der vorangegangenen Erklärungen geschämt.

Wird die letzte Antwort eine größere Chance haben? Sie stammt übrigens nicht von mir, und ich bin nur zu sehr versucht, ihr Glauben zu schenken.

Eines Abends beendeten wir in meinem Schweizer Haus ein friedliches Essen mit den Chaplins.

Wir hatten über den beschleunigten Rhythmus unserer Epoche gesprochen, dann über die Vereinigten Staaten, was uns bald auf die übertriebene Vorliebe der Amerikaner für Psychoanalytiker brachte.

Von diesem Punkt kam die Unterhaltung auf Psychosen, Neurosen, Schizophrenie und Paranoia, und in diesem Zusammenhang erinnerte ich mich an die Lektüre eines angelsächsischen psychiatrischen Berichts, in dem dringend – gleichsam als eine Maßnahme für das öffentliche Wohl – die Errichtung einer eindrucksvollen Zahl von Nervensanatorien gefordert wurde.

Ich sehe es noch, das Glitzern in den blauen Augen jenes Mannes, der die Menschen auf der ganzen Welt am meisten zum Lachen gebracht hat.

»*Im Grunde bedeutet das*«, sagte er, »*daß wir alle mehr oder weniger Psychopathen sind.*«

Er sinnt einen Augenblick nach und fügt mit einem schelmischen Seufzer hinzu:

»*Sie und ich auch, nehme ich an. Aber wir, wir haben noch ein unerhörtes Glück. Wenn es mit mir bergab geht, genügt es mir, einen Film zu drehen. Und sobald Sie sich in Ihrer Haut nicht mehr wohl fühlen, schreiben Sie einen Roman. Da wir also unser eigenes Heilmittel gefunden haben, brauchen wir beide keinen Psychiater oder Psychoanalytiker.*«

Und mit einem lebhaften Klaps auf meine Schulter hat er hinzugefügt:

»*Das Wunder ist, daß man uns dafür bezahlt.*«

Man wird diese Erklärung vielleicht für zu einfach halten. Ich muß zugeben, daß ich mich inzwischen damit begnügt habe.

Und ich empfinde um so weniger Gewissensbisse, als die berühmtesten Spezialisten heute mit wissenschaftlichen Begriffen den Einfall von Charlie Chaplin bestätigen.

Gilt diese Definition zum Beispiel etwa nicht für den jungen Mann, der *Au Pont des Arches* geschrieben hat, und für alle Heranwachsenden, die ihm gleichen?

»*Die Neurose ist eine psychische Störung, die vor allem durch das starke Auftreten verschiedener Empfindungen bestimmt wird, dabei kommen Unsicherheit, Ängstlichkeit, Mutlosigkeit, Feindseligkeit, Schuldgefühle, Frustrationserscheinungen am häufigsten vor...*«

Und hier ein noch treffenderer Satz eines anderen Autors:

»Die Ursache psychopathischen Verhaltens ist bis in die Ablehnungen und Entbehrungen der ersten Lebensjahre zurückverfolgt worden ...«

Schließlich – und ich habe nur die Qual der Wahl – Adler:

»... der Ursprung der Neurose ist ein bedrückendes Gefühl der Minderwertigkeit, der Unsicherheit, eine Verteidigungshaltung gegenüber diesem Gefühl, das den Kranken dazu drängt« (Ich gebe zu, daß mich das Wort Kranker ein wenig stört), *»das den Kranken dazu drängt«*, sage ich, *»sich eine fiktive Idealstruktur aufzubauen ...«*

Eine fiktive Idealstruktur.

Drücken diese großen Worte, diese pedantischen Sätze nicht letzten Endes die natürliche Angst des jungen Mannes aus, der sich der Umwelt so, wie sie sich ihm darbietet, nicht anpassen will, weil er sich noch in der Hoffnung auf eine ideale Welt wiegt?

Wurden in meinem kleinen, schlecht geschriebenen Roman die Abführpillen für Tauben nicht zum Symbol für die schäbigen Beschäftigungen der meisten Menschen, die Nutzlosigkeit ihrer Bemühungen, die lächerliche Tragik ihres Stolzes? Und stellte dieses Buch, das sich humoristisch geben wollte, nicht einen Wutschrei dar?

Ist nicht jedes literarische Werk, jedes Kunstwerk letzten Endes Ausdruck einer allgemeinen Revolte?

Allen großen Worten und gelehrten Texten ziehe ich die bitter lächelnde Philosophie Chaplins vor.

Wir sind Psychopathen, gut, ich wage nicht hinzufügen, »wie jedermann«, um niemanden zu verletzen.

Und wenn wir die Krise kommen fühlen, wenn wir in unsere Haut nicht mehr zu passen scheinen, schreiben wir einen Roman, machen wir einen Film, malen wir ein Bild.

Erst später, zu einer Zeit, die ich nicht mehr genau angeben kann, hat sich mir die zweite Frage gestellt. Obwohl sie mir noch einfacher, noch offensichtlicher erscheint als die erste, habe ich merkwürdigerweise selten erlebt, daß sie gestellt wurde.

Jeden Schriftsteller, jeden Künstler fragt man tagtäglich:

»Wie sind Sie zum Schreiben – oder zum Malen – gekommen? In welchem Alter haben Sie damit angefangen?«

Wären die Fragesteller nicht überrascht, konsterniert, wenn man sie ihrerseits fragte:

»Warum haben Sie angefangen zu lesen? Woher kommt Ihr Bedürfnis zu lesen?«

Ich spreche selbstverständlich nicht von Schulbüchern oder von Werken, die uns die erforderlichen Kenntnisse des zivilisierten Lebens vermitteln.

Ich werde mich im folgenden häufig des Wortes Roman bedienen; zunächst, weil es in meinem Titel vorkommt, dann, weil ich Romancier bin und auch als Romancier spreche, und schließlich und vor allem aus Bequemlichkeit.

Der Terminus »Fiction«, wie ihn die Angelsachsen ins Verlags- und Buchwesen eingeführt haben, träfe genauer zu.

Vielleicht sollte ich sogar unter dem Begriff Roman alle Werke der Phantasie, die Poesie, das Theater und die Malerei zusammenfassen, nicht zu reden von den Möglichkeiten, die durch neue Techniken zu den bestehenden Kunstformen hinzugekommen sind: das Kino, das Radio, das Fernsehen.

Warum liest man? Warum geht man ins Theater?

Die Frage klingt so einfältig, daß sie ans Lächerliche streift, und deshalb möchte ich mich eines Bildes bedienen, um ihre Tragweite und ihre Rätselhaftigkeit vor Augen zu führen.

Stellen wir uns einen Entomologen vor, jemanden, der das Leben der Insekten beobachtet und plötzlich den geschlossenen Auszug eines Viertels, der Hälfte der Bewohner eines Ameisenhaufens erlebt. Diese Ameisen brechen zu einer Stunde, da sie normalerweise schlafen sollten, in Kolonnen oder losen Trupps zu einem geheimnisvollen Ziel auf, und unser Beobachter wird bald feststellen, daß sie nicht einem feindlichen Stamm in den Kampf entgegenziehen und auch nicht einer begehrten Beute oder Ernte.

Man sieht, wie sie schaukelnd vor Ungeduld einer Lichtung zustreben, wo der Boden stufenförmig angelegt ist.

Und ist es nicht schon erstaunlich festzustellen, daß jede von ihnen beim Betreten dieses Geheges einer unbeteiligten Aufseherin einen Teil dessen übergibt, was ihren Wintervorrat ausmacht, ich wage nicht zu sagen: ihres Erbes?

Warum haben sie auf diese Weise den Schutz ihres Ameisenhaufens verlassen, warum haben sie eine lange Wanderung unternommen und warum opfern sie schließlich etwas von dem, woran es ihnen vielleicht morgen bereits mangeln könnte?

Was erwarten sie, wenn sie unbeweglich und zitternd auf einen kleinen, kahlen, mondbeschienenen Erdhaufen blicken?

Ich stelle mir den Schock vor, den unser Entomologe bekommt, wenn er sieht, wie zwei oder fünf oder zehn Ameisen, die den anderen völlig gleichen, in das Licht hervortreten und in der gleichsam feierlichen, atemlosen Stille der Zuschauer eine »Szene aus dem Leben der Ameisen« spielen.

Nehmen wir statt der Ameisen Elefanten oder Affen. Stellen wir uns vor, wie sie sich zu einem bestimmten Ort im Busch oder im Wald begeben, um einem Schauspiel ihresgleichen, im Grunde der Darstellung ihres eigenen Daseins beizuwohnen.

Ersetzen wir sie durch Menschen, vielleicht werden wir uns dann bewußt, daß meine Frage nicht so einfach, nicht so naiv ist.

Dennoch handelt es sich um eine Erscheinung, deren Zeuge wir täglich sind, und zwar nicht nur hier und da auf der Erde, sondern überall, wo es Menschen gibt.

Das Theater und vor allem das Kino sind unbestreitbar die beiden Ausdrucksformen, die das eindrucksvollste Bild davon liefern.

Rechnen Sie die Säle in den Großstädten, in den mittleren, in den kleineren Städten und in den Dörfern zusammen. Addieren Sie die Plätze in jedem Saal. Wenn auch einige ihre Türen erst am Abend öffnen, so gibt es doch viele, die sich bereits mittags, schon am Morgen füllen, um sich mehrmals am Tag zu leeren und erneut zu füllen. Es gibt sogar welche, die vierundzwanzig Stunden um vierundzwanzig Stunden ohne Unterbrechung »Fiction« bieten.

Tagtäglich zahlen Millionen von Menschen mit dem gleichen Geld ihren Eintritt, mit dem sie sich Lebensmittel, Kleider, als notwendig erachtete Dinge kaufen könnten, bezahlen den Eintritt, sage ich, das Recht, auf der Bühne oder auf der Leinwand *die Gesichter anderer Menschen zu sehen, die menschliche Empfindungen ausdrücken.*

Andere betrachten dieselben Bilder auf den Schirmen ihrer

Fernsehgeräte. Wieder andere beschränken sich am Radio auf die Stimmen, während einige, noch zurückgezogener, mit Hilfe von gedruckten Zeichen in Büchern ihrerseits die Stimmen und Bilder, die Gedanken und Gefühle zum Leben erwecken.

Wenn man sich in Holland, in der Schweiz, in den skandinavischen Ländern umsieht, trifft man auf mehr Buchhandlungen als zum Beispiel auf Haushaltswarengeschäfte, die immerhin lebensnotwendige Alltagsartikel verkaufen.

In den Vereinigten Staaten findet man heute Taschenbücher in den *drug stores*, also in Drogerien, und in den Lebensmittelläden, in denen die Hausfrau ihre Einkäufe macht, kann sie neben dem Fleisch und dem Gemüse für das Mittagessen auch ihre tägliche Ration an Literatur bekommen.

Was sehen wir auf unseren Bahnhöfen? Es ist nicht immer leicht, die Gaststätte oder den Informationsschalter zu entdecken. Es ist schwieriger geworden, sich einen Fahrplan oder eine Decke zu besorgen; und der kleine Wagen, an dem Sandwiches, Schokolade und Getränke zu haben sind, findet sich stets am anderen Ende des Bahnsteigs. Sobald man jedoch den Bahnhof betritt, fällt der Blick – bevor man noch die Fahrkartenschalter erspäht hat – auf die Auslage von Hunderten bunter Bücher. Hinter der Sperre findet man einen oder mehrere Kioske, die Literatur anbieten, und Bücher verfolgen Sie auf kleinen Wagen bis zur Tür Ihres Waggons.

Und transportieren die Zeitungen und Illustrierten mit ihren Feuilletons, ihren Erzählungen und Bildgeschichten nicht auch zum großen Teil »Fiction«?

Soll man glauben, wie es verschiedentlich behauptet wird, daß dies ein neues Phänomen, ein Charakteristikum, wenn nicht gar eine Krankheit unserer Epoche ist?

Daß die Verbreitung durch moderne Verfahren leichter wird und zunimmt, ist nicht zu bestreiten.

Aber entdecken wir nicht überall, wo bedeutende Menschengruppen gelebt haben, Spuren von Theatern und Arenen, die fünfundzwanzig-, fünfzig-, ja bis zu hunderttausend Zuschauer faßten?

Und zogen nicht dann im Mittelalter die Spielmänner und Troubadoure von Ort zu Ort, von Schloß zu Schloß; und unternahmen die Dichter nicht beachtliche Reisen, um an den *cours d'amour* oder Sängerfesten teilzunehmen?

Strömten nicht Menschenmengen, wie wir sie von politischen oder sportlichen Veranstaltungen kennen, in die Städte, in denen »Mysterien« aufgeführt wurden, die eine Woche und länger dauerten?

Und sangen der Landbevölkerung, als sie noch nicht lesen konnte und der Kinematograph noch nicht erfunden war, die Fahrenden nicht ihre Weisen vor, die sie wie Romane aufnahm, und verkauften sie ihr nicht Geschichten in Form von Abziehbildern?

Das gewählte Medium, die verwendete Form spielt dabei keine Rolle, in jedem Fall begegnen wir der Fiktion, die ich frei mit dem Wort Roman übersetze: *der Beschwörung lebendiger menschlicher Wesen, vor den Augen andrer ein Stück menschlichen Lebens.*

Kürzlich kündigten die Zeitungen für diesen Winter eine neue Flugverbindung in rund vier oder fünf Stunden zwischen Amerika und Europa an.

In einigen Jahren wird das lächerlich erscheinen. Aber um das zu erreichen, waren Jahrhunderte der Überlegung, der Beobachtung, der Berechnung nötig, eine unglaubliche Zahl ineinandergreifender Entdeckungen, die harte Anstrengung vieler Generationen, ganz zu schweigen von den Tausenden geopferter Leben.

Nun, auf dieses Heldengedicht vom menschlichen Willen haben die Zeitungen nicht den Akzent gelegt. Auch kaum auf die Geschwindigkeit. Liest man die Information, so springt am meisten ins Auge: »Es wird Kino und Fernsehen an Bord geben.«

Wie bei meiner ersten Frage wiederhole ich, allerdings mit einer gewissen Verwirrung, mit einer gewissen Bestürzung:

Warum?

Warum gibt es dieses Bedürfnis beim Menschen und nicht bei der Ameise, beim Elefanten oder Affen?

Warum opfert er ihm oft die auf den ersten Blick wesentlicheren Bedürfnisse des Essens und Kleidens?

Warum, seit die Welt sich ihrer Existenz bewußt ist, diese Neugier nach seinesgleichen, dieser Hunger nach Fiktion, nach imaginären Bruchstücken des Daseins?

Die Definitionen liefern uns keine Schlüssel.

Daß der Mensch zum Beispiel ein religiöses Wesen ist, erklärt nicht, warum er so gerne Darstellungen von Leben zuschaut, die seinem eigenen mehr oder weniger ähnlich sind.

Daß er ein denkendes Schilfrohr sei, berechtigte ihn bestenfalls zur Lektüre von philosophischen Abhandlungen und wissenschaftlichen Werken. Und nicht von Romanen.

Und von einem Bedürfnis, zu fliehen, einer Anstrengung, sich dem täglichen Leben zu entziehen, zu sprechen, ist ungenau, denn die Mehrzahl der Werke, die täglich verschlungen werden, erinnern den Menschen im Gegenteil an seine Natur und an die Grenzen seiner Möglichkeiten.

Diese Frage hat mich schon lange beschäftigt und läßt mir noch immer keine Ruhe. Ich habe verschiedene Antworten zu geben versucht, etwa wie man an einem Schloß nicht passende Schlüssel ausprobiert.

Ich setze ehrlicherweise hinzu, daß es nicht zu einer Besessenheit geworden ist, daß ich dem im Grunde keine übergroße Bedeutung beigemessen habe. Aber haben wir nicht alle unsere Marotte, eine kleine Idee, die uns ohne bestimmten Grund zusetzt und um die unsere Gedanken hin und wieder kreisen?

Um so weniger maße ich mir die Ankündigung an, daß ich die Lösung gefunden hätte, daß ich Ihnen die endgültige Antwort auf eine Frage liefere, die Sie sich vielleicht nie gestellt haben und die Sie sehr wohl gleichgültig lassen kann.

Doch wie ein Mann nur über das schreiben kann, was er kennt oder zu kennen glaubt, so werde ich mich zu erklären versuchen.

Wenn ich, wie ich glaube, eine Antwort gefunden habe, dann verdanke ich sie der Beobachtung an meinen Kindern, einer Erfahrung, die sich bei jedem von ihnen erneuert hat und die alle Eltern kennen müssen.

Das geschah bei meinen drei Söhnen und meiner Tochter so zwischendurch – und ich hoffe, es wiederholt sich – in unterschiedlichem Alter; ich würde sagen, ohne auf mein Gedächtnis schwören zu können, zwischen dem dritten und fünften Lebensjahr.

Bis dahin hat sich das Kind nur mit den vitalsten Bedürfnissen, mit Hunger, Kälte und Hitze beschäftigt, mit den mehr und mehr kontrollierten Bewegungen seines Körpers und mit dem wärmenden Schutz, den es in den Armen der Mutter, in den vier Wänden der Wohnung findet.

Die Welt hat noch ihre bestimmten und sicheren Grenzen, das Leben einen einfachen und regelmäßigen Rhythmus, mit einem Minimum an Geheimnissen.

Eines Abends jedoch, man hat sich draußen ein wenig verspätet, erlebt das Kind, das gestern noch ein Baby war, mit neuen Augen die Feierlichkeit eines Sonnenuntergangs.

Ist es zuerst überwältigt von den flammendroten Farben, die den Himmel bedecken, von dem Feuerwerk, das den Horizont mit seinen Rot-, Ocker- und Orangetönen überzieht?

Plötzlich, nach auflodernden Flecken, wird das Licht graublau, grünlich und taucht die vertraute Umgebung, die Bäume, die Dachziegel bis hin zu den Grashalmen, die sich abzeichnen, wie sie es nie getan haben, in eine Atmosphäre der Ewigkeit.

Selbst im Haus haben die Dinge, wenn man die Lampen noch dunkel läßt, ihre Wirklichkeit verloren, oder vielmehr eine neue Wirklichkeit erlangt, die geheimnisvoll und bedrohlich, *unmenschlich* wirkt.

Ich sehe noch meinen Ältesten erschauern, als er auf diese Weise *den ersten Abend* entdeckte. Es war auf dem Lande. Er saß auf dem Rasen. Seine Gesichtszüge spannten sich. Seine Schultern erzitterten. Sein Körper zog sich zusammen.

Jemand bemerkte seine Beunruhigung und sagte:

»Es ist die feuchte Kühle der Dämmerung.«

Ich aber wußte, daß es nicht das war, daß vielmehr mein Sohn die Angst kennengelernt hatte, die wahre Angst, die nicht zu erklären und nicht zu begründen ist: *die Angst vor dem Unwirklichen.* Jahrelang sah man ihn dann ins Haus gehen, wobei er sich tapfer zwang, nicht zu rennen, und lange Zeit, bis zum Ende der Erscheinung, bis die Lampen die alltägliche Wirklichkeit um ihn herum wieder hergestellt hatten, blieb er ein Opfer der Melancholie.

Mein zweiter Sohn hat anders reagiert, er wollte unbedingt

hinaus, um seinem eigenen Schrecken zu trotzen und um sich zu zwingen, ihn zu beherrschen, während meine Tochter zur Stunde der Dämmerung wie eine Maus durch die Flure des Hauses huscht, wo man sie dann allein und verträumt in einer Ecke findet, in der man sie nicht vermutet hat.

Einer der Jungen hat mir später, als er etwa acht Jahre alt und dieser Angst Herr geworden war, den Schlüssel dazu geliefert, indem er mich zu fragen wagte:

»Wie kann man sicher sein, daß die Sonne wieder aufgeht?«

Mit etwas tonloser Stimme hat er hinzugefügt:

»Und was passiert, wenn sie nicht wieder aufgeht?«

Wer weiß, ob dies nicht die älteste Furcht von der Welt ist?

Ich stelle mir das erste Menschenpaar vor, ob es nun Adam und Eva im irdischen Paradies sind oder unzufriedene behaarte Wesen, die noch tastend nach dem Weg zur Entwicklung ihrer Art suchen, ich stelle mir das erste Menschenpaar vor, sage ich, wie es dem neuen und feierlichen Schauspiel der am Horizont untergehenden Sonne beiwohnt.

Hat sich die Frau nicht zitternd in die Arme des Mannes geschmiegt, und haben nicht zwei Augenpaare auf das Feuergestirn gestarrt, das im Abgrund versank und das Licht, die Wärme und vielleicht auch das Leben mit sich riß?

Die Nacht hat mit geheimnisvollem Schaudern die Erde eingehüllt, und ich möchte schwören, daß Eva in einem gewissen Augenblick gemurmelt hat:

»Schläfst du?«

Die Männer haben die Angewohnheit beibehalten, nicht gleich auf diese Frage zu antworten.

»*Schläfst du*?« hat sie wiederholt und seine Schulter berührt.

Hat er darauf wie seine Nachfahren gebrummt:

»Was willst du?«

»Ich weiß nicht. Ich hab Angst.«

»Angst wovor?«

Und Eva gesteht, wie meine, wie Ihre Kinder:

»Ich frage mich, ob die Sonne wieder aufgeht.«

Ist nicht nach allem, was wir von den Männern wissen, wahrscheinlich, daß Adam geantwortet hat:

»Aber ja doch, klar, sie geht wieder auf. Schlaf nur!«
»Bist du sicher?«
»Gewiß.«
»Warum?«

Er hat es ihr erklärt. Nicht die Wahrheit, die er nicht kannte und die wir nach so vielen Jahrhunderten immer noch nicht kennen.

Zweifellos hat er sich damit begnügt, wie es die Männer nach ihm ebenfalls getan haben, ihr eine beruhigende Geschichte zu erzählen.

Das wäre im Grunde der erste Roman.

Seither hat es andere gegeben, in den verschiedensten Formen, in Stein geritzt oder in Ton, auf Papyrus geschrieben oder auf Pergament, auf mehr und mehr anfälliges Papier, auf Filme, und einige werden sogar auf unsichtbaren Wellen durch den Raum getragen.

Ich bin ziemlich geneigt zu behaupten, daß sie alle dem gleichen Bedürfnis entsprochen haben: dem Bedürfnis, das Unerklärliche zu erklären und die Angst zu zerstreuen.

Wir wissen nahezu nichts von dem Leben unserer Vorfahren während der Millionen von Jahren und wir beginnen uns kaum eine vage Vorstellung von ihrem Aussehen und ihrem Auftreten zu einer Zeit zu machen, da sie lernten, Feuer zu entfachen und Steine zu schneiden.

Mangels genauerer Anhaltspunkte beschränken wir uns darauf, die Perioden grob nach einigen Jahrtausenden zu bezeichnen, und wir stützen uns dabei auf den Fund von ein paar Feuersteinen und bruchstückhaften Skeletten.

Es gab Tiere von fuchterregendem Äußerem und atemberaubender Größe, die das noch schlecht voneinander geschiedene Land und Meer heimsuchten, während behaarte Zweibeiner, ohne jeden natürlichen Schutz, in den Wäldern und Höhlen hausten.

Diese Zweibeiner, die zum Menschen werden sollten und es vielleicht auch schon waren, mußten gegen Hunger und Durst ankämpfen, gegen Stürme und Überschwemmungen, gegen Erdbeben und Unwetter. Um zu überleben, mußten sie gegen stärkere und besser bewaffnete Lebewesen antreten.

Verfügten sie über eine mehr oder minder ausgebildete Sprache, um ihre Gedanken auszutauschen?

Dachten sie?

In welchem Stadium ihrer Entwicklung hat sich der kleine Funke in ihrem Hirn entzündet?

Es bedurfte noch manchen titanischen Kampfes zwischen Hitze und Eis, den Wassern und den Kontinenten, ehe diese Zweibeiner uns auf den Wänden ihrer Felsenhöhlen Botschaften hinterließen, die wir entziffern können.

Was mich an jenen Zeichnungen überrascht, an diesen Mammuts, Bisons, Rentieren, Bären und Löwen, ist nicht so sehr die Form, von der Picasso immerhin gesagt hat: »*Nie ist Besseres geschaffen worden.*« Versuche ich, mir unsere Vorfahren und ihre Existenz als gehetzte Tiere vorzustellen, denen jeden Augenblick eine Gefahr droht, wundere ich mich eher, daß sie sich mit ihren kümmerlichen Mitteln Tagen, Monaten, Jahren angespannter Arbeit unterzogen haben sollten, um diese Zeichen einzuritzen, diese steinernen Bilder zu gestalten.

Von all meinen »Warum?« erscheint mir dieses das wesentlichste und bewegendste.

Wenn wir darauf eine Antwort geben können, ohne uns allzusehr zu täuschen, so deshalb, weil wir später bei den primitiven Völkern Afrikas, Asiens und anderswo den gleichen Willen finden werden, sich von einem Feind zu befreien, der gefährlicher ist als alle anderen, ich meine *die Angst.*

Haben die Höhlenbewohner der Dordogne, wenn sie diese wilden, oft von einem Pfeil durchbohrten Tiere dargestellt haben, nicht zum Ausdruck gebracht, daß sie sie besiegt haben, wie die Pferde und Hunde Zeugnis davon ablegen, daß sie vom Menschen gezähmt wurden?

Der Mensch ist also gar nicht so schwach und nicht so bloß?

Haben meine Kinder nach der gleichen geheiligten Angst vor der Dämmerung nicht ebenso gehandelt?

Es ist nicht allein die Neugier oder die Poesie der Natur, die sie in die zoologischen Gärten und in den Zirkus gezogen und ihnen die Andacht vor den mächtigsten Tieren, den Löwen, Tigern und Elefanten, vermittelt haben.

Vor den Gittern oder Gräben sucht der junge Mensch an

der Hand seines Vaters eine Art Konfrontation, die Versicherung, daß seine Rasse den Kampf gewonnen hat, und gleichzeitig lernt er, die uralte Panik zu bezwingen, die sich seiner noch bemächtigt hat.

Daß er da wenige Meter vor dem Tier, das er mißtrauisch anblickt, aufrecht auf seinen beiden Beinen steht, ist das nicht allem Anschein zum Trotz der Beweis, daß er der stärkere ist?

Und ist es nicht ein anderes Zeichen der Überlegenheit, wenn die kaum zitternde Hand dem riesigen Elefanten, der gelehrig seinen Rüssel vorstreckt, eine Erdnuß nach der andern reicht?

Aus allen sichtbaren oder unsichtbaren, bekannten oder unbekannten Kräften, die ihn umgeben oder bedrohen, macht der weise oder schlaue Mensch seine Götter, und es ist bereits ein erster Schritt zur Erlösung, wenn er ihnen eine Gestalt, ein Gesicht, eine Geschichte verleiht.

Der zweite wäre, diesen Gottheiten zu schmeicheln, sie durch Geschenke und Opfer günstig zu stimmen.

Denn was könnte diesen unersättlichen Mächten mehr gefallen, als Menschen zum Opfer zu erhalten?

Deshalb wirft der Mensch überall auf der Erde, selbst bei den fernsten Völkerstämmen, in der Sorge, sich selbst zu retten, den Göttern andere Menschen zum Fraß vor.

Das geschieht auch heute noch wenige Flugstunden von unseren Hauptstädten entfernt bei einigen primitiven Völkern, und selbst wenn man es auf der Leinwand unserer Kinos und auf den Bildschirmen unserer Fernsehgeräte vermeidet, uns Menschenopfer zu zeigen, so sehen wir doch Menschen, die sich genau wie vor fünfzigtausend Jahren das Gesicht bemalen oder zerschneiden, groteske Masken und erschreckendes Beiwerk tragen, herumhüpfen und rhythmische Schreie ausstoßen, um die Dämonen des Stammes zu vertreiben.

Denn jeder Volksstamm hat seine Götter und seine guten oder bösen Geister. Die reicheren oder einflußreicheren Familien haben überdies ihre Hausgötter, und die Könige verfügen manchmal über eine ganze Schar von Gottheiten, die ihrer Person zugeordnet sind.

Der Himmel ist zuweilen ebenso bevölkert wie die Erde.

Doch von Osten bis Westen, ob in den Eissteppen oder im tropischen Dschungel, ähneln sich diese Götter, wie sich auch ihre Legenden ähneln, die die ersten Romane sind.

Alle stehen in den ersten Zeiten eher auf der Stufe des chaotischen Universums, das die Menschheit auslöscht, als auf der Stufe des Menschen selbst, und die Opfer, die sie fordern, sind wahre Blutbäder.

Wann wohl, in unserer langen Abenteuergeschichte, haben einige unserer Vorfahren ihren mystischen Schrecken überwunden und gewagt, die Gezeiten zu beobachten, ihren Rhythmus zu errechnen, das Geheimnis der Jahreszeiten zu durchdringen sowie die Bewegung der Gestirne?

Von der beruhigenden Wirkung haben uns die Sumerer das älteste Zeugnis überliefert, es war jedoch nur eine relative Beruhigung, da die Göttin Bau, an die sie sich bevorzugt wandten, den blutigen Opfern gegenüber empfänglich blieb.

O meine Mutter, o Königin, die die Stadt errichtet hat,
Das Volk, das du anzublicken geruhst, wird mächtig,
Der Anbeter, auf den du dein Auge senkst, sieht sein Leben verlängert.
Ich habe keine Mutter – du bist meine Mutter;
Ich habe keinen Vater – du bist mein Vater.
Meine Göttin Bau, du weißt, was gut ist;
Du hast mir den Lebensatem eingehaucht.
Unter deinem Schutz, o meine Mutter,
Und in deinem Schatten will ich für immer wohnen.

Der Dialog des Menschen mit seinen Schrecken, mit seinen Göttern nimmt so eine poetische und vertrauliche Form an.

Die Zeit der Dinosaurier und der apokalyptischen Tiere, die über eine gärende Erde herrschten, ist beendet; und auf dem Planeten, wo das Festland und die Ozeane ihre Grenzen gefunden zu haben scheinen, sucht der Mensch seinen Bereich abzustecken.

Er versucht auch, seine Bedeutung zu festigen, er, das nackteste und ängstlichste unter den Tieren, das einzige, dessen

Junge so schwach und lebensunfähig geboren werden, daß sie mehrere Jahre der mütterlichen Pflege bedürfen.

Um seinen Platz ein für allemal zu bestimmen, um dem bedrückenden Gefühl seiner Minderwertigkeit ein Ende zu machen – warum sollte er nicht seine eigene Geschichte, seine Legende erfinden, wie er es doch schon für Tausende von Göttern gemacht hat, und was hindert ihn, sich wunderbare Ursprünge zuzuschreiben?

Am Anfang schuf Gott Himmel und Erde.
Und die Erde war wüst und leer, und es
war finster auf der Tiefe; und der Geist
Gottes schwebte auf dem Wasser.
Und Gott sprach: Es werde Licht! und es ward Licht.
Und Gott sah, daß das Licht gut war.
Da schied Gott das Licht von der Finsternis.

So schrieb der Mensch den Roman nicht nur von der Erde, sondern von der Welt, und er behielt sich darin eine auserwählte Rolle vor.

Zuerst bürstet er die Grundleinwand aus, oder, wie man heute sagen würde, er schafft die Atmosphäre.

Und Gott sprach: Es werde eine Feste zwischen
den Wassern, und die sei ein Unterschied
zwischen den Wassern.

Damit ist der Himmel an seinem Platz.

Und Gott sprach: Es sammle sich das Wasser
unter dem Himmel an besondere Örter, daß man
das Trockene sehe.

Nun zeichnet sich die Erde ab.

Und Gott sprach: Es lasse die Erde aufgehen
Gras und Kraut ...
Es werden Lichter an der Feste des Himmels ...

Dann präzisiert er und unterstreicht somit die Bedeutung dessen, für den all dies aus dem Nichts geschaffen wird, nämlich ihn selbst:

... die da scheiden Tag und Nacht, und geben
Zeichen, Zeiten, Tage und Jahre ...

Selbst die Zeit richtet sich also nach dem Maß des Menschen, und für ihn *fliegen die Vögel über der Erde*, für ihn schafft Gott *große Walfische und allerlei Getier, das da lebt und webt, davon das Wasser sich erregte, und allerlei Gewürm, ein jegliches nach seiner Art ...*

Denn am Ende sprach Gott:

Lasset uns Menschen machen, ein Bild,
das uns gleich sei, die da herrschen über die Fische im Meer und
über die Vögel unter dem Himmel und über das Vieh
und über die ganze Erde und über alles
Gewürm, das auf Erden kriecht.

Ist er nun als Herr der Natur endgültig aus der Ära der Angst herausgetreten?

Er ist nicht mehr eine Kreatur von vielen. Er hat keinen Grund mehr, sich von den Kräften, die ihn umgeben, zermalmt zu fühlen, da er sie für sich in Anspruch nimmt, sie gewissermaßen für seinen eigenen Bedarf neu schafft, wie er sich einen Gott gegeben hat, dessen Bild er ist.

Noch ist es natürlich ein kleines Volk, das diese neuen und wunderbaren Erlebnisse hat, doch die Idee muß in der Luft liegen, denn man findet Vergleichbares an mehreren Stellen des Erdballes wieder.

Wenn man anderswo eine Menge Götter beibehält und darüber hinaus die der Nachbarn und besiegter Völker übernimmt, verlieren diese Götter das Geheimnisvolle und ihre Grausamkeit, sie werden derart human, daß man unversehens den Olymp als Beute aller menschlichen Leidenschaften betrachten kann.

Die bis gestern noch unbekannte Welt beginnt sich mit ihren Meeren, Kaps, Inseln, Bergen und Flüssen auf richtigen Landkarten abzuzeichnen. Armeen durchqueren ganze Kontinente, sie beschränken sich nicht darauf, zu kämpfen, sondern bringen genaue Beobachtungen über die Gebiete mit, die sie kennengelernt haben.

Die Pharaonen, die sich mit ihren Frauen, ihren hohen Würdenträgern und Dienern begraben ließen, um sich gegen die Einsamkeit im Jenseits zu schützen, sind Philosophen geworden, die sich gern mit symbolischen Opfern zufriedengeben.

Auf den meisten Altären hat übrigens das Blut von Lämmern das Blut der Jungfrauen und Kinder ersetzt.

Immer häufiger begegnet man Freidenkern, die sich tatsächlich unter Lebensgefahr über Orakel und Hohepriester lustig machen.

Gesprochen oder geschrieben, gemacht aus Wörtern, Zeichen oder Bildern, ist die Literatur bis hierher nur ein heiliger Gesang gewesen, der die Götter besänftigen sollte.

Wird es keine Gesänge mehr geben, weil der Mensch, der erkennt oder glaubt, erkannt zu haben, vor den selbstgeschaffenen Geistern keine Angst mehr hat? Und wird die gesicherte Welt sich mit ihrem Komfort beschäftigen, ganz ohne das Bedürfnis, sich Geschichten zu erzählen? So ist es nicht, aber der Fluß, der Übergang ist kaum wahrnehmbar.

Die Geschichten leben weiter, ihr Ton wird sich kaum ändern, und oft wird man sich damit begnügen, die Namen auszutauschen, wie wir es uns nach den Kriegen zur Gewohnheit gemacht haben, die Straßennamen zu wechseln.

In der Tat: es sind Menschen, mächtiger oder schlauer als die andern, die die Götter zu ersetzen suchen, indem sie sich als ihre Abkömmlinge ausgeben.

Siegreiche Generäle nehmen Ehrungen für sich in Anspruch, die bisher Baal, Râ oder Jupiter vorbehalten waren.

Um ihre Macht besser zu verankern, schaffen sie sich Vorfahren, eine Legende, so daß das Volk, zuweilen ohne sich dessen bewußt zu sein, von der Götterverehrung zum Heroenkult übergeht.

Auch die Literatur wechselt vom Tempel zum Theater und zu den Arenen hinüber.

Ein Zyklus ist – wenigstens vorübergehend – abgeschlossen, ein anderer Zyklus beginnt.

Die Dinosaurier, die Höhlen und die Sintflut gehören einer fernen, demütigenden Vergangenheit an.

Wird die Menschheit endlich wagen, sich ins Gesicht zu blicken? Beginnt nun ihre Jünglingszeit? Oder sind es erst die Flegeljahre?

Nachdem unsere Kinder die Angst vor der Dämmerung abgelegt und dann dem Blick des Löwen im Käfig getrotzt haben, überraschen sie uns, gerade wenn wir sie der Kindheit fast entwachsen glauben, damit, sich nacheinander mit entliehenen Persönlichkeiten zu schmücken.

Wir sehen sie der Reihe nach Indianerfedern aufsetzen, die schwarze Maske der Einbrecher überziehen, Fliegerkleidung oder die Uniform eines Polizisten anlegen.

Selbst wenn diese Maskerade aufgehört hat, ein bewußtes Spiel zu sein, überraschen wir sie dabei, daß sie wie einer unserer Freunde oder unserer Nachbarn sprechen oder sich bewegen oder wie dieser oder jener Filmstar, dessen Tricks sie nachahmen.

Ihr Alter, ihre Lehrer verpflichten sie wohl oder übel, in den Bereich des Bewußtseins einzutreten. Aber sie kennen seinen Gebrauch noch nicht, und sie lassen sich nur ungern aus der Welt des Unbewußten und des Traums herausreißen.

Sind sie schon kleine Menschen oder noch Kinder, die hin und wieder einmal mitdenken?

Auf eine Ermahnung antworten sie, zitternd vor ihrer eigenen Kühnheit:

»Ist es meine Schuld, wenn ich böse bin? Du hast mich doch gemacht, oder?«

Berauscht von einem neuen Wissen, trotzen sie uns:

»Warum sollte ein menschliches Wesen einem anderen gegenüber Respekt zeigen?«

Oder aber:

»Warum sollten wir unseren Eltern Dankbarkeit erweisen, während wir nur infolge ihres Vergnügens geboren wurden?«

Bisher haben sich in Ägypten, am Indus oder in China oder irgendwo an den Ufern des Mittelmeeres, wo die Bevölkerung leicht aufbraust und eroberungslustig ist, einige Medizinmänner, Hohepriester, Auguren eifersüchtig in ein Wissen geteilt, das einem gemeinen Sterblichen versagt war.

Was sie von der Bewegung der Gestirne und aus physikalischen Gesetzen gelernt hatten, haben sie meistens dazu verwendet, die Massen im Gehorsam zu halten.

Um gewissermaßen zu verhindern, daß der Mensch sich des Individuums bewußt wird, das ihn ihm steckt.

Kann man denn behaupten, daß das Individuum – außer auf der höchsten Stufe der Gesellschaft, auf ihrer äußersten Spitze – bereits geboren sei?

Oberhalb der anonymen Masse, für die Leben und Tod, geschweige denn Glück und Unglück, keine Bedeutung haben, gibt es nur wenige, die über eine ausgeprägte Persönlichkeit verfügen.

Und diese, ist sie nicht auch manchmal nur vorfabriziert, eine Repräsentationspersönlichkeit, die der Kaiser oder der Hohepriester, ob er will oder nicht, wahren muß, wenn er das Volk nicht unzufrieden machen will?

Ebenso kann es geschehen, daß einer von ihnen an seinen geheiligten Charakter glaubt und dem Wahnsinn verfällt.

Was der Mann auf der Straße, der Bauer, der Handwerker denkt und fühlt, beschäftigt niemanden, und noch weniger würde jemand auf die Idee kommen, sich um die Seele eines Sklaven zu kümmern.

Es dauerte Jahrhunderte, bis die menschlichste der Religionen ernsthaft die Frage stellte:

Haben die Sklaven eine Seele?

Doch so weit sind wir noch nicht, obgleich die Menschenpyramide nicht mehr so steil ist, die Spitze sich abrundet und die Kanten weniger scharf sind.

Stück für Stück gibt die Theokratie das Wissenschaftsmonopol auf. Über die Naturgesetze wird öffentlich gesprochen, und die Schulen getrauen sich, Physik und Geometrie zu lehren.

Andere beschäftigen sich vornehmlich damit, einen Gesetzeskodex zu erarbeiten, der nicht mehr auf den Mythen basiert, sondern auf der Logik, die gerade erfunden worden ist; und was macht es, wenn dieser Kodex nur auf die kleine Zahl der Privilegierten, also auf die Bürger, Anwendung findet?

Man wird ihnen bald sogar das Stimmrecht erteilen, das Recht, eine Meinung zu äußern, einen Willen; es ist Schluß damit, das Wahlergebnis je nach Bedarf zu fälschen oder sich darüber hinwegzusetzen.

Die Philosophen bemühen sich ihrerseits, eine Ethik aufzustellen, den Menschen zu sagen, was gut und was schlecht ist; und wie bei den Juristen besteht ihr Ehrgeiz darin, diese Lebensregeln, diese Moral auf den Boden der menschlichen Natur zu stellen, wie sie sie zu entdecken beginnen.

Man erlebt Schwankungen.

Die Welt geht vorwärts und wieder zurück.

Oder es scheint vielmehr, als ob der Roman vom Menschen, anstatt ein Ganzes zu sein, das einem ständigen Fortschritt folgt, aus kürzeren Romanen besteht, die ineinandergeschachtelt sind, aus in sich geschlossenen Zyklen, die sich nach Art der Sonnensysteme in die große Bewegung eines Gesamtzyklus einfügen.

Wird die Menschheit aufhören, eine Herde zu sein, in der sich jeder in der Menge verliert; wird der Mensch durch seine Individualisierung zu einem eigenständigen Wesen?

Zweimal, dreimal, zehnmal, zuweilen hier, zuweilen da konnte man glauben, daß das Individuum den Sieg davongetragen habe. Und einige Epochen erscheinen im Rückblick so harmonisch, vermitteln uns einen solchen Eindruck von Fülle, daß es für einen kurzen Augenblick so schien, als habe der Mensch sein Gleichgewicht gefunden.

Man fragt sich, ob Archimedes und seine Schule das menschliche Wesen nicht plötzlich von seiner mühseligsten Arbeit befreien und die Last der Maschine überlassen werde.

Die Maschine wurde von ihm erfunden. Ihr Prinzip steht fest, es braucht nur noch angewendet zu werden.

Es ist möglich geworden, die Dampfenergie zu nutzen und vielleicht in naher Zukunft die Sonnenenergie.

Der Verlauf der Geschichte hängt an einem dünnen Faden.

Zur gleichen Zeit gibt es Millionen von Sklaven, die sehr teuer waren und ein Kapital darstellen; würden sie von heut' auf morgen überflüssig, bedeutete das eine Belastung und eine Bedrohung für die Bürger.

Zum ersten Mal stellt sich ein Problem, das später die Staatschefs, die weder Kaiser noch Tyrannen sein werden, bewältigen müssen: *das Problem der Streiks.*

Empfiehlt die Klugheit nicht, die Stunde des Dampfs und der Mechanik hinauszuzögern, da sie die Stunde der Masse zu werden droht?

Das Kind spielt den Mann und verlangt damit – ohne allzusehr daran zu glauben – Vorrechte, weigert sich aber, auf seine Privilegien der Kindheit zu verzichten.

Einmal mehr hat die Menschheit Angst, Angst vor den nicht hinreichend bekannten Kräften, die sie freisetzen könnte, vor dem unvorhersehbaren Schicksal, das sie erwartet.

Kaum hat sie die Wissenschaft entdeckt, gibt sie sie auf.

Einige Männer wagen sich jedoch auf bis dahin verbotenes Gebiet und neigen sich über das Räderwerk des menschlichen Körpers.

Aufgrund ihrer Forschungen versichern sie, daß die Krankheit kein Verbrechen und auch keine göttliche Strafe ist, und sie wollen sie mit dem Skalpell und mit Pflanzen heilen.

Man läßt sie eine Zeitlang gewähren; man überhäuft die kühnsten von ihnen mit Ehren, freilich nur bis zu dem Tage, da man bemerkt, daß man sich hier auf einen gefährlichen Weg begibt und mit Hilfe der Untersuchungen – und sei es per Zufall – gar das Individuum entdecken könnte.

Würde das nicht unerbittlich die Anarchie bedeuten, den Einsturz des so geduldig errichteten Gebäudes?

Es ist Zeit, zum Exorzismus zurückzukehren, zum Begriff der Sünde und der Strafe.

Es ist nicht gut, wenn sich der Mensch Fragen nach seinem Wesen und nach den Naturgesetzen stellt.

Die Erde darf nicht rund sein, und die Lehre von der Schwerkraft ist eine gefährliche Ketzerei.

Nur so bleibt die Menge gefügig und beteiligt sich nicht am Denken.

Für die Übel, unter denen sie leidet, ist sie selbst verantwortlich, denn das Leben ist Sünde und unser Aufenthalt auf der Erde eine Prüfung, die nur die Demütigen, die Unterwürfigen bestehen, die damit des ewigen Glücks teilhaftig werden.

Eine andere Angst beginnt nun die vorigen zu ersetzen, eine weniger unmittelbare zwar, aber um wieviel schrecklicher, denn diesmal handelt es sich um die Ewigkeit.

Einige Propheten haben diese Angst durchblicken lassen, die man die Große Angst nennen könnte und die in den Mysterienspielen des Mittelalters auf der Bühne dargestellt wird.

Soweit der Held noch existiert, weicht er den Heiligen, die ihren dominierenden Platz nicht nur in der Literatur, sondern im täglichen Dasein einnehmen.

Der Mensch bangt um sein ewiges Heil.

Aber wenn er auch nicht mehr seinen Nächsten tötet, um den Göttern zu gefallen oder um ihn zu verzehren, fährt er doch fort zu töten, um sich eines Thrones, eines Territoriums oder eines Titels zu bemächtigen.

Man sieht die Mutter ihren Schwiegersohn ermorden, um die Thronfolge ihrem eigenen Kind zu sichern. Man sieht den Bruder seinen Bruder umbringen und ungeduldig und machthungrig den eigenen Vater töten.

Es ist nicht das erste Mal, daß sich die Großen dieser Welt auf diese Weise niedermetzeln; der Mensch hat keine neuen Leidenschaften erfunden.

Er begnügt sich damit, jene zu popularisieren, die er einst weise dem Olymp zugeschrieben hatte.

Denn die Pyramide sinkt immer mehr in sich zusammen. Die zerstückelten Kaiserreiche haben Tausenden von Königen, Fürsten, Baronen Platz gemacht, die sich Privilegien angeeignet haben, die gestern noch einigen wenigen vorbehalten waren.

Ähnlich beobachten wir in der Renaissance, wie eine Vielzahl wissensdurstiger Geister die einst verbotenen Kenntnisse unter sich aufteilt.

Dem vierzigjährigen, fünfzigjährigen, sechzigjährigen Menschen kommen die Jahre zunehmend kürzer vor.

Die ersten Glaubensinhalte, die ersten Dogmen galten für mehrere Jahrhunderte, wenn nicht für Jahrtausende, und ihr

Charakter war so geheiligt, daß man sein Leben lang nicht den geringsten Zweifel daran hegte.

Steigt man die Schräge der Pyramide hinab, werden die Ideen immer kurzlebiger, und der Mensch macht nun fast mit jeder Generation neue Entdeckungen oder glaubt sie zu machen.

Läßt er sich nicht einfallen, nach der Gewissensfreiheit, der freien Prüfung zu streben, das heißt definitiv, wenn man das zu Ende denkt, nach der Überlegenheit des menschlichen Wesens über die Gemeinschaft?

Ist es trotz aller Vorsichtsmaßnahmen das Individuum, was da auftaucht?

Jedenfalls beginnt jetzt jeder zu denken, Meinungen zu verbreiten, Rechte in Anspruch zu nehmen. Die mühsam in Jahrhunderten der Geduld und der Anstrengung gezogenen Grenzen zwischen Gut und Böse werden in Frage gestellt.

Jedoch noch nicht von jedermann, denn wenn man von der menschlichen Persönlichkeit spricht, behält man sie weislich einer Elite vor, und es schiene empörend, sie auch für das gemeine Volk anzuerkennen.

Die Literatur, die geheiligt war, wenn sie die Beziehungen zwischen Menschen und Göttern behandelte, ist um eine Stufe gesunken, als sie von den Zwisten der Gottheiten untereinander erzählte.

Sie hat sich noch mehr vermenschlicht und ist vom Olymp zu den Kaisern übergegangen, dann zu den Helden und schließlich zu den Heiligen, die manchmal aus der Menge herausragten. Sie ist noch nicht soweit, den Menschen in natürlicher Größe zu zeichnen, aber bald wird jeder Herr das Recht auf ein Standbild haben.

Der Jüngling, der sich im Spiegel betrachtet, nimmt gern einen edlen oder strengen Ausdruck an und weigert sich, sich so zu sehen, wie er ist, mit seinen Pickeln, seinem Flaumbart, der Unentschlossenheit von Mund und Augen.

Er zieht es vor, ein Vorbild nachzuahmen, wie es Generationen von Erwachsenen vor ihm gemacht haben.

In manchen Epochen dürstet es sie nach Größe und Adel; in anderen schwärmen sie für Tapferkeit, Gleichmut oder Ironie.

Es gibt Zeiten der Weisheit und der Erhabenheit, in denen es ebenso unschicklich ist, eine gemeine Regung erkennen zu lassen, wie bei Hof ohne Perücke zu erscheinen. Und es gibt andere, in denen der Mensch seine Leidenschaften offen zur Schau stellen muß, und seien es auch die beschämendsten.

Die Lehnsherren vervielfachten sich, bis sie nichts als eine Menge kleiner Gutsherren waren, die man in den unbedeutendsten Dörfern antreffen kann und die sich vom Volk nur durch ein Taubenhaus und ein »von« unterscheiden.

Eine neue Klasse wächst dem untergehenden Adel entgegen und vermischt sich am Rande mit ihm; auch sie ist ehrgeizig und beginnt, sich ihren Platz in der Galerie der literaturwürdigen Persönlichkeiten zu verschaffen.

So entsteht eines Tages, noch durchsetzt von wappenführenden Helden, der bürgerliche Roman, den man auch als Sittenroman bezeichnen wird.

Von den heiligen Gesängen zu den epischen Gedichten, von der Tragödie zu den Mysterienspielen, von den Ritterromanen zum klassischen Drama und schließlich zum Sittenroman verlieren die Personen eigentlich mit jeder Etappe etwas von ihrem Format und nähern sich über den Menschen, wie er sein sollte, letzten Endes dem Menschen, wie er ist.

Erscheint uns dieser Weg nicht unerklärlich lang? Haben wir nicht den Eindruck, daß wir uns – wie der Jüngling sich konstant weigert, der Wirklichkeit ins Gesicht zu sehen – verzweifelt an die Legende geklammert haben?

Hat uns die endgültig zerfallende Pyramide gezwungen aufzugeben?

Oder die zunehmende Entdeckung dessen, was wir Wissenschaft nennen?

In dem Maße, wie die Jahrhunderte fortschreiten, verspüren wir das Bedürfnis, die Züge des Menschen zu verändern, und zwar nach dem Vorbild, dem wir ähnlich sein wollen, so daß jeweils eine andere Person daraus hervorgeht.

Er hört nicht nur auf, ein König, Hoherpriester, Diktator oder Eroberer zu sein, sondern wir verzichten darauf, einen Stammbaum und schließlich seine verbrieften Bürgerrechte von ihm zu erwarten. Wir billigen, daß seine Leidenschaften dem gleichen abschüssigen Weg folgen, und er braucht sich nicht mehr mit dem Himmel zu messen, einen Thron zu erobern, auf die Suche nach dem Heiligen Gral zu gehen oder seine Tapferkeit im Einzelkampf zu beweisen.

Ein ziemlich beliebiger junger Mann, der sich aus Liebeskummer das Leben nimmt, rührt zu Anfang des letzten Jahrhunderts die Menschen zu Tränen, und Tausende von Jünglingen geben sich, von seinem Beispiel hingerissen, den Tod.

Wir werden für die Pariser Abenteuer eines Provinzgeizlings interessiert, für die Schliche eines Bankiers, für das Drama eines alten Geizhalses, und am Ende wagt man auch noch, einen flüchtigen Verbrecher zum Romanhelden zu machen.

Ein paar Jahre später leiht eine Prostituierte einem Buchtitel ihren Namen.

Die Pyramide liegt in Stücken. Es gibt keine Sklaven, keine Leibeigenen mehr, und diejenigen, die wir wegen ihrer Hautfarbe wie Wilde behandeln, erwerben das Recht, sich Menschen zu nennen.

Vollendet sich hier nur einer der kleinen Zyklen, oder erleben wir eine wichtige Etappe des großen Zyklus?

Kann es uns letzten Endes gleichgültig sein, da die Menschen von heute hingehen werden, ohne es zu wissen?

Was für uns vielleicht wichtig ist, ist, uns zurechtzufinden in dem, was uns als allgemeine Veränderung erscheint, und uns, wie es unsere Vorgänger bei jedem Einschnitt getan haben, *zu beruhigen und uns soweit wie möglich mit uns selbst auszusöhnen.*

Uns beruhigen. Uns mit uns selbst aussöhnen.

Ist das endlich die noch ungenaue, annähernde Antwort auf die Frage, die ich gestellt habe?

Warum lesen die Menschen, warum hungern sie – fast ebenso wie nach Brot – nach »Fiction«, das heißt nach dem Schauspiel anderer Menschen, die den gleichen Leidenschaften, den gleichen Zweifeln, den gleichen Feigheiten und den gleichen Entmutigungen ausgesetzt sind wie sie?

Man könnte meinen, daß sie seit uralten Zeiten im Urwald, in Marmorpalästen oder Vororthütten gegen zwei Gefühle anzukämpfen hatten, von denen sie verfolgt wurden und von denen die Gelehrten sie nicht geheilt haben, indem sie sie einfach als Komplexe bezeichneten.

Die Angst vor der Natur, die Angst vor wilden Tieren, die Angst vor anderen Menschen, die Angst vor dem Leiden und vor dem Tod, all diese Ängste, die aufeinanderfolgen oder zusammentreffen können, rufen als Reaktion Mythen hervor, Idealbilder mehr oder minder, in denen der Mensch sich wiederzuerkennen sucht.

Diese Mythen, die ich weiterhin als Romane bezeichne, sind dem menschlichen Tier bei dem schweren Weg durch die Jahrhunderte dicht gefolgt, wenn nicht vorangeeilt zu einem unbestimmten Schicksal.

Der Mensch hat dieses Schicksal anfangs in den Sternen gesucht, im unendlich Großen, *und die mystischen Gesänge, die heilige Legende sind aus dieser Befragung hervorgegangen.*

Je mehr die Pyramide zerbröckelt, desto tiefer haben wir die Geheimnisse des Lebens angesetzt, *und die Größe der Helden hat das widergespiegelt.*

Nun, die Zeit wird bald kommen, da die Nivellierung nahezu vollendet ist, da das Individuum, kaum geboren, bereits alle Privilegien erworben hat.

Nicht mehr das unendlich Große wird ängstlich durchforscht, sondern das unendlich Kleine, das sich seine Geheimnisse offenbar besser entreißen läßt.

Ist dies der Augenblick, ein letztes Mal zurückzuschauen?

Da man die literarischen Schöpfungen der durchlaufenen Epochen nicht so leicht zusammenstellen kann, daß sie mit einem Blick zu erfassen sind, brauchen wir nur durch den Louvre oder irgendein anderes großes Museum zu gehen, um Seite an Seite die Persönlichkeiten auftauchen zu sehen, in denen sich die verschiedenen Generationen dargestellt und an denen sie sich gemessen haben.

Es ist ein verwirrendes Erlebnis, denn bis zum Format des Marmors oder der Leinwand geht der Verkleinerungsprozeß nicht.

Die Geste wird von Jahrhundert zu Jahrhundert weniger feierlich, dann weniger edel, und man sieht, wie diese Helden von einem bestimmten Augenblick in der Geschichte an einer nach dem anderen die Attribute der Größe vermissen lassen.

Der Mediziner sitzt über den Genen und den Viren, der Physiker über dem Atom, das er ohne zu zögern spaltet, in der Hoffnung, der Materie in ihren letzten Verzweigungen auf die Spuren zu kommen.

Die Juristen, deren Texte über Jahrhunderte Bestand hatten, stellen mit Schrecken fest, daß die Gesetze unserer Auffassung vom Menschen und seinen Verantwortlichkeiten nicht mehr entsprechen.

Der Roman, die Belletristik entwickeln sich auf parallelem Weg, mit gleicher Geschwindigkeit.

Wenn in der Museumsgalerie die letzten Bilder Wesen zeigen, die ihre Schwäche und Verwirrung nicht mehr verbergen, die das aufgegeben haben, was ihr Ansehen ausmacht, und sich in ihrer biologischen Nacktheit überraschen lassen, vermitteln uns dann nicht auch die Romanhelden häufig den Eindruck, als stünden sie morgens nüchtern und unrasiert vor dem Spiegel?

Vielleicht ist es, außer im nebelhaften Kindesalter der Welt, von dem wir nichts wissen, unsere ständige Sorge gewesen, unsere Ärmlichkeit mit Federn, Tierhäuten, Flitterkram oder Tätowierungen zu bedecken.

Angeblich haben wir uns jahrtausendelang beharrlich geweigert, uns so zu sehen, wie wir sind: eine zufällige und vorübergehende Verbindung, wie heute behauptet wird, von positiven und negativen Molekülen, von Neutronen – ich will es nicht wissen –, die von irgendeinem elektrischen Strom bewegt werden.

Hat jetzt die Stunde der Wahrheit geschlagen, und hat der Mensch es aufgegeben, sich ins Gesicht zu schauen?

Oder ist es eine erneute Verkleidung, mit der wir uns Illusionen vormachen?

Selbst die Gelehrtesten wissen es nicht.

Kurz vor seinem Tod hat Einstein, der für die letzte wissenschaftliche Revolution verantwortlich ist, erklärt, wenn er sein Leben noch einmal beginnen könnte, würde er Klempner.

Oppenheimer, einer der Entdecker der nuklearen Energie, antwortete vor einigen Jahren einem Journalisten, daß in der Musik von Johann Sebastian Bach mehr Wahrheit stecke als in allen Laboratorien der Welt.

Die einen sprechen genau in dem Augenblick von Verfall,

den andere wählen, um die nahe Ankunft des universalen Glücks zu proklamieren.

Wie im Jahre 1000, wie zu allen Zeiten tiefer Umwälzungen, ist die Menge unruhig, und diese Unruhe treibt sie in dämmrige Säle, läßt sie Bücher verschlingen oder hektisch an den Knöpfen der Radio- und Fernsehgeräte drehen.

Man hat geglaubt, dem Menschen all seine Ängste nehmen zu können, und man beginnt zu entdecken, daß eine vergessen wurde: *die Angst vor sich selbst.*

Man hat ihn von seinen Dogmen befreit, von den meisten seiner Pflichten, und plötzlich fragt er sich, wo ist das Gute, wo ist das Böse? Er bleibt unentschlossen, aus dem Konzept gebracht und weiß nicht mehr, wie er seine Unruhe über das von seinen Vorfahren ererbte Schuldgefühl erklären soll.

Er ist frei!

Man sagt es ihm. Man beweist es ihm. Es gibt keine gesellschaftlichen Klassen oder Schranken mehr. Es existieren keine Wilden, Ungläubigen oder niederen Rassen mehr, und um unsere zunehmende Gerechtigkeit und Güte zu illustrieren, schicken wir Getreide- oder Kleiderlieferungen in die noch unterentwickelten Länder.

Anstatt sie in der Sklaverei zu halten, teilen wir unsere so teuer erworbenen Kenntnisse mit ihnen und liefern ihnen somit die Mittel, uns eines Tages einzuholen oder sogar zu überflügeln.

Der Mensch von heute weiß noch nicht, welches Bild er sich von sich selbst machen soll, und eine ganze Generation ist auf der Suche nach ihrem Helden. Oder, wenn man das lieber hört, auf der Suche nach einer Wahrheit.

Früher wurde sie der Menge fix und fertig vorgelegt. Im Notfall zwang man sie ihr auf. Will der Mensch bereits vergessen, daß er frei ist, daß die Anstrengung so vieler unbekannter Ahnen schließlich zum Ziel geführt hat?

Er ist frei!

Frei, auf die Lautsprecher zu hören, die ihre Propaganda in alle Ecken des Landes posaunen, frei, unter den Meinungen zu wählen, die ihm die Zeitungen über jeden Gegenstand vorlegen, frei, irgend etwas zu glauben, oder auch an gar nichts.

Ebenfalls frei scheint er zu sein, sich zu bilden oder unwissend zu bleiben, reich oder arm zu werden.

Man zitiert ihm das Beispiel von den mächtigsten Bankiers, die ihre Laufbahn als Schuhputzer begonnen haben, und er hat ja in weniger als dreißig Jahren mindestens fünf Diktatoren regieren und sterben sehen, die aus den einfachsten Verhältnissen stammten.

Man verspricht uns ein längeres Leben, während sich sein Rhythmus beschleunigt und unsere Nerven dem nur mit Mühe standhalten.

Man heilt heute die meisten Krankheiten, und es entstehen so viele neue, daß gar nicht genug Krankenhäuser, Laboratorien, Heime gebaut werden können.

Die Wahrheiten galten einst länger, und es waren mehrere Generationen denselben Dogmen und denselben Gesetzen unterstellt.

Es ist noch nicht so lange her, daß Vater und Sohn, sogar der Enkel Medizin oder Chemie nach den gleichen Lehrbüchern studierten.

Die meiste Zeit gab es nur *eine gültige Wahrheit*.

Heutzutage stehen wir auf allen Gebieten vor der Qual der Wahl. Nach welcher Theorie soll sich zum Beispiel ein Kranker gesundpflegen? Wem soll er glauben – den Ärzten, die fünf Jahre zuvor ihr Diplom gemacht haben und verpflichtet sind, Neues hinzuzulernen?

Schließlich ist das Individuum kaum erkannt, kaum hat es Zeit gehabt, sich seiner bewußt zu werden, da werden arglistige Stimmen laut.

Diese Maschinen, die erfunden wurden, um uns Arbeit zu ersparen und unseren Komfort zu sichern, diese Maschinen, die befreiend wirken sollten, offenbaren bei ihrem Gebrauch unerwartete Anforderungen.

Schon sind die Gelehrten, die Köpfe, die sie konzipiert haben, von einem Netz von Schutz- und Überwachungsmaßnahmen umgeben, die sie praktisch von der übrigen Welt abschneiden, und man verweigert ihnen das Recht auf die Leidenschaften des Durchschnittsmenschen.

Und sieht es auf der Stufenleiter von oben bis unten nicht ebenso aus? Und fordert man nicht von all denen Garantien, bei denen eine falsche Bewegung Katastrophen auszulösen droht?

Spricht man nicht offen vom *common man*, dem Mann aus dem Volke, dem Durchschnittsmenschen, der keine Laster, keine Probleme, keine gefährlichen Charakterzüge hat und dazu bestimmt ist, die Maschine zu bedienen?

Man spricht auch davon, die Berufswahl von Kind auf »zu lenken«, damit man im gegebenen Augenblick über soundso viele Ärzte, soundso viele Ingenieure, soundso viele Soldaten und soundso viele einfache Arbeiter verfügen kann, nicht mehr und nicht weniger.

So dreht sich die Erde um sich selbst, ohne Ausschuß und ohne nutzlosen Energieverschleiß.

Ist es vom Individuum nicht unklug gewesen, kaum erkannt, nach Sicherheit zu verlangen?

Wird das Gemeinwesen, das für jeden einzelnen verantwortlich geworden ist, noch länger zulassen, daß eines seiner Mitglieder seine Gesundheit ruiniert, einen Unfall riskiert, eine Tätigkeit wählt, die morgen überflüssig sein kann?

Wird es nicht das Recht zur Kontrolle der Geburten in Anspruch nehmen, da auch die Kinder zum Teil seinem Schutz unterstellt sind? Seit Millionen Jahren hat der Mensch leidenschaftlich nach der Freiheit verlangt. Er hat danach gestrebt, er selbst zu sein, ohne äußere Zwänge, sein eigener Richter in Sachen Gut und Böse. Hat er sein Ziel erreicht?

Gestern hat er es noch geglaubt. Er war sich dessen sicher, Verfassungen haben es ihm garantiert.

Heute zweifelt er, weiß es nicht mehr so genau, tastet herum.

Wird das Individuum, das noch so neu ist, daß es seine Grenzen noch nicht kennt, wiederum und anonymer als je von der Masse verschlungen?

Das kann niemand beantworten.

Und dennoch werden dieses offensichtliche Chaos und diese gärende Unruhe eine reine und beruhigende Form finden in einer Romangestalt, in einer Modellfigur, in einem jener Bilder, das die Jahrhunderte der Gemäldesammlung des Louvre Stück für Stück hinzufügen.

Um in einer Gesellschaft zu leben, hat der Mensch, ohne

Scheu, das gleiche Experiment mehrmals zu wiederholen, alle Regierungsformen durchprobiert.

Um zu zweit zu leben, um eine Basis für die Familie herzustellen, hat er es mit jeder Moral, mit jeder Vereinbarung versucht.

Hat er nicht heute bei dem Gedanken, ob er nicht stärker als je von der übrigen Welt abhängt, wie die übrige Welt enger von ihm abhängt, einen Moment der Mutlosigkeit, und schämt er sich nicht vor der Aufgabe, die ihn erwartet, ein wenig seiner Schwäche?

Andere Epochen haben uns den Roman vom bekleideten Menschen überliefert, vom prunkvollen Menschen, der sich für zufrieden hielt.

Wird uns die unsere das Bild vom nackten Menschen zeigen, der sich beim Rasieren im Spiegel betrachtet und keine Illusionen über sich hat?

Ist er in seiner Suche nach einem Gleichgewicht, in seinem Hunger nach Wahrheit, weniger groß als seine Vorfahren, die sich aus Scham in Purpur hüllten und in der Öffentlichkeit nur eine scheinbare Heiterkeit zur Schau trugen?

Wenn wir vom unendlich Großen zum unendlich Kleinen herabgesunken sind, wenn das menschliche Wesen sein Elend und seine Ängste nicht ohne Selbstgefälligkeit offenlegt und bemüht ist, sie zu analysieren und zu verstehen, um davon freizuwerden, wie man in den Laboratorien Viren zu Heilzwekken züchtet – ich meine nicht, daß man das Dekadenz nennen kann.

Vielleicht nur ein schlechter Augenblick, der vorübergehen wird? Ein Ungleichgewicht zwischen zwei sich bedingenden Gleichgewichten?

Warum nicht lieber diesem zarten, schlecht ausgerüsteten Wesen Vertrauen schenken, das seit der vorgeschichtlichen Höhlenzeit alle Sintfluten und alle Erdbeben, die Cholera und die Pest, Blutbäder und Hungersnöte überlebt hat, ohne je den Mut ganz sinken zu lassen, weil es von Generation zu Generation nicht aufgehört hat, seine Kinder in der Hoffnung auf eine bessere Zukunft zu zeugen und großzuziehen?

Nie hat es so viele junge Menschen auf der Erde gegeben.

Was tut es, wenn sie mit drei oder mit fünf Jahren unter der

›Dämmerung erschauern und sich fragen, ob die Sonne wieder aufgehen wird?

Es wird immer jemanden geben, der ihnen mit ja antwortet.

Oder aber sie entdecken es selbst, *und das große Abenteuer beginnt von neuem.*

Le roman de l'homme. Vortrag, gehalten in Brüssel am 3. Oktober 1958. Zuerst in: *Arts*‹, Nr. 696–699, November und Dezember 1958. Abgedruckt in: *Œuvres complètes* I, Lausanne 1967. *Der Roman vom Menschen* ist in der deutschen Erstübertragung von Wolfram Schäfer 1977 im Rahmen der Diogenes mini Bibliothek der Weltliteratur erschienen.

Briefwechsel mit
André Gide

1. *Simenon an Gide*

Sneek[1]

Mon cher Maître,
ich habe zutiefst bedauert, daß ich Paris verlassen mußte, ohne Sie gesehen zu haben. Schon seit langem habe ich mir ein Gespräch mit Ihnen gewünscht, hatte jedoch nicht den Mut, Sie darum zu bitten. Was Sie mir am Telefon zu *Donadieu* sagten, hat diesen Wunsch noch dringlicher werden lassen. Und nun werde ich vier Monate lang hier sein und mich fragen, was Sie mir wohl zu sagen gehabt hätten. – Vier Monate, in denen ich schreiben und mir dabei immer sagen werde, daß ich bestimmt in irgendeiner Hinsicht etwas falsch mache ... Aber leider mußte ich abreisen, und da Sie das neue Jahr gleich mit einer großen Reise beginnen werden, benutze ich meine erste Zwischenstation, um Ihnen meine aufrichtigsten Wünsche zu übermitteln.

Nach Ihrer Rückkehr werde ich mir erlauben, Sie um ein gelegentliches Gespräch zu bitten. Aber dann werden Sie den Kopf voll mit anderen Dingen und meinen mißlungenen Anlauf wegen *Donadieu* vergessen haben.

Bitte lassen Sie mich Ihnen sagen, wieviel mir Ihre freundliche Reaktion auf meinen Anruf bedeutet hat. Die Idee, einen Romanstoff der Spalte »Unglücksfälle und Verbrechen« einer Zeitung zu entnehmen, stammt nicht von mir, sondern von Marc Chadourne; ich habe sie ausgezeichnet gefunden. Vielleicht läßt sie sich realisieren? Auf jeden Fall, »die, die bleiben« – das heißt, alle Welt außer Ihnen –, müssen sich Anfang Januar wieder treffen.

Ihr sehr ergebener
G. Simenon

[1] Sneek in der holländischen Provinz Friesland. Dieser erste Brief, nicht datiert und auf einem Bogen mit Briefkopf *Hotel de Wijnberg* geschrieben, stammt wahrscheinlich aus dem Dezember 1938.

2. *Gide an Simenon*

1 bis, rue Vaneau, VIIe
Invalides 79–27
31. Dezember 1938

Mein lieber Simenon,
Ihr Brief kommt seltsamerweise wie eine Antwort auf den, den ich Ihnen nun seit mehreren Tagen schreiben will. Was mich immer wieder zögern ließ, war unter anderem die Frage: Warum ein Brief? Warum nicht eher ein Artikel? Aber ich habe gerade ganze zwölf Tage mit Grippe gelegen und fühle mich noch furchtbar elend und benommen. Deshalb zuerst der Brief; der Artikel soll, wenn möglich, folgen.

Ich habe gerade hintereinander neun Ihrer letzten Bücher gelesen; das heißt, alle Neuerscheinungen außer *Chemin sans issue, Les rescapés du Télémaque* und *Touristes de banane* – es wird allmählich praktischer für mich, diejenigen Ihrer Bücher zu nennen, die ich *nicht* gelesen habe. Aber damit nicht genug: Ich wollte tiefer in der Vergangenheit wühlen und habe aus der Fayard-Reihe, die ich mir komplett besorgt hatte, *Le fou de Bergerac* und *Au rendez-vous des Terres-Neuvas* herausgegriffen – zwei Titel, die ich noch nicht kannte –, um mich davon zu überzeugen, daß sie zweifellos weniger gut sind als Ihre späteren, innerhalb der letzten zwei Jahre erschienenen Bücher, die ich hinreißend finde. Und zwar insbesondere *Le Cheval-Blanc*, mit dem ich gestern abend fertig geworden bin; gerade habe ich erst Jean Schlumberger, dann Roger Martin du Gard bestimmte Passagen daraus vorgelesen (so den außergewöhnlichen Dialog zwischen Arbelet und »Onkel Felix«, der mich einfach entzückt).

Sie waren so freundlich, in *La Marie du port* eine Widmung für mich hineinzuschreiben. Soll ich das so verstehen, daß Sie diesem Buch eine besondere Bedeutung beimessen? Daß Sie es als besonders geglückt ansehen? Ich kann es eigentlich nicht viel besser als die anderen finden. *Le suspect, Les sœurs Lacroix, L'homme qui regardait passer les trains* sind meiner Ansicht nach keineswegs niedriger einzustufen und wirklich vollauf geglückt ... Ich hätte da gerne eine Erklärung. Aber dann sage ich mir, daß Sie das vielleicht selbst nicht wissen, daß Sie beim

Schreiben einem ungewöhnlich sicheren und disziplinierten Instinkt gehorchen – angesichts dieser straffen Formulierungen, der Dialogführung, ja, der nebensächlichsten Anmerkungen. Nie ist etwas überbetont; die Handlung fließt weiter, und der Leser hat eben Pech, wenn er nicht alles mitbekommen hat.

Was ich jedoch in meinem Artikel besonders herausstellen möchte, das ist die eigenartige und zugleich weitverbreitete Fehleinschätzung Ihrer Persönlichkeit. Sie gelten als Volksschriftsteller, aber Sie wenden sich keineswegs an die breite Masse. Schon allein die Themen Ihrer Bücher, die feineren psychologischen Probleme, die Sie aufwerfen – das alles ist für einen Leser geschrieben, der zu differenzieren weiß, und zwar gerade für den Leser, der, ehe er etwas von Ihnen gelesen hat, denkt: Simenon, das ist nichts für mich... Und in meinem Artikel möchte ich nun gerade diesen Leuten sagen, daß sie sich irren. Aber ich fühle mich noch zu benommen und zerschlagen, um so etwas in angemessener Weise darlegen zu können. Seien Sie einstweilen jedenfalls davon überzeugt, daß Sie keinen aufmerksameren und vernarrteren Leser haben als

André Gide

3. *Gide an Simenon*

Paris, 6. Januar 1939

Mein lieber Simenon,
ich bin der Auffassung, daß ein Buch dann gut aufgebaut ist, wenn alle Fäden der Geschichte dazu beitragen, *eine Figur* zu zeichnen. Ich meine damit keineswegs die eines Helden, sondern die des dramatischen Geschehens selbst. Sicher, es gibt sehr schöne Bücher, die überhaupt keinen Aufbau haben. Aber vor allem der Aufbau dürfte der Grund sein, warum ich Ihre Bücher so großartig finde – die meisten jedenfalls; *Le testament Donadieu* nicht. *Le Cheval-Blanc* hat eine ganz eigenartige Komposition – ähnlich einem Musikstück, wobei am Ende das Anfangsthema, angereichert, wiederaufgenommen wird: Die im Lauf der Erzählung eingeführten Themen werden zu einem Schlußakkord aufgearbeitet. Es sieht so aus, als ob Sie in Ihren Büchern nichts in der Schwebe lassen können. Das ist

besonders auffallend in *Long cours* (ich habe gestern die Lektüre beendet), wo das scheinbar Zusammenhanglose der breit angelegten abenteuerlichen Geschichte Sie zum Abschweifen anregt und wo doch zugleich nichts zuviel ist – da ist keine Episode, so zufällig sie auf den ersten Blick auch anmuten mag, kein Dialog und noch nicht einmal eine Landschaftsbeschreibung, die *nicht* eine Rolle spielte und nicht früher oder später eine tragende Funktion zur Herstellung des Zusammenklangs (beziehungsweise des abschließenden Mißklangs) hätte.

Nun wüßte ich gern (und das beschäftigt mich sehr, mein lieber Simenon), ob es sich dabei um das Resultat fortgesetzter Überlegung handelt oder (was ich eher glauben möchte) um das natürliche Ergebnis einer plötzlichen und ungewöhnlichen Eingebung. Vielleicht wird es mir vergönnt sein, mich eines Tages länger mit Ihnen darüber zu unterhalten. Offen gesagt verstehe ich nicht recht, *wie* Sie Ihre Bücher konzipieren, aufbauen, schreiben. Für mich liegt darin ein Geheimnis, an dessen Klärung mir sehr gelegen ist. Ich bin einem Phänomen gegenüber skeptisch (und für mich sind Sie eines) und finde keine Ruhe, bis es mir gelungen ist, es zu erklären.

Betrachten Sie das alles als ein Postscriptum zu meinem Brief von vorgestern. Für gewöhnlich bin ich zurückhaltender, und ich weiß selbst nicht, wie ich dazu komme, Ihnen so ausführlich zu schreiben.

Ihr aufmerksamer
André Gide

P. S. Ich lese gerade den Artikel von Thérive[2]. Freue mich natürlich, daß er Sie schätzt und es (endlich!) auszusprechen wagt: »Welch großer Romancier, dieser Simenon!« Bravo! Stelle gleichzeitig aber auch amüsiert fest, daß wir – Thérive und ich – Sie nicht um derselben Dinge willen schätzen – ganz und gar nicht... Sie können sich gratulieren: man lobt Sie unter verschiedenen Aspekten. Das nenne ich ein wahres Talent, dessen Bewunderer sich in die Haare geraten... Aber es würde mich interessieren, ob Thérive viele Ihrer Bücher gelesen hat oder doch nur die, von denen er spricht...?

[2] André Thérive in ›Le Temps‹ vom 1. Januar 1939.

Die Unterscheidung, die er (übrigens von Ihnen dazu ermuntert) zwischen Ihren »zweitklassigen« Büchern und den anderen macht, geht mir etwas gegen den Strich – wenigstens was die zuletzt erschienenen Titel betrifft; *La Marie du port* kann ich, wie ich Ihnen sagte, nicht sehr viel höher einstufen als sechs oder sieben andere, und bei weiteren, die Sie vielleicht für zweitrangig halten, finde ich außergewöhnliche, überraschende Qualitäten (die ersten Seiten aus *Trois crimes de mes amis* sind hinreißend). Vielleicht neigen Sie dazu, das Werk am höchsten einzuschätzen, das Sie am meisten Arbeit und Mühe gekostet hat. Dennoch baut alles, was Sie heute – möglicherweise spielerisch – schreiben, auf einem enormen früheren Arbeitsaufwand auf; Sie treffen heute mit sicherer Hand ins Schwarze.

Eigentlich hätte ich Ihnen noch mehr zu sagen ... Auf Wiedersehen.

A. G.

4. *Simenon an Gide*

Mon cher Maître, mein großer Freund[3],
es wird Sie kaum wundern, wenn ich Ihnen sage, daß ich noch nie im Leben soviel Lampenfieber hatte. Ihre beiden Briefe sind fast gleichzeitig – am 7. – bei mir eingetroffen, weil boulevard Rd-Wallace meine Post sammelt und mir in größeren Partien nachsendet. Ja, ich habe mich endlich entschlossen, Paris zu verlassen, die Zeitungen, das Geld – alles, womit man nur Zeit verliert. Und schon wird das alles belanglos; ein Kapitel, das hinter mir liegt ... Ich muß mich zusammennehmen. Aber ich mußte, bevor ich Ihnen antworte, noch mein Romankapitel schreiben, im Garten arbeiten, mir an der Brücke von Brault meinen Aal kaufen ... Das braucht man, die tagtäglichen Handgriffe und Gänge – sonst gerät man leicht ins Schleudern.

Sie müssen wissen, daß das, was Sie mir da ins Haus geschickt haben, unerwartet kommt und beinahe furchtbar ist.

[3] Geschrieben aus Nieul-sur-Mer bei La Rochelle, Charente-Maritime, etwa Mitte Januar 1939.

Ich hatte mich darauf vorbereitet, noch jahrelang auf so etwas zu warten, zu warten, bis ich alt und vielleicht sogar tot bin. Ich hatte alles abgewogen. Und hatte mich dementsprechend innerlich eingestellt, wie unser Freund Gallimard Ihnen bestätigen wird.

Ja, und nun bin ich es Ihnen schuldig, mich Ihnen zu erklären, was viel schwieriger ist, als eine beliebige Person zu erklären. Beinahe unmöglich. Ist das eigene Ich nicht das einzige dem Bewußtsein verschlossene Terrain? Jedenfalls denke ich das oft, und das hat zur Folge, daß ich mich häufig selbst übers Ohr haue. Ich tue so, als ob ich nichts wüßte, um das Schicksal nicht herauszufordern.

Ich bitte Sie nicht darum, mich zu entschuldigen. Ich weiß ja, daß Sie es tun. Ich weiß, daß Sie von mir keinen logisch aufgebauten Brief erwarten. In dem Fieber, in das Ihr letzter Brief mich versetzt hat, möchte ich gern, daß meine Antwort wie ein Bekenntnis ist. Weil Sie *verstehen.* Und das ist schrecklich gefährlich, weil ich nicht intelligent bin, weil ich mich argwöhnisch vor der Intelligenz hüte und glaube, daß ich außerhalb meiner Romane wirklich gut daran tue, mich im Schatten zu halten. Zwei Jahre ist es her, daß Keyserling mich unbedingt sehen, mich studieren wollte, ungefähr so wie ein Meerschweinchen. Schließlich bin ich also für ein paar Tage nach Darmstadt gefahren. Und ich fürchte sehr, ich habe seine Erwartungen enttäuscht. Der da zu ihm kam, war ein dicker, kräftiger Bursche, der seinen Wodka ablehnte und sehr besorgt war um die Aufrechterhaltung seines Gleichgewichts... Ein dicker Bursche obendrein, der schüchtern ist – schüchtern oder *unverfroren.*

Und gerade deswegen benutze ich die Gelegenheit, Ihnen diesen Brief zu schreiben – mündlich *würde es falsch.* Einem Partner gegenübergestellt, werde ich automatisch eine Rolle spielen und zu einer Romanfigur werden; ich werde meinen Gesprächspartner ebenfalls als solche sehen und in *aller Aufrichtigkeit* lügen.

Mit der Feder in der Hand ist es leichter, kühl zu bleiben und einfach. Was ich Ihnen auch schuldig bin, denn ich bin mir darüber im klaren, was Sie da getan haben, und finde keine Worte, Ihnen dafür Dank zu sagen.

Wie ich bereits sagte, wartete ich auf etwas, das irgendwann, eines schönen Tages, in einer fernen Zukunft kommen sollte – oder auch schon eher, aber dann nur lauwarm, unbefriedigend wie gewisse Kritiken, von denen man mir sagt, sie seien gut, und bei denen ich doch mit den Zähnen knirsche.

Und da muß ich Ihnen schon gleich das Schwierigste, das *Gefährlichste* eingestehen: Ich beschäftige mich viel mit mir selbst, ich bin mir meiner selbst ständig bewußt! Ganz gräßlich bewußt: so sehr, daß ich schon von frühester Jugend an immer wieder meine spätere berufliche Laufbahn vorausgesagt habe – mit Daten. Und ich will sie Ihnen aufzählen, auch wo es lächerlich wird. Denn Ihnen kann man alles sagen.

Mit zwölf Jahren wollte ich Priester werden, oder Offizier – wie mir schien, die einzigen Möglichkeiten, schreiben zu können und doch einen gesicherten Lebensunterhalt zu haben. Ich wollte ein Massillon werden, ein Xavier de Maistre.

Mit sechzehn verkündete ich, während ich in einer nebligen Nacht über den Pont des Arches ging: Mit vierzig bin ich entweder Minister oder Mitglied der Académie Française (– was natürlich nie zur Debatte gestanden hat).

Und seit meinem achtzehnten Lebensjahr ist mir klar, daß ich eines Tages ein richtiger, gestandener Romanschriftsteller sein will. Und ebenso klar ist mir, daß das eigentliche Œuvre eines Romanschriftstellers erst so mit vierzig beginnt – wenn's gut geht ... Romanschriftsteller, sage ich: nicht Dichter.

Damals habe ich mich also völlig bewußt für meinen Weg entschieden, im Einverständnis mit meiner Frau, die dann als einziger Mensch mein stetiges Voranschreiten auf diesem Weg mitbekommen hat.

Zuerst der Beruf. *Gips anrühren*, die eigentliche Arbeit vorbereiten. Zehn Jahre habe ich mir dafür gegeben. Ganz zu Anfang kam es noch vor, daß ich mich nach meinem Tagewerk (das heißt dem Schreiben von Groschenromanen, für die ich pro Stück drei Tage brauchte) *in Trance steigerte* und eine Erzählung oder eine Novelle schrieb. Ich habe nie versucht, diese Sachen zu veröffentlichen. Ganze Ordner habe ich voll davon. Ich wußte, was daran noch fehlte. Und ich wußte, was ich eines Tages tun wollte ... *Ich habe es bis heute noch nicht getan.*

Ich erlaube mir, Ihnen beigefügt ›M. Gustave‹ zu schicken, eine kleine Novelle aus dieser Zeit – mit der Bitte um Rückgabe, da es sich um ein Andenken handelt. Sie werden sehen, daß ich mich damals schon mit einem Problem herumgeschlagen habe, das mich immer noch beschäftigt: die drei Dimensionen – Vergangenheit, Gegenwart und Zukunft – atmosphärisch so verdichtet, so lebensvoll wiederzugeben und zugleich eng in einer einzigen Handlung zu verzahnen, wie es mir noch nie geglückt ist – damals nicht und bis heute nicht. Und damals schon verursachte mir die eine oder andere dieser Novellen Brechreiz – so sehr hatte sich mir nach ein paar Minuten der Magen zusammengeschnürt.

Diese Erzählungen haben mir gezeigt, was mir fehlte: in die Haut eines *beliebigen Menschen* hineinschlüpfen zu können. Die eine Haut war für mich durchlässig, die andere nicht. Und während ich an meinen Groschenromanen (– ich frage mich, wie sie aufgenommen wurden –) schrieb, bemühte ich mich, Dialogführung, straffen Stil und Handlungsabläufe einzuüben... Zugleich nahm ich mir vor, daß die nächste Etappe darin bestehen sollte, mich im Leben zu üben.

Ich habe fast zehn Jahre gewartet. Um in schnellem Ablauf viele Leben zu durchleben, brauchte ich viel Geld.

Mit zwanzig hatte ich geschrieben: »Mit dreißig werde ich meinen ersten Roman veröffentlichen.« Mit dreißig entschied ich: »Um zu leben, das Leben kennenzulernen, will ich erst einmal halbliterarische Romane schreiben; den ersten wirklichen Roman schreibe ich mit vierzig.«

Ich bin jetzt sechsunddreißig Jahre alt. Ich habe ein ganz klein wenig Vorlauf, aber nicht so viel, wie es aussieht: noch ist die Rechnung nicht aufgegangen.

Der Weg über den Kriminalroman ermöglichte es mir, sowohl an die breite Öffentlichkeit wie an das Geld heranzukommen und mich gleichzeitig unter den günstigsten Bedingungen in meinem Handwerk weiterzubilden – das heißt, einen *Spielführer* einzuschalten.

Dritter Abschnitt. Nach achtzehn Kriminalromanen bin ich es leid – ich fühle mich stärker und lasse den Spielführer – also Maigret – weg. Es entstehen: *Le coup de lune, L'Ange-Rouge, Les gens d'en face, Le haut mal* usw.

Aber der Rahmen, in dem ich mich bewege, ist noch eng. Ich brauche die Aktion als Stütze. Nur durch einen dramatischen Handlungsablauf kann ich mir die Aufmerksamkeit des Lesers sichern.

Vor allem aber gelingt es mir nicht, mehr als eine Person auf einmal durchzuformen! Ich sehe, daß dies der Schlüssel zu meinen Schwierigkeiten ist und auch zu meiner gelegentlichen Vorliebe für manches, das absonderlich erscheinen mag. Bevor ich jedoch die großen Romane schreibe, die ich vorhabe, *will ich* die handwerklichen Mittel meines Metiers voll beherrschen – ich kann mir keinen Sebastian Bach vorstellen, der sich mit Problemen der Technik herumzuschlagen hat. Nun sind diese aber für mein Gefühl beim Roman ebenso komplex wie in der Musik oder der Malerei. So sagt man etwa von einem Gemälde, *der Arm lebt aber nicht*! Nun, in der Literatur gibt es auch sehr viele Arme – und sogar Köpfe –, die nicht *leben*.

Was jedoch in der Malerei möglich ist – *das lebende Modell* –, gibt es im Roman nicht – zumindest nicht im Sinne Zolas.

Bitte verzeihen Sie mir, mon cher Maître und Freund, wenn ich mich ereifere. Ich spreche ex cathedra, aber ich verteidige auf diese Weise praktisch mein ganzes bisheriges Leben – wenn ich unrecht habe, so habe ich es vertan. Vertan habe ich auf jeden Fall die zehn Jahre, in denen ich mich der Illusion hingegeben habe, mit dem Schreiben von Groschenromanen mein Handwerk als *Gipsanrührer* zu erlernen – und obendrein fast zehn weitere Jahre, in denen ich um jeden Preis *alle nur denkbaren Leben durchleben wollte*: um nie mehr recherchieren, nie mehr die Person, die ich gerade brauche, mühsam aufbauen zu müssen; um vielmehr im Bedarfsfall eine Auswahl von zehn Personen »auf Lager« zu haben, sobald ich sie brauche, ohne mein Arbeitszimmer zu verlassen.

Vor allem: um sie nicht zuvor *beobachten* zu müssen. Beobachtung ist mir zuwider. Man muß es selber *versuchen, empfinden*. Man muß geboxt haben, gelogen – beinahe hätte ich geschrieben: gestohlen. Alles einmal gemacht haben – nicht bis zur Perfektion, aber ausreichend, um etwas davon zu verstehen... Was übrigens der Grund dafür ist, daß ich auf allen Gebieten mittelmäßig bin. Ob Sie Gartenarbeit nehmen oder Reiten... In Latein bin ich eine Null.

Ich bin manisch besessen vom Menschen. Nicht so sehr von seinen Fähigkeiten – nein, von seinen *Empfindungen.* Von dem, was er sagt; von seinen geringsten Regungen, seinen Verhaltensweisen. Das heißt, keinen Acker sehen zu können, ohne den Ertrag zu kalkulieren und sich damit zu beschäftigen, wie der Pächter ißt und wie er mit seiner Frau schläft.

Die verschiedenen Zeitungsrubriken – »Unglücksfälle und Verbrechen«, »Märkte und Ausstellungen«, »Umzüge«, »Ferienaufenthalte«, »Hochzeiten«, »Sterbefälle« (in Zusammenhang mit bestimmten Familienverhältnissen) –, das sind die wahren Romanstoffe.

Einen Menschen nicht ansehen können, ohne sich an seine Stelle zu versetzen, für ihn zu leiden … Die Zeit, in der wir leben, hilft mir vielleicht. Es gibt fünf oder sechs Berufe, die ich ausüben könnte, wenn's mal drunter und drüber geht. Ich kann Flußschiffer sein, Fischer, Matrose auf großer Fahrt, Gärtner, Schreiner, was weiß ich … Meinen Bekannten gegenüber bin ich in diesem Bereich viel empfindlicher als in bezug auf Literatur. Am liebsten würde ich mich in sämtlichen Berufen auskennen, in sämtlichen Lebensläufen.

In einem meiner Groschenromane war der Held ein Mann, der in ganz Frankreich Häuser besaß, jedes im Stil der jeweiligen Region und für die Bedürfnisse eines bestimmten Berufes gebaut. Und wenn mein Held eines dieser Häuser betrat, schlüpfte er auch in das Gewand und die Mentalität der betreffenden Region und des entsprechenden Standes … Ich muß Ihnen gestehen, daß so etwas mein Traum ist; im kleinen habe ich es für meine Person verwirklicht.

Nachdem ich nun so viel von mir erzählt habe, fällt es mir schwer, noch von meinen Romanen zu sprechen. Meine Arbeitsweise? Sie hat sich nicht geändert. Zuerst einmal die Menschen (der Idealfall wäre, wenn man sagen könnte: alle Menschen) in sich haben, ihr Leben gelebt haben. Man muß all ihre Leiden erdulden, und sei es im kleinen.

Ich bin davon noch weit entfernt! Mit der Zeit werde ich mich diesem Ideal weiter nähern.

Aber wie soll ich mich *aufrichtig* dazu äußern, wie ein

Roman in mir heranreift? Ich würde mir nur selber etwas vormachen. Da gibt es einen Ausdruck, den meine Frau und ich oft gebrauchen: »Ich versetze mich in Trance«.

Das bedeutet zuerst einmal, daß ich mich neutralisiere, total abschalte, mein eigenes Ich völlig vergesse, alle meine Sorgen. Und dann taucht in dem Wust der Erinnerungen plötzlich die Person auf, die mich fesselt. Das dauert manchmal eine Stunde, manchmal zwei Tage – je nachdem, wieviel ich gerade um die Ohren habe, wie das Wetter ist usw. Im Winter geht es schneller als im Sommer – keine Ahnung, warum.

Das genügt; damit kann ich anfangen; die Aktion spielt für mich in diesem Stadium keine große Rolle. Die Schwierigkeit liegt jedoch darin, während der ganzen Dauer der Prozedur *am Ball zu bleiben*, in der Geschichte zu bleiben.

Kein eigenes Leben, weder nach innen noch nach außen; lediglich die physische Existenz. Und von morgens bis abends jene Besessenheit aufrechterhalten – nur hie und da eine Oase in Form einer Partie Karten, die Abstand schafft.

Eine Art von freiwilligem, alles umfassendem Stumpfsinn.

Noch ein Ausdruck, den wir dann benutzen: *den Stand der Gnade.* Um jeden Preis im Stand der Gnade bleiben! Wenn ich bei Beginn der Niederschrift ein Thema von Bach gehört habe, muß man es mir jeden Tag zur gleichen Zeit wieder vorspielen. Nichts darf sich ändern am Tagesablauf. Der geringste unvorhergesehene Zwischenfall, und alles ist womöglich für die Katz gewesen. Keine Briefe, keine Telefonate.

Nur zwei Stunden schreiben morgens, nüchtern, aber den ganzen restlichen Tag über Disziplin, beherrscht bleiben von meinem Stoff. (Ich verstehe gewisse Leute, die man für verrückt erklärt, weil sie, nachdem sie einmal unter bestimmten Umständen ein Lusterlebnis hatten, für den Rest ihres Lebens hartnäckig jene Umstände wiederherzustellen versuchen. Ich mache es genauso. Da ich nicht weiß, worin nun eigentlich der »Stand der Gnade« besteht, bin ich darauf bedacht, jeden Tag die gleiche Abfolge der Ereignisse bis ins kleinste Detail wiederherzustellen.)

Das ist eine Erklärung für etwas, das man mir vorgeworfen hat: daß ich eigentlich nur Novellen schreibe. Das stimmt (mit Ausnahme der drei letzten Romane, die noch nicht erschienen sind[4]). Aber das ist eben eine Frage des *Stehvermögens.* Zuerst habe ich acht Tage (Kriminalroman) durchgehalten, dann zehn, dann elf ... Heute schaffe ich zwölf bis fünfzehn Tage. Und als ich an *Donadieu* saß, habe ich der Verlockung durch die Sonne, mein Boot, den Sport, meine Freunde usw. nicht widerstanden – und mit meinem »Stand der Gnade« hat sich auch meine Familie Donadieu aufgelöst.

Mit zunehmendem Alter werde ich zweifellos dahin kommen, daß ich einen Monat lang durchhalte – so lange, wie ich für einen großen Roman brauche. Ich werde auch erreichen, daß ich nicht nur die zwei, drei oder vier Leben der Hauptpersonen nachvollziehen kann – im Anfang war es nur eine einzige –, sondern das Leben aller, auch der nebensächlichsten Komparsen.

Sie sehen also – da ist gar kein Phänomen. Oder, wenn Sie so wollen, ganz einfach ein Phänomen des Willens. Daran ist nichts Außergewöhnliches. Und obendrein muß ich von Anfang an das Ziel richtig angepeilt haben!

Wenn es so ausgesehen hat, als würde ich der *Marie du port* eine gewisse Bedeutung beimessen, so nur aus Gründen der Technik: Dieser Roman ist der einzige, bei dem es mir gelungen ist, völlig neutral und objektiv zu bleiben (und das kann bei einem großen Werk von Nutzen sein. Es ist gut, sich selbst zu beweisen, daß man in der Lage ist, auch den Nebenfiguren Persönlichkeit zu verleihen, die nur »Es ist serviert!« zu sagen haben ...). Nur deswegen ist *La Marie du port* für mich von Bedeutung.

Und hier irrt Thérive meiner Ansicht nach: Er hat nun ausgerechnet *nur* die Technik gesehen und daraus den Schluß gezogen, sie sei nur hinsichtlich der Behandlung der Nebenfiguren gut.

Sacrebleu! Seit 32 [!] Jahren schinde ich mich ab, Bauern, Fischern, überhaupt jedem das richtige Wort in den Mund zu legen. Leute wie mich reden zu lassen – das wäre mir nicht schwergefallen. Die komplizierte Persönlichkeit ist am leichtesten, da der Schriftsteller – a priori selber kompliziert – sie

[4] Wahrscheinlich *Le Coup-de-vague, Chez Krull* und *Le bourgmestre de Furnes*, die 1938 entstanden und 1939 erschienen sind.

besser erfaßt und versteht als irgendeine andere. Aber Menschen auftreten zu lassen, die leben und nicht denken... Na ja, was unsereiner so denken nennt!

Später vielleicht einmal... Aber vielleicht ist das ein Fehler.

Bis jetzt bin ich ganz allein weitermarschiert, immer geradeaus... Ihre beiden Briefe sind ein Wendepunkt. Oder eher eine Zwischenlandung. Eine Gelegenheit, nach rückwärts und nach vorn zu schauen.

Ich sehe, ich verliere den Faden.

Wenn ein Roman einmal angefangen ist, bin ich selber meine Hauptperson; ich lebe ihr Leben. Ich arbeite zwei Stunden täglich; erbreche mich immer noch wie zu Anfang, als ich ›M. Gustave‹ schrieb... Danach bin ich abgestumpft, ausgehöhlt. Ich schlafe. Ich esse. Und ich warte auf den Augenblick, in dem alles von neuem beginnt.

Das ist alles.

Hinterher ist es mir unmöglich, eine einzige Seite zu ändern. Das hat man mir oft genug vorgeworfen. Mir wäre es auch lieber, wenn ich fähig wäre, an meinem Text zu feilen. Aber da ich nicht weiß, wie er entstanden ist, weiß ich auch nicht, wie er zu reparieren wäre. Er ist entweder geglückt oder mißlungen; so ist das nun mal, und ich kann nichts mehr dazu tun. Eines Tages vielleicht...

Der Beweis: Sobald ein Roman beendet ist, habe ich alles vergessen, einschließlich der Namen der Charaktere. Es bleibt nichts hängen als ein paar Bilder – genau wie beim Leser vermutlich.

Ich glaube, daß mit dem *Bourgmestre de Furnes*, den ich gerade an Gallimard geschickt habe, eine neue Etappe beginnt. Um mit Thérive zu sprechen, wäre dies »mein Meisterstück«, wenigstens bis heute.

Aber das kann ich nicht beurteilen. Es kommt nicht auf die Mühe an, die man auf die Sache verwendet; man muß nur die handwerklichen Probleme meistern. Ich komme mir eher wie ein Töpfer vor und spüre es, ob mir eine Gestalt besser oder schlechter von der Hand geht.

Sollte es mir eines Tages vergönnt sein, meine Werke neu herauszubringen, wird jedes einen Untertitel bekommen, den ich schon beim Schreiben im Kopf hatte. *Und es war mir eine unsagbare Freude, daß Sie meine Gedanken erraten haben, als Sie von Musik sprachen.*

So hatte zum Beispiel der miese Roman *Le serpent* – den ich in aller Eile schrieb, weil es nicht anders ging – in meinem Geist den Titel »Variations sur une boule de caviar«. *Le Cheval-Blanc* dagegen war von alten Erinnerungen an meinen Deutschunterricht und Schubertmelodien inspiriert.

Aber all dies ist im Grunde nebensächlich. Ich war es Ihnen nur schuldig. Zum ersten Mal ist es mir möglich, von mir zu sprechen, mich zu erklären. Ich hoffe nur, daß ich darüber nun nicht Ihre Freundschaft und Ihren ermutigenden Beistand verliere.

Intelligenz macht mir gräßlich Angst, hat mir immer Angst gemacht. Manchmal denke ich, daß die Götter sie dem Menschen aus Rache gegeben haben. Ich jedenfalls mißtraue ihr; ich trachte danach, eher zu empfinden als zu denken. Oder eher noch zu denken mit ... Ja – womit eigentlich? Da haben wir's; ich würde mich sehr schwer tun, wenn ich sagen müßte, womit ... Ein Bild von Rembrandt, von Renoir ... Ein kleines Stück für Cembalo oder Violine, von Bach so *dahingepinkelt*, um seine Kinder Musik zu lehren ...

Sie sehen, wie vage, wie wenig ausgeformt das alles noch ist. Und daß ich noch Jahre und Jahre brauche, um es präzise sagen zu können.

Ob Sie wohl den Mut haben, so lange mein Leser zu bleiben?

Nun werde ich, wenn ich die Freude haben werde, Sie zu treffen, vielleicht ganz ungezwungen mit Ihnen sprechen können; so, wie ich es oft schon gern getan hätte – ohne ständig daran denken zu müssen, daß Sie der Meister sind, oder an das Stimmungstief, in das ich vor kurzem erst durch die neuerliche Lektüre Ihrer Werke geraten bin[5].

Ich hatte mich in meine Ecke zurückgezogen. Nachdem die Periode der »Lebensneugier« vorüber ist, habe ich ganz einfach jegliche Mitarbeit an Zeitungen – die mir vielerlei Konzessionen abverlangte – aufgegeben.

[5] Ist das pure Höflichkeit? Simenon schreibt in *Quand j'étais vieux* am 5. Dezember 1960: »Versucht, Gide zu lesen, dessen Freund ich werden sollte. Konnte es nicht. Habe es ihm nie gesagt.«

Ob das nun gut ist? Oder schlecht? Ich habe Angst bekommen – Angst davor, mit Haut und Haaren vereinnahmt zu werden.

Ihre Bemerkungen über *Le Cheval-Blanc* geben mir ein wenig Auftrieb. Aber die Kritiker hinken mit ihren Rezensionen meiner Romane immer um ein Jahr hinterher, weil ich immer ungefähr sechs Bücher in der Mache habe.

Ich traue mich nicht, Sie allzusehr zu beanspruchen, indem ich Ihnen den *Bourgmestre de Furnes* übersende. Das hieße Ihr freundliches Entgegenkommen schlecht entgelten.

Gestern noch war ich in einem Zustand der Unentschiedenheit. Ich hatte große Angst. Nichtsdestoweniger war ich entschlossen, den mir bestimmten Weg bis zum Ende zu gehen.

Sie werden jetzt besser verstehen, welchen Sinn Ihre beiden Briefe für mich bekommen können. Mit Worten läßt sich das gar nicht ausdrücken.

Ich bin meinen Weg ganz allein gegangen. Selbst die wohlmeinendsten Kritiker haben mich hartnäckig immer wieder in der Rubrik »Kriminalroman« besprochen – zugegebenermaßen mit freundlichen Worten.

Mein Fehler, ich weiß.

Aber das war mein Weg.

Mit einem Schlag habe ich nun durch Sie fünf oder zehn Jahre aufgeholt. Genau in dem Augenblick, in dem ich alles andere aufgesteckt habe, um in Ruhe auf meinem Weg fortzuschreiten – dem des *Cheval-Blanc* und des *Bourgmestre de Furnes*. Einem Weg, so glaube ich, auf dem ich – ohne mich zu überstürzen – *endlich* all die Erfahrungen auswerten kann, die ich bisher gemacht habe.

Gallimard wird Ihnen sagen, daß dies seit einem Jahr Gegenstand unserer Gespräche ist.

Für jedes Ding gibt es ein Alter.

Ihre ausgestreckte Hand, cher Maître, kommt in eben dem Augenblick, in dem ich durch das viele Allein-Arbeiten der Erschöpfung und dem Überdruß hätte anheimfallen können.

Aus ganzem Herzen,
aus Herzensgrund:
Dank.
Simenon

P. S. Ich wage nicht, Sie hierher einzuladen. Sollten Sie jedoch eines Tages Lust haben auf die Winde vom Ozean, auf große Kaminfeuer und einen unverfälscht rustikalen Rahmen... Derbe Burschen am Werk zu sehen, richtige *Meeresarbeiter*, die im Ozean Muschelfelder bestellen... Dann sagen Sie mir Bescheid. Sie wissen, daß ich darüber sehr glücklich wäre.

5. *Gide an Simenon*

Paris, den 20. Januar 1939

Mein lieber Simenon,
Ihr langer Brief hat mich ganz außerordentlich interessiert, und ich bewahre ihn mit größter Sorgfalt auf, denn eine Reihe von Angaben, die Sie mir machen, können mir sehr nützlich sein, wenn es mir gelingt, die von mir geplante Studie (das Wort »Studie« riecht nach Langeweile; entschuldigen Sie!) zu Ende zu führen. Aber seit über einem Monat hänge ich ganz erbärmlich herum; ich habe mich von der Grippe erwischen lassen und bin, obwohl so einigermaßen wiederhergestellt, zu regelmäßiger Arbeit noch nicht in der Lage. Ich habe vor, mich nach Ägypten zu verdrücken (das ich noch nicht kenne), um dort wieder ganz auf die Höhe zu kommen.

Wenigstens hat diese Zeit der Abgeschiedenheit es mir ermöglicht, viel mit Ihnen zu leben.

Anbei ›M. Gustave‹. Rundheraus: mittelmäßig als Erzählung; jedoch sehr interessant als Nachweis für jenes Bemühen (und das schon seit 1925!), die Zukunft in die Gegenwart einfließen (oder aus ihr spürbar werden) zu lassen – danke für die Übersendung! Das gleiche Bestreben habe ich übrigens in dem wirklich bemerkenswerten Anfang von *Trois crimes de mes amis* wiedergefunden. Aber das wird Ihnen noch besser gelingen, darauf möchte ich einen Eid ablegen.

Der Brief ist nun seit fünf Tagen liegengeblieben. Ich habe inzwischen *Le coup de lune* noch einmal gelesen und kann aus eigener Kenntnis die erstaunliche Genauigkeit aller Ihrer Beschreibungen bestätigen; ich *erkenne* alles wieder, Land und Leute. In *Les rescapés du Télémaque* dieses absurde Verhör des Angeklagten – also, das ist... meisterhaft! Ich habe

Gallimard gebeten, mir sobald wie möglich die Fahnen vom *Bourgmestre de Furnes* zu schicken.

Gerne würde ich mich mit Ihnen unterhalten, mein lieber Simenon. Bei meiner Rückkehr nach Frankreich, im April, werde ich alles daransetzen, mich mit Ihnen zu treffen, wenn es Ihnen recht ist.

Ich möchte die besagte Studie über Sie nicht veröffentlichen, bevor ich sie Ihnen nicht gezeigt und mich vergewissert habe, daß ich darin nichts Unrichtiges oder Törichtes sage.

Sehr herzlich
Ihr
André Gide

6. *Simenon an Gide*

[Undatiert]

Mon cher Maître,
erlauben Sie mir, Ihnen aus meinem »Bau«, in dem ich mich in Nieul eingeigelt habe, um endlich ernsthaft zu arbeiten, meine aufrichtigsten und herzlichsten Wünsche zu übersenden.

Ich muß Ihnen ganz besonderen Dank sagen für all Ihre ermutigenden Worte, und ich tue es aus ganzem Herzen.

Solche Worte wiegen um so schwerer, je seltener sie werden. Und sie werden seltener in dem Maße, in dem man vorankommt. Es sei denn, daß auch in der Kunst Hilfe nur den Schwachen zuteil wird, was paradox wäre.

Sie haben mir mehr geholfen als irgendein anderer Mensch, vielleicht ohne es zu wissen. Und es liegt mir viel daran, Ihnen meinen Dank auszusprechen.

Ihr sehr ergebener
G. Simenon

7. Gide an Simenon

Luxor Hotel
Luxor (Ägypten)
15. März 1939

Mein lieber Simenon,
gerade habe ich in der ›Bourse Egyptienne‹ vom 12. März einen Artikel über Sie gelesen. Er ist *B. Farki* signiert und strotzt vor Selbstgefälligkeit, Geringschätzung, herablassendem Entgegenkommen und Dummheit. Ich hoffe, Sie nehmen das nicht tragisch und überlassen es Ihren Freunden, sich an Ihrer Stelle zu entrüsten. Aber wenigstens ist das für mich ein Anlaß, Ihnen zu schreiben, und das hatte ich auch Dr. Girardot, dem Werksarzt der großen *Compagnie minière de Nag-Hamadi*, versprochen. Ich kannte Dr. Girardot bisher nicht; er hat mich indessen, als er von meinem Aufenthalt in Luxor erfuhr, aufs liebenswürdigste eingeladen, ihn ein paar Tage zu besuchen und mir die wirklich bedeutende Fabrik, die Zuckerrohrfelder (das heißt, die Arbeit auf den Feldern) und die herrliche Umgebung anzuschauen. Ich war noch keine Viertelstunde mit ihm zusammen, als ich, ich weiß nicht, was mich dazu trieb, Ihren Namen erwähnte – auf gut Glück eigentlich, nur um seine Reaktion zu sehen ... Dr. Girardot ist sofort zu seiner Bibliothek gestürzt, hat einen der Schrankflügel geöffnet und mir eine mehrere Regalfächer füllende, *komplette* Sammlung Ihrer Bücher gezeigt, sämtlich von seiner Frau mit festem Einband versehen. Und zwar nicht nur die, die unter Ihrem Namen erschienen sind, sondern sogar auch die, die Sie unter den Pseudonymen Sime und Sim veröffentlicht haben und die ich noch nicht kannte. Hinterher haben wir lange, lange von Ihnen geredet (ich habe mir erlaubt, ihm die Maschinenschrift zu zeigen, die ich von Ihrem langen und interessanten Brief machen ließ und glücklicherweise mitgenommen hatte). Er hat mich mit großem Nachdruck gebeten, Ihnen auszurichten, daß Sie und Madame Simenon – sollten Sie einmal in dieses Land kommen (das Sie, glaube ich, noch nicht kennen; ich erinnere mich nicht, daß Sie jemals davon gesprochen haben) – hier in der Zuckerfabrik von Nag-Hamadi herzlich willkommen sind. Sie werden eine Gastfreundschaft genießen, die ich

aus eigener Erfahrung als überaus zuvorkommend, charmant und freundschaftlich bezeichnen und loben kann. Dr. Girardot hat, wie mir scheint, Grund zu der Annahme, daß Sie, wenn nicht das Leben der Fellachen, so doch das der Europäer interessieren könnte, die sich nur deshalb in Nag-Hamadi zusammengefunden haben, weil die Belange der Zuckerfabrik es erfordern... Nun, ich habe mich hiermit meines Auftrags entledigt.

Ich bin jetzt zwei Monate in Luxor; ich habe mich die ganze Zeit recht matt gefühlt und mich mehr zur Arbeit gezwungen als wirklich gearbeitet. Bevor ich nach Frankreich zurückkehre, möchte ich in Griechenland Station machen. Ich freue mich, bei meiner Rückkehr den frisch dem Ei entschlüpften *Bourgmestre de Furnes* vorzufinden.

Ich schreibe Ihnen dann wieder.

Viel Glück bei der Arbeit, mein lieber Simenon!

In aufmerksamer und herzlicher Verbundenheit

Ihr

André Gide

8. *Simenon an Gide*

[Undatiert[6]]

Mon cher Maître,

ein ganz herrliches und wunderbares Geschenk ist dieser Brief, den Sie mir aus Ägypten geschrieben haben und den meine Sekretärin mir aus Nieul mitbringt. Er hat mich hier in einem alten Schloß im Elsaß erreicht, wo ich jetzt seit einem Monat völlig zurückgezogen lebe, hinter zwei Meter dicken Mauern vergraben, um einen neuen Roman zu schreiben – die Geschichte von Dr. Malempin, einem Arzt. Ich war schon soweit, daß ich mich nicht mehr getraute, als Simenon zu leben und zu atmen, sondern nur noch als Malempin.

Sicher werden manche sagen, daß ich schon wieder das

[6] In Gides Handschrift »April 1939« datiert. Dieser Brief, wahrscheinlich im März 1939 und auf Schloß Scharraschbergheim geschrieben, muß im April eingetroffen sein. Im April hält sich Simenon eine Zeitlang in Belgien im Schloß von Tervaeren nahe Brüssel auf. Sein Sohn Marc wird am 19. April in Uccles geboren.

Genre, die Stilmittel gewechselt habe – sie müssen ja immer was dazu sagen. Aber es ist reiner Zufall. Zum ersten Mal mußte ich in der ersten Person schreiben, weil ich wiedergeben wollte, wie ... Also, ich erzähle kurz, worum es geht – ich habe nämlich noch alles ganz frisch in mir. Es handelt sich um einen biederen Arzt von vierzig Jahren, der ein paar Nächte lang bei seinem plötzlich erkrankten Sohn wacht. Dabei kommt ihm die Erinnerung an ein tragisches Ereignis, das er im Alter von sieben Jahren miterlebt hat, ohne es recht zu begreifen. Ich habe nun versucht, diese Tragödie zugleich als das siebenjährige Kind und als der vierzigjährige Malempin zu sehen ... Abwarten, was dabei herauskommt.

Im Augenblick leben wir, meine Frau und ich, in einer für uns neuen, ungeduldigen Spannung, weil sie nach nunmehr sechzehnjähriger Ehe, von einem Tag auf den anderen, von einer Stunde zur nächsten, ein Kind erwartet.

Ich habe den Artikel im ›Journal de la Bourse‹ nicht gelesen – l'Argus hat vergessen, ihn mir zu schicken. Aber ich bekomme viel in dieser Art zu sehen. Keine Auflehnung; keine Entmutigung, aber manchmal ein Anflug von Trägheit; der Gedanke, daß nichts leicht zu erreichen sein wird und ich bis zum Schluß in meiner Ecke sitzen und arbeiten muß. Die Haltung mancher Kritiker kann einen außer Fassung bringen.

Aber ich habe schon von klein auf die Überzeugung, daß mir im Leben nichts geschenkt wird, daß mir nie eine Chance in den Schoß fallen wird – und ich habe mich mit diesem Gedanken vertraut gemacht. Daher auch der Ausdruck »wunderbares Geschenk«, den ich gerade in bezug auf Ihren Brief gebraucht habe. Er erreichte mich in einem Moment, in dem ich nicht mit derlei rechnete.

Vermutlich sind Sie jetzt in Griechenland; ich richte diesen Brief an Ihre Pariser Adresse. Er soll Ihnen zuallererst all den Dank sagen, den ich Ihnen schulde; er soll Ihnen auch sagen, wie sehr ich darauf brenne, nach Ihrer Rückkehr mit Ihnen zusammenzutreffen.

Über Ägypten weiß ich wenig. Es gehört – wie Indien und der Ferne Osten – zu jenen Ländern, die ich mir für später aufhebe, wenn ich einmal nicht mehr alles von Grund auf neu schaffen muß; diese Länder haben für mich so etwas zu *Ferti-*

ges, Vollendetes und darum Statisches, daß sie mir ein wenig Angst machen. Wenn ich mich in einem solchen Land auch nur kurz aufhalte, verliere ich jedesmal für lange Zeit mein Gleichgewicht. Ich brauche noch das Leben von heute, die Anstöße, die von ihm ausgehen. Man setzt sich eben nicht mit der nötigen Überzeugung an einen kleinen Roman wie den *Bourgmestre de Furnes* oder *Malempin*, an eine kleine Geschichte, die von kleinen Leuten handelt, wenn man gerade ein paar Tage in Florenz oder Athen verbracht hat.

In einem Monat, wenn das Kind geboren und transportfähig ist, kehre ich nach Nieul zurück, wo ich hoffentlich einen neuen Roman beginne. Ich schreibe Ihnen dann, was ich darin zu realisieren versuche – obwohl ich auch Intentionen gegenüber skeptisch bin; ich täte vielleicht besser daran, meinen Ehrgeiz zu zügeln, mich darauf zu beschränken, ein »Romanbaum« zu sein. Und mir nur Gedanken zu machen über die Schicksale der herabfallenden Blätter.

Nun habe ich Sie aber lange mit meinem Geschwätz aufgehalten. Ich habe Ihnen noch nicht einmal für die liebenswürdige Einladung Ihres Freundes gedankt, dem ich gleich noch ein paar Zeilen schreiben werde. Ich hoffe, daß Ihre Kreuzfahrt zu den griechischen Inseln Ihnen so viel Freude bringt, wie Sie davon erwarten. Mit den besten und herzlichsten Grüßen

Ihr ergebener
Georges Simenon

9. *Gide an Simenon*

1 *bis*, rue Vaneau, VIIe
22. April 1939

Mein lieber Simenon,
Ihren guten Brief habe ich bei meiner Rückkehr in Paris vorgefunden. Heute morgen nun traf Ihr kurzer Bescheid mit der freudigen Nachricht ein, und ich freue mich von Herzen mit Ihnen. Ich weiß es sehr zu schätzen, daß Sie verstanden haben, welchen Anteil ich an Ihrem Glück nehme. Ohne aufdringlich erscheinen zu wollen: Bitte übermitteln Sie

Madame Simenon meine Gratulation und meine besten Wünsche. Ich lächle dem neuen Erdenbürger zu und fühle eine tiefe Verbundenheit mit Ihnen.

André Gide

10. *Simenon an Gide*

[Undatiert]

Mon cher Maître,
erlauben Sie mir, Ihre Zeit für ein paar Minuten in Anspruch zu nehmen, um Ihnen, wie im Vorjahr auch, alle guten Wünsche zu übermitteln? Ich will nicht näher auf diese Wünsche für 1940 eingehen – die einen verstehen sich von selbst, und die anderen, Ihre ganz persönlichen Wünsche, kenne ich nicht. Ich muß mich also darauf beschränken, der Welt Frieden und Ihrer Arbeit ein gutes Gelingen zu wünschen.

Ich habe den vorigen Krieg nur als Kind erlebt; Ihre Gedanken darüber sind mir aus Ihrem Tagebuch bekannt. In den letzten April- und den ersten Septembertagen habe ich jeden Abend wieder die entsprechenden Seiten darin gelesen.

Was mich, was uns betrifft, da wir ja jetzt zu dritt sind, so leben wir zurückgezogen, in uns gekehrt. Von einem Tag auf den anderen warte ich darauf, daß Belgien mich ruft, und dann werde ich gehen. Aber solange Heim und Herd dort nicht stärker und unmittelbarer bedroht sind, fühle ich mich nicht dazu verpflichtet, den Heroismus vorwegzunehmen.

Strapaziere ich Ihre Geduld auch nicht zu sehr, wenn ich so viel von mir spreche? Andererseits – Sie haben sich mir freundlicherweise mit soviel wohlmeinender Neugier zugewandt, daß ich nun zum Jahresende, dem Bilanzstichtag, der Versuchung nicht widerstehen kann, Bilanz zu ziehen – wenigstens über die letzten drei Monate.

Es war am fünften Kriegstag, glaube ich. Ganz unvermittelt habe ich mich förmlich auf meinen Garten gestürzt; ich habe alle Blumen herausgerissen, habe umgegraben, gerodet und Gemüse gepflanzt ... und auf meine Schreibmaschine: soundso viele Stunden im Garten – soundso viele an der Maschine. Und soundso viele im Kinderzimmer. Ohne Nieul auch nur einen Augenblick zu verlassen, blind und taub für die Welt.

Während ich mir den ganzen Sommer über wie ausgepumpt vorkam, unfähig, den Faden meiner Arbeit wiederaufzunehmen, habe ich nun innerhalb von drei Monaten mühelos drei Romane zustande gebracht. Ich hoffe, sie können bald erscheinen, denn ich möchte möglichst rasch erfahren, ob mein Gefühl mich nicht trügt – ob ich wirklich endlich aus dem vollen schöpfen und jedes Wesen, jedes Grüppchen richtig einordnen kann in der kleinen Welt, die ich erschaffen möchte.

Wenn sie erscheinen ... Aber der *Bourgmestre de Furnes* ist jetzt ein ganzes Jahr alt und noch nicht erschienen, und jetzt sind da noch weitere. Wenn sie also erscheinen ... Sie tragen die Titel *Malempin, Bergelon* und *L'Oncle Charles a disparu* ... Ach nein, Irrtum: *Malempin*, das war ja schon im Frühjahr. Das dritte Buch heißt *Il pleut, bergère.*

Lachen Sie nicht über meine Geschwätzigkeit. In einer Welt, die einzustürzen droht, klammere ich mich an Dinge wie *Il pleut, bergère.* Und ich muß beschämt gestehen, daß ich auf Ihr Urteil gespannter bin als auf den nächsten Frontbericht.

Das ist alles. Um das nötige Kleingeld zusammenzubringen, werde ich vielleicht wieder Maigrets schreiben – allerdings nicht mit Begeisterung. Ich habe Gaston Gallimard gebeten, Sie bei nächster Gelegenheit in diesem Punkt um Ihre Meinung zu fragen. Seit *Il pleut, bergère* macht es mir weniger aus, eine Zeitlang zu verstummen. Betrachten Sie diesen Brief, mon cher Maître, als ein Unterpfand meiner Bewunderung, meiner Zuneigung und großen Dankbarkeit – auch wenn er etwas selbstherrlich ausgefallen ist – und berücksichtigen Sie, falls es noch einer zusätzlichen Entschuldigung bedarf, die absolute Isolation Ihres

Simenon

11. *Gide an Simenon*

La Conque
Vence, Alpes Maritimes
28. Mai 1940

Mein lieber Simenon,
Ihr ausgezeichneter, mit roter Tinte geschriebener Brief ist auf meinem Schreibtisch liegengeblieben, ganze ... Nein, ich will lieber nicht nachzählen, wie viele Monate. Nehmen Sie mir dieses lange Schweigen, das ich mir selber nicht recht erklären kann, nicht allzu übel. Ich wollte mit einem ganz besonders guten Brief antworten, und so habe ich gar nicht geantwortet. Verschiedenes kam noch hinzu – eine Nierengeschichte hat mich fünfundzwanzig Tage lang ans Bett gefesselt, und schließlich äußerst komplizierte Angelegenheiten von Flüchtlingen, deren ich mich annahm, wie damals 1914, und die mir ans Herz gewachsen waren ... Keine stichhaltigen Entschuldigungen, ich weiß.

Nun scheint die Lage sich seit einigen Tagen aber zu verschlechtern – vorübergehend, wie ich hoffe, aber doch so alarmierend, daß ich mich frage, ob es mir in einiger Zeit noch möglich sein wird, frei mit Ihnen zu korrespondieren. Ich habe daher das Bedürfnis, Sie ganz rasch meiner treuen Verbundenheit zu versichern. Ich bin z. Z. in Vence bei Simon Bussy, einem sehr guten Freund, und dessen Familie. Bei ihnen habe ich auch die letzten sechs Monate in Nizza zugebracht, und sie haben mich hierher begleitet. Wir haben gemeinsam beschlossen, hier zu bleiben, was auch geschehen mag, und warten derweil gespannt und angstvoll auf bessere Tage.

»Von einem Tag auf den anderen warte ich darauf, daß Belgien mich ruft«, schreiben Sie. Ich habe also keine Ahnung, wo Sie gegenwärtig stecken mögen. Ich hoffe jedoch, daß man Ihnen den Brief nachsenden wird, wenn ich ihn nach Nieul richte, so daß er Sie schließlich doch noch erreicht. Ein paar Zeilen von Ihnen würden mir große Freude machen, wenn sie gute Nachrichten über Sie, Ihre Frau und den Kleinen enthielten – Michel heißt er, nicht wahr?

Ich habe einen meiner Freunde, der nach Paris gerufen wurde und den ich nun sehnsüchtig zurückerwarte, damit beauftragt, mir die in der N. R. F.[7] angekündigten Simenons mitzubringen; sicherlich sind sie in der rue Vaneau im Vorplatz zusammen mit einer Menge anderer Bücher aufgestapelt. Ich bekomme nämlich nur meine Korrespondenz hierher nachgesandt. Ich bin sehr gespannt darauf, sie zu lesen. Hinterher schreibe ich Ihnen dann bestimmt wieder. Sie wissen ja – Sie haben keinen aufmerksameren, leidenschaftlicher interessierten und gespannteren Leser als Ihren

in Freundschaft ergebenen
André Gide

12. *Gide an Simenon*

[Undatiert[8]]

Lieber S.,
morgen kann ich G. G.[9] endlich die mir überlassenen Seiten von *Pedigree* – ich habe sie nach Erhalt sofort verschlungen – und die Anmerkungen zurückschicken, die ich gleich hinterher dazu gemacht habe. Tut mir sehr leid – ich wußte nicht, wie ich sie Ihnen früher als ihm hätte zustellen sollen. Da ich überdies keinesfalls sicher war, wirklich recht zu haben, hatte ich Angst, mit meiner kalten Dusche Ihren unbedingt nötigen Elan zu bremsen. Der weitere Fortgang der Erzählung wird mich, so hoffe ich doch, zwingen, meinen ersten ungünstigen Eindruck zu revidieren ... Nehmen Sie mir bitte meine Offenheit nicht übel, in der Sie Achtung und Freundschaft sehen wollen.

André Gide

[7] Nouvelle Revue Française.
[8] Kriegspostkarte; in Cabris geschrieben und am 5. Juni 1941 in Cannes abgestempelt.
[9] Gaston Gallimard.

13. *Gide an Simenon*

[Undatiert[10]]

Lieber Freund,
bin sehr erfreut über Ihre beiden Karten und begeistert von dem, was Sie mir über Ihre Arbeit sagen. Habe gerade Ihr verblüffendes Buch *Inconnus dans la maison* gelesen. War seit langem nicht mehr so lebhaft interessiert. Wie sehr ich mir wünsche, mich einmal lange mit Ihnen unterhalten zu können – ich hätte Ihnen so vieles zu sagen. Wunderbar, wie die Ereignisse der Geschichte auf den Anwalt wirken... Sie sind auf dem rechten Weg. Das Thema ist herausgearbeitet. Bravo!

Mit immer lebhafterer und freundschaftlicher Anteilnahme

André Gide

14. *Gide an Simenon*

Grand Hôtel
Grasse
19. September 1941

Lieber Freund Simenon,
die ersten Kapitel von *Pedigree* habe ich, wie Sie wissen, offen kritisiert – eine Kritik, zu der ich mich als Freund verpflichtet fühlte; ich weiß Ihnen übrigens großen Dank dafür, daß Sie sie so gut aufgenommen haben. Ich merke nun, wie meine Vorbehalte bei der weiteren Lektüre dahinschwinden. Von dem Augenblick an, in dem Ihre Mutter auftritt, gelingt es Ihnen, ein enges Band zu ihr herzustellen. Die Schilderung ihrer geduldigen und demütigen Bemühungen, ihrer Ausdauer trotz der Undankbarkeit und der Zurückweisung von seiten ihrer Mieter – das alles geht einem zu Herzen. Wenn Sie dem Bild immer wieder einen kleinen Pinselstrich hinzufügen, wird ein großangelegtes Porträt daraus werden; und Sie werden – wenn Sie nicht lok-

10 Postkarte, in Cabris geschrieben und dort am 8. Juli 1941 abgestempelt.

kerlassen – bald ein großes Buch zustande gebracht haben. Bravo! Ich schicke das MS an R. Gallimard zurück, der ja wohl wissen wird, wie er es an Sie weiterleiten kann.

Ein Lächeln für den kleinen Marc und seine Mutter. Und freundliche Grüße von

Ihrem
André Gide

15. *Gide an Simenon*

Hôtel Adriatic, Nizza
27. Dezember 1941

Mein lieber Simenon,
Sie sollen das Neue Jahr nicht ohne meine herzlichsten Wünsche für Sie alle drei und für Ihre Arbeit beginnen. Mein Vorhaben, zu Ihnen in die Vendée zu kommen, ist den Winter über auf Eis gelegt. Ich fürchte einfach die Kälte – nicht bei Ihnen vielleicht, aber doch auf der Reise. Da bei mir eine Erkältung in die nächste übergeht und ich viel weniger widerstandsfähig bin als früher, muß ich eine Menge Vorsichtsmaßregeln beachten. Und dann hält mich auch die Arbeit zurück; ich habe mich jetzt wieder ernsthaft und voller Freude ans Werk gemacht[11]. Letzten Monat habe ich fünf Ihrer Bücher gelesen. Ganz besonders gefallen haben mir *Les inconnus dans la maison*, *Il pleut, bergère* und *Cour d'assises*, die ich alle drei ungewöhnlich interessant fand; *L'outlaw* und *Bergelon* weit weniger. Ach ja – noch ein älteres: *Pietr*; ein wirklich erstaunliches Buch, das ich M. Allegret zur Verfilmung empfahl.

Wie gerne ich mich mit Ihnen unterhalten würde! Ich komme immer weiter im Verständnis dessen, was Sie machen und machen wollen – und was Ihnen manchmal so vollauf glückt... Alles Gute für *Pedigree*! Dem kleinen Marc einen Kuß. Mit ganzem Herzen bin ich bei Ihnen.

André Gide

11 Gide hatte dem ›Figaro‹ die ›Interviews imaginaires‹ versprochen – 1943 veröffentlicht bei Gallimard und den Editions du Haut Pays.

16. *Gide an Simenon*

Sidi Bou Saïd, Tunis
8. Juni 1942

Lieber Freund Simenon,
ja, ich bin in Tunis und habe nicht mehr viel Hoffnung, Sie in diesem Sommer aufsuchen zu können, entgegen meinem lebhaften Wunsch und dem halben Versprechen, das ich Ihnen gegeben hatte. Ich habe Nizza in der Hoffnung verlassen, hier auf afrikanischem Boden jene sanfte Exaltation zu finden, die der Arbeit günstig ist. Aber das überfüllte Tunis... Seit gestern habe ich nun in Sidi Bou Saïd Zuflucht gefunden, einer sehr angenehmen Stadt, wo ich bei neuen Freunden wohne. Mein erstes Anliegen ist es nun, Ihnen zu schreiben. Aus Nizza habe ich per Luftpost Bescheid bekommen, daß Ihr MS *Pedigree* eingetroffen ist und mir mit gewöhnlicher Post hierher nachgeschickt wird. Ich erwarte es mit Ungeduld, ebenso *L'Oncle Charles*. Habe in den letzten Tagen ein paar Ihrer ersten Maigrets (Fayard[12]) gelesen, die ich noch nicht kannte. Bin wirklich amüsiert über die Gerüchte einer »Zusammenarbeit« mit Ihnen, die zweifellos durch meine Lobsprüche entstanden sind. Ich habe Auftrag gegeben, Ihre Bücher so komplett wie möglich an die Buchhandlung Tournier zu liefern.

In alter und herzlicher Verbundenheit André Gide

17. *Gide an Simenon*

Sidi Bou Saïd, Tunis
21. August 1942

Lieber Simenon,
ich bin derart beschämt von meinem Schweigen, daß ich Ihnen kaum noch zu schreiben wage. Ich hatte Ihnen meinen Besuch in Aussicht gestellt, wovon ich mir ein lebhaftes Vergnügen und großen Nutzen für uns beide versprochen hatte. In einer Laune hat es mich nach Tunesien verschlagen, und nun weiß ich noch nicht so recht, wann ich wieder zurückkommen kann.

[12] Fayard hat die ersten Maigrets – bis 1934 – publiziert.

Ich bin hier nicht schlecht bei neuen Freunden untergebracht und arbeite in einem weg den ganzen langen Tag. – Habe Sie in der letzten Zeit oft gelesen und wiedergelesen, gebe Sie an meine Umgebung weiter (man kennt Sie so wenig und so schlecht!). Ich schreibe an die N. R. F., um zu bitten, mir diejenigen Ihrer Bücher zu schicken, die ich am meisten mag, mir hier aber nicht beschaffen kann (– nicht aufzutreiben sind die bei Fayard erschienenen). – Habe das MS von *Pedigree* mit größter Sorgfalt gelesen. Unvergleichlich besser als die erste Fassung. Aber... Wenn Sie die Ansicht eines Freundes wollen: die elegische Veranlagung von Elise wird mit zuviel Nachdruck geschildert; ihre Charakterzüge sind überbetont, ihre Tränenausbrüche zu häufig... Aber dann sage ich mir wieder, daß diese minuziöse Gründlichkeit den Charakter des Buches ausmacht. – Désiré: sehr gut, diese ganz zurückhaltende Schilderung; ebenso Léopold. Auch die Figuren der Schwestern, die Sie, nicht immer sehr glücklich, in *L'Oncle Charles* wiederaufnehmen. Ein Ratschlag: Vorsicht mit unvollendeten Sätzen mit »...«; ein einfaches Stilmittel, das jedoch durch den übermäßigen Gebrauch, den Sie davon machen, jegliche Wirkung verliert. Ganz allgemein: sehr gute Arbeit – fahren Sie so fort; nicht lockerlassen. – Inzwischen müssen Sie ja wohl schon sehr weit gediehen sein; ich warte mit Spannung auf die Ankunft der Mieter, die sich in der Familie festsetzen. – Wie gesagt, sehr gute Arbeit, aber ein wenig zu... zu still, zu behäbig – man merkt nichts von der »Trance«, in der Sie doch so groß sind. – Wann werden wir uns wohl einmal treffen? Ich hätte Ihnen so viel zu sagen! (Habe beim Lesen eine Menge Aufzeichnungen gemacht.) Ich glaube, Sie gut zu kennen, und zwar nicht nur Ihre außergewöhnlichen Fähigkeiten, sondern wohl auch Ihre (bisherigen) Grenzen – und vor allem darüber möchte ich mit Ihnen sprechen. »Er beschreibt immer den abgestumpften, den gescheiterten und haltlos dahintreibenden Menschen; das von den Umständen besiegte, vom ›Milieu‹ und der ›Umgebung‹ aufgefressene Individuum.« – Warum eigentlich nicht? Daraus leitet sich, vielleicht ohne Ihr Wissen, so etwas wie eine ziemlich bittere Philosophie ab. Aber schließlich gibt es nicht nur verkrachte Existenzen. Unter einem schlechten Stern geboren sein? Ja, das gibt's. Aber man wünschte sich auch, Sie einmal mit der schwerwiegenden Frage konfrontiert zu sehen: »Wessen ist ein Mensch fähig?« Und zwar so, daß er zum Schluß eben *nicht* besiegt wäre. – Sie schulden uns Großes. Ich ahne es im voraus; ich warte darauf.

Meine Empfehlung an Ihre Frau; dem Kind alles Liebe.

In aufmerksamer und herzlicher Ergebenheit

Ihr
André Gide

18. *Gide an Simenon*

220, rue Michelet
Algier
11. Dezember 1944

Mein lieber Simenon,
wie froh bin ich, daß ich (endlich!) etwas von Ihnen höre! Ich wollte, Sie hätten Erfreulicheres zu berichten – ich kann Sie mir nur schwer krank vorstellen, Sie, der Sie mir so widerstandsfähig erschienen waren. Dennoch – aus dieser schweren Prüfung werden Sie eine Lehre und Nutzen ziehen, daran zweifle ich nicht. Gute Gesundheit als Dauererscheinung hat eine Art Dummheit zur Folge; Menschen, die nie körperlich gelitten haben, halten diesen Zustand für selbstverständlich und wissen nichts über eine gewisse geheime Abhängigkeit des Geistes vom Körper. Werden Sie nun aber bald gesund, damit Sie leichten Herzens aus dieser neuen Erfahrung Gewinn schlagen können.

Ich habe mich sehr um Sie gesorgt, habe Sie im noch nicht befreiten Gebiet gewähnt und mir vorgestellt, Sie könnten den oft grausamen deutschen Schikanen ausgesetzt sein. Wußte nicht, wo ich Sie erreichen konnte ... Was mich betrifft, so geht es mir so gut wie unter den Umständen möglich; dank der Anhänglichkeit einiger neugewonnener Freunde habe ich diese Zeit der Angst und Entbehrungen ohne allzugroße Bedrängnis überstanden. Nachdem ich im Mai 1942 die Alpes-Maritimes verlassen hatte, habe ich während der deutschen Besatzung in Tunis gelebt – den letzten Monat im Versteck. Hinterher in Algier, dann in Fez und wieder in Algier. War bei sehr guten Freunden untergebracht. Habe wenig gearbeitet (habe immerhin meinen *Theseus*, der mich seit über einem Vierteljahrhundert stark beschäftigt, zu Ende geführt und bin ganz zufrieden damit); wenig *gelebt*, viel gelesen. Habe wiederholt (im ganzen dreimal) meine »Simenon-Kur« gemacht, d.h. alle Bücher von Ihnen, die ich mir in Tunis, in Fez oder Algier beschaffen konnte, gelesen oder wiedergelesen. Stand zu meinem großen Bedauern vor sehr dürftig ausgestatteten Bibliotheken; konnte zu noch größerem Bedauern Ihre letzten Werke nicht kennenlernen. Die immer noch mächtige »Legion« hat – ganz wie in Nizza – den Vortrag mit Textproben unterbunden, den ich über Sie halten wollte und seit langem bereithalte; nun ja, er wird schon noch irgendwann ans Tageslicht kommen – in Form einer langen Studie[13] mit einer Menge Zitate. Ich hätte sie Ihnen vorlegen, mit Ihnen darüber sprechen wollen und bin bekümmert, daß Sie zu einer Zeit außer Reichweite waren, in der meiner Ansicht nach ein Zusammentreffen für uns beide so gewinnbringend gewesen wäre. Ich bilde mir nämlich ein, Sie gut beraten zu können, nun, da ich beginne, Sie so gut zu kennen, da ich Sie so gut verstehe und so liebevoll besorgt bin, Verständnis für Sie zu wekken und zu vertiefen: Sie stehen einfach in einem falschen Ruf (ganz wie Baudelaire, oder Chopin). Aber nichts ist schwieriger, als die Öffentlichkeit dazu zu bringen, ihr erstes, übereilt gefälltes Urteil zu revidieren. Sie bleiben also Sklave Ihrer ersten Erfolge, und die Trägheit des Lesers möchte Ihre Errungenschaften darauf beschränkt sehen. Mein ganzer Vortrag zielt überhaupt darauf ab, zu zeigen – zu beweisen –, daß Sie weit *bedeutender* sind als gemeinhin angenommen. Der große Vorwurf, den man Ihnen machen könnte, ist, daß Sie vorzugsweise und beinahe ausschließlich stumpfe, willenlose Typen beschreiben. Sie haben gewonnenes Spiel, wenn es Ihnen erst gelungen sein wird, auch anderes zu erfassen, und selbst wenn Sie dabei zeigen sollten, daß auch sie – also die Aktiven, die »Helden« – auch nur Menschen sind, die *gelenkt* werden. Wie dem auch sei – schließlich sind Sie selber ja doch das Gegenteil

[13] Der Anfang dieser Studie, die Gide nicht vollendet hat, ist im Besitz von Mme Gaëtan Picon.

von willenlos, und Sie stellen es unter Beweis. Und deshalb erwarte ich mir auch viel von *Pedigree*, würde es jedoch für zweckmäßiger halten, die Veröffentlichung noch zu verschieben ... Ach, daß ich Sie nicht treffen, mit Ihnen sprechen kann! Ich habe meine Rückkehr nach Frankreich auf das Frühjahr verschoben; vielleicht kann ich Sie dann – inzwischen ganz gesund – aufsuchen.

Ich hoffe, Frau und Kind sind wohlauf.

In alter Treue und Aufmerksamkeit.

Ihr
André Gide

19. *Simenon an Gide*

Les Sables-d'Olonne (Vendée)
18. Dezember 1944

Mon cher Maître, verehrter Freund,
welche Freude heute morgen bei Ihrer Nachricht, die mir soviel Zuneigung und gute Neuigkeiten bescherte! Sie brachte auch ein wohltuendes Gefühl der Entspannung: all die Kontakte, die man so sehr entbehrt und ersehnt hat, sie kommen endlich wieder zustande und geben einem das Gefühl, am Ende des Tunnels angekommen zu sein. Ich kann jetzt nachempfinden, was der Krieg für Sie war, kann Sie zeitlich und räumlich einordnen und finde Sie in Afrika wieder – wie sonst auch zu dieser Jahreszeit. Ich weiß, daß Sie bald zurückkommen, daß ich Sie also sehen werde. In der langen Abgeschiedenheit der letzten Jahre, während der man weder wußte, was die Zukunft bringen noch was man hinterher wiederfinden würde – in dieser Zeit habe ich es mir etliche Male als schuldhafte Nachlässigkeit, als unverzeihliche Leichtfertigkeit angekreidet, daß ich niemals eines jener langen Gespräche mit Ihnen hatte, die ich mir immer so sehr gewünscht habe. Und das, obwohl Entfernungen damals praktisch keine Rolle spielten! Wegen ein paar hundert Kilometer hat man gezögert; man wollte erst irgendwelchen belanglosen Verpflichtungen nachkommen. Und dann, von einem Tag zum anderen, hat man erkannt, was man verloren hatte ... Glauben Sie mir, mon cher Maître, diese

Reuegefühle sind weniger egoistisch, als es scheinen mag. Was ich meine, ist ungefähr folgendes: daß wir im Leben die Chance haben, zwei bis drei, wenn's gut geht, vier (?) echte Freundschaften zu schließen; zwei- oder dreimal hat man Gelegenheit, mit einem anderen menschlichen Wesen voll Kontakt aufzunehmen. Welcher Irrsinn, an einem solchen Geschenk der Götter vorbeizugehen! Und je weiter ich in Ihr Werk eingedrungen bin, desto mehr habe ich mir dieses Versäumnis übelgenommen. Ich freue mich um so mehr auf Ihren *Theseus*, als Sie ihn länger als anderes mit sich herumgetragen und dieses Werk zu einem Zeitpunkt geschrieben haben, zu dem Sie sicherlich wahrhaft aus dem vollen schöpfen können. Das bringt mich zu einer Frage, die mich oft gequält hat und auch heute noch beschäftigt: die Frage, wieviel Zeit einem schöpferischen Menschen beschieden ist. Zum Beispiel beneide ich Goethe schrecklich darum, daß er die ganze Skala des menschlichen Erfahrungsbereichs durchlaufen konnte. Ich komme sogar zu dem Punkt, wo ich glaube, ein Künstler muß notgedrungen unfertig bleiben, wenn ihm diese Skala in ihrer vollen Breite vorenthalten bleibt.

Verzeihen Sie mir dieses recht banale Gerede. Ich würde mich so gern mit Ihnen unterhalten, daß ich es nun ganz automatisch schriftlich tue. Aber andererseits – ich möchte so viele Dinge sagen, daß mir nichts einfällt ... Ich bin wie Sie der Meinung, daß die Krankheit heilsam für mich gewesen sein dürfte – und zwar nicht nur die Krankheit, sondern auch das lange Auf-sich-selbst-Beschränktsein in diesem Krieg. Sie haben nicht viel gelebt, sagen Sie. Was mich betrifft, ich habe überhaupt nicht gelebt. Ich glaube sogar, daß mein Heißhunger nach Leben sich weitgehend beruhigt hat. Ich habe in meiner Ecke vor mich hin gearbeitet. Vor und nach *Pedigree* habe ich einige Romane geschrieben, die nicht erschienen sind; ich habe sie für die Zeit nach dem Krieg aufgehoben. Jedesmal glaubte ich, endlich einen ganzen Passivsaldo (das Wort paßt hier schlecht, aber ich finde kein anderes) loszuwerden, der auf mir lastete. Und jedesmal mußte ich erkennen, daß noch ein wenig Bodensatz übriggeblieben war. So gegen März dieses Jahres, nachdem ich die Arbeit an *La fuite de Monsieur Monde* (erscheint in drei Wochen) abgeschlossen hatte – da hatte ich das ganz bestimmte Gefühl (und habe es noch), daß ich wirklich das Wort »Ende« schreiben konnte, daß ein Abschnitt meines Lebens vorüber war und ein neuer begann. Worin er besteht, was er bringen wird, weiß ich noch nicht zu sagen. Aber ich spüre ihn herankommen, und es sieht so aus, als ob Sie das auch gespürt hätten. Kann ich sagen, um es melodramatisch auszudrücken, daß meine Fragen von mir genommen sind? Seit einigen Wochen habe ich in meinem Krankenzimmer über einen künftigen Roman nachgedacht. Aber immer fehlte noch etwas – ich konnte sozusagen den Schlüssel nicht im Schloß herumdrehen. Heute morgen nun, nachdem ich in einem Sonnenstrahl Ihren Brief gelesen hatte, ist mir das, was ich vergebens gesucht hatte, plötzlich wie von selbst zugeflogen. Seither habe ich nur noch den einen Gedanken, mich so schnell wie möglich wieder an die Arbeit zu machen. Wenn es mir im Frühjahr also vergönnt sein wird, Sie endlich zu sehen, kann ich Ihnen über das, was ich vorhabe, vielleicht schon Konkreteres mitteilen. Wie sehr aber werde ich mich nach dem langen, langen Gespräch, das Sie mir versprochen haben, bestärkt fühlen! Ich habe schon so lange die Empfindung, daß Sie mir helfen werden, diesen Reifeprozeß, der so schmerzvoll und manchmal fast dramatisch war, aus der Krise herauszuführen! Weiß Gott, ich harre Ihrer Ratschläge – und im Augenblick mit um so größerer Ungeduld, als ich Sie ganz nahe fühle ... Sollte ich diesen Winter die Möglichkeit dazu haben, dann weiß ich nicht, ob ich der Versuchung widerstehen kann, sie mir da unten bei Ihnen holen zu kommen.

In bezug auf *Pedigree* bin ich völlig Ihrer Meinung. Es gibt sogar Augenblicke, in denen ich mich frage, ob ich da nicht in die Irre gegangen bin; es gibt allerdings auch Momente, in denen mir dieses umfangreiche und mühsam entstandene Werk wieder am Herzen liegt – vielleicht aus ganz dummen, sentimentalen Gründen. Auf jeden Fall habe ich nicht die Absicht, dieses Buch zu veröffentlichen – wie übrigens auch nichts von dem, was ich jetzt vorhabe –, bevor dieses Gespräch stattgefunden hat, von dem ich mir (zu meiner Schande muß ich es gestehen) nicht nur eine große Freude, sondern auch großen Nutzen und vielleicht tiefen Frieden erhoffte.

Ich bin noch einige Tage oder Wochen lang hier in Les

Sables-d'Olonne, wo ich mich vollends auskuriere. Nach dem neuesten Stand der Dinge besteht keinerlei Verdacht auf Tuberkulose. Ich habe dreimal hintereinander »dumme Geschichten gemacht« – mir dreimal das zugelegt, was man im gewöhnlichen Sprachgebrauch Lungenentzündung nennt –, und dieses Wiederholung hat die Ärzte doch stark beunruhigt. Heute sind sie wieder zuversichtlich und machen mir Hoffnung, daß in ein paar Wochen nicht das geringste zurückgeblieben sein wird. Reiner Gewinn demnach: Ich habe die nützliche Erfahrung der Krankheit gemacht, ohne daß die Drohung von Folgeerscheinungen auf mir lastet.

Ich möchte diesen Brief zum Anlaß nehmen, Ihnen alles Gute zu wünschen – ein Jahr zu wünschen, so prall gefüllt wie eine Frucht der sonnendurchglühten Gegenden, in denen Sie sich aufhalten. Und lassen Sie mich Ihnen Dank sagen, einen ganz aufrichtigen Dank – ich kann mich nicht daran gewöhnen, Ihre Briefe anders entgegenzunehmen als wie ein Geschenk, das um so wunderbarer ist, als ich es als unverdient ansehe. So sehr, daß ich mich meinerseits bemühe, Ihre Freundlichkeit Zinsen bringen zu lassen und – ungeschickt zwar und ohne Anspruch auf Kompetenz – den paar jungen Leuten, die sich an mich wenden, ein wenig von dem Vertrauen und der Wärme weiterzugeben, mit denen Sie mich so reichlich bedenken. Seien Sie versichert, daß meine Bewunderung und meine Zuneigung auch unabhängig von diesem Ansporn bestehen; was meinen Dank betrifft, so findet er keine Worte mehr.

Und nun warte ich auf das Geschenk Ihrer Anwesenheit und Ihres Wortes – da Sie es mir ja anbieten. Von selbst hätte ich Sie nicht darum zu bitten gewagt.

Ihr Simenon

P. S. Meine Frau und mein Sohn sind hier bei mir; es geht ihnen sehr gut. Mein Sohn ist ein Junge von fünfeinhalb Jahren, dem ich Lesen und Schreiben beibringe. Er war für mich ein wirklicher Gefährte der trüben Jahre, und ich glaube, ohne ihn hätte meine Lebenslust die Oberhand gewonnen und mich verleitet, mich anderswohin abzusetzen. Nun, ich bin hiergeblieben. Ob das nun gut ist oder schlecht – die Zukunft wird es lehren.

20. *Simenon an Gide*

21, place des Vosges, Paris
Dienstag (Juni 1945)

Mon cher Maître,
ich war so glücklich, Sie neulich abend wiederzusehen, und – warum soll ich es nicht sagen – so bewegt, daß ich von diesen paar Stunden einen recht unzusammenhängenden Eindruck behalten habe. Ein gewisses Unbehagen ist auch da, denn ich habe ja geredet und geredet, und immer nur von mir, während ich ganz im Gegenteil doch so gern von Ihnen gesprochen hätte. Was mich etwas zuversichtlich stimmt, ist der Eindruck, daß ich weniger einem egoistischen Bedürfnis (von dem ich mich freizumachen versuchen werde) nachgegeben habe als vielmehr Ihrer freundlichen Neugier. Sollte ich mich da irren, möchte ich Sie bitten, mir diesen etwas erdrückenden Redeschwall nachzusehen.

Darf ich mir erlauben, nun meinerseits Ihre Zeit in Anspruch zu nehmen und Sie zu bitten, mit mir zu Mittag oder zu Abend zu essen? Hier in Paris habe ich kein Hausmädchen – um so mehr nehme ich mir also heraus, wenn ich Sie einlade. Wo würden Sie gern hingehen? Diese Frage bereitet mir etwas Kopfzerbrechen. Ich kenne da in der Nähe der place de l'Etoile eine friedliche »Hostellerie«, die auf historisch zurechtgemacht und ziemlich langweilig ist – bis auf die ausgezeichnete Küche, die beinahe Vorkriegsqualität hat. Wir können auch mit dem Wagen ein paar Kilometer aus Paris hinausfahren, zu einem nicht weniger langweiligen Gasthaus, das am Wasser und im Grünen liegt. Und falls Sie für ein paar Stunden frei sein sollten, könnten wir auch etwa fünfzig Kilometer außerhalb in die »Junggesellenkneipe« am Seineufer gehen, in der Alphonse Daudet und Zola so gern einkehrten ... Ich weiß nicht – Sie haben soviel Sinn für den passenden Rahmen, daß ich eine ganze Woche lang gezögert habe, Ihnen diesen Brief zu schreiben. Und doch möchte ich Sie gern ein weiteres Mal sehen.

Nehmen Sie mir meinen Vorstoß bitte nicht übel und geben Sie mir ganz offen Bescheid. Würden Sie bitte den Ihnen befreundeten Damen, die mich mit soviel Gastfreundschaft und Wohlwollen aufgenommen haben, meine respektvolle Empfehlung übermitteln?

Ich darf Sie, mon cher Maître, meiner herzlichsten, quasikindlichen Zuneigung versichern.

Ihr ergebener
G. Simenon

Meine jetzige Adresse ist: Place des Vosges, Paris 3e. Leider konnte ich bisher noch keinen Telefonanschluß bekommen. Die einzigen Abende, an denen ich diese Woche nicht mehr frei bin, sind Dienstag und Mittwoch.

21. *Gide an Simenon*

Paris, 5. Juni 1945

Lieber Simenon:
Ja – sehr gern! Würde Ihnen Freitag, der 8. passen? Das würde Ihnen auch genug Zeit lassen, mir die Adresse der »Hostellerie« zu schreiben (oder mich anzurufen: Invalides 18-03), damit ich weiß, wo ich Sie zum Abendessen treffen werde. Gegen acht Uhr wird Ihnen sicher recht sein, oder auch etwas früher, wenn Ihnen das lieber ist.

Von ganzem Herzen

André Gide

22. *Simenon an Gide*

Paris, place des Vosges
Dienstag nachmittag (Juni 1945)

Welche Freude, zweimal Post von Ihnen zu haben! Wie kann ich nur so zerstreut sein: ich hatte die Bücher für Sie sorgfältig auf einen Stapel getan, und als ich dann das Paket packte, habe ich das Wichtigste vergessen – ich werde es Ihnen morgen bringen lassen.

Die noch größere Freude, das wissen Sie ja: Sie zu treffen, wann es *Ihnen paßt.* Ich gestatte mir nie, Sie einzuladen, aber

Sie sollen wissen, daß ich immer bereit bin, überall hinzukommen, wo Sie wollen. Möchten Sie, daß wir zusammen zu Mittag essen – egal wo? (Der Wagen hat einen neuen Motor und läuft wieder.) Oder daß wir uns zum Abendessen treffen? Oder uns sonstwie sehen?

Ich bin nur Mittwoch von 10.00 bis 13.00 und Samstag zum Mittagessen verabredet.

Ein kurzer Bescheid von Ihnen per Rohrpost – sind Sie so nett? Vielen Dank im voraus. Ich kann es nicht erwarten, Ihnen zuzuhören (das sage ich immer – und dann rede ich doch fortwährend!).

Ihr sehr freundschaftlich ergebener

G. Simenon

23. *Gide an Simenon*

Paris
Donnerstag früh (Juni 1945)

Lieber Simenon,
wie vereinbart: dieser Rohrpostbrief von heute, Donnerstag früh, zur Bestätigung unseres schönen Plans. Von meiner Seite aus wenigstens bleibt es dabei; wenn ich also nichts Gegenteiliges von Ihnen höre, bin ich Samstag ab 9.30 Uhr abholbereit.

Pierre Herbart kann wegen wichtiger Geschäfte nicht mitkommen. Wir sind also nur zu zweit im Wagen – es sei denn, daß Madame Simenon ... oder (und?) Ihr kleiner Marc ... (Diesmal führe ich meine Sätze nicht zu Ende!) – das könnte sehr nett sein.

Auf das Telegramm, in dem ich unsere Ankunft angekündigt hatte, telegraphierte meine Schwägerin zurück: »Würde mich freuen, dich hier zu empfangen; Verpflegung schwierig, Übernachtung gern« – (ich hatte drei Gäste angekündigt: mich und zwei Freunde).

Das bedeutet also, daß wir entweder Lebensmittel mitbringen oder in Fécamp zu Abend essen müssen. Das erstere erscheint mir günstiger und würde mir auch etwas mehr Zeit lassen, mich mit meiner Schwägerin zu unterhalten. Wir hätten dann auch die Möglichkeit, am Sonntag morgen relativ zeitig wieder aufzubrechen. Am besten, Sie rufen mich Freitag vormittag an (Invalides 18–03), damit wir alles Nötige besprechen.

In freudiger Erwartung.

Ihr
André Gide

24. *Simenon an Gide*

Freitag (Juni 1945)

Gerade kommt meine Frau mit meinen Büchern von Saint-Mesmin zurück. Beigefügt übersende ich Ihnen die, die Ihnen aus der Fayard-Ausgabe noch fehlen, außerdem *La veuve Couderc*. Wie Houde mir mitteilt, sollen die restlichen Gallimard-Bände für Sie aufgetrieben worden sein. Wenn nicht – ein kurzer Bescheid, und ich schicke Ihnen die, die ich noch besitze.

Die zwei Tage, die Sie freundlicherweise mit mir verbracht haben, sind mir in wunderbarer Erinnerung. Das Auto mit seinem neuen Motor ist auch viel munterer als vorher. Houde hat mir gestern das Buch von [unleserlich] gegeben; ich habe sofort damit angefangen. Ich werde Ihnen schriftlich berichten, sobald ich damit fertig bin.

Haben Sie *Ferchaux* fertiggelesen, und sind Sie nicht enttäuscht?

Ich freue mich darauf, Sie wiederzusehen.

Vielen Dank nochmals für die beiden Tage in der Normandie, mon cher Maître. Sehr herzlich

Ihr ergebener
Simenon

25. *Gide an Simenon*

Paris, 6. Juli 1945

Lieber Simenon
wäre es möglich, Sie vor Ihrer Abreise nach Kanada nochmals zu sehen – und sei es auch nur kurz?

Bei der N. R. F., wo ich mit der Hoffnung hinkam, Sie dort zu treffen, waren Sie gerade weggegangen.

Haben Sie den *Démon mesquin* bekommen? Ich hatte Hirsch gebeten, ihn Ihnen zu übermitteln. Ich wollte mit Ihnen auch noch über *L'aîné des Ferchaux* sprechen. Vergessen Sie nicht, daß Sie mir *La veuve Couderc* in Aussicht gestellt hatten.

Jedesmal, wenn ich Ihre Bücher lese, mache ich mir jetzt Notizen – und meine besten, aber allzu seltenen Mußestunden verbringe ich mit Ihnen.

Ihr sehr aufmerksamer

André Gide

26. *Gide an Simenon*

Paris, 12. Juli 1945

Lieber Simenon,
immer noch ohne *Veuve Couderc*! Ich hätte das Buch aber gern gehabt, bevor ich Sie wiedersehe. Ich fasse mich einstweilen in Geduld und lese *Le petit docteur, Picpus* und *L'Agence »O«* ...

Sollten Sie noch etwas länger in Paris sein, würde ich unser Treffen lieber auf nächste Woche verschieben. Wenn jedoch Ihre Abreise kurz bevorsteht, dann gehört Ihnen mein Samstagabend. (Das ist der 14., ein Feiertag – vielleicht wollen Sie Marc da die festliche Illumination zeigen ...?)

Aufmerksam wie immer

Ihr André Gide

27. *Simenon an Gide*

Hotel Claridge
Paris, 12. Juli 1945

Mon cher Maître,
gerade eben habe ich Ihren Rohrpostbrief erhalten. Ich habe die *Veuve Couderc* heute morgen zur Post gegeben – bitte entschuldigen Sie; das Exemplar war schon in den Koffer mit den für Amerika bestimmten Büchern geraten. Überall wurde

danach gesucht – nur nicht dort. Hoffentlich sind Sie nicht zu sehr enttäuscht von dem Buch, dem Sie so lange nachlaufen mußten ... Ich habe immer so große Angst, weil ich im Grunde einfach nicht recht glauben kann, Ihre kostbare Freundschaft zu verdienen!

Auf nächste Woche also, da Ihnen das besser paßt. Bestimmen Sie Tag und Stunde – ich bin immer frei. Ja, tatsächlich (es hat mich bewegt, daß Sie daran gedacht haben), Samstag abend will ich meinem Sohn das illuminierte Paris zeigen. Aber das hätte vor der Freude, mit Ihnen zusammenzusein, keinen Vorrang gehabt.

Ich habe den russischen Roman gelesen – langsam gelesen. Ich werde mit Ihnen darüber sprechen. Sehr erschütternd für mich.

Ihr treuergebener Simenon

28. *Gide an Simenon*

Paris, 14. Juli 1945

Lieber Simenon,
Raymond Mortimer, der Sie bewundert, ist in Paris und hat den lebhaften Wunsch, Sie zu treffen. Ich würde Sie beide gern bei einem gemeinsamen Abendessen zusammenführen. Donnerstag, den 19. – würde Ihnen das passen? Vorher ist Mortimer wegen einiger Konferenzen in Lille. Natürlich möchte ich Sie einladen; da Sie über die Restaurants aber viel besser als ich Bescheid wissen, wäre ich Ihnen sehr dankbar, wenn Sie das Ganze arrangieren würden. Bestimmen Sie also bitte auch den Ort, an dem wir uns treffen sollen (Mortimer wohnt in der britischen Botschaft).

Ich habe die *Veuve Couderc* (schönen Dank!) gleichzeitig verschlungen und genossen. Pierre Herbart hat die Vorzüge des Buches keineswegs übertrieben, und meine Bewunderung steht der seinen nicht nach. Es gibt da frappierende Analogien zu *L'Etranger*, dem Buch von Camus, das in aller Munde war; ich finde jedoch, daß das Ihre viel weiter geht, *ohne daß man es gleich gewahr wird* und wie unbewußt – und das ist Kunst in höchster Vollendung. Wir werden uns noch darüber unterhalten, nicht wahr – und auch über den *Aîné des Ferchaux*, der sich schwertut und ziemlich lange braucht, sich vom Handicap Ihres unvorsichtigen Vorworts zu befreien ...

Viel Spaß bei der Illumination heute abend!

Stets Ihr

André Gide

P. S. Im letzten Moment habe ich den Umschlag nochmals geöffnet – ich hatte Bedenken bekommen, Sie könnten sich von mir überrumpelt fühlen, daß ich Mortimer auf diese Weise bei Ihnen einführe. Ich kann Sie aber beruhigen: Mortimer ist ein ganz reizender Bursche und großer Frankreich-Verehrer. Außerdem – wenn Ihnen auch nicht bekannt – einer Ihrer besten Freunde in England: er verfaßt die Begleittexte zu den Übersetzungen Ihrer Bücher.

29. *Gide an Simenon*

Paris, 21. Juli 1945
Samstag morgen

Lieber Simenon,
Roger Martin du Gard schlägt Dienstag, den 24., oder Donnerstag vor (eventuell auch Freitag, wenn keiner der beiden anderen Tage Ihnen paßt). Verspricht sich, wie auch ich, einen sehr angenehmen Abend. Holen Sie uns doch alle beide um sieben Uhr hier in der rue Vaneau ab, wie damals an dem wunderschönen Abend mit Mortimer, wo dank Ihrer Vorbereitungen alles so glänzend verlaufen ist ... Ist Ihnen das recht?

Nur der Tod von Valéry und der Nachruf, den man von mir erwartet, trennt mich noch von *La Fenêtre des Rouet*; zuerst muß ich dieser Freundespflicht nachkommen.

Herzlich

Ihr
André Gide

30. *Simenon an Gide*

(Ende Juli 1945)

Mon cher Maître,
anbei die Bücher, bis auf *Le coup de lune*, von dem wir kein einziges Exemplar mehr haben (Fayard auch nicht), und *Maigret revient*, wovon Gallimard mir nie ein Exemplar geschickt hat.

Bis eine neue Sendung eintrifft, die Yolande mir in Kürze versprochen hat, füge ich einige amerikanische Werke bei.

Ich war wirklich angetan von dem Abend, den wir mit Martin du Gard verbracht haben.

Ich fühle mich in Ihrer Gesellschaft immer sehr glücklich und stehe Ihnen zur Verfügung, wo und wann immer Sie es wünschen. Ich habe Leriche geschrieben und ihn um seine *Chirurgie de la douleur* gebeten; meine Bücher sind nämlich, in Kisten verpackt, in der Vendée und unzugänglich.

Ich habe den Eindruck, daß ich beginne, Sie besser kennenzulernen, und Sie werden mir dadurch nur um so lieber – nicht ohne daß ich zugleich schrecklich »beeindruckt« bliebe.

Ihr ganz ergebener
Simenon

31. *Gide an Simenon*

Neuchâtel, 3. September 1946

Mein lieber Simenon,
ich fühle mich schrecklich »in Verzug« Ihnen gegenüber. In Ihrem Brief vom 6. August[14] schrieben Sie mir: »Ich habe unseren Freund Schiffrin getroffen, der mir erzählt hat, er habe von Ihnen einen Brief bekommen, in dem Sie sagen, daß Sie mir schreiben wollen.« Das stimmt – das stimmte. Der Brief wurde von Woche zu Woche verschoben – als Antwort auf den langen und so vorzüglichen Brief von Ihnen konnte ich mich nicht mit einem Allerweltsschrieb begnügen. Und da es mir nicht

[14] Dieser Brief ist (wie noch andere) nicht in den Unterlagen der Bibliothèque Doucet enthalten. Zwischen Juli 1945 und Oktober 1948 gibt es keine Briefe von Simenon.

gelang, das Beste zu geben, habe ich gewartet und Ihnen zum Schluß nicht geantwortet, habe Ihnen gar nicht geschrieben – im Vertrauen auf ihre Freundschaft und darauf, daß Sie mir mein langes Schweigen nicht übelnehmen.

Als ich vom »Jeune Barreau« für den 24. Juni des Jahres zu einem Vortrag in Brüssel aufgefordert wurde, habe ich drei Themen vorgeschlagen: 1. Lesung aus meinem noch unveröffentlichten *Theseus*; 2. Die Romane von G. Simenon und 3. Wiederholung des kürzlich in Beirut (am 12. April) gehaltenen Vortrags (– großer Erfolg und ein kleiner Skandal, der mir durchaus gelegen und erwünscht war). Man entschied sich für das dritte Thema. Begeisterte Aufnahme. »Brüssel hat sein Gutes« – wie Sie gesagt haben. Wie im Libanon habe ich auch in Belgien mit folgenden Worten geendet: »Ich glaube an die Stärke der kleinen Völker. Die Welt wird durch einige wenige gerettet werden.« – Bravorufe... Dabei hatte ich sogar nur meine Überzeugung zum Ausdruck gebracht. Und ich habe das gleiche vor kurzem in Österreich gesagt, wo es ebenfalls... [unleserlich].

Doch seit diesem kleinen internationalen Studentenkongreß in der Nähe von Innsbruck, zu dem ich mein Kommen zugesagt hatte (nachdem ich vorher die Teilnahme an den »internationalen Konferenzen« von Genf, die überaus strapaziös sind, abgelehnt hatte), geht es mir ziemlich schlecht. Ich habe mich in die Schweiz geflüchtet, nach Neuchâtel, zu Freunden[15], die über mein Incognito wachen. Gepeinigt von einer (überaus schmerzhaften) Zahnfleischentzündung, von einem schweren Katarrh niedergeworfen, bin ich eigentlich mehr tot als lebendig und zu Arbeit oder auch nur zu der geringsten Anstrengung nicht fähig. Ah, wie sehr ich Sie um Ihren fröhlichen Arbeitseifer beneide! Ich bin geradezu eifersüchtig... Sie können sich nicht vorstellen, wie schwer mir diese Zwangspause fällt; ich kann mich einfach nicht damit abfinden. (Es muß allerdings hinzugefügt werden, daß mir die Arbeit bis zu meiner Abreise aus Paris ausgezeichnet von der Hand gegangen ist.)

Wie sehr ich all das billige, was Sie mir über die Erziehung

[15] Die Heyds

Ihres Sohnes schreiben! Und welchen Genuß ich mir von der Lektüre des von Ihnen angekündigten Buches *Trois ... à Manhattan*[16] erwarte!

Weniger kann ich eine Veröffentlichung von *Pedigree* billigen – hier, fürchte ich, werden Sie Ihre Leser nur enttäuschen. Es soll mir natürlich nur recht sein, wenn sich beim Wiederlesen mein erster Eindruck nicht bestätigt. Einstweilen konnte ich darin die außergewöhnlichen und einmaligen Qualitäten, die ich so vielen Ihrer Bücher beimesse, nur spärlich entdekken.

Das Dossier »G. S.«, das eine Vielzahl von Notizen und den Entwurf meiner Studie über Sie enthält, ist in Paris geblieben. Ich kann es weder hierher kommen lassen noch durch neue Seiten ergänzen, um Ihnen den erbetenen Freundschaftsdienst zu leisten. Ich bin auch – bitte verstehen Sie das recht – gar nicht so unglücklich darüber. Gerade dieses Buch, bei dem ich, obschon es wichtig ist, so viele Vorbehalte habe, wäre ein schlechter Ansatzpunkt für ein Lob – und Sie haben so vieles geschrieben, was ich bewundere und bei dem ich auch *weiß, warum* ...

Wenn ich mich weniger matt fühlte, hätte ich Ihnen gern noch manches zu Ihren letzten Büchern gesagt – ich meine jene letzte Serie bei der N. R. F., die ich mehrfach lesen konnte –, die sich von den vorhergehenden so stark unterscheiden. Sie sind vielleicht weniger geglückt, interessieren mich aber ganz besonders wegen des ungewöhnlich starken Bemühens um – und Bedürfnisses nach – Selbsterneuerung, einem Über-sich-selbst-Hinauswachsen, das ich dahinter spüre ... Ich bin gespannt auf das, was folgt ... Auf Wiedersehen. Betrachten und empfinden Sie mich als Ihren aufmerksamen Freund.

André Gide

Etwa Mitte September werde ich wieder in Paris (1 *bis*, rue Vaneau) sein.

[16] Hier, in Gides Handschrift: »unleserlich«. Es handelt sich um *Trois chambres à Manhattan*.

32. *Gide an Simenon*

15, Evole,
Neuchâtel, den 27. Dezember 1947

Lieber Freund Simenon,
nur weil der Brief an Sie *zu gut* werden sollte, habe ich Ihnen überhaupt nicht geschrieben. Es sollte eine Antwort sein auf zwei exzellente Briefe von Ihnen, die schon ziemlich lange hier liegen; außerdem wollte ich Ihnen sagen, wie sehr mir die *Ostendais*[17] zugesagt haben, und dann wollte ich mich dafür bedanken, daß Sie mich dazu angeregt haben, die wirklich bemerkenswerten Ausführungen von Leriche zu lesen. Und dann ... Ach, ich könnte dem ja noch so viel hinzufügen! Aber seit zwei Monaten geht es mir gar nicht mehr gut; nachdem ich mich eine ganze Weile recht passabel gefühlt habe, ohne mein Alter allzusehr zu spüren, bin ich jetzt mit einem Mal ein ganzes Stockwerk tiefer gesackt.

Das Zeremoniell bei der Verleihung des Nobelpreises hat mich noch vollends fertiggemacht, und jetzt (vielleicht sollte ich sagen, seitdem) ist mein Herz keiner Belastung mehr gewachsen. Aber ich möchte Sie wenigstens nicht in dem Glauben lassen, daß ich Sie vergesse, und ich möchte Sie, lieber Simenon, bitten, trotz meines langen Schweigens meine warme, liebevolle und treue Anteilnahme nicht in Zweifel zu ziehen.

Ihr alter Freund

André Gide

P. S. Die Frau des Freundes, bei dem ich hier in Neuchâtel wohne, mußte sich kürzlich einer ziemlich schweren Operation unterziehen. Auf meine Veranlassung wurden gestern achtzehn Bände von Ihnen in die Klinik geschickt, in der sie bis zu ihrer Genesung weilt.

[17] *Le clan des Ostendais*

33. *Gide an Simenon*

15, Evole, Neuchâtel,
12. und 16. Februar 1948

Mein lieber Simenon,
mag sein, daß es mir etwas besser geht, aber es fehlt mir noch die Kraft, Ihnen einen langen Brief zu schreiben, so wie ich es wollte. Hinzu kommt noch das große Durcheinander, in dem wir hier seit einiger Zeit leben – genauer gesagt, die großen Sorgen wegen meiner Freunde Heyd, die hier meine Gastgeber sind: Jacqueline Heyd hat gerade eben eine Bauchhöhlenschwangerschaft hinter sich gebracht, da wird – während sie noch zur Erholung im Engadin war – Richard, ihr Mann, von furchtbaren Gallenkoliken befallen. Er wird ins Krankenhaus gebracht und operiert; dabei entdeckt man, daß es sich nicht um Gallensteine handelt, sondern um eine mysteriöse und darum recht besorgniserregende Verengung des Gallengangs ... Das alles hat mich Ihnen gegenüber sehr zurückgeworfen, und ich weiß kaum, wo mir der Kopf steht; ich pendle zwischen Krankenhaus und Wohnung hin und her, muß den Freunden von Richard H., der zum Schreiben nicht in der Lage ist, eingehende Berichte über seinen Gesundheitszustand schicken, etc.

Vor zehn Tagen waren wir hier sämtlich von einer heftigen Simenonitis befallen. Sie hätten sicher gelacht, wenn Sie uns gesehen hätten, wie wir alle in einem Zimmer zusammenhockten und in Ihre Bücher vertieft waren: Richard Heyd in *Lettre à mon juge*, Jacqueline H. in *Il pleut, bergère*, Jean Lambert, mein Schwiegersohn, in *Le haut mal*, Catherine, meine Tochter, in *Le bourgmestre de Furnes* und ich selbst in ... (Ganz am Rande: habe innerhalb von vierzehn Tagen zwölf Ihrer früheren Bücher wiedergelesen. Das ist wie eine Krise – sie erwischt mich jedes Jahr. Aber jetzt lese ich Sie nicht mehr, ohne mir Notizen zu machen, die ich dann in dem inzwischen schon umfangreichen Dossier ablege, das Pierre Herbart mir aus Paris mitgebracht hat, zusammen mit *Le Cheval-Blanc* und *Le haut mal*. Gallimard ist so freundlich gewesen, uns vierzehn Bände von Ihnen zu schicken, und darüber hinaus haben wir in den hiesigen Buchhandlungen alle verfügbaren »Fayards« aufgestöbert – unglaublich, daß ich *Les fiançailles de M. Hire* noch nicht gelesen hatte!). Dazu kommen noch die Bände der neuen Serie, hier gekauft oder von Ihnen geschickt – schönen Dank! Sofort verschlungen. Dazu noch Ihre beiden langen Briefe – ich war sehr viel in Ihrer Gesellschaft, bin es noch.

Und es wäre alles einfach, wenn ich Ihnen zu Ihrer neuen Serie nur Positives sagen könnte – es ist immerhin keine Kleinigkeit, Ihnen (und mir selbst) zu erklären, warum ich nicht zufriedener bin. Es liegt wohl auch daran, daß ich viel erwartet habe und daß Sie Ihr wiederholtes Versprechen (nun ja, Versprechen ... Sie hatten Hoffnungen in mir erweckt), einen großen Roman zu schreiben, so gut wie nicht gehalten haben. Es ist bestimmt sehr reizvoll, in Ihrem Alter die große Liebe zu entdecken, aber trotzdem: diese wunderbare Gabe des Einfühlungsvermögens, die es Ihnen (mit oder ohne Maigret) ermöglichte, sich in andere Menschen zu versetzen, selbst ein anderer zu werden – sie tritt hier zurück zugunsten einer persönlichen Erfahrung, eines Bekenntnisses beinahe; und doch: was für Sie neu ist, ist keineswegs neu in der Literatur. Und wenn ich mich schließlich mehrfach bemüßigt gefühlt habe, gegen den absurden und ungerechten Vorwurf zu protestieren, Sie würden zu schnell schreiben, so habe ich jetzt bei der Lektüre dieser drei Bücher (oder doch zumindest bei *Lettre à mon juge* und *Trois chambres*) zum ersten Mal den ärgerlichen Eindruck eines ständigen Sich-Gehen-Lassens. Sie haben es sich leicht gemacht; es sind sozusagen Drillinge aus einem Wurf, mit seitenweise gegeneinander austauschbarem Text und Allerweltsreflexionen wie: »Wenn eine Frau auf eine Frage antwortet, dann wird sie (oder dann beginnt sie zu) lügen ...« Die vorzüglichen Passagen andererseits, die ich dann auch noch darin finde (*Lettre à mon juge*: S. 180 ff. – beachtlich! Und die Pokerpartie in *Au bout du rouleau*, S. 98 ff.), schienen mir eher auf eine bereits vorher erlangte, abrufbereite Fertigkeit zurückzugehen als auf neue Ansprüche, die Sie an sich stellen. Man könnte nun sagen, ich nehme mir ziemlich viel heraus, wenn ich so zu Ihnen spreche, vor allem in Anbetracht des Briefes (ich habe ihn noch einmal gelesen), in dem Sie mir schreiben, Sie hätten dieses Buch zwölf Monate mit sich »herumgetragen«. Aber Sie werden gewiß spüren, daß ich Ihnen das *als Freund* schreibe. Ich glaube, Sie haben Ihr neues Glück noch nicht verdaut, noch nicht verarbeitet; Sie sind noch trunken davon, und angesichts dieser außerordentlichen Bereicherung fehlt Ihnen der Abstand, um es richtig einzuschätzen und in Ihre Arbeit einfließen zu lassen. »Im Februar fange ich einen langen Roman an«, schreiben Sie – bravo! Ich erwarte ihn mit uneingeschränktem Vertrauen; bitte fassen Sie meine strengen Worte als freundschaftlich-anspornende Ermunterung auf. Wenn D...[18] diesen Brief lesen sollte, dann hoffe ich, sie wird mir nicht verübeln, daß ich so offen zu Ihnen spreche. Ja, gewiß, ich möchte sie kennenlernen – und Sie wiedersehen: nach Ihren beiden letzten Briefen erst recht! Wenn mein Gesundheitszustand es zuläßt, möchte ich einer sehr liebenswürdigen und dringlichen Einladung nachkommen, im April nach Baltimore zu reisen. Vorgesehen ist eine kurze Ansprache in der Johns-Hopkins-Universität; anschließend wird mir – und einer Begleitperson – ein zwei- bis dreimonatiger Aufenthalt »in einem voll eingerichteten Privathaus mit Personal in Florida oder Südcarolina« angeboten. Tja, und wenn ich mich über die Karte der Vereinigten Staaten beuge, stelle ich fest, daß Arizona verdammt weit weg ist von Florida – vielleicht nicht ganz so weit, daß wir uns nicht doch irgendwie treffen könnten. Ich wünsche es mir so sehr, und wir hätten uns soviel zu sagen! Natürlich würde ich das dickleibige Dossier mit meinen Aufzeichnungen über Sie mitbringen. Es könnte vielleicht ganz nützlich sein, sie zusammen durchzulesen. Von Buch zu Buch suche ich darin nach so etwas wie einem Ariadnefaden, der den Leser durch das Labyrinth Ihres Werkes führt (– beigefügt eine, wenn auch dürftige, Probe). Ich versuche das meistens mit Hilfe von Zitaten, die sich gegenseitig erhellen ... (Sollte ich plötzlich mal ins Gras beißen, werden sie veröffentlicht, wie sie sind.)

Ich kann jetzt nicht mehr. Es kommt mir so vor, als hätte ich Ihnen von dem, was mir am meisten am Herzen lag, noch gar nichts gesagt. Ich möchte Sie aber auch nicht länger auf diesen Brief, den ich dreimal unterbrochen habe, warten lassen. – Sie glauben nicht, wie mich das, was Sie mir über Marc als Roman-

[18] Denise Ouimet, Simenons zweite Frau

cier erzählten, bewegt und interessiert – wie alles, was Sie mir über sich berichten! Justin O'Brien[19] ist gerade gegangen; ich habe mit ihm lange über Sie gesprochen. Es geht mir etwas besser, aber ich kann noch keine großen Sprünge machen (– ein wunderschöner Ausdruck!), und das ist diesem Brief anzumerken. Damit ich ihn nicht noch zerreiße, schicke ich ihn ganz schnell ab, mit meinen herzlichen Wünschen. Ihr aufmerksamer Beobachter.

André Gide

34. *Gide an Simenon*

Paris, 11. März 1948

Lieber Freund,
wie kommt es, daß ich *Le testament Donadieu*[20] noch nicht kannte! Ich weiß nicht, wie ich mir das erklären soll – 1936!

Wie konnte ein solches Buch unbeachtet bleiben – sogar von mir, der ich doch so lange schon auf der Lauer liege... Ein bemerkenswertes Buch, und so verschieden von allen anderen: keine Zentralfigur mehr, sondern ein gutes Dutzend aneinandergereihter und miteinander verzahnter Geschichten, alle auf derselben Erzählebene – daß Sie das so zustande gebracht haben... Ich bin verwundert und zweifle nicht mehr daran, daß Sie zu allem und jedem fähig sind, daß Sie das Schwierigste und das Größte meistern...

Bin seit acht Tagen in Paris zurück und habe Lambry konsultiert. Es ging einfach nicht mehr so weiter. Immerhin besteht Hoffnung, daß das Herz sich einigermaßen erholt – aber nur bei fast absoluter Ruhe. Von Amerika und unseren schönen Wiedersehensplänen da unten kann allerdings keine Rede mehr sein... Die geringste Anstrengung entkräftet mich völlig.

[19] Professor für französische Literatur an der Columbia University in New York; verstorben 1968, Autor von *A Portrait of André Gide, A Critical Biography*, Knopf: New York 1953.

[20] Gide vergißt, daß er das Buch 1938 gelesen hat. Vgl. den Brief von Simenon, wonach Gide mit ihm telefonisch über *Donadieu* gesprochen hat. Außerdem Brief 3 von Gide an Simenon vom 6. Januar 1939.

Wußten Sie, daß Bernanos zu Ihren glühendsten Verehrern zählt? Ich kenne ihn zwar nicht persönlich, bin aber trotzdem hocherfreut darüber.

Ich denke oft an den *Roman*, von dem Sie gesprochen haben, und stelle mir vor, wie Sie daran schreiben. Meine besten Wünsche für gutes Gelingen und meine gespannte Neugier begleiten Sie.

Habe keine Kraft, Ihnen heute mehr zu schreiben; doch ganz der Ihre.

André Gide

35. *Gide an Simenon*

2. Mai 1948

Lieber Simenon,
ich habe die Empfindung, Ihnen gegenüber recht säumig (beinahe hätte ich geschrieben: »schuldig«) geworden zu sein. Entschuldigungen – oder eher »mildernde Umstände« – sind: andauernde Müdigkeit und zu viele Verpflichtungen ... Sie werden es ja schon erfahren haben: Ich habe auf Amerika verzichten müssen; die Reise geht im Augenblick über meine Kräfte. Einer der Hauptanreize dabei wäre das Vergnügen gewesen, Sie wiederzusehen, aber ich habe mich ziemlich rasch der Einsicht beugen müssen, daß es dort drüben kein Entrinnen vor allen möglichen Belästigungen, langweiligen Schwätzern (offiziellen und anderen), Interviewern, Banketten, Toasts etc. gibt. In seinem letzten Brief schreibt mir Justin O'Brien, der nun wieder in den USA ist: »Alles in allem haben Sie gut daran getan, nicht zu kommen.«

Außerdem bin ich ja noch bei dem alten Lambry, dem Medizinmann von E ..., in Behandlung und befolge seine Anweisungen. Es geht mir eher besser – mein Herz bekommt wieder Vertrauen und Sicherheit ... A propos Arzt: Ich habe endlich die Bekanntschaft von Leriche gemacht (dessen unvergeßliche *Chirurgie de la douleur* ich auf Ihr Anraten hin – das habe ich ihm auch gesagt – trotz mangelnder Sachkenntnis in einem Zug von vorn bis hinten gelesen habe). Ich traf ihn gelegentlich eines Abendessens bei dem Psychiater Prof. Delay; ich schlage alle Einladungen aus, aber diese hatte ich angenommen. Der einzige weitere Gast war Alan Gregg, der Präsident der Rockefeller-Stiftung, der gerade auf der Durchreise in Paris war. Er hat übrigens das Vorwort zu der ungewöhnlichen Umfrage über das *Sexual Behavior* geschrieben, die Sie sicher kennen. Großartig.

Dieser Brief ist schwieriger und später fertiggeworden, weil ich mit Ihnen über *La Jument-Perdue* – ich habe die Fahnenabzüge gelesen – sprechen will und muß. Das Buch ist so ganz anders als Sie, als Ihre übrigen Werke und als alles, was ich erwartet hatte... Ich spüre darin eine ungewöhnliche Kraft der Erneuerung, die mich zugleich entzückt und beunruhigt. Ich bin ein bißchen traurig, weil ich einige Ihrer ureigensten Qualitäten vermisse (– absichtlich aufgegeben? Abhanden gekommen?). Da sind auch neue, zweifellos; aber die sind Ihnen nicht so auf den Leib geschrieben, und da haben andere schon Hervorragendes geleistet. Und dann sage ich mir wieder, daß Sie eigentlich die Meinungen und Ratschläge anderer nicht brauchen: Sie werden von einem inneren Zwang getrieben und geleitet, dem Sie gehorchen *müssen*. Was nicht hindert, daß ich bei *La Jument-Perdue* weniger den Eindruck eines geglückten Wurfs (wie schlecht das ausgedrückt ist!) habe als etwa – in einem ganz anderen Genre – bei *Faubourg* (eines der letzten Ihrer Bücher, die ich wiedergelesen habe, und zwar mit Spannung und Interesse). Ich warte immer noch darauf, daß Sie in einem *Roman* mit zahlreichen Personen die Perfektion zeigen, die meisterhafte Fertigkeit, die Sie so oft unter Beweis gestellt haben, wenn es darum ging, eine einzige Person auf die Beine zu stellen.

Bin zu müde, um noch ausführlicher zu erklären. Ganz rasch, bevor ich den Stift hinlege, alle freundschaftlichen Grüße und Wünsche.

André Gide

P.S. Auf dem Foto, das in ›France Illustration‹ von mir erscheint, lese ich gerade *Monsieur La Souris* – der Titel ist deutlich zu erkennen.

36. *Simenon an Gide*

Stud Barn
Tumacacori, Arizona, U. S. A.
4. Oktober 1948

Mon cher Maître,
jedesmal, wenn ich eine Zeitlang ohne Nachricht von Ihnen bin, fühle ich mich etwas unbehaglich. Andererseits habe ich aber weder das Recht noch die Absicht, auch nur ein wenig von der Zeit für mich zu beanspruchen, die Ihrem Werk und Ihrer Gesundheit gehört. Ich möchte nur wissen, wo Sie sind, wie Sie sich fühlen und ob die Ärzte Ihnen zu arbeiten erlauben oder Sie zu einer Ruhe verurteilen, die einzuhalten Ihnen bestimmt schwerfällt... Nur ein paar Worte, ja? Eine einfache Postkarte. Und wenn Sie die Augenblicke zählen müssen, die Sie auf Ihre Arbeit verwenden können, dann lesen Sie diesen Brief nicht. Es steht nichts Wichtiges darin – er soll lediglich das kleine Gespräch sein, das ich mir angewöhnt habe mit Ihnen von Zeit zu Zeit zu führen.

Ich nehme an, daß Sie im Herbst reisefertig sein werden und – wie gewöhnlich – den Winter in einem wärmeren Klima als dem Frankreichs verbringen werden. Wohl sicher Afrika? Schade, daß Arizona so weit weg ist. Sie finden hier das belebendste und anregendste Klima, das Sie sich nur denken können. Dies ist, denke ich mir, die trockenste Zone der Welt (– zehn bis zwölf Regentage im Jahr). Die Sonne ist jetzt noch heiß, aber ohne daß die Luft steht, so daß es im Schatten frisch ist und man in der Nacht zwei Wolldecken braucht. Stellen Sie sich außerdem vor, daß die Ebene, wenn man das so nennen kann, 1500 Meter hoch liegt und von Viertausendern umgeben ist (die jedoch so weit weg sind, daß sie keinen Schatten machen). Bald wird dort Schnee liegen; fünfzehn Minuten mit dem Flugzeug, und Sie können Ski fahren. An keinem anderen Ort war ich physisch derart im Gleichgewicht, hat mich eine derartige Arbeitswut erfüllt. Wer weiß – vielleicht entschließen Sie sich nächstes Jahr doch, ein paar Monate hier zu verbringen?

Ich nehme mir immer wieder vor, für ein paar Wochen nach Frankreich zu gehen. Ein Hinderungsgrund ist die Arbeit – ein zweiter die internationale Lage, bei der es mir passieren könnte, daß ich dort drüben festsitze, während mein Sohn hier ist. Nun möchte ich ihn aber während der Schulzeit nicht mitnehmen, und mitten im Sommer, wenn Ferien sind, habe ich in Paris nichts verloren. An der Riviera mit all den Hollywoodstars sehe ich mich auch noch nicht recht. Außerdem bin ich so glücklich hier, so völlig in Einklang mit der Natur, mit den Menschen und Dingen, daß es mir einfach widersteht, von hier wegzugehen. Jean Renoir, der mich kürzlich besucht hat, geht es genauso. Boyer dagegen hat, glaube ich, Sehnsucht nach der »alten Welt«, obwohl (oder vielleicht *gerade weil*) seine Karriere ihn hier zurückhält.

Haben Sie die Fahnenabzüge von *La neige était sale* bekommen? Ich habe den Verlag gebeten, Ihnen einen Satz zu schicken, aber die Leute sind furchtbar schlampig. Schickt man Ihnen eigentlich meine Romane? *La neige* jedenfalls wird in Kürze erscheinen; danach *Pedigree*. Ich freue mich auf die Reaktion der Kritik – was vor fünf Jahren noch gar nicht so sicher war... Schließlich liegt die Sache schon über sechs Jahre auf Eis. Ich habe gerade einen »amerikanischen« Roman (d. h. einen, der in Amerika spielt) fertiggestellt – *Le fond de la bouteille*. Ich komme langsam voran, mache eine Menge Umwege und kann verstehen, daß ich meine besten Freunde irremache. Aber ich folge eben nicht einem logischen Konzept, wie Sie völlig richtig sagen, sondern einem Instinkt, den ich für sicher halten möchte – andernfalls wäre es eine Katastrophe (für mich!).

Kürzlich habe ich aus Frankreich eine Kiste mit Dokumenten erhalten, in der unter anderem einige Briefe des Grafen Keyserling waren. Zu meiner Überraschung habe ich darunter eine Skizze von Ihnen gefunden, deren Existenz ich vergessen hatte; Keyserling muß sie mir wohl in Darmstadt gegeben haben. Ich kopiere sie Ihnen schlecht und recht. Die Skizze ist auf der Rückseite einer Speisekarte; es wird Ihnen vielleicht Spaß machen, an dieses Essen zurückzudenken. (Das Blatt berührt mich um so mehr, als es aus meinem Geburtsjahr stammt und Keyserling bis zu seinem Tod zu meinen guten Freunden gezählt hat. Gerade als der Krieg ausbrach, hatte er für zwei Monate zu mir nach Pougereilles kommen wollen; sein Sohn Manfred war zu diesem Zeitpunkt bei mir.)

Ich selbst habe dreißig Jahre später mit Keyserling, dem Hitler ziemlich übel mitgespielt hatte, im selben Hotel gegessen. Ich erinnere mich noch an das Familienalbum von Mme Keyserling – es war voll mit Fotos von ihrem Großvater Bismarck in vertraulichem Beisammensein mit Wilhelm II. (manchmal in Hemdsärmeln). Gestatten Sie mir, daß ich dieses Dokument behalte, oder möchten Sie es lieber geschickt haben?

Ich würde gern möglichst rasch erfahren, wo Sie sind und ob Ihre Gesundheit wieder ganz hergestellt ist. Das ist so viel wichtiger als das, was ich Ihnen sagen könnte, daß alles andere dagegen zurücktritt.

Sicherlich wissen Sie, daß Sie in den U. S. A. einen Riesenerfolg haben und daß Ihr *Journal* von allen gelesen wird, auf die es ankommt, und vor allem von den Studenten? Auch in der breiten Öffentlichkeit bleibt es nicht unbeachtet, da ein nach Ihrem Buch gedrehter Film zur Einweihung des ersten wirklich großen französischen Kinos in New York ausgesucht wurde. Es vergeht keine Woche, ohne daß ich nicht auf Sie angesprochen werde, und die Amerikaner sind sehr scharf auf alles, was Sie betrifft. Ich hatte mir deshalb erlaubt, Sie für Boyer – oder besser gesagt für das von ihm in Los Angeles gegründete Französische Institut – um ein Foto von Ihnen (mit Widmung) oder ein handschriftliches Blatt zu bitten. Dürfte ich dem Institut eine Seite aus einem Ihrer Briefe (natürlich eine, in der nicht von mir die Rede ist) überlassen? Ich weiß, wie sehr Ihnen derlei zuwider ist; ich finde aber, daß man gutwillige – und noch weniger aufrichtige und anhängliche – Bewunderer nicht enttäuschen sollte.

Ich mache mir Sorgen um Sie, mon cher Maître. Ich möchte so gern wieder »Kontakt« haben – wie knapp und über welche Distanz auch immer. Ich bekomme nur sehr wenig Zeitungen aus Frankreich, und darin ist kaum von Literatur oder von Schriftstellern die Rede. Ich hoffe, daß die Ereignisse nicht ein weiteres Mal eine Schranke zwischen uns errichten, die schwieriger zu überwinden ist als der Atlantik. Ich hoffe es, wage aber nicht zu fest daran zu glauben. Deshalb möchte ich Sie eindringlich meiner tiefen und kindlichen Zuneigung versichern und Ihnen sagen, daß ich Ihnen für immer Dank schulde für die liebevolle Aufmerksamkeit, die Sie mir lange

Jahre hindurch geschenkt haben. Ihnen verdanke ich einen guten Teil meines Selbstvertrauens. Möge nie Selbstgefälligkeit und Überheblichkeit daraus werden.

Ihr sehr treu ergebener

Simenon

P. S. Ich habe effektiv jeden Kontakt mit der Außenwelt, und besonders der Welt der Literatur, verloren. Ich bewohne ein sehr kleines, völlig alleinstehendes Haus am Fuß des Gebirges, wo Rinder und Pferde frei herumlaufen – sonst nichts. Das Pferd ist zu unserem normalen Fortbewegungsmittel geworden, und unser Sohn könnte mit seinen zehn Jahren in Europa schon fast eine Cowboy-Nummer geben. Von hier aus gesehen erscheinen mir Literatencafés, Redaktionen oder Vorzimmer von Verlegern (in denen ich allerdings nie häufig zu finden war) ausgesprochen extravagant. Ich frage mich, ob sich diese völlige Ungebundenheit, die zwar nicht beabsichtigt ist, die mir aber seit eh und je liegt, als heilsam erweisen wird oder nicht... Nun, darüber wird die Zukunft entscheiden. Einstweilen ist es recht angenehm so.

Ihr S.

37. *Gide an Simenon*

Cabris-sur-Grasse, Alpes Maritimes
10. Oktober 1948

Lieber Freund Simenon,
wie sehr hat mich Ihr Brief vom 4. – gestern morgen erhalten – bewegt... Ich möchte Ihnen darum gleich antworten. Was soll ich Ihnen über meine Gesundheit sagen? Diesen Sommer bin ich nach einer Mittelohrentzündung wiederum ein paar Stufen tiefer gepurzelt. Ich war in Italien, an den Ufern des Gardasees, in einem reizenden kleinen Fischerdorf, wohin Pierre Herbart nachgekommen ist, um mit mir an der Drehbuchversion meiner *Isabelle* zu arbeiten. Das Herz wollte nicht mitmachen, und ich war zu fast völliger Ruhe verurteilt. Keine Schmerzen, keine Angst; ausgezeichnete Stimmung – aber jeden Morgen eine große Unsicherheit, ob ich den Abend erreiche. Ich bin

vor kurzem in dem komfortablen De Soto, in dem Marc Allégret gekommen war, wieder nach Frankreich zurückgefahren; ich hatte aber keinen Mut (und keine Lust), nach Paris zurückzukehren – das würde Strapazen und lästige Verpflichtungen bedeuten, die ich, fürchte ich, schlecht vertrage. Jedenfalls bleibe ich hier, bis das Drehbuch zu *Isabelle* fertig ist... Fast alles muß neu erfunden werden, was mir viel Spaß macht.

Na, und ob ich Sie gern in Arizona besuchen würde! Aber was sollen Sie mit einem Invaliden anfangen? Außerdem müßte es mir, wollte ich solch eine Reise riskieren, viel besser gehen – und Sie wissen ja, wie alt ich bin.

Nein, ich habe die Fahnen von *La neige était sale* nicht erhalten – vielleicht liegen sie in Paris bei den Büchern und Drucksachen, die mir auf eigenen Wunsch nicht nachgesandt werden. Ich gebe gleich meinem Schwiegersohn Jean Lambert Bescheid, damit er bei seinem nächsten Paris-Aufenthalt veranlaßt, daß alle Publikationen von potentiellem Interesse auf mich herunterregnen – angefangen mit den Ihren. Es ist nämlich schon ziemlich lange her, daß ich etwas *Neues* von Ihnen gelesen habe. Ein Drehbuch, das ich zu begutachten hatte, hat mich jedoch dazu gebracht, *Bébé Donge* wiederzulesen; das Buch hat – obwohl ich es gut kannte – eine so starke Faszination auf mich ausgeübt, daß ich mich erneut auf alles geworfen habe, was ich mir dort unten (in Verona) von Ihnen beschaffen konnte... Nein, nein: ich habe mich nicht getäuscht, und meine wachsende Zuneigung zu Ihnen verführt mich nicht dazu, Ihre *Bedeutung* zu überschätzen. Wie sehr ich mich danach sehne, Ihre letzten Sachen zu lesen! Ich denke mit innerer Anteilnahme an Sie; ich stelle Sie mir mit Ihrem großen Cowboy (schon zehn Jahre!) vor, und ich empfinde es als tröstlich zu wissen, daß es Ihnen gut geht. Aber ein Foto von Ihnen mit Ihrem Jungen, das würde mich sehr freuen...

Ich habe Boyer – an die von Ihnen angegebene Adresse – ein schönes handgeschriebenes Blatt geschickt (– allerdings bereits ehe ich Paris verlassen habe; ich wundere mich, daß er es nicht erhalten hat?!), worin ich meine wärmste Sympathie bekunde. Wenn es sein muß, schicke ich ein zweites hinterher!

Ja, mein Freund – uns steht vielleicht schon bald sehr Ernstes bevor; manche Sätze in Ihrem Brief sind in einem Ton gehalten, der mir ans Herz greift – auch deswegen antworte ich Ihnen so rasch, da ich ein großes Bedürfnis habe, Ihnen vor dem Sturm ganz fest die Hand zu schütteln und Sie fühlen zu lassen, wie sehr ich Ihr Freund bin.

André Gide

38. *Gide an Simenon*

Paris, 29. Dezember 1948

Lieber Simenon,
heute nur ein einfaches Lebenszeichen, damit Sie wissen, daß ich in Gedanken und mit guten Wünschen bei Ihnen bin. Es geht Ihnen anstelle des langen Briefes zu, den ich Ihnen unbedingt schreiben wollte und von einem Tag auf den anderen verschoben habe, da die Freundschaft sich nicht über die Müdigkeit zu erheben vermochte ... Seit einigen Tagen geht es mir wesentlich besser; trotzdem bin ich zu wirklichem Arbeiten noch außerstande.

Es liegt mir daran, Ihnen (unter anderem) zu sagen, daß ich »ganz weg« bin (scheußlicher Ausdruck – aber egal) von *La neige était sale*, mit der überraschenden Charakterwandlung dieses schrecklichen Frank, der ein bemerkenswerter »Held« hätte sein können.

Aber *wann* haben Sie das geschrieben? Alle Ihre letzten »Kinder« aus Amerika trugen doch, *in cauda*, Ort und Datum ihrer Veröffentlichung; bei diesem aber – *nichts*. Ist es älter oder jünger als die anderen?

Wie Claude Gallimard mir sagt, geben Sie der N. R. F. ein neues Buch.[21] Erst vor ganz kurzem habe ich sechs Ihrer Bücher von neuem »in mich reingestopft« (wie meine alte Haushälterin sagt) – mit anderen Worten also *wiedergelesen* ... Eine harte Probe; Sie haben sie jedoch großartig bestanden. Ich war froh, mich einmal mehr davon zu überzeugen. Ihr *Pedigree* andererseits ist mir noch genauso langweilig vorge-

[21] *Le bilan Malétras*

kommen... Aber Sie haben sicherlich trotzdem gut daran getan, das Buch zu schreiben.

Lieber ferner Freund: Ich bin mit Ihnen froh über Ihren Zentaurensprößling, Ihre Gefährtin und alles, was Ihr Glück ausmacht. Und ich bin, mit den herzlichsten Grüßen,

Ihr getreuer
André Gide

39. *Gide an Simenon*

La Colombe d'Or
Saint-Paul-de-Vence (A.-M.)
22. Juni 1949

Lieber Freund Simenon,
Ihr guter Brief kommt gerade recht zu meiner Genesung. Wie es aussieht (aber das sagt man mir erst jetzt), bin ich mit knapper Not einem Leberabszeß und einer Operation entgangen. Nach einem Monat Krankenhaus (in Nizza) fühle ich mich geradezu verjüngt, nach der Zwangspause wieder voller Arbeitslust und Appetit, ja Heißhunger darauf, die Vorbereitungen für die Verfilmung meiner *Caves du Vatican* in Angriff zu nehmen, um die ich mich selber kümmern will – mit Pierre Herbart, der mich begleitet, Jacques Prévert, der schon hier ist, und Yves Allégret, dem Regisseur, der hier zu uns stößt.

Ja, sicher – ich würde sehr gern eine Zeitlang in Ihrer Nähe sein und Sie garantiert erheblich bei der Arbeit stören, denn ich möchte Ihnen vieles sagen und vieles von Ihnen hören. Aber meine Zeit ist bemessen; ich scheue jede Anstrengung und habe konsequent die ehrenvollsten Einladungen aus Amerika ausgeschlagen. – Entzückt, zu hören, daß Sie mitten in einem Manuskript stecken und im Sinn von *La neige était sale* arbeiten – ein Buch, das mich nicht nur bereits zufriedenstellt, sondern mir darüber hinaus noch Hoffnung auf einen ungewöhnlichen Neubeginn macht; ein Buch, mit dem Sie glücklich heraus sind aus dem Schlamm, in dem Sie zu versinken drohten. Sie wissen ja, daß ich Ihre vier früheren in Amerika geschriebenen Bände[22] ziemlich negativ beurteilt. Bei *La neige était sale* fühle ich, wie Sie wieder *Sie selbst werden und sich übertreffen.*

Ihnen, Ihrer Gefährtin, Ihrem Sohn und dem Kind, auf das Sie warten, gelten meine Gedanken. Herzlichst

André Gide

40. *Gide an Simenon*

7. Dezember 1949

Lieber Simenon,
die letzten Tage war ich vollauf damit beschäftigt, meine Koffer zu packen. Ich spüre weder Angst noch Schmerzen – nur eine tödliche Müdigkeit: stimmungsmäßig, geistig und physisch... Unfähig zur kleinsten Anstrengung, und sei es auch nur, meine Notizen über Sie wieder zur Hand zu nehmen, zu ordnen und sinnvoll zu ergänzen. So, wie sie jetzt da liegen, sind sie nicht präsentabel (– höchstens posthum). Und ich wünsche mir brennend, ein Buch von Ihnen zu lesen – ein neues, das mir einen Anreiz gibt, meine Notizen zu ergänzen. Die letzten Bücher (ausgenommen *La neige était sale*) haben mich eher ernüchtert – Sie wissen es.

Alles das, was Sie mir über Marc schreiben, macht mir große Freude. Könnten Sie mir vielleicht ein Foto von ihm schicken? Ich habe Ihnen gerade erst ein Foto von mir zugesandt, auf dem ich *Père la Souris* lese (um die Neugierigen – was mag er wohl lesen? – zufriedenzustellen, habe ich das Buch so gehalten, daß der Titel gut lesbar ist). Meine Sekretärin hat meine Anweisungen jedoch nicht abgewartet und das Foto – als Einschreiben – an Ihre alte Adresse nach Tumacacori geschickt. Ob es Ihnen von dort zugeschickt werden kann?

Ich warte mit großer Ungeduld auf *Les quatre jours du pauvre homme*, die Sie mir angekündigt haben.

22 *Pedigree* und *Le bilan Malétras* sind 1948 veröffentlicht worden, wurden jedoch 1942/43 in der Vendée geschrieben, die vier anderen, vor *La neige était sale* in den USA geschriebenen Bücher (ausgenommen vier Maigrets) sind: *Lettre à mon juge, Le destin des Malou, Le passager clandestin* und *La Jument-Perdue*.

Alles Liebe für Marc und Jean, meine Verehrung ihrer Mutter – und für Sie die freundschaftlichsten Grüße

in treuer Verbundenheit
André Gide

41. *Gide an Simenon*

Paris, 29. November 1950

Lieber Freund,
Sie hätten eine Menge Post von mir bekommen, wenn ich nicht so großen Wert darauf legte, Ihnen nur ganz brillante Briefe zu schicken. Aber es kam noch etwas dazu, was mich vom Schreiben abhielt: Sie hatten mir Ihre Abreise angekündigt, und ich hatte die Vorstellung, daß Sie unterwegs und schwer zu erreichen seien. Außerdem aber – und das vor allem: es wollte überhaupt nicht mehr (– ich spreche von meiner Gesundheit). Es ging steil bergab; insbesondere das Herz hat abgebaut, und alles wurde mir zur Last wegen dieser ewigen Müdigkeit... Übrigens bei ausgezeichneter Gemütsverfassung: ich hatte den Eindruck, alles gegeben zu haben, daß nichts mehr blieb, als mit Anstand abzutreten.

Ich war in Juan-les-Pins. Da ist plötzlich Touchard, der Verwaltungsdirektor des »Théâtre Français«, in Begleitung des charmanten Jean Meyer aufgetaucht. Sie waren begeistert von dem Rohentwurf, dem Embryo eines Dramas, das ich für die »Schöngeister« von Lausanne aus meinen *Caves du Vatican* herausgefiltert hatte. Das müsse der Öffentlichkeit zugänglich gemacht werden, redeten sie auf mich ein, und zwar sobald wie möglich – nach einigen Änderungen. Mit dem Quentchen Neugier, das ich noch in mir fühlte, habe ich dem entnommen, daß ich noch nicht völlig abgeschrieben war. Da war noch ein allerletztes Wagnis, auf das ich mich einlassen würde... Jean Meyer ist nach Taormina gekommen, wo wir drei Tage lang den Text durchgegangen sind. Und ich glaube, daß das Resultat ganz ausgezeichnet ist. Wenn man es so sehen will, anstößig – so daß wir uns auf ein paar entsprechende Reaktionen des Publikums gefaßt machen... Es liefe alles gut, wenn ich mich nicht so müde fühlte. Und dabei werden auch Sie mit der Bühne Bekanntschaft machen, lieber Simenon... Am 7. Dezember (ich am 13. – zwei sehr gute Zahlen). Ich hatte Ihnen geschrieben, wie sehr ich *La neige était sale* mochte. Es ist eines der besten Bücher – ach was! Das beste! –, das Sie seit langem geschrieben haben. Ein Buch, das mich in meinem Glauben an Sie *bestärkt* hat – mich bestärkt hätte, wenn das nötig gewesen wäre. Ich warte nun ungeduldig auf *Les volets verts*.

Wenn ich meiner Phantasie freien Lauf lasse, sehe ich Sie auf Ihrer neuen Farm vor mir, zusammen mit Marc, wie Sie sich gemeinsam ans Werk machen und finden, daß das Leben lebenswert ist, daß es angepackt werden will. – Ich bin begeistert von den Fotos, die uns das Buch von Narcejac[23] von Ihnen beschert (besonders das auf dem Einband), und im großen und ganzen auch von dem Buch selbst. Wie viele Menschen kennen Sie noch gar nicht! Es kommt vor, daß Leute zu mir kommen und mich fragen: aber was soll ich denn eigentlich von ihm lesen? Und ich sage: Alles. – Was Narcejac bei all seinem gut fundierten Lob vielleicht nicht genügend zum Ausdruck bringt, das ist jene Art von Rauschzustand, dem der Leser ganz von selbst anheimfällt, sobald er ein Buch von Ihnen aufschlägt. Ich empfinde das sogar von neuem, wenn ich einen Ihrer Romane wiederlese; obwohl jegliches Überraschungsmoment wegfällt, ist meine Begeisterung ebensostark – ja stärker noch als bei der ersten Lektüre. Gibt es eine bessere Gewähr für *Dauerhaftigkeit*? Lieber Simenon, ich mag Sie sehr, und ich umarme Sie.

André Gide

Correspondance André Gide – Georges Simenon. In: *Simenon*, hrsg. von Francis Lacassin und Gilbert Sigaux, Paris 1973. Der *Briefwechsel Georges Simenon–André Gide* ist 1977 in der deutschen Erstübertragung von Stefanie Weiss im Diogenes Verlag erschienen.

Die vorliegende Korrespondenz beginnt im Jahre 1938; Simenon war damals fünfunddreißig, Gide neunundsechzig Jahre alt. Sie endet 1950; ein Jahr vor Gides Tod. Nach Simenons Worten war dies »so ungefähr der einzige regelmäßige Briefwechsel« in seinem Leben; »und immer war es Gide, der meine Briefe provoziert hat«. (*Als ich alt war*, Eintragung vom 25. Juni 1960)

23 Thomas Narcejac: *Le Cas »Simenon«*

Brief an meine Mutter

Donnerstag, den 18. April 1974

Meine liebe Mama,

es ist ungefähr dreieinhalb Jahre her, daß du im Alter von einundneunzig Jahren gestorben bist, und vielleicht beginne ich dich jetzt erst kennenzulernen. Ich habe meine Kindheit und meine Jugendzeit mit dir im gleichen Haus verlebt, aber als ich dich mit neunzehn Jahren verließ, um nach Paris zu gehen, warst du für mich noch immer eine Fremde.

Übrigens habe ich dich nie Mama genannt, sondern Mutter, wie ich auch meinen Vater nicht Papa nannte. Warum? Wie kam das? Ich weiß es nicht.

Seither habe ich Liège ein paar kurze Besuche abgestattet. Der längste war der letzte, als ich im Hôpital de Bavière, wo ich als Bub bei der Messe zu ministrieren pflegte, eine Woche lang Tag um Tag deinem Todeskampf zusah.

Das Wort paßt jedoch nicht recht auf die Tage, die deinem Tod vorausgingen. Du lagst, von Verwandten oder mir unbekannten Leuten umringt, auf deinem Bett. An manchen Tagen konnte ich kaum bis zu dir gelangen. Ich habe dich stundenlang beobachtet. Du hast nicht gelitten und keine Angst empfunden. Du hast auch nicht von früh bis abends den Rosenkranz abgehaspelt, obwohl eine Nonne in schwarzer Tracht Tag für Tag regungslos auf dem gleichen Stuhl in dem gleichen Winkel saß.

Manchmal, oft sogar, hast du gelächelt. Doch das Wort »Lächeln« hat, auf dich angewendet, nicht ganz seinen üblichen Sinn. Du blicktest uns, die wir dich überleben und dir bis zum Friedhof folgen würden, ruhig an, und manchmal verzogen sich deine Lippen zu einem ironischen Ausdruck.

Man hätte meinen können, du wärst schon in einer anderen Welt oder vielmehr in deiner eigenen Welt, in deiner inneren Welt, die dir vertraut war.

Denn dieses Lächeln, in dem auch Melancholie und Resignation lagen, habe ich seit meiner Kindheit gekannt. Du hast das Leben über dich ergehen lassen. Du hast es nicht gelebt.

Man hätte meinen können, du harrtest nur auf den Augenblick, bis du endlich, vor dem großen Ausruhen, auf deinem Spitalbett liegen dürftest.

Dein Arzt war mein Jugendfreund. Er versicherte mir, daß du nach der Operation, die er vorgenommen hatte, sanft einschlafen würdest.

Das hat ungefähr acht Tage gedauert, die längste Zeit, die ich in Liège verbrachte, seit ich es mit neunzehn Jahren verließ, und wenn ich aus dem Spital kam, konnte ich es mir nicht verkneifen, mich alten Jugendfreuden hinzugeben, zum Beispiel Muscheln mit Pommes frites oder frischen Aal zu essen.

Muß ich mich schämen, daß ich gastronomische Bilder mit dem Bild deines Spitalzimmers verquicke?

Ich glaube nicht. Es stimmt eines zum anderen. Das Ganze stimmt zusammen – dieses Ganze, das ich zu entwirren versuche und das du vielleicht früher als ich verstanden hattest, als du mich mit einer Mischung aus Gleichgültigkeit und Zärtlichkeit anblicktest.

Solang du lebtest, haben wir einander nie geliebt, das weißt du ja. Wir haben beide nur so getan.

Heute glaube ich, daß jeder sich ein ungenaues Bild vom anderen machte.

Bringt es eine Klarheit, die man vorher nicht hatte, wenn man weiß, daß man diese Erde verlassen wird? Ich weiß es noch nicht. Immerhin bin ich ziemlich sicher, daß du die Leute, die dich besuchen kamen, die Neffen und Nichten, die Nachbarinnen, recht genau katalogisiert hast.

Und als ich kam, hast du mich ebenfalls katalogisiert.

Aber was ich in deinen Augen und in deinem ruhigen Gesicht suchte, war nicht das Bild, das du dir von mir machtest; es war dein wirkliches Bild, das ich zu erkennen begann.

Ich war bewegt, besorgt. Am Abend vorher hatte mich mein alter Schulkamerad Orban angerufen, der jetzt Chefarzt am Hôpital de Bavière ist und dich operiert hatte. Ich war auch so schnell wie möglich gekommen – über die Schweizer Straßen, dann über die deutsche Autobahn und schließlich noch ein Stück belgische Straße.

Plötzlich stand ich wieder vor dem großen, glänzend lakkierten Tor des Hôpital de Bavière, vor dem ich als Kind immer atemlos ankam, besonders im Winter, wenn ich durch die menschenleeren Straßen gerannt war, wo ich mich aus Angst mitten auf der Fahrbahn hielt.

Ich fand sofort deinen Pavillon und dann deine Tür. Ich klopfte an, und jemand rief: »Herein!«

Es gab mir einen Schock, als ich mindestens vier oder fünf Leute und außerdem noch eine schwarzgekleidete Nonne erblickte, die in deinem kleinen Spitalzimmer Wache zu halten schien, wie eine Schildwache.

Ich schlängelte mich zu deinem Bett durch, um dich zu begrüßen, und du sagtest mir sehr einfach, als wäre es die natürlichste Sache der Welt:

»Warum bist du denn gekommen, Georges?«

Dieser Satz hat mir später, als ich darüber nachdachte, vielleicht ein wenig von deinem Ich offenbart; er blieb mir auf der Seele liegen.

Ich küßte dich auf die Stirn. Irgend jemand, ich weiß nicht wer, trat mir seinen Stuhl ab. Ich habe dich eindringlich betrachtet. Ich glaube, ich habe dich in meinem ganzen Leben nie auf diese Art betrachtet.

Ich war darauf gefaßt, eine halb bewußtlose Sterbende vorzufinden. Ich begegnete wieder deinen Augen, die ich schon früher zu beschreiben versucht habe, aber ich werde sie nochmals beschreiben müssen, denn ich beginne sie erst mit der Zeit zu verstehen.

Warst du erstaunt, mich zu sehen? Hattest du gedacht, ich würde nicht kommen, um bei deinem Todeskampf und deiner Beerdigung dabeizusein? Hast du mich für gleichgültig oder gar feindselig gehalten?

War die Überraschung in diesen verwaschenen grauen Augen echt oder wieder einmal alte Hinterlist? Ich kann den Gedanken nicht loswerden, du hättest gewußt, daß ich kommen würde, und mich erwartet – aber da du von jeher jedem Menschen und ganz besonders mir zu mißtrauen pflegtest, hattest du gefürchtet, daß ich doch nicht kommen würde.

Die Leute, die dich umringten, waren nicht so diskret, das Zimmer zu verlassen. Ich mußte sie selbst hinausschicken, ihnen sagen, daß ich einen Augenblick mit meiner Mutter allein sein wollte.

Die Nonne rührte sich nicht. Sie blieb ruhig auf ihrem Stuhl sitzen, so unbeweglich, so undurchdringlich, wahrscheinlich auch so gleichgültig, wie eine Statue. Sie sagte mir nie guten Tag, wenn ich eintrat. Sie sagte mir auch nie adieu, wenn ich ging.

Man hätte meinen können, daß sie die Schlüssel zur Pforte des Todes, des Himmels und der Hölle verwahrte und nur auf den richtigen Zeitpunkt wartete, um sie zu benützen.

Wir sahen einander lange an. In deinem Gesicht lag keine Traurigkeit; es lag überhaupt keine Empfindung darin, die ich mit Sicherheit definieren könnte.

Ein Sieg? Vielleicht. Du warst das dreizehnte von dreizehn Kindern. Als du zur Welt kamst, machte dein Vater Bankrott. Du warst fünf Jahre alt, als er starb.

So fing dein Leben an. Du bliebst mit deiner Mutter allein zurück. Deine Geschwister hatten sich zerstreut, einige lagen schon auf dem Friedhof. Ihr hattet eine bescheidene, mehr als bescheidene Wohnung in einer armseligen Straße von Liège, und ich habe nie erfahren, wovon ihr gelebt habt, deine Mutter und du, bis du mit neunzehn Jahren Verkäuferin in einem Warenhaus wurdest.

Ich besitze eine schlechte Photographie von dir, die aus dieser Zeit stammt. Du warst hübsch, dein Gesicht zeigte noch die weichen Rundungen der Jugend, doch deine Augen drückten gleichzeitig eiserne Willenskraft und Mißtrauen gegen die ganze Welt aus.

Wenn deine Lippen auch ein Lächeln andeuten, so ist es doch ein unjunges Lächeln, in dem schon alle Bitterkeit der Welt liegt, und deine Augen starren voller Härte in den Photoapparat.

»Warum bist du gekommen, Georges?«

In diesem kleinen Satz liegt vielleicht die Erklärung für dein ganzes Leben.

Als wir, abgesehen von der Anwesenheit der Nonne, allein waren, wußtest du mir nichts zu sagen, und auch ich wußte dir nichts zu sagen. Ich ergriff deine abgemagerte Hand, die auf der Decke ruhte. Sie war ohne Wärme, gleichsam ohne Leben.

Wärest du wirklich enttäuscht oder gekränkt gewesen, wenn ich nicht gekommen wäre? Ich weiß es nicht.

Die Leute, die bei meiner Ankunft dein Zimmer füllten, die kanntest du. Du wußtest sozusagen von jedem einzelnen, was er von dir erwartete; der eine Geld, die andere eine deiner beiden Anrichten, eine dritte die Hauswäsche, und so fort.

Denn du hast dir nie Illusionen gemacht. Du hast niemals einem Menschen geglaubt. Soweit ich zurückdenken kann, hast du immer und überall Lüge und Eigennutz gewittert.

Als ich noch nicht sechs Jahre alt war und gerade in das Institut Saint-André eintrat, glaubtest du schon, daß ich dich anlüge. Und du hast es immer geglaubt. Zum letztenmal besuchtest du mich in Epalinges. Ich hatte dich für ein paar Wochen zu mir eingeladen, mit dem Hintergedanken, dich in einem der ausgezeichneten Altersheime der Umgebung unterzubringen, denn du warst schon sehr alt und behindert.

Epalinges, das ich vor zwei Jahren zum Kauf ausgeschrieben und noch immer nicht verkauft habe, ist ein sehr großes Haus, es wirkt ziemlich luxuriös. Es erfordert zahlreiche Angestellte. Du verbrachtest deine Tage zum großen Teil im Garten, unter dem beweglichen Schatten einer Birke.

Was dich beschäftigte, war nicht die Frage, wie du deine letzten Lebensjahre verbringen würdest. Wenn es dir gelang, jemanden vom Hauspersonal zu erwischen, fragtest du mit mißtrauischem Blick:

»Ist die Besitzung wirklich bezahlt?«

Diese Frage hat dich schon beunruhigt, als ich dich in die Richardière einlud. Das war ein kleines Rittergut, zu dem ein großer Teich voller Enten, ein riesiger Gemüsegarten, ein Wäldchen und einige Wiesen gehörten. Auch dort verbrachtest du einen guten Teil des Tages in einem Fauteuil im Freien. Ich glaube, damals besaß ich noch nicht mehr als drei Pferde. Das machte einen Stallknecht nötig. Der Garten und der Geflügelhof wurden von einem Gärtner besorgt. Auch damals, im Jahre 1931, hatte ich schon ziemlich viel Leute um mich.

Du sahst sie ihrer Arbeit nachgehen, du beobachtetest sie, und als du einmal mit Boule allein warst, fragtest du:

»Hat mein Sohn große Schulden?«

Fünfzig Jahre lang vermochte ich dich nicht davon zu überzeugen, daß ich arbeitete und mir mein Brot verdiente.

Dieser Argwohn richtete sich nicht nur gegen mich. Er war dir angeboren. Das fünfjährige kleine Waisenmädchen, das mit seiner Mutter allein lebte, konnte einfach nicht an Wunder glauben.

Aber im Grunde war ich der Hauptgegenstand dieses Argwohns.

Aus Liebe? Aus Besorgnis, daß ich mir eine falsche Stellung anmaßte? Weil du Angst hattest, ich könnte Gott weiß was für einen Betrug begehen?

Nur du, Mutter, könntest diese Fragen beantworten. Ich für mein Teil kann bloß Vermutungen anstellen. Die Tage, die ich an deinem Sterbebett verbrachte, haben mir vielleicht dabei geholfen.

Soeben habe ich dich Mutter und nicht Mama genannt. Ich bin eben von klein auf daran gewöhnt, dich so zu nennen. Ich erinnere mich sehr gut an meine Kindheit, besser als die meisten Menschen. Wenn mein Gedächtnis auch oft versagt, wo es um Ereignisse aus der letzten Zeit geht, bei meinen ersten Lebensjahren ist es von photographischer Präzision.

Ich weiß nicht mehr, ob du mich jemals auf den Schoß genommen hast. Jedenfalls hat es keine Spuren in meiner Erinnerung hinterlassen, was bedeutet, daß es nicht oft passiert ist.

Das »Vater« und »Mutter«, das man mir beibrachte, kam wahrscheinlich nicht von dir, und ich kann dir deswegen nicht böse sein. Mein Vater hatte ein sehr weiches Herz, aber wie alle Simenons, die ich kannte, ging er nie aus sich heraus.

Ich erinnere mich an eine winzige Episode, die vielleicht bezeichnend ist. Einmal sagtest du ihm in einem Anfall von Mutlosigkeit:

»Wenn ich denke, Désiré, daß du mir niemals gesagt hast: Ich hab dich lieb!«

Worauf Vater, ganz bestimmt mit feuchten Augen, antwortete:

»Aber du bist doch da!«

Hat dich das verhärtet? Hast du, in der Zange zwischen den Brülls, denen du entstammtest, und den Simenons, in deren

Sippe du eintratest, etwas wie einen Riß verspürt? Oder Verwirrung?

Das alles, Mutter, will ich zu begreifen versuchen und es dir sagen.

Ich habe neunzehn Jahre lang mit dir zusammengelebt und fast ebensolange mit Désiré. Du hast viel gearbeitet. Er auch. Das Schicksal hat euch nicht viele Freuden geschenkt.

Heute weiß ich, daß ein Ehepaar mit Kindern nicht bloß ein Paar ist – und daß es dies manchmal vergißt. Im Haus gibt es Kinderaugen, die fast bei allem dabei sind, die Eltern beobachten und mit ihrem kindlichen Verstand über sie urteilen.

Man glaubt, einfach Vater und Mutter zu sein.

Das stimmt nicht. Die beiden sind zwei Individuen, und jede ihrer Bewegungen, jedes ihrer Worte, jeder ihrer Blicke werden unbarmherzig beurteilt.

Jetzt, da du tot bist und ich dir einen meiner seltenen Briefe schreibe, bin ich selbst Vater und natürlich nicht mehr unbarmherzig.

Heute frage ich mich, was du in deinem ständigen Argwohn dachtest, während ich stundenlang an deinem Bett saß und dich eindringlicher betrachtete, als ich wollte. Vielleicht hast du dir gesagt:

»Er wartet ungeduldig, bis es mit mir zu Ende ist, damit er aus dem Spital wegkommt und wieder heimfahren kann.«

Vielleicht bedeutete auch der Schatten eines Lächelns, das am Morgen um deine Lippen lag:

»Siehst du! Ich bin immer noch da . . .«

Ich aber bemühte mich in diesen langen Stunden, dich zu verstehen, dich kennenzulernen, mir die kleine Henriette Brüll, die du einmal warst, vorzustellen, denn man kennt einen Menschen nur dann wirklich, wenn man seine Kindheit kennt.

Von deiner kenne ich nur einzelne Bruchstücke, die vielleicht ebensosehr der Legende wie der Wirklichkeit angehören, denn du sprachst so selten wie möglich davon, und damals, als ich jung war, erlaubte man sich nicht, seine Eltern nach ihrer Vergangenheit auszufragen.

Ich kenne die Rue Féronstrée und die kleinen Gassen, die in

sie münden. Ich weiß, daß du mit deiner Mutter in einem dieser Gäßchen gewohnt hast. Ich weiß auch, daß du nicht Französisch, sondern ein mit deutschen Brocken vermischtes Flämisch gesprochen hast, so daß du in den Geschäften ausgelacht wurdest, wenn man dich eine Kleinigkeit einkaufen schickte.

Auch dein Vater ist für mich eine legendäre Gestalt. Er war Gutsverwalter auf einer großen Besitzung in der Provinz Limbourg, am Ufer des Kanals. Ich fuhr in den Ferien hin, denn jetzt leben dort Verwandte. Dein Vater war *dijkmaster*, Deichhauptmann, worauf du mit Recht sehr stolz warst. Der *dijkmaster* verwahrt nämlich die Schlüssel zu den Schleusen, die es gestatten, bei großer Trockenheit das Land unter Wasser zu setzen, und das macht ihn zu einer wichtigen Persönlichkeit.

Warum ist er aus dem Limbourg fortgezogen? Du hast es mir nie gesagt. Ich finde ihn in Herstal, am Stadtrand von Liège wieder, wo er mit seiner ganzen Familie im alten Schloß von Pépin de Herstal wohnte. Er besaß vier oder fünf Lastkähne und war, soviel ich weiß, Holzgroßhändler.

Ich besitze eine Photographie von ihm. Er ist ein Mann mit energischen Zügen und hartem Blick. Er war Deutscher, in der Nähe der holländischen Grenze geboren, und heiratete eine Holländerin.

Wie, und warum, war er nach Belgien gekommen? Warum begann er mit etwa fünfzig Jahren unmäßig zu trinken? Ich weiß es nicht. Fest steht, daß er eines Abends nach einer großen Sauferei Wechsel für einen Freund gegenzeichnete, daß dieser Freund Bankrott machte und daß er auf einen Schlag ruiniert war.

Du warst also fünf Jahre alt, als du das Schloß von Herstal verlassen mußtest. Von dieser Zeit hast du mir als einzige Erinnerung erzählt, daß du ein Schaf besaßest. Man hatte es dir als Lämmchen geschenkt, und du wolltest dich nicht von ihm trennen, als es groß wurde.

Wie war das Leben in Herstal? Wie ging das vor sich, die Zerstreuung deiner Geschwister, die alle viel älter waren als du?

Siehst du, das alles hätte ich wissen wollen, denn es hätte mir geholfen, die Mutter, die aus dir geworden ist, zu verstehen.

In deiner Lebensgeschichte, so wie du sie mir erzählt hast, klaffen große Lücken. Ich besitze eine Photographie deiner

Mutter: eine hochmütige Frau mit ebenmäßigen Zügen, die aber genauso hart sind wie die ihres Mannes, die aus dem Bild blickt, als wollte sie der Welt Trotz bieten.

Wenn man an die Wohnungstür dieser Frau klopfte, stellte sie rasch ein paar Kochtöpfe aufs Feuer, um die Leute glauben zu machen, daß sie ein üppiges Mahl zubereite.

Davon ist dir auch etwas geblieben. Etwas davon und das Gegenteil. Du warst gleichfalls stolz, Mutter, aber du warst sozusagen stolz auf deine Niedrigkeit. Du warst stolz darauf, arm zu sein und niemanden um etwas zu bitten. Du stelltest dich sogar ärmer, als du warst, als wäre Armut eine Tugend, und heute, mit einundsiebzig Jahren, beginne ich mich zu fragen, ob es nicht wirklich so ist.

Ich habe dich oft sagen gehört:

»Siehst du, Maria, wir kommen mit dem Allernotwendigsten aus.«

Schon als ich ganz klein war, haben mich die Worte »das Allernotwendigste« verfolgt. Ich betrachtete sie als eine Beleidigung meines Vaters, denn wenn er dich geheiratet und eine Familie gegründet hatte, war er doch offenbar fähig, für sich einzustehen.

Aber du warst eine Brüll, und die Brülls wollten sich nie damit abfinden, von mittlerem Stand, geschweige denn arm zu sein.

Einer deiner Brüder, den ich nur einmal im Leben gesehen habe, war sehr reich und besaß ein Schloß. Er war, wie dein Vater, eine wichtige Persönlichkeit in Limbourg: er verkaufte den Landwirten Dünger und Saatgut und kaufte ihnen dann ihre Produkte ab.

Dieser Bruder hatte dich nach deiner Heirat nie besucht, er kam nie zu uns. Doch als ich einmal ein Möbelstück aus imitierter Eiche betrachtete, erzähltest du mir:

»Meine Mutter und ich hatten ein paar antike Möbel behalten, die noch von meinem Vater herstammten. Einmal kam der Bruder und sagte uns, diese wackligen alten Möbel wären doch unpraktisch, er würde uns dafür neue kaufen.«

Mein Onkel ließ die Familienerbstücke abholen und ersetzte sie großmütig durch Serienmöbel aus dem Warenhaus.

Das hast du schon damals verstanden. Ich weiß jetzt, daß du vieles verstanden hast, daß zahllose Erinnerungen, von denen ich nichts weiß, dich allmählich zu der Frau gemacht haben, die meine Mutter wurde.

Ich sah dich an. Ich beobachtete den Ausdruck deiner Augen, wenn der eine oder andere Besucher eintrat. Von Zeit zu Zeit sah ich dich die Lider schließen, als hättest du das alles schon satt, die Besucher und mich auch.

Du hast deinen Vater kaum gekannt, denn er starb, als du fünf Jahre alt warst. Kanntest du deine Mutter viel länger? Ich weiß nicht, wann sie starb und woran sie starb. Ich weiß auch nicht, wie alt du warst und was für Probleme es dir brachte.

Es verblüfft mich, zu entdecken, wieviel leerer Raum zwischen zwei Generationen bestehen kann, wo doch jeder von uns durch seine Gene, wenn nicht durch seine Erziehung, seinen Eltern ähnelt.

Während du unbeweglich auf deinem Spitalbett lagst, hast du dich, wie ich dich kenne, gefragt, woran ich wohl dachte, wenn ich dich stundenlang so anblickte. Wie ich dir schon sagte, besitze ich nur eine Photographie deines Vaters, und er bleibt für mich eine außergewöhnliche und geheimnisvolle Gestalt.

Ich suchte in deinem Gesicht nach seinen Zügen. Schließlich entdeckte ich einen: deine schmalen, fast immer fest geschlossenen Lippen, die sich nicht einmal beim Lächeln öffneten, sondern sich nur etwas in die Länge zogen.

Warst du deinem Vater nachgeraten? Jedenfalls habe ich keinerlei Ähnlichkeit mit deiner Mutter entdeckt, von der im Familienalbum ebenfalls ein Bild ist. Im Gegenteil. Als die Armut jäh über sie hereinbrach, erhob deine Mutter stolz ihr Haupt und blickte mit hochmütiger, ruhiger Verachtung auf die Welt.

Du, du senktest den Kopf. Du wolltest demütig erscheinen. Du sagtest allen Leuten bei jeder Gelegenheit danke, der Milchfrau so gut wie deinen Schwestern.

Aber war dieses »danke«, das du auch mir beibrachtest, nicht eher ein Ausdruck von innerem Hochmut?

Ich wüßte vor allem gern, was sich bei dem plötzlichen Bankrott meines Großvaters abspielte. Als ich alt genug war, um mich umzuschauen, war das Schloß von Herstal niedergerissen. Meine Onkel und Tanten kannte ich nur als alte Leute.

Du warst ein kleiner Spätling, das Kind, das zur Welt kam, als man es schon nicht mehr erwartete, und das die Tochter eines seiner Geschwister hätte sein können. Ein paar von meinen Kusinen waren deine Altersgenossinnen.

Dein Vater – das weiß ich, weil es zur Familienlegende gehört – trank in seinen letzten Jahren viel, er war sogar ein richtiger Säufer geworden.

Die Legende erzählt wie gesagt auch, daß er aus Gefälligkeit die Wechsel eines angesehenen Mitbürgers gegenzeichnete, der mit ihm am Stammtisch zu sitzen pflegte. Dieser Mann machte Bankrott, und dein Vater mußte die Wechsel honorieren, für die er gebürgt hatte.

Ich kenne den Namen dieses Mannes. Ich sah ihn in mächtigen weißen Buchstaben auf großen zweispännigen Fuhrwerken stehen, die in meiner Kindheit durch die Stadt kutschierten.

Später passierte etwas, wovon ich dir absichtlich nichts erzählte. Im Jahre 1952 fuhr ich zu einem Empfang der *Académie belge* nach Belgien. Natürlich kam ich auch nach Liège. Du wohntest noch immer in einem der bescheidenen Häuschen in der Gegend der Place du Congrès, wo ich meine Kindheit verbracht hatte.

Die Stadt Liège bereitete mir ein unerwartetes Willkommen. Es gab offizielle Empfänge und nicht minder offizielle Déjeuners und Diners in verschiedenen Häusern der Stadt. Du nahmst an allen teil.

Eines Abends jedoch fand in der Nähe von Embourg – wo wir so oft die Ferien verbracht hatten – ein Diner statt, zu dem mich einige Journalisten mitnahmen, obwohl es nicht zum offiziellen Programm gehörte.

So kam ich in eine sehr große, sehr schöne, ja geradezu luxuriöse Villa, wo man mich mit einem großartigen Bankett empfing.

Am gleichen Nachmittag hatten mir die Journalisten von

Liège eine goldberingte Tabakspfeife überreicht, die ich bei Tisch neben meinen Teller legte.

Nach dem Essen kam die Herrin des Hauses, eine noch jugendliche, recht hübsche, etwas mollige Dame, mit lebhaftem Blick auf mich zu.

»Wissen Sie, Monsieur Simenon, daß die Beziehungen zwischen Ihrer und meiner Familie schon Jahre alt sind?«

Was hätte ich darauf antworten sollen? Ich kannte nicht einmal den Namen meiner Gastgeberin, denn man schleppte mich von einem Diner und einem Empfang zum anderen.

»Ich bin die Tochter von Monsieur X. Er war ein Freund Ihres Großvaters.«

Ich wurde ganz steif und war nahe daran, das Haus ohne jedes weitere Wort zu verlassen. Sie war die Tochter des Mannes, der deinen Vater ruiniert hatte.

Ich blieb jedoch noch kurze Zeit, dann ging ich – in Gedanken an das fünfjährige kleine Mädchen, das du einst warst. Am nächsten Morgen merkte ich, daß mir die Pfeife, die Erinnerungsgabe meiner Kollegen von Liège, abhanden gekommen war. Ich erzählte es einem von ihnen, der sofort Nachforschungen anstellte.

Die Pfeife wurde gefunden. Der Sohn meiner gestrigen Gastgeberin hatte sie sich angeeignet und sie in seinem Zimmer versteckt.

Wie du siehst, sind wir von der gleichen Familie zweimal bestohlen worden.

Die Pfeife war nicht wichtig. Wichtig ist die für das Leben so bedeutsame Zeitspanne zwischen deinem fünften Jahr und dem Tag, an dem du dich als schüchternes kleines Dickerchen in der *Innovation* vorstelltest.

Hat dein Vater seinen Ruin lange überlebt? Ich weiß es nicht. Ich weiß nur, daß er an Krebs starb. Wie alt waren deine Brüder? Deine Schwestern? Wie standest du mit ihnen?

Wenn ich an diese Periode deines Lebens denke, kommst du mir wie ein aus dem Nest gefallenes Vögelchen vor.

Wenn ich mich nicht irre, sprach die ganze Familie bald deutsch, die Muttersprache des Vaters, bald flämisch, die Muttersprache der Mutter, die ja Holländerin war.

Ich stelle mir dich vor, wie du in den Läden der Rue Féronstrée, einer volkstümlichen Geschäftsstraße, genau wie die Rue Puits-en-Sock, wo mein Vater zur Welt kam, französische Worte herausstotterst, die du rechts und links aufgeschnappt hast.

Wo bist du zur Schule gegangen? Wo immer es gewesen sein mag, du warst dort eine kleine Fremde, über die die anderen Kinder sich sicher lustig machten. Man mußte dir jedes französische Wort erklären. Und wenn du in die bescheidene Wohnung deiner Mutter heimkehrtest, sprachst du wieder das Gemisch aus Deutsch und Flämisch, in dem ich dich dein Leben lang mit deinen Geschwistern reden hörte.

Das kam euch ganz natürlich über die Lippen. Mein Vater, der in seinem Winkel saß, ohne etwas von eurem Familiengespräch zu verstehen, konnte nur schweigen.

Dachtest du in deinen letzten Tagen, als du mit einem dünnen Lächeln auf deinen schmalen Lippen friedlich dalagst, manchmal an das Schäfchen deiner Kinderjahre, an die Lastkähne deines Vaters, die, von Pferden geschleppt, die Kanäle durchfurchten, an die Baumstämme, mit denen sie beladen waren, an die hohen Holzstöße, die sich um Schloß Herstal auftürmten?

Du hast uns so gut wie nie davon erzählt, und man hätte meinen können, daß du auf deinem Spitalbett Bilder wiedersahst, die nur noch dir gehörten.

Deine Geschwister waren nicht mehr am Leben, da sie ja viel älter waren als du, und du warst einundneunzig Jahre alt. Die kleine Letzte hatte bis zum Schluß durchgehalten. Und sonderbar – als die Familien all deiner Geschwister sich allmählich aufgelöst hatten, wie es das Los jeder Familie ist, suchte man bei dir Zuflucht.

All die anderen kamen von der anderen Seite des Flusses. In Liège gilt das *Quartier d'Outremeuse*, das Stadtviertel jenseits der Maas, als volkstümliche, wenn nicht gar proletarische Gegend.

Trotzdem kamen sie, einer nach dem anderen, und kauften oder mieteten dort ein Haus, um ganz in deiner Nähe zu sein.

Ich möchte mich nicht zu der Behauptung versteigen, daß es eine Vergeltung des Schicksals war. Aber du mußt es dir heimlich gedacht haben, denn die gleichen Geschwister nannten dich als ganz junges Mädchen, als du stark abgenommen hattest und an überreizten Nerven und unvermittelten Weinkrämpfen littest, »einen Spatzen für die Katze«.

Der Spatz für die Katze hat sie alle begraben.

Während ich dies schreibe, frage ich mich, ob wir in den langen Stunden, da wir einander schweigend anstarrten, manchmal zufällig an die gleichen Dinge dachten. Was mich betrifft, kam mir eine peinliche Erinnerung in den Sinn, die Erinnerung an einen Vorfall, dessen ich mich schäme, und es gibt nicht viele Dinge in meinem Leben, deren ich mich schämen müßte.

Es war auf eben dieser Reise nach Liège, im Jahre 1952. D., meine zweite Frau, begleitete mich und suchte sich soviel wie möglich vorzudrängen.

Der Bürgermeister und die Stadtbehörden hatten mir einen prachtvollen Empfang bereitet. Unter anderem veranstalteten sie ein großartiges Déjeuner im Musée d'Assembourg, einem alten Patrizierhaus, das mit seinen Möbeln und Bildern, seinen Teppichen und Nippsachen unverändert die Zeit überdauert hat.

In einem kleinen Raum, der sich an den monumentalen Speisesaal anschließt, spielte ein Kammerorchester César Franck, Grétry und Mozart.

Doch als es zu spielen begann, hatte sich der Vorfall schon ereignet. Auf der Festtafel lag zur Rechten des Platzes, der für mich bestimmt war, ein Kärtchen mit deinem Namen. D. ergriff es mit einer raschen Bewegung und sagte herrisch:

»Du sitzt hier, Mama!«

Dabei führte sie dich zu dem Platz, der für *sie* vorgesehen war.

Haben andere die Szene beobachtet? Zweifellos. Ich hatte damals nicht den Mut einzugreifen, aber während der ganzen Mahlzeit hörte ich nichts von der Musik und später auch nichts von den Tischreden, weil ich mich so schämte.

Es ist eine der schlimmsten Erinnerungen meines Lebens.

Um sie durch eine lustigere Erinnerung an die gleiche Reise gewissermaßen auszulöschen, will ich dir ein Diner in einem großen Restaurant von Liège ins Gedächtnis rufen. Meine journalistischen Kollegen, darunter einige, mit denen ich früher zusammengearbeitet hatte, überließen den größten Teil meiner Zeit den Offiziellen. Sie beanspruchten nur einen Abend für sich, zu einem gemütlichen Essen, ohne Förmlichkeit, das eben in diesem Restaurant stattfinden sollte.

Sie empfahlen mir jedoch, dich nicht mitzubringen, weil es eine wenig konventionelle Zusammenkunft werden sollte, bei der es vielleicht heiterer zugehen würde, als es deinem Geschmack entsprach.

Ich erklärte dir also, daß du zu diesem Abend nicht eingeladen seist.

Du hast, wo es um mich ging, immer das Schlimmste angenommen. Manchmal warst du scharfsichtiger als ich, aber meistens irrtest du dich.

Ich sehe noch, wie du den Kopf schüttelst und mit verärgerter Miene sagst:

»Mein Gott, sei vorsichtig, Georges! Die werden dich bestimmt zu einer Orgie schleppen!«

Natürlich gab es keine Orgie.

Dieses gleichsam angeborene Mißtrauen, das du mir, soweit ich nur zurückdenken kann, von meiner frühesten Kindheit an gezeigt hast, konnte ich nie begreifen, und wahrscheinlich hat es dazu beigetragen, eine Schranke zwischen uns aufzurichten. Du schienst mich immer der ärgsten Missetaten zu verdächtigen. Wenn Christian, mein um drei Jahre jüngerer Bruder, in Tränen ausbrach, fuhrst du zuerst einmal auf mich los:

»Was hast du ihm jetzt wieder getan?«

Ich hatte ihm gar nichts getan. Er weinte aus irgendeinem Grund, der nichts mit mir zu tun hatte. Heute frage ich mich, ob es nicht notwendigerweise in jeder Familie einen Bösewicht geben muß. Dieser Bösewicht war ich.

Ich bin dir darum nicht böse. Manchmal war ich es, unter anderem um das Jahr 1942 herum, als ich dich in dem Roman *Pedigree* unter dem Namen Elise schilderte. Heute bin ich mir bewußt, daß das ziemlich konfuse Bild, das ich von dir zeichnete, nicht richtig war.

Damals vermied ich es übrigens, das Buch zu veröffentlichen. Ich ließ es, um dich nicht zu kränken, zehn Jahre lang in meinem Schreibtisch liegen. Als es schließlich erschien, hörte ich zu meiner Verblüffung von Bekannten, daß du es stolz jedem Menschen in deiner Nachbarschaft zu lesen gabst und daß du deine Briefe statt mit »Henriette« mit »Elise« unterschriebst.

Am meisten freute mich, daß die Behörden von Liège, vom Bürgermeister bis zum Gouverneur, dich nach meinem eben erwähnten Besuch der Stadt fortan zu allen öffentlichen Veranstaltungen und Banketten einluden und dich sogar in einem Wagen abholen ließen.

Wie du siehst, lebt in meinem Gedächtnis Gutes und Schlechtes nebeneinander, wie vermutlich in jedem Gedächtnis, und ich denke, es kam dir in deinem Spitalzimmer wohl auch manchmal in den Sinn, daß ich im Grunde vielleicht nicht so »schlecht« wäre, wie du es dir vorgestellt hattest.

Einige Zeit darauf lud ich dich ein, zu mir in die Vereinigten Staaten zu kommen und zu bleiben, solang es dir Freude machte. Ich hatte damals eine sehr große Besitzung in Connecticut, und ich fürchtete mich ein wenig vor deiner Reaktion, die immer kam, wenn du an mir oder in meiner Umgebung etwelchen Luxus entdecktest.

Ich holte dich mit meinem Wagen vom Internationalen Flughafen ab und sah zu meiner Verblüffung, daß du wie eine Bettlerin daherkamst, obwohl ich genau wußte, daß eine Verwandte von dir, die mehrere Schneiderateliers besaß, dich mit einer ansehnlichen Garderobe ausgestattet hatte.

Zu Hause angelangt, fragte ich dich, ob du nichts anderes anzuziehen hättest, und du sagtest: »Nein!« Wie aus Trotz. Tatsächlich aus Trotz, aber es war ein Trotz, den ich heute begreife und eigentlich billige.

Die kleine »Letzte« aus der Rue Féronstrée, die kleine Verkäuferin aus der *Innovation*, der ihre reichgewordenen Brüder nie geholfen hatten, lehnte sich instinktiv gegen alles auf, was viel Geld kostete.

»Weißt du, Maria, ich komme mit dem Allernotwendigsten aus ...«

Das eine stimmt zum anderen. Ich fuhr mit dir nach New York und kaufte dir ein paar Kleider. Und hierher gehört eine kleine tragikomische Geschichte – im Grunde eher tragisch als komisch.

D. hatte immer die Manie, in den Schränken und den Angelegenheiten anderer zu wühlen. So entdeckte sie, daß du nur ein ganz schäbiges, ganz aus der Fasson gegangenes Korsett besaßest. Sie ging hin und kaufte dir ein anderes. Dein altes warf sie, ohne es dir zu sagen, in den Mülleimer.

Am nächsten Morgen sah sie höchst erstaunt, daß das Korsett nicht mehr darin lag. Du warst offenbar in der Nacht aufgestanden, hattest den Weg durch ein ziemliches Gewirr von Gängen gefunden, weiß Gott wie die Haustür geöffnet und dich wie ein Mäuschen an der Wand des Hauses entlanggeschlichen, bis du die Mülleimer entdecktest. Du hast nichts gesagt. Niemand hat dir etwas gesagt. Am Abend warf D. in ihrer Halsstarrigkeit das Korsett wieder in den Mülleimer – und du gingst es noch einmal holen.

Daraus entwickelte sich ein richtiger Weiberkrieg, der Kampf zwischen zwei Willenskräften. Auf der einen Seite D., überheblich, aggressiv, mitleidlos, und auf der anderen Seite das kleine alte Weiblein, das mit den ältesten Fetzen am Leib aus Liège gekommen war, als wollte es verkünden:

»Ihr habt mich eingeladen. Ihr habt auf meinem Besuch bestanden. Schön, da bin ich! Ihr müßt mich nehmen, wie ich bin, denn ich lasse mir von euren großartigen Manieren nicht imponieren!«

Hast du wieder an das alles gedacht, Mutter? Ich habe es getan – und noch an viele andere Dinge, die jahrelang in meinem Gedächtnis begraben waren. Ich will versuchen, sie dir zu sagen.

Von Angesicht zu Angesicht, in einem kleinen Spitalzimmer und im Bewußtsein, daß der andere nur noch ein paar Tage zu leben hat, drängt es einen, sich selbst zu erforschen, und man tut es aufrichtig, ohne irgendwelche Winkelzüge.

Die Leute, die in deinem Zimmer kommen und gehen, sind unwichtig. Übrigens scheinen sie gar nicht zu kommen und zu gehen. Sie schleichen auf so leisen Sohlen, daß man sie weder eintreten noch hinausgehen hört. Sie stehen oder sitzen (falls sie einen Stuhl finden) stundenlang, möchte man meinen, im Zimmer herum, wohl um auf den Tod zu warten.

Nur die Klosterschwester sitzt unabänderlich, reglos wie ein Wachsbild da, die plumpen braunen Hände mit dem Rosenkranz im Schoß. Worauf sie wartet, weiß ich nicht. Wahrscheinlich auf dasselbe wie die anderen.

Der treueste Besucher ist ein ziemlich beleibter Mann, der irgendwie vage zur Verwandtschaft gehört und mir zwei-, dreimal geschrieben hat, ich solle ihm und seiner Familie ein Haus in der Umgebung von Liège kaufen. Davon habe ich dir nie etwas gesagt, aber ich weiß, daß du es erraten hast.

In Wahrheit geht es nur um uns beide, die wir einander gewissermaßen die Stirn bieten. Du bist einundneunzig Jahre alt, doch in meinen Augen bist du nicht älter geworden. Du hattest von jeher dieses schmale Gesicht, den bleichen Teint, die dünnen Lippen.

Ich bin um die siebzig herum. Wir sind durch zwanzig Jahre getrennt. Ich weiß so gut wie nichts davon, was sie für dich bedeuteten, und noch weniger von den Jahren davor.

Wie kommt es, daß du, die Jüngste, das Photoalbum der Familie besitzt? Wollten deine älteren Geschwister es dir nicht streitig machen? Hast du es mit deinem Starrsinn errungen wie alles andere in deinem Leben?

Es ist ein dickes grünes Lederalbum mit vergoldeten Ecken und einer goldenen Rose auf dem Deckel.

Ich habe dich öfter nach den Personen gefragt, die auf seinen Seiten zu sehen sind. Damals war die Photographie noch wenig verbreitet. Man mußte eigens zum Photographen gehen, der den Kopf unter ein schwarzes Tuch steckte, um seinen Apparat einzustellen. Im allgemeinen tat man das nur zu besonderen Anlässen.

Dein Vater und deine Mutter stehen an angemessener Stelle. Ich erkenne auch einige deiner Schwestern und Schwäger, denen ich als Kind begegnet bin.

Doch es gibt andere, von denen du mir nichts sagen konntest, und ich bezweifle, daß du selber weißt, wer sie waren. Da ist vor allem eine sehr steife Frau mit starrem Blick und strengem Gesicht, die eine mir unbekannte Uniform trägt; soviel ich verstanden habe, ist es die Tracht einer deutschen religiösen Sekte. Es gibt auch einen jungen Mann in der Offiziersuniform des Deutschen Kaiserreichs, der ein Onkel von mir sein muß.

Ich denke aber nicht an diese Leute, während ich dich ansehe, sondern an eine andere Photographie: ein sehr junges, noch nicht erwachsenes Mädchen mit einem langen Trauerschleier, der von ihrem schwarzen Krepphütchen bis auf den Boden fällt.

Das bist du. Ich weiß nicht, wie alt du warst, ich weiß nicht, um wen du Trauer trugst. Weißt du es selber noch? Es gab damals so viele Trauerfälle in der Familie, daß ich dich und deine Schwestern öfter in Trauerschleiern gesehen habe als in hellen Kleidern.

Manchmal frage ich mich, ob wir beide, du in deinem Bett, ich auf meinem unbequemen Stuhl, in diesen Tagen nicht ein seltsames Spiel miteinander spielen.

Du weißt, daß du sterben mußt. Mein Freund Orban hat es dir nicht verheimlicht, mit Recht. Übrigens war es niemals leicht, dir etwas zu verheimlichen.

Du lebst also schon so gut wie außerhalb der Welt, ich meine die Welt der Menschen, und du betrachtest uns mit einer gewissen Ironie. Aber vielleicht ist es auch Mitleid.

Denn wir, die wir dich ebenfalls betrachten, haben noch einen mehr oder weniger langen Weg vor uns, und wie er aussehen wird, davon können wir uns keinen Begriff machen.

Du, du weißt es, und darin besteht deine Überlegenheit. Vielleicht ist das auch die Erklärung des leisen Lächelns, das ab und zu um deine Lippen huscht?

Einst warst du aber siebzehn Jahre alt. Das ist das Alter, auf das ich das junge Mädchen in Trauer auf dem Bild schätze. Vielleicht achtzehn Jahre. Es umgibt dich noch ein Hauch von Kindheit.

Um diese Zeit stelltest du dich bei der *Innovation* vor. Es ist eines der größten Warenhäuser von Liège, und du hast mir oft erzählt, wie du voller Selbstvertrauen, mit beinahe herausforderndem Blick, zu einem gewissen Monsieur Bernheim gingst, der damals der Direktor des Geschäfts war.

Denk dir, ich habe mir sogar den Namen gemerkt: Monsieur Bernheim! Er war bedeutsam für deinen ersten Lebensabschnitt, denn schon am Tag darauf standest du hinter dem Ladentisch.

Als Kind ging ich oft mit dir in die *Innovation*. Du kanntest die meisten Verkäuferinnen und gingst von einer Abteilung in die andere, um alle zu begrüßen und von dir Bericht zu geben.

Diese Berichte müssen nicht sehr heiter gewesen sein, denn die Gespräche endeten fast immer mit dem Taschentuch vor den Augen.

Ich hätte von jeher so gern eine Photographie von dir gehabt aus der Zeit, da du noch ein richtiges Kind warst, als dein Vater gestorben war und du mit deiner Mutter in der Nähe der Rue Féronstrée wohntest. Im Album gibt es keine. Ein ganzes Stück deiner Vergangenheit hat keine Spuren hinterlassen, und gerade dieses Stück interessiert mich leidenschaftlich.

Auch so habe ich allen Grund anzunehmen, daß du bereits ein kleines Mädchen mit sehr reizbaren Nerven und von übergroßer Empfindlichkeit warst, das aber durch irgendein Wunder sein seelisches Gleichgewicht und seine Willenskraft bewahrte.

Willenskraft hast du dein Leben lang besessen, und jetzt, wo du hier auf einem Spitalbett liegst, das dein Totenbett sein wird, bin ich nicht sicher, ob du dir nicht selbst deine Todesstunde gewählt hast. Du wärst dazu durchaus imstande!

Noch ein Geheimnis: Wo bist du meinem Vater begegnet? Wie habt ihr euch kennengelernt? In der *Innovation* hattest du eine Arbeitskollegin, Valérie, die ebenso klein war wie du, aber kein hübsches Gesicht hatte. Ihr wart innig befreundet. Wenn der hochgewachsene Désiré draußen vor den Spiegelscheiben vorbeiging, sagte vielleicht die eine oder andere von euch – ich weiß nicht welche:

»Was für ein stattlicher Gang!«

Denn mein Vater, der einen Meter fünfundachtzig groß und dabei schlank war, marschierte mit großen, metronomisch regelmäßigen Schritten.

Seid ihr durch dieses Schaufenster hindurch miteinander bekannt geworden? Ist das, was für euch die Liebe war, auf diese Art entstanden? Als ich klein war und auch später noch, als ich zum Mann heranwuchs, pflegten Eltern von solchen Dingen nie zu sprechen.

Désiré verabschiedete sich täglich um dieselbe Stunde mit einem Kuß von seiner Mutter und begab sich aus der Rue Puits-en-Sock gewissermaßen mechanisch in sein Büro, das neben dem Bahnhof Guillemins lag. Er war damals schon einer der höheren Angestellten der Versicherungsanstalt, in der er arbeitete, denn er war der einzige, der das Collège besucht hatte.

Machte Désiré, wenn er zum Mittagessen heimging, absichtlich einen Umweg von fast einer halben Stunde, um dich durch die Scheiben der *Innovation* zu sehen?

Hatte er dich schon bemerkt? Hatte er sich in das winzig kleine junge Mädchen mit dem hellen, beinahe weißblonden Haar verliebt?

Auch das weiß ich nicht. Ich mußte siebzig Jahre und noch älter werden, um zu erkennen, daß meine ganze Vergangenheit, deine und die meines Vaters, die für alles, was meine Persönlichkeit geformt hat, so bedeutungsvoll ist, wie eine leere Wand vor mir steht.

Hie und da der Umriß einer menschlichen Gestalt, bekannte und noch mehr unbekannte Gesichter im Photoalbum. Abgerissene Satzfetzen, die ich hier und dort aufgeschnappt habe.

Mindestens zwei deiner Schwestern waren ebenso nervös wie du, nervös und beeindruckbar bis zum Exzeß, womit ich nicht geistesgestört sagen will, obwohl die eine in einer – wie man es damals nannte – Irrenanstalt starb und die andere, mit noch nicht vierzig Jahren, an Trunksucht.

Ich möchte eher sagen, daß du abnormal empfindlich warst, und ich bin nicht der einzige, der diese Eigenschaft mehr oder weniger geerbt hat. Als Kind und als junger Mensch war ich mondsüchtig. Es passierte häufig genug, daß ihr mich in meinem weißen Barchentnachthemd unten auf der Straße erwischt habt. Der Arzt riet euch, mein Fenster vergittern zu lassen, und bis zu meiner Abreise aus Liège hatte ich stets Gitterstäbe vor Augen, nicht viel anders als ein Gefangener.

Noch jetzt leide ich manchmal an Anfällen von Mondsüchtigkeit, was in meinem Alter sehr selten vorkommt. Mindestens zwei meiner Söhne sind ebenfalls Schlafwandler, obwohl sie nicht von derselben Mutter stammen, und mein Enkel auch.

Stammt das von dir? Wahrscheinlich, denn Vater war ein

ruhiger Mensch, den ich nie nervös sah und der nie seine Selbstbeherrschung verlor.

Ich bin nach dem kleinen Mädchen aus der Rue Féronstrée geraten, darum wollen meine Augen es so eindringlich erforschen.

Hast du deshalb so nach Sicherheit gesucht, nach Sicherheit um jeden Preis?

Damals gab es weder Altersrenten noch soziale Fürsorge. Eine einzige Krankheit konnte die Existenz einer Familie gefährden.

Der arme Désiré übte einen Beruf aus, der mit keiner Pension verbunden war und keinerlei Gewähr für eine sichere Zukunft bot.

»Wenn ich denke, daß du nicht einmal eine Lebensversicherung hast!«

Wie oft habe ich diesen Satz von dir gehört, wenn du übler Laune warst! Désiré sagte nichts und wandte den Kopf ab, denn mehr konnte er nicht tun.

Das erfuhr ich später, als er mit vierundvierzig Jahren einem Herzanfall erlag, von seinem Arzt.

Mit fünfundzwanzig Jahren war er schon von dem Leiden befallen. Jedenfalls bildete er für die Versicherungsgesellschaften, mitinbegriffen diejenige, bei der er selbst angestellt war, was man mehr oder weniger elegant »ein Gesundheitsrisiko« nannte.

Er schwieg bis zum Schluß. Ich bin dir nicht böse. Nicht ihn hast du mir als Vorbild für meine berufliche Zukunft hingestellt, sondern einen gewissen Monsieur Reculé, einen munteren Sechziger, der, ich weiß nicht durch welche Winkelzüge des Schicksals, so etwas wie ein Freund unserer Familie geworden war.

Er arbeitete nicht mehr und hatte es nicht nötig, weil er »in Pension« war. Er war Eisenbahnbeamter gewesen, und bei den Belgischen Eisenbahnen gab es schon Alterspensionen.

Man sah ihn selbstbewußt lächelnd spazierengehen und die Früchte der langen Jahre genießen, die er hinter einem Bahnschalter verbracht hatte. Er brauchte sich nicht einmal um die Zukunft seiner Frau zu sorgen, denn nach seinem Tode würde sie ebenfalls eine Pension beziehen.

Du siehst, Mutter, daß Kinder beobachten und zuhören. Wegen Vaters Krankheit oder vielmehr weil er keine Versicherung besaß, wolltest du unbedingt einen Beamten aus mir machen, einen Mann, der hinter einem Schalter oder in einem Büro der Belgischen Eisenbahnen oder einer ähnlichen Gesellschaft sitzt.

Kann ich dir das verdenken?

Auf sonderbar verschlungenen Gedankenwegen habe ich soeben einen weißen Fleck in der Geschichte deiner Jugend ausgefüllt. Während ich dasaß und dich ansah, fragte ich mich, ob Sterbende manchmal Tränen vergießen und ob du selber welche vergießen würdest.

Das Wort »Tränen« löste eine Erinnerung in mir aus.

Eine deiner Schwestern, eine sehr schöne Frau, war mit einem Kolonialwarenhändler en gros verheiratet, eben die Schwester, die an Alkoholismus sterben sollte. Sie bekam zuerst einen Jungen und dann ein Töchterchen.

Deine Mutter muß also zu dieser Zeit schon tot gewesen sein, denn sie nahmen dich ins Haus, nicht als Verwandte, sondern als Kindermädchen. Du hast nicht mit ihnen bei Tisch gegessen, sondern in der Küche, mit zwei oder drei anderen Dienstboten. Und du hattest nicht nur erst ein kleines Kind und dann zwei zu besorgen; wenn deine Zeit nicht ausgefüllt war, übertrug man dir auch andere Arbeiten.

Das ist mir beim Wort »Tränen« wieder in den Sinn gekommen, weil ich dich erzählen hörte, daß du nie im Leben soviel geweint hättest wie dort.

Der Onkel war ein harter Mensch. Die Tante, deine Schwester, war bald die liebevollste, bald die boshafteste Frau, die man sich denken kann. Ich erinnere mich sehr gut an sie. Im Erdgeschoß ihres Hauses war ein großer Laden, wo die kleinen Lebensmittelhändler und die Marktfrauen ihre Waren einkauften. Wenn du deine Schwester besuchen gingst, wußtest du gleich, in welcher Laune sie war.

Entweder bestand sie darauf, deine Einkaufstasche mit Sardinenbüchsen und anderen Konserven vollzustopfen, wie sehr du dich auch dagegen sträubtest, oder sie rief giftig:

»Kommst du schon wieder betteln!«

Ich kann mir vorstellen, welches Leben du führtest, als du bei ihnen im Dienst standest, ein kleines Aschenbrödel, das nie aufzumucken wagte, und ich glaube dir, daß du viel weinen mußtest.

Woher hast du den Mut genommen, davonzulaufen und dich auf deine eigenen Füße zu stellen? Wo hast du ein Nachtlager gefunden? Wer hat dich auf den Gedanken gebracht, Monsieur Bernheim um eine Stellung anzugehen?

Siehst du, wenn wir einander nicht schweigend ins Gesicht schauten, hätte ich dir viele Fragen zu stellen.

Vielleicht hast du bei Valérie und ihrer Mutter gewohnt, die ich beide gut kannte. Sie glichen zwei Zwerginnen mit Affengesichtern, aber sie trugen, um deinen Ausdruck zu gebrauchen, das Herz in der Hand.

Désiré trug einen Zylinder, wie alle Beamten jener Zeit. Ich habe dich von seinem schönen Gang sprechen gehört und auch, wie elegant er seinen Hut zog.

Hat er eines Abends, bei Geschäftsschluß, den Mut gefunden, auf dich und Valérie zuzugehen und elegant den Hut vor euch zu ziehen? Aber was mag er dabei zusammengestottert haben? Er war doch ein schüchterner Mensch.

Im Wohltätigkeitsverein war er Mitglied der Theatergruppe, erschien aber nie auf der Bühne. Er zog es jahrelang vor, im Souffleurkasten zu sitzen.

Wie brachte dieser Mensch den Mut auf, sich mit euch bekanntzumachen, und das zu einer Zeit, da es als sehr unschicklich galt, eine Frau auf der Straße anzusprechen?

Wie lange wart ihr verlobt?

Er war sehr groß, einen Meter fünfundachtzig, und du ganz klein, nicht viel über einen Meter fünfzig.

Es mußte für euch schwierig sein, Arm in Arm zu gehen.

Du stelltest ihn deiner Schwester vor, deren Kinder du gehütet hattest. Sie rieten dir davon ab, einen ordinären Beamten zu heiraten, der keine Zukunftsaussichten hatte.

Der Vater stellte dich seinen Eltern vor, und die ganze Sippe Simenon stand in der verglasten Küche hinter dem Hutgeschäft in der Rue Puits-en-Sock stocksteif vor der kleinen, tief errötenden Flämin.

Es gab keine Flamen in der Familie. Und du warst nicht einmal eine richtige Flämin. Du warst es nur, oder vielmehr du warst nur Holländerin, durch deine Mutter, deren Eltern in der holländischen Provinz Limbourg einen großen Bauernhof besaßen.

Sie waren stolze Leute, die etwas im Sack hatten, doch du hattest nichts davon geerbt. Nichts als eine kleine, auf Eiche hergerichtete Weichholzkommode, die ich kannte und von der ich schon gesprochen habe.

Wohin gingt ihr am Sonntag, Désiré und du? Nicht ins Theater. Kinos gab es nicht. Vater setzte keinen Fuß in ein Café, außer Sonntagvormittag zu seiner Kartenpartie.

Sicher gingt ihr im Parc d'Avroy spazieren, wie ich es später mit euch beiden tat; ich nannte ihn den Entenpark, weil es dort einen Teich mit vielen Enten gab.

Ich besitze keine einzige Photographie von eurer Hochzeit, noch von dieser ganzen Periode eures Lebens. Wie ich Vater kenne, führte er dich sonntags in die Küche der Rue Puits-en-Sock, wo sämtliche Simenons sich um ihre Eltern versammelten.

Richteten sie manchmal das Wort an dich? Wagtest du es selbst zu ergreifen? Ich bezweifle es. Die Simenons bildeten einen so festgeschlossenen Clan, daß du dich dort so fremd fühlen mußtest wie in einem fremden Land.

Ihr wohntet über ein Jahr in der Rue Léopold, im Stadtzentrum, wo ich auch auf die Welt kam. Dann zogt ihr über die Maas hinüber, ganz in die Nähe der Rue Puits-en-Sock, und habt dieses Viertel nicht mehr verlassen.

Du bist jetzt einundneunzig Jahre alt. Ich habe die siebzig hinter mir. Und zwischen uns liegt diese ganze verflossene Zeit. Hat sie dich geprägt? Hast du dir die Erinnerung an ihre Stunden und Tage bewahrt?

Deinem Gesicht zu glauben, scheinst du eher erleichtert, dein Ende kommen zu sehen.

Ich habe von dem Mäuschen gesprochen, das nachts durch die Höfe von Lakeville schlüpfte, um sich sein altes Korsett zurückzuholen. Dein ganzes Leben lang bist du wie ein Mäuschen herumgehuscht. Ich habe dich selten sitzen sehen. Und jetzt sehe ich dich eigentlich zum erstenmal im Bett liegen.

Ich betrachte dein Gesicht, das sich so wenig verändert hat, deine hellen, blaugrauen Augen, die sehr lebendig geblieben sind, und frage mich, ob dein letzter Seufzer nicht ein Seufzer der Erleichterung sein wird.

In deinem Spitalzimmer gibt es etwas, was mich ein wenig beklemmt und mich manchmal am Nachdenken hindert. Das ist die Stille, die hier herrscht. Nur manchmal ein leises Stuhlrücken, wenn jemand aufsteht und weggeht, die gedämpften Schritte eines anderen, der eintritt, das befangene Gestammel, mit dem er dich begrüßt. Das alles erinnert stark an Kirche. Eine Kirche, deren Mittelpunkt du bildest und wo du in deiner Reglosigkeit gewaltige Dimensionen annimmst.

Denn du beherrschst uns alle, die Fremden, die kommen und gehen und zu denen ich mich vielleicht zählen muß, denn ich war ein Fremder für dich; die Tür, die man leise aufmacht und schließt und die jedesmal etwas frische Luft eindringen läßt.

Nur der Besuch des Spitalgeistlichen verändert die Atmosphäre. Er ist ein großer, kräftiger Mensch, der im täglichen Umgang eher gemütlich sein dürfte.

Sobald er sich zeigt, verlassen alle das Zimmer, ich mitinbegriffen. Nur die Nonne mit ihrem Rosenkranz bleibt ruhig sitzen.

Im Gang bilden sich kleine Gruppen. Man sieht Kranke auf ihren fahrbaren Betten vorbeirollen. Man erhascht leere oder resignierte Blicke.

Ich versteife mich darauf, deine Wahrheit zu ergründen, das heißt, ich bemühe mich weiterhin, dich zu verstehen.

In *Pedigree* warst du eine mehr oder weniger schematische Gestalt. Ich beschrieb einige deiner Taten und Gebärden, ich zitierte einige deiner Aussprüche.

Heute suche ich nach der Seele der wirklichen Henriette.

In der Rue Lépold, wo du dein erstes Ehejahr verlebt hast, hattet ihr eine Zweizimmerwohnung über einem Hutgeschäft, und du mußtest ein halbes Stockwerk hinuntergehen, um zu einem Wasserhahn zu kommen.

Es war eine Kleineleutwohnung, und man könnte sagen, daß

du dein Leben lang Wert darauf gelegt hast, der Welt der kleinen Leute anzugehören.

Du wärest sehr erstaunt zu hören, daß ich mich jetzt im Alter mehr und mehr dieser Welt nähere, weil ich spüre, daß sie auch meine Welt ist und weil sie die Welt der Wahrheit ist.

Für dich verkörperte Monsieur Reculé mit seiner Eisenbahnerpension die Sicherheit. Es gab noch jemanden, der, Gott weiß weshalb und wieso, eine Zeitlang zu unserer Umwelt gehörte.

Er hieß Monsieur Rorive. Er war klein, rundlich, rosig wie ein Baby. Obendrein war er außerordentlich pedantisch in seinem Äußeren, und ich habe den Verdacht, daß er einen Lappen in der Tasche trug, um jedes Stäubchen, das er auf einem seiner gelben Schuhe entdeckt hätte, unverzüglich wegzuputzen.

Monsieur Rorive hatte lange Jahre hindurch im säuerlichen Geruch von Butter und Käse ein Milchgeschäft betrieben. Seine Frau war nicht größer als er und gleichfalls dick.

Wenn man sie beide so sauber und wohlgekleidet mit einem naiven Lächeln um die Lippen herumspazieren sah, hatte man unwillkürlich den Eindruck von Überfluß.

Du hast Monsieur und Madame Rorive sehr bewundert. Einmal hast du sogar deinen Bruder mit dem Schloß gebeten, dir ein wenig Geld zu leihen, um selbst ein Milchgeschäft zu eröffnen. Dein Bruder lehnte es ab. Er war ein Geschäftsmann. Milchläden und kleine Schwestern waren nicht sein Fall.

Um Geld zu verdienen, um deine Zukunft um jeden Preis zu sichern, um ganz bestimmt nie mehr das Elend fürchten zu müssen, brachtest du Désiré dazu, in der nächsten Straße ein kleines Haus zu mieten.

In dieser Stadtgegend gab es nur bescheidene Häuschen, die bis auf die Farbe der Haustür und der Fensterrahmen eines wie das andere aussahen. Du hängtest eine kleine Tafel aus: »Möblierte Zimmer zu vermieten«, oder, wie es in Liège heißt: »Chambres garnies«.

Wenn ich dich jetzt so zerbrechlich in deinem Bett liegen sehe, frage ich mich, ob das nicht grausam von dir war. Du mußtest Vaters Charakter kennen. Er war ein Mensch, der auf seine Ruhe hielt, auf seinen Korbsessel, in dem er den Abend verbrachte, seine Pantoffeln und seine Zeitungslektüre.

Schon nach dreijähriger Ehe traute sich die kleine Henriette, die ihre Schwestern einen »Spatzen für die Katze« nannten, dem großen Désiré ihren Willen aufzuzwingen.

Ich war dir deswegen böse. So klein ich war, spürte ich, daß das Haus irgendwie aus dem Gleichgewicht geraten war – das Haus, wo jetzt du allein etwas zu sagen hattest, wo du von früh bis spät an der Arbeit warst und deine Hände mit dem ewigen Wäschewaschen ruiniertest, während der Mann, der abends heimkam, oft einen Polen oder Russen in seinem Korbsessel und seine Zeitung in der Hand eines anderen fand.

Als ich acht oder neun Jahre alt war, brachte man eine deiner Schwestern ins Irrenhaus. Das war ein Schock für mich. Ich war dabei. Ich sehe noch die Droschke vor der Tür, ihren Mann, der, die Hände vors Gesicht geschlagen, schluchzend an der Hausmauer lehnte.

Ich dachte bei mir – heute gestehe ich es dir:

»Wenn einmal eine Droschke käme und meine Mutter holte!«

Man nannte dich ein Nervenbündel. Das heißt, daß der leiseste Widerspruch, die kleinste Widerwärtigkeit dich übermäßig reizten.

Unter anderem erinnere ich mich an gewisse Sonntagnachmittage. Frühmorgens hatte man beschlossen, eine Landpartie zu machen, in die allernächste Umgebung von Liège, denn wir konnten nur die Straßenbahn nehmen. Nach dem Mittagessen mühtest du dich im Schlafzimmer, deinen Haarknoten aufzustecken. Es gelang dir nicht, und jedesmal wenn er wieder aufging, wurdest du fiebriger und nervöser, die Tränen stiegen dir in die Augen, und schließlich warfst du dich schluchzend aufs Bett.

Mein Bruder und ich standen in unseren Sonntagskleidern bereit. Wir warteten, ohne etwas zu begreifen, ungeduldig vor der Haustür.

Der Vater ging, auch schon zum Ausgehen gekleidet, zwischen uns und dir und dir und uns hin und her. »Nur noch ein paar Minuten, Kinder – Mutter fühlt sich nicht wohl.«

Das ist hundertmal, zweihundertmal passiert. Christian und ich trauten uns nicht hinauf. Manchmal hörten wir Schreie und dann lange, atemlose Monologe, die Vorwürfe waren.

Vorwürfe gegen den Vater, der ruhig und geduldig dabeistand.

Wie konntest du es nur mit gewissen Mietern aushalten, die sich in deiner Küche breitmachten, um die Heizung in ihrem Zimmer zu sparen, und dich beinahe zu deiner eigenen Tür hinausdrängten?

Ihnen gegenüber bliebst du immer freundlich, und ich begriff nicht, warum. Heute weiß ich es: Diese Mieter verkörperten das, was ich dich später deine alten Tage nennen hörte.

Désiré mit seinem bescheidenen, aber ausreichenden Monatslohn würde einmal nicht mehr dasein, und auf uns, deine Kinder, wolltest du dich keinesfalls verlassen.

Es galt, deine alten Tage zu sichern. Vielleicht lag etwas Krankhaftes in dieser fixen Idee. Deine Schwester war im Irrsinn gestorben. Dein Vater hatte ein frühes und nicht ganz reguläres Ende genommen. Er hatte im Alkohol eine Art von Gleichgewicht oder Ungleichgewicht gefunden und damit seine Familie ins Elend gestürzt. Ein Bruder von dir war so etwas wie ein Landstreicher; man sah ihn manchmal im Zickzack durch die Straßen torkeln.

Und wenn meine Kusine, die Tochter des Kolonialwarenhändlers en gros, ihre Freundinnen zu Besuch erwartete, sperrte sie ihre Mutter ins Schlafzimmer ein, damit man sie nicht betrunken sähe.

Du, du hast nie etwas getrunken, außer ein Glas leichten Wein, wenn du zu Neujahr eine andere Schwester besuchtest.

Diese Schwester hatte es übrigens wie du gemacht: sie hatte die Leitung der Familie unerbittlich fest in die eigene Hand genommen.

Ihr Mann, der viel älter war als sie und einen langen weißen Bart hatte, wie die Heiligen auf den Kirchenfenstern, saß in einer dunklen Kammer, die auf den Hof ging, und flocht Weidenkörbe für die Flußschiffer.

Deine Schwester dagegen thronte hinter dem Ladentisch ihrer *épicerie*, wo man auch Getränke ausschenkte.

Ich habe nie erfahren, woher dieser biblische Onkel stammte. Er saß auch nie mit uns in der Küche, geschweige denn im Salon, wo meine Kusinen Klavier übten.

Er hatte sein Winkelchen in der Kammer, in die niemals ein

Sonnenstrahl drang, nicht viel anders als ein an die Kette gelegter Hund.

Du folgtest deinem Schicksal wie die anderen. Ich nehme es meiner Großmutter Simenon nicht mehr so übel, daß sie dich nur mit Mißtrauen in die Familie eintreten sah.

Du gehörtest einer anderen Rasse an. Obendrein hattest du Angst, eine Angst, die fast mit deiner Geburt begann.

Und mit deinem matten, undefinierbaren Lächeln hattest du zu kämpfen beschlossen.

Für jeden von uns gibt es Menschen, die ihn eine längere oder kürzere Strecke auf seinem Weg begleiten. Erst wenn wir die Bilanz unseres Lebens ziehen, können wir erkennen, welchen Einfluß jeder auf unser Schicksal ausgeübt hat.

Du hattest deinen Vater verloren, als du fünf Jahre alt warst, und deine Mutter, soweit ich die Ereignisse zu rekonstruieren vermag, in deinem vierzehnten oder fünfzehnten Lebensjahr.

Als du ein paar Jahre später in die *Innovation* eintratest, mußte jemand auftauchen: Valérie, die, das möchte ich beschwören, eine viel größere Rolle in deinem Leben gespielt hat, als es scheint. Es war der Moment, in dem junge Mädchen sich flüsternd ihre Zukunftspläne anvertrauen. Valérie war, wie gesagt, nicht schön, sie war sogar bei all ihrer Gutherzigkeit ausgesprochen häßlich. Bist du sicher, daß es nicht Valérie war, die dich durch die Spiegelscheiben der *Innovation* hindurch auf Désiré aufmerksam machte, der einen so schönen Gang hatte? Daß nicht sie es war, die täglich auf sein Vorbeigehen lauerte?

Ich habe Valérie sehr gut gekannt, bis zur Zeit, als ich mit neunzehn Jahren Liège verließ. Sie dürfte sich nicht viel verändert haben, höchstens ein bißchen eingeschrumpft sein.

Sie kam einmal wöchentlich zum Essen zu uns, zuerst mit ihrer Mutter und dann allein. Ich erinnere mich an die Blicke, die sie dem Vater zuwarf, an ihr erregtes Lachen, wenn er sie neckte. Und er neckte sie oft, vielleicht, um diese oberflächliche Erregung zu genießen.

Das erinnert mich an einen Ausspruch von dir. Aus einem mysteriösen Grund, vielleicht weil Valéries Mutter sehr krank war, mußtest du bei ihr schlafen, und als du am nächsten Morgen heimkamst, sagtest du:

»Ich kann neben einer Frau einfach nicht schlafen. Der Geruch ist mir widerlich.«

Das sind winzige Pinselstriche. Aber eben diese Pinselstriche muß ich in meinem Gedächtnis zusammensuchen, um ein über einundneunzigjähriges Leben zu rekonstruieren, um in den Augen, die mich anblicken, zu lesen und mir die Worte dieses dünnlippigen Mundes vorzustellen, der nicht zu mir spricht.

Du hattest viele Mieter, immer drei oder vier zugleich. Manche zogen nur durch, das heißt, daß sie nur ein Jahr an der Universität von Liège verbrachten, andere hingegen haben drei oder vier Jahre lang bei uns gewohnt.

Du brachtest für alle die gleiche Geduld, die gleiche Freundlichkeit auf, besonders für die ärmeren. Du gingst abends später zu Bett, um ihre Socken zu stopfen.

Einer besaß gar keine Socken, so arm war er. Er lebte von einem Ei und einem Stück Brot am Tag. Du versuchtest ihm mit allen möglichen Listen ein Stückchen Wurst oder einen Teller von unserem Mittagessen aufzudrängen, aber du warst auf einen Armen gestoßen, der noch stolzer war als die arme Frau, die du sein wolltest.

Ich weiß nicht, was aus ihm geworden ist; wahrscheinlich ein Ingenieur in Polen; falls er nicht in einem anderen Land arbeitete, was ich wünschen würde, denn er war Jude und hätte in den Verbrennungsöfen geendet.

Drei-, viermal verbrachten wir den Sonntagnachmittag bei der Tante, deren Kinder du zum Teil aufgezogen hattest, der Frau des Kolonialwarenhändlers, die als Alkoholikerin sterben sollte. Was ist zwischen euch vorgefallen? Oder, was wahrscheinlicher ist, zwischen ihnen und Desiré, denn ich glaube zu verstehen, daß wir seinetwegen nicht mehr mit ihnen verkehrten.

Es gab solche Zeiten, manche länger, manche kürzer, in denen wir jeden Sonntag bei einer bestimmten Tante verbrachten, übrigens immer bei Tanten von deiner Seite. Was dich betraf, war es fast, als ob die Familie Simenon, die Leute aus der Rue Puits-en-Sock, gar nicht existierten.

Mein Vater ging jeden Morgen auf dem Weg ins Büro seine Eltern begrüßen, auch nachdem seine Mutter gestorben war. Sonntag früh waren alle Jungen, alle Mädchen dort in der Küche versammelt, wo es nach den auf dem Herd schmorenden Speisen roch. Mein Urgroßvater, der schon blind war, saß in seinem Lehnstuhl, und die Enkel kamen ihn besuchen.

Der Großvater schenkte stets jedem Kind fünf Centimes und mir zehn Centimes. Das ist komisch, denn er liebte mich nicht mehr als die anderen, aber es war ganz im Sinn der Simenons: Ich war der älteste Sohn seines ältesten Sohnes, mit anderen Worten das künftige Oberhaupt der Familie.

All diese Bilder bestürmen mich, Mutter, während ich dich zu verstehen suche, bevor du endgültig entschwindest. In ein, zwei Tagen, in drei Tagen längstens, wirst du nicht mehr sein. Die Leute, die in dem kleinen Zimmer unbeweglich auf ihren Stühlen sitzen, werden sich wieder ihren eigenen Angelegenheiten zuwenden, und auch ich werde nach Hause, zu meinen eigenen Kindern zurückfahren.

Werden sie sich eines Tages den Kopf über mich zerbrechen, wie ich ihn mir jetzt über dich zerbreche? Ich bezweifle es, und jedenfalls werde ich es nie erfahren.

Als ich von Liège fortzog, war Vater soeben gestorben, und wieder einmal war es eine Frau in Trauer, in einem langen schwarzen Schleier, die ich hinter mir zurückließ. Obwohl ich sehr jung und ohne feste Stellung war, fühlte ich mich gewissermaßen für dich verantwortlich und schickte dir jeden Monat ein wenig Geld.

Ich schrieb dir auch. Ich weiß nicht, ob diese Briefe noch existieren, aber ich habe allen Grund anzunehmen, daß sie steif und geschraubt, ohne richtigen Schwung waren, denn wir waren nie wirklich vertraut miteinander gewesen.

Eine Szene zum Besispiel, die ich nie aus meinem Gedächtnis auslöschen konnte, war bezeichnend für meine ganze Jugend. Ich weiß nicht mehr, aus welchem Grund du sehr böse auf mich warst, während ich dir trotzig die Stirn bot. Denn ich bekenne, daß auch ich niemals nachgeben wollte, wenn ich mich im Recht fühlte.

Jedenfalls hattest du einen deiner hysterischen Anfälle, wie so oft vor unseren sonntäglichen Ausflügen, und du fielst mit unbeherrschter Wut über mich her. Ich konnte deine Worte nicht verstehen, denn du sprachst instinktiv flämisch oder deutsch. Du warfst mich zu Boden und tratest mich laut schreiend mit Füßen.

Schließlich konnte ich dir entkommen und lief durch die Straßen, bis zu Vaters Büro. Ich traute mich nicht, ihm die Wahrheit zu sagen, ich zitterte noch vor unterdrückter Angst.

»Was hast du, Sohn?«

Der Vater nannte mich nie Georges, sondern »Sohn«, wie auch ich meist meine Kinder nenne.

Ich sagte ihm nicht die ganze Wahrheit. Ich sagte, du wärest in Zorn geraten und hättest dich sehr aufgeregt und mich geohrfeigt.

Der Vater hat mich nie geohrfeigt, ebensowenig wie meinen Bruder.

Ich erinnere mich an diese Szene ohne Groll. Tatsächlich trägt sie zur Erklärung deiner Persönlichkeit bei. Die längste Zeit lebte ich in der Furcht, daß ein Wagen kommen und dich abführen könnte, wie es bei deiner Schwester geschehen war. In dir war irgendein Übermaß, das du nicht beherrschen konntest, aber gleichzeitig warst du äußerst scharfsichtig.

Ich möchte dich an eine andere, noch nicht lange zurückliegende Geschichte erinnern, die etwas mit dieser zu tun hat, wenn auch im entgegengesetzten Sinn.

Vor drei oder vier Jahren lud ich dich auf einige Zeit zu mir nach Epalinges ein. Da du schon so alt und niemals im Flugzeug gereist warst, schickte ich meine Sekretärin nach Liège, um dich abzuholen.

Wir hatten dir das Fernsehzimmer der Kinder als Schlafzimmer eingerichtet und unter anderem einen ziemlich leichten Schrank hineingestellt. Auch dein Essen wurde dir in dieses Zimmer gebracht, denn du fühltest dich recht abgespannt und wolltest nicht zu den gemeinsamen Mahlzeiten ins Erdgeschoß hinunterkommen. Nach deinem Mittagessen pflegtest du dich hinzulegen.

Eines Tages warst du zur üblichen Zeit nicht wach, und auch eine halbe Stunde später war noch nichts von dir zu hören. Yole, unser damaliges Stubenmädchen, guckte schließlich leise zur Tür hinein. Da saßest du auf einem Stuhl, mit blaugeschlagenem, schmerzverzerrtem Gesicht, obwohl du zu lachen versuchtest.

Während man dich allein ließ, warst du zum Schrank gegangen und, da du das obere Brett nicht erreichen konntest, auf den Sockel gestiegen. Der Schrank war umgekippt und auf dich gestürzt.

Anstatt zu rufen, anstatt zu schreien, warst du mühsam zum Stuhl gekrochen und hattest dich irgendwie hinaufgehievt. Und dort hattest du wortlos, stoisch gewartet, während deine mageren Hände den Schatz umklammerten, den du hattest holen wollen.

Denn es war wirklich ein Schatz. Ein paar kleine Säckchen mit Goldmünzen, und auf jedem Säckchen stand der Name eines meiner Kinder.

Du hattest dein Leben lang gearbeitet, um, wie du es nanntest, deine alten Tage zu sichern, und jetzt brachtest du uns die Frucht deiner Sparsamkeit in purem Gold. Ich habe die Säckchen noch nicht unter meine Kinder verteilt. Ich warte, bis alle volljährig sind und fest im Leben stehen, damit sie nicht leichtsinnig vergeuden, was du mit soviel Mühsal erworben hast.

Am gleichen Tag hast du übrigens noch etwas getan, was mich einerseits sehr geschmerzt, mir aber andererseits Bewunderung abgezwungen hat. Du hast mir einen Briefumschlag überreicht mit dem ganzen Geld, das ich dir fast fünfzig Jahre lang Monat für Monat geschickt hatte.

Du wolltest arm sein, du wolltest dir ein würdiges Ende sichern, aber du wolltest niemandem etwas zu verdanken haben, nicht einmal und vielleicht vor allem nicht deinem eigenen Sohn.

Ich sehe, daß ich mich eben geirrt habe, aber das kommt daher, daß Yole die Tür aufmachte, als ich nicht dabei war. Dein Gesicht war nicht mit blauen Flecken, sondern mit Blut bedeckt. Man wusch es ab, bevor ich es sehen konnte, um mich nicht zu erschrecken, und rief schleunigst einen befreundeten Arzt. Ich mußte dich im Krankenwagen nach Lausanne bringen, wo man dich durchleuchtete und behandelte, denn das eine Bein und die Rippen taten dir sehr weh.

Zum Glück war nichts gebrochen, aber du bist noch tagelang am Arm des einen oder anderen Helfers herumgehinkt.

Dabei kommt mir eine andere Erinnerung. Ich habe von meiner Angst gesprochen, daß einmal eine Droschke vor unserer Tür halten könnte, um dich dorthin zu bringen, wohin eine andere Droschke deine Schwester gebracht hatte.

Diese Angst hast du, absichtlich oder unabsichtlich, in mir genährt. Wenn du zornig warst, konntest du plötzlich ausrufen:

»Au, mein Bauch! Du bringst mich noch ins Spital, Georges, du wirst schon sehen ...«

Ich war ein Kind. Ich ministrierte in demselben Spital, wo du jetzt stirbst, um sechs Uhr früh bei der Morgenmesse. Damals waren die Spitäler hauptsächlich für arme Leute bestimmt, und ich habe sie noch heute in ihrer gestreiften Spitalkleidung vor Augen, wie Sträflinge, mit einem Schlafrock aus rauhem, grauem Zeug darüber.

Die Vorstellung, daß man dich ins Spital bringen, daß ich dich dort in dieser Tracht sehen würde, erschreckte mich derartig, daß ich mich, auch wenn ich im Recht war oder im Recht zu sein glaubte, auf die Knie warf und dich um Verzeihung bat.

Und jetzt finden wir uns nach so vielen Jahren, beide alt geworden, in dem gleichen Spital gegenüber, von Wachsfiguren umringt.

Es gibt zwei oder drei Milliarden Menschen auf der Erde. Die Zahl stimmt sicher nicht genau, denn ich bin gegen Statistiken und Zahlen im allgemeinen allergisch.

Wie viele Menschen gab es in vorgeschichtlichen Zeiten? Das weiß niemand. Jedenfalls kann man annehmen, daß sie so wie heute gegeneinander gekämpft und sich gegenseitig umgebracht haben, daß sie gegen ihre Nächsten, gegen die großen kosmischen Katastrophen und gegen Seuchen zu kämpfen hatten.

Aber alle haben sich mehr oder weniger die gleiche Frage gestellt:

»Was ist der Mensch? Wer ist mein Nächster?«

Heute sucht die Ethnologie die Spuren jener frühen Menschen zu ergründen, die ja schließlich unsere Ahnen waren; und in den Laboratorien der ganzen Welt bemühen sich die Biologen, den heutigen Menschen zu erforschen.

Trotzdem kennen wir die Leute nicht, die Tür an Tür mit uns

wohnen, denen wir Tag für Tag auf der Straße begegnen oder mit denen wir Seite an Seite arbeiten.

Wir sind zwei, die einander ansehen, Mutter. Du hast mich zur Welt gebracht. Ich bin deinem Schoß entsprungen, du hast mir meine erste Nahrung gegeben, und dennoch kenne ich dich nicht besser, als du mich kennst.

Hier in deinem Spitalzimmer sind wir wie zwei Fremde, die nicht die gleiche Sprache sprechen – im übrigen sprechen wir sehr wenig – und einander nicht trauen.

Aber glaub mir – nur um die falschen Vorstellungen, die ich mir vielleicht von dir gemacht habe, auszulöschen, um in dein wahres Wesen einzudringen und dich zu lieben – nur darum beobachte ich dich, darum suche ich diese Erinnerungsfetzen zusammen und denke darüber nach.

Du hast deinen Siegestag erlebt, und ich bin nicht einmal imstande, annähernd sein Datum zu bestimmen.

Als ich zwanzig Jahre alt war, warst du ungefähr vierzig, und die Idee, daß du noch einen Mann lieben könntest, schien mir beinahe unanständig. In meinen Augen hattest du dein Leben hinter dir, du hattest begonnen, eine alte Frau zu sein.

Übrigens ist dieses Gefühl nicht mir allein eigentümlich. Ich lese das gleiche Erstaunen im Blick meiner Söhne und meiner Tochter. Im Haus nebenan, in der ganzen Stadt dürfte es sich genauso verhalten.

Für mich warst du eine Witwe. Du hattest das Leben gelebt, das dir vom Schicksal bestimmt war, und es waren keine Veränderungen mehr zu erwarten.

Und doch gab es noch eine Veränderung, eine sehr wichtige sogar, weil sie deine Mädchen- und Frauenträume endlich in Erfüllung gehen ließ.

Ich weiß nicht mehr, wo ich gerade war, als ich es erfuhr. In Frankreich, in Afrika, in den Vereinigten Staaten? Jedenfalls erhielt ich einen Brief von dir, in dem du mir in deiner spitzen, nervösen Handschrift mitteiltest, daß du dich wieder verheiratet hättest.

Ich gestehe, daß mich das im ersten Moment schockierte. Ich hatte mir eine solche Verehrung für meinen Vater bewahrt, daß ich gar nicht an die Möglichkeit dachte, du könntest einen Ersatz für ihn suchen. Doch als ich die Einzelheiten las, verstand ich alles. Du hattest dich mit einem pensionierten Zugführer der Belgischen Eisenbahnen vermählt – so wie Monsieur Reculé ein pensionierter Bürochef der gleichen Linie gewesen war.

Jetzt würdest du endlich eine Pension beziehen! Jetzt waren deine »alten Tage« endlich gesichert, was immer geschehen mochte.

In der Folge bekam ich Photographien und Ansichtskarten. Du warst so gut wie nie aus dem Quartier Outremeuse herausgekommen, aber jetzt reistest du nach London, nach Nizza, nach Ostende und so weiter, und zwar *gratis*, denn dein neuer Ehemann hatte Anspruch auf soundso viele Kilometer jährlich, ohne etwas dafür zu berappen!

Du schicktest mir auch ein Bild von ihm. Er war ein hagerer, knorriger Mann aus den Ardennen, mit harten Zügen und ausdruckslosem Blick.

Ich bin ihm nur einmal begegnet, als ich wieder einmal nach Liège kam. Damals herrschte bei euch im Haus noch halbwegs Friede. Keiner von euch erzählte mir, wo ihr euch kennengelernt hattet; du sagtest mir nur, du hättest seine kranke Frau bis zu ihrem letzten Atemzug gepflegt.

Er war nicht aus unserer Nachbarschaft. Er wohnte sogar in einem ganz anderen Stadtviertel, am entgegengesetzten Ende von Liège.

Wie bei Désiré fragte ich mich: »Wo? Wie?«

Aber solche Fragen stellt man seiner Mutter nicht.

»Wie geht's Valérie?«

Sie war einen so langen Weg gemeinsam mit dir gegangen, und ihr hattet so viele eurer heimlichsten Gedanken ausgetauscht. Jetzt sagtest du trocken:

»Wir verkehren nicht mehr miteinander.«

Und du fügtest mit gezwungenem Lachen hinzu:

»Stell dir vor, sie ist eifersüchtig, daß ich wieder geheiratet habe!«

Obwohl du Vater durch einen anderen Mann ersetzt hattest, behieltest du sonderbarerweise seinen Namen bei. Der Familienname deines neuen Gatten war André. Auf deinen Briefen und sogar auf amtlichen Dokumenten, die ich in die Hand bekam, unterschriebst du: Madame André Simenon.

Das hat mir weh getan. In meinen Augen war das ein Vertrauensbruch. Ein anderer Mann hatte Vaters Platz in deinem Haus, in deinem Bett eingenommen, aber du legtest Wert darauf, weiterhin den Namen deines ersten Mannes zu führen.

War es, weil ich schon berühmt war? Schien dir der Name so etwas wie ein Talisman zu sein?

Ich habe es geglaubt und sogar gedacht, daß du dir im tiefsten Inneren auch noch den Kult des großen Désiré bewahrt hattest, daß dir daran lag, noch irgendwie mit ihm verbunden zu bleiben.

In deinem Spitalzimmer mußte ich nüchtern werden.

Glaub nicht, Mutter, daß ich es dir übelnehme oder daß ich dich verurteile. Ich verurteile niemanden. Wenn die Menschen seit undenklichen Zeiten einander gegenseitig umbringen – liegt es nicht daran, daß wir unseren Nächsten nicht verstehen, die Angehörigen des nächsten Stammes nicht verstehen?

Du warst jetzt Madame André, die Frau eines Beamten, der Anrecht auf eine Pension für sich und später für seine Witwe hatte. Trotzdem legtest du Wert darauf, Madame Simenon zu bleiben.

Ich habe ihn nur einmal gesehen, diesen Mann, den du Père André nanntest. Er schien mir weder unsympathisch noch überspannt, noch von Komplexen gequält.

Er erklärte mir nur, daß der Beruf eines Zugführers einer der anstrengendsten und schwierigsten der Welt sei, daß das unaufhörliche Rütteln eine ständige Bedrohung für den Organismus bilde und daß seine einzige Zerstreuung darin bestehe, täglich im Garten eines winzigen Häuschens, das ihm gehörte, zu arbeiten. In diesem Häuschen auf dem Hügel hatte er mit seiner ersten Frau zwanzig Jahre lang gelebt, mit derselben Frau, Mutter, die du während ihrer Krankheit so gut gepflegt hast.

Wenn ich dich jetzt ansehe und deine ganze Vergangenheit bedenke, wundere ich mich ein bißchen über deine Gelassenheit.

Es dauerte nicht lange, bis ihr einander zu verdächtigen anfingt, der Père André und du. Er beschuldigte dich, nur auf seinen Tod zu warten, um seine Pension für dich allein zu beziehen. Gott weiß, ob er dich nicht auch beschuldigte, den

Tod seiner ersten Frau beschleunigt zu haben. In dem Haus in der Rue de l'Enseignement, wo es keine Mieter mehr gab, standet ihr einander allein gegenüber, zwei Fremde, wenn nicht gar zwei Feinde. Niemand hat die Worte, die ihr miteinander gewechselt habt, aufgezeichnet. Sie müssen furchtbar gewesen sein und den tiefsten Haß ausgedrückt haben, denn eines Tages habt ihr beschlossen, nicht mehr miteinander zu sprechen, sondern euch flüchtig hingekritzelter Zettel zu bedienen, wenn ihr einander etwas mitzuteilen hattet.

Ich übertreibe nicht, wenn ich von Haß spreche. Gewiß, ich war nicht dabei. Aber wenn es mit einem Mann und einer Frau, die durch das Band der Ehe vereint zusammenleben, so weit kommt, daß jeder sich allein sein Essen kocht, seine eigene, streng verschlossene Speisekammer besitzt und wartet, bis der andere die Küche verlassen hat, um seine Mahlzeit zu sich zu nehmen – wie soll man das nennen?

Jeder hatte Angst, daß der andere ihn vergiften könnte. Das war zu einer fixen Idee geworden. Vielleicht war es krankhaft?

Unwillkürlich muß ich an deine Schwester denken, an die Droschke, die sie wegführte, an den Mann, der schluchzend an der Hausmauer lehnte.

Und so habt ihr tatsächlich einige Jahre lang gelebt. Du gingst für dich einkaufen, er für sich. Du kochtest dir dein Essen. Er wartete, bis du es verspeist hättest, um seinerseits zu kochen und zu essen.

Aber die übrige Zeit? Ihr konntet euch doch nicht schweigend in der Küche oder im Salon gegenübersitzen? Er ging in sein Gärtchen auf dem Hügel und du wahrscheinlich zu irgendeiner Nachbarin, auf eine Tasse Kaffee. Immerhin hattest du gesiegt. Du hattest die Pension errungen, von der du dein Lebtag geträumt hattest. Dieses Geldes hast du dich nicht geschämt, sonst hättest du mir nicht eines schönen Tages voller Stolz zurückgezahlt, was ich dir lange Jahre hindurch geschickt hatte.

Der Père André starb. Er brach eines Tages plötzlich zusammen, wie seinerzeit mein Vater.

Ich möchte so vieles wissen, wissen, was du in diesem Augenblick denkst, welche Bilder dir durch den Kopf ziehen.

Manchmal scheinst du selig zu schlummern, dann huscht wieder ein beinahe spöttisches Lächeln um deine Lippen.

Über wen machst du dich lustig? Über Désiré? Über den Père André? Über uns alle, die wir starr und stumm um dich herumsitzen, und über die Nonne, die unerschütterlich ihren Rosenkranz abhaspelt?

Vielleicht über das Leben selbst, das man wohl in einer anderen Perspektive sieht, wenn man dabei ist, es zu verlassen.

Ein großer Hof, von vielen verschiedenen Gebäuden umgeben, wo die Kranken in ihrer Spitalstracht auf den Bänken sitzen, sobald die Sonne zu wärmen beginnt. Es ist mir schon zur Gewohnheit geworden, ihn gegen zehn Uhr vormittag zu durchqueren. Man muß den Schwestern Zeit lassen, dich zu waschen und zu pflegen. Auch das Zimmer muß ausgekehrt und in Ordnung gebracht werden.

Zu dieser Stunde ist manchmal niemand bei dir als die Dauernonne. Ich rede, als wäre es immer dieselbe. Das ist zweifellos nicht der Fall, aber das Ordenskleid, die Reglosigkeit, der bleiche Teint machen, daß ich sie nicht auseinanderhalte.

»Wie geht's dir, Georges?«

Du lächelst mir zu.

Hast du schon auf mich gewartet? Freut es dich, daß ich zweimal täglich komme? Oder wärst du lieber allein mit den entfernten Verwandten, den Nachbarn und den Unbekannten, die gleich wieder herbeiströmen werden? Ich weiß es nicht. Jedenfalls hast du nie das Bedürfnis, mir etwas zu sagen, mir etwas Persönliches mitzuteilen.

Gestern ging ich mit Teresa in die Kapelle, wo ich als Kind so oft ministrierte. Ich wollte wissen, ob meine Erinnerungen mich nicht täuschten, ob sie wirklich schön ist. Sie wurde vor mehreren hundert Jahren von einem gewissen Ernst von Bayern errichtet. Wer war das? Ein Graf, Herzog, Fürst oder Kaiser? Einerlei. In Liège haben so viele fremde Herrscher regiert!

Was der Kapelle ihren eigentümlichen Anstrich verleiht, ist der Umstand, daß sie auf zwei verschiedenen Ebenen erbaut ist. Unten sitzen die Kranken. Eine Treppe von zwölf Stufen, mit einem roten Teppich bedeckt, führt in das höhere Stockwerk, wo sich der Gemeinde gegenüber der Hochaltar erhebt und eine Galerie auf jeder Seite für die Nonnen bestimmt ist.

Sonntags gab es zwei Messen; die eine um sechs Uhr früh, die andere, ein feierliches Hochamt, um acht. Dazwischen führte man mich in ein Eßzimmer, wo ich zwei weiche Eier, Butterbrot und Milchkaffee bekam.

Ich erinnere mich vor allem an den Geruch. Nicht nur an den dumpfen Geruch des Zimmers, den ich später auch in anderen Klöstern wiederfand, sondern an den Geruch und sogar den Geschmack der Butterbrote, der Eier und des Milchkaffees.

Ich fragte eine vorbeigehende Nonne, ob die alte Schwester Sakristanin noch am Leben wäre, und man ging sie holen. Sie ist jetzt eine uralte Frau, die nicht mehr gut hört, nicht mehr gut sieht und, wie ich glaube, auch nicht mehr gut versteht.

Natürlich erkannte sie mich nicht. Ich wollte eine Erinnerung überprüfen. An Sonn- und Feiertagen trug ich ein Chorhemd aus feinen Spitzen, das man vorsichtig entfaltete und mir mit großer Sorgsamkeit anlegte.

Existierte es nur in meiner Einbildung? Es gelang mir schließlich, meinen Wunsch der Schwester Sakristanin begreiflich zu machen, die mir seinerzeit die Chorhemden anlegte und sie versorgte. Sie öffnete allerlei Schubladen und holte Holzkästchen hervor, in denen die kostbaren Gewänder ruhten.

Ich erzählte ihr von der Zeit, da ich als Chorknabe selbst diese Gewänder trug, doch meine Worte weckten keinen Widerhall in ihr.

Manchmal durchquerte ich die Höfe, dem Anstaltspfarrer feierlich ein paar Schritt vorausschreitend. Ich trug einen hohen schwarzen Stab mit einem silbernen Kreuz an der Spitze aufrecht vor mir her und in der anderen Hand ein Glöckchen, dessen Bedeutung alle Kranken, an denen wir vorbeikamen, kannten.

Wir gingen, um einem von ihnen, der den anderen ein Stück voraus war, die letzte Ölung zu bringen. In jedem Krankensaal standen mindestens zwanzig Betten. Die Patienten, die darin lagen, richteten sich auf einem Ellbogen auf und bekreuzigten sich.

Diese Momente mochte ich am wenigsten leiden, da fühlte ich mich immer bedrückt.

Der Tod selbst hingegen machte mir keinen besonderen Eindruck. Zwei- oder dreimal in der Woche gab es nach dem Gottesdienst eine Totenmesse, also Beerdigungen. Während ich für meinen täglichen Dienst als Chorknabe nur zwei Francs im Monat bekam, wurden mir für jede Totenmesse fünfzig Centimes bezahlt, denn das war Sache der Stadtgemeinde. Und manchmal gab es an einem Vormittag zwei Totenmessen hintereinander...

Teresa und ich gingen mittags in die Stadt essen, aber wir waren kein einziges Mal in einem großen Restaurant. Wir besuchten die kleinen Lokale, die man hier *fritures* nennt, und unser Menu war fast täglich das gleiche: Muscheln und Pommes frites, manchmal auch Aal.

Das hielt mich nicht davon ab, an dich zu denken. Ich fragte mich immer, ob das Ereignis, auf das wir alle warteten, nicht gerade während meiner Abwesenheit eingetreten wäre, und beeilte mich, ins Spital zurückzukehren.

Nach dem Erlebnis mit dem Schrank, der auf dich stürzte, als du deine Goldstücke hervorholtest, bliebst du damals noch zwei oder drei Wochen in Epalinges. Ich zögerte, dich nach Belgien zurückfahren zu lassen, denn deine Gesundheit ließ zu wünschen übrig. Es machte mir Sorge, dich in deinem kleinen Haus allein zu wissen. Meinen Vorschlag, eine Hausgenossin für dich zu engagieren, lehntest du starrsinnig ab. Wenn das Wort »starrsinnig« auf irgendeinen Menschen paßt, dann auf dich. Jahrelang versuchte ich, dir ein Badezimmer einrichten zu lassen, du ließest die Installateure nicht ins Haus. Ich wollte dir auch einen Fernsehapparat schenken; ich mußte dich zwei Jahre lang bestürmen, bis es mir gelang.

Dann hast du ihn allerdings sehr genossen. Die meisten von deinen Nachbarn und Nachbarinnen hatten noch keinen, und so kam fast jeden Abend die halbe Straße bei dir zusammen.

Trotzdem hatte ich Angst wegen deines einsamen Daseins. Eines Nachmittags fielst du auf dem Trottoir hin und konntest nicht allein aufstehen. Du lagst da, bis ein Polizist, der zufällig vorbeikam, dir aufstehen half. Du hattest dir die Knie oder die Ellbogen, ich weiß nicht mehr was, blutig geschlagen, und er wollte dich ins Spital bringen. Du sagtest ihm mit deinem halb wallonischen, halb flämischen Akzent:

»Aber nein, *nein*, Monsieur, mir fehlt gar nichts. Wir sind beinahe vor meinem Haus. Bringen Sie mich nur hin, und ich werde eine ordentliche Flasche Wein aufmachen.«

Der Polizist hatte nicht mehr Erfolg als ich. Es gelang ihm nicht, dich zu einer ärztlichen Untersuchung zu bewegen, nicht einmal durch einen Arzt aus eurer Nachbarschaft. Es blieb ihm nichts übrig, als dich nach Hause zu begleiten und den Wein, den du ihm einschenktest, zu trinken.

Du siehst, das Wort »starrsinnig« scheint eigens für dich erfunden zu sein.

Aber wenn du eines Tages nicht imstande gewesen wärst, dein Bett zu verlassen? Wenn es dir nicht möglich gewesen wäre, bis zur Rue Puits-en-Sock zu gehen, um dir etwas zu kaufen?

Ich wollte dich also nicht zurückfahren lassen. Ich besprach die Sache mit meinem Arzt in Epalinges, der dich mehrmals besucht hatte. Er sagte, es würde nichts nützen, dich gegen deinen Willen zu etwas zu zwingen, ganz im Gegenteil.

Mein Wunsch war, dich in einem privaten Altersheim zwischen Genf und Montreux, also in meiner nächsten Nähe unterzubringen. Diese *maisons de retraite* ähneln in keiner Weise den gewöhnlichen Greisenasylen, sie haben nichts Trauriges oder Düsteres an sich, sondern erinnern viel eher an Luxushotels.

Aber du wolltest keinen Luxus, du wolltest kein Altersheim. Was du wolltest, und zwar sehr hartnäckig wolltest, das war *dein* Haus, das du dir nach all der vielen Arbeit hattest erwerben können und das endlich dir allein gehörte.

Ich bin überzeugt, daß deine Nachbarn in der Rue de l'Enseignement mich für einen »schlechten Sohn« halten, der sich nicht um dich gekümmert, der dich vielleicht im Elend zurückgelassen hat.

Es brauchte einen Brief einer Kusine von mir, die fast so alt war wie du und dich noch manchmal besuchte, damit ich endlich meine Autorität unter Beweis stellte und gegen deinen Willen handelte.

Du hattest einige Tage lang dein Haus nicht verlassen. Im

Kühlschrank verschimmelten ein paar Lebensmittel, ein bißchen Fleisch, ein Stückchen Torte, das war deine Nahrung.

Um nicht nachzugeben, verstehst du? Aber ich verstand es ja auch. Mein Arzt hatte gesagt: »Sie beschleunigen ihr Ende, wenn Sie sie entwurzeln.«

Andererseits konnte ich doch nicht zulassen, daß du dich von verdorbenen Lebensmitteln ernährtest. Ich konnte nicht riskieren zu warten, bis irgendein besorgter Nachbar eines Tages deine Tür aufbrechen ließe, um festzustellen, daß du seit zwei Wochen tot wärest!

Ich begann mich umzusehen und entdeckte in der Nähe von Liège ein sehr schönes Landhaus, mitten im Grünen, mit einem riesigen Garten. Dort hausten Nonnen, die einige wenige Pensionäre aufnahmen, und ich konnte mich überzeugen, daß diese die beste Pflege genossen.

Ich ließ eine Wand durchbrechen, um dir neben deinem Schlafzimmer einen eigenen kleinen Salon einzurichten. Ich ließ dir auch ein Badezimmer installieren. So hattest du deine eigene Wohnung, dein eigenes Heim, wo du ganz selbständig warst.

Dorthin brachte ich dich. Du hast deutlicher denn je dein halb spöttisches, halb resigniertes Lächeln zur Schau getragen. Du mußtest dich fügen, aber du hast es nicht gern getan. Nach ein paar Tagen in dieser freundlichen komfortablen Umgebung hast du darauf bestanden, daß man dich in dein Häuschen zurückbrächte.

»Aber, Schwester, wenn die Leute meine Abwesenheit ausnützen und mich bestehlen!«

Du warst fast neunzig Jahre alt und hattest Angst, bestohlen zu werden. Was hätte man dir stehlen sollen? Deine Möbel? Die uralte Hauswäsche? Die paar Souvenirs, die du von deinen Reisen mit deinem zweiten Mann heimgebracht hattest, eine Muschel aus Ostende, ein Figürchen der Muttergottes von Lourdes?

Zweimal mußte man dich nach Liège begleiten, damit du dein Haus aufsuchen und dich überzeugen könntest, daß alles in Ordnung und die Türen fest verschlossen wären. Dann mußte man dich eines schönen Tages zu einer Operation ins Hôpital de Bavière bringen.

Es war nicht diese Operation. Ich habe dich auch damals besucht. Du hattest den chirurgischen Eingriff erstaunlich gut überstanden und durftest schon wieder im Zimmer herumgehen.

Mein Freund Orban konnte es nicht fassen.

»Normalerweise hätte es das Ende bedeutet. Jetzt hat sie einen neuen Vertrag mit dem Leben abgeschlossen, mindestens auf ein paar Monate.«

Wie triumphierend, wie herausfordernd leuchteten deine graublauen Augen!

Ein merkwürdiges Phänomen. Im allgemeinen bin ich sehr empfindlich gegen das Wetter. Eine sonnenbeschienene Straße, ein düsterer Wolkenhimmel, die Bise, ein warmes Lüftchen – das alles pflege ich genau zu registrieren. Von der Zeit hingegen, die ich in Liège verbrachte – und ich weiß nicht einmal, waren es sechs oder acht oder zehn Tage oder noch mehr –, bleibt mir nichts in Erinnerung als ein gleichmäßiges Grau, wie eine Bleistiftzeichnung auf weißem Papier.

Eines Morgens, als wir bis auf die unvermeidliche Nonne allein waren, hast du mich gefragt:

»Was wirst du mit dem Haus machen?«

Seit ich in dem Zimmer sitze, in dem du langsam stirbst, hast du zum erstenmal eine verblümte Anspielung auf deinen Tod gemacht. In meiner Kindheit und später in meiner Jugendzeit hast du oft davon gesprochen – mit einer gewissen Genugtuung, möchte ich sagen.

»Wenn ich erst tot bin, Kinder...« Oder: »Wenn ich einmal nicht mehr da bin, wirst du einsehen ...«

Aber das ist jetzt über fünfzig Jahre her. Jetzt, da der Tod sozusagen schon in deinem Zimmer herumschleicht, redest du mit keinem Wort davon. Du scheinst keine Angst vor ihm zu haben. Ich glaube, daß du ihm ins Gesicht siehst und manchmal sogar etwas ungeduldig wirst, weil er sich so viel Zeit läßt.

»Was wirst du mit dem Haus machen?«

Ich antworte, was ich dir schon früher gesagt habe:

»Das werde ich, wie es ist, meinem Neffen überlassen.«

»Mit den Möbeln, der Wäsche und allem, was drin ist?«

»Ja, alles.«

Das habe ich meinem Bruder vor langer Zeit versprochen. Er starb ungefähr im gleichen Alter wie unser Vater, mit vierzig, fünfundvierzig Jahren und ließ eine Frau und einen bereits großjährigen Sohn zurück. Beide verdienen sich ihren Lebensunterhalt, aber es kommt für mich gar nicht in Frage, meinen Teil der mütterlichen Erbschaft anzunehmen.

Bei einem meiner seltenen Besuche in Liège sahst du mich einmal lange und eindringlich an und sagtest etwas, was ich nie mehr vergessen konnte:

»Wie traurig, Georges, daß gerade Christian sterben mußte.«

Hieß das nicht, daß nach deinem Sinn, deinem Gefühl, lieber ich als erster hätte dahingehen sollen?

Du fügtest noch hinzu: »Er war so zärtlich, so liebevoll ...«

Offenbar war ich das nicht oder zeigte es nicht.

Das Haus, das Haus! Dein eigenes Haus! Ziegel, Fenster, Balken, die dir allein gehörten! Du warst über achtzig Jahre alt, als meine Kusine Maria, deine letzte überlebende Verwandte, die etwa so alt war wie du und mir noch hin und wieder schrieb, mir mitteilte, sie hätte dich angetroffen, wie du auf einer Leiter standest und die Korridorwände maltest. Du hast auch die Hofmauern angestrichen.

Dein Haus war kein gewöhnliches Haus. Es war ein Symbol. Das Symbol für den endgültigen Erfolg des kleinen Mädchens aus der Rue Féronstrée, das Symbol für den Sieg deines eisernen Willens.

Die Einwohner des Quartiers Outremeuse sind, was ich kleine Leute nenne, weil mir kein besserer Ausdruck einfällt. Seine Hauptverkehrsader ist die enge, menschenwimmelnde Rue Puits-en-Sock mit der lärmend klingelnden Straßenbahn, die sich zwischen den Läden hindurchschlängelt.

Das ist das Outremeuse der Simenons. Du hast selten einen Fuß in die verglaste Küche gesetzt, du kanntest kaum meine Onkel und Tanten samt ihren Kindern. Ich weiß nicht einmal, wie viele Vettern und Basen von dieser Seite ich besaß. Vielleicht dreißig? Das dürfte nicht übertrieben sein, und alle holten sich am Sonntagvormittag ihr Fünf-Centimes-Stück.

Der Kirchturm von Saint-Nicolas war kaum fünfzig Meter

entfernt. Bevor ich mit neunzehneinhalb Jahren fortzog, hatte ich in zwei oder drei verschiedenen Häusern gewohnt, und alle standen, wie *dein* Haus auch, im Schatten des Kirchturms von Saint-Nicolas.

Wir zogen immer um, weil entweder der Mietvertrag ablief oder weil du ein etwas geräumigeres Haus gefunden hattest. Die Möbel kamen wieder genau an ihren Platz, denn alle Häuser des Viertels sind mehr oder weniger nach dem gleichen Modell gebaut.

Darin wohnen kleine Rentner, Angestellte, Werkmeister, Witwen, die eine Pension beziehen, eben was ich die kleinen Leute nenne, und ich betrachte mich noch heute als zu ihnen gehörig.

Dein Haus war das letzte, ein paar Schritt von jenem entfernt, in dem wir vor meiner Abreise nach Paris wohnten. Ich habe nie darin geschlafen, sondern mich stets nur auf der Durchreise zwei, drei Stunden lang dort aufgehalten.

Bei meinen letzten Besuchen war ich ganz verwirrt. Ich hatte zum Beispiel von jeher ein und dasselbe Eßzimmer gekannt, mehr oder weniger im Renaissancestil, geschnitzte Löwenköpfe an den vier Tischecken, bunte Glasscheiben im Buffet und die Stuhlsitze aus imitiertem Leder.

Eines schönen Tages begegnete ich dort zwei Eßzimmern, zwei beinahe identischen Tischen, zwei Buffets mit bunten Scheiben, ganz zu schweigen von mir unbekannten Fauteuils.

Das sonderbarste, ich wage nicht zu sagen, das amüsanteste war, daß du dich selber nicht damit auskanntest. In deinem Haus standen jetzt nämlich die Möbel, die Vater und du euch vor so langer Zeit bei eurer Heirat gekauft hattet, und außerdem die fast gleichartigen Möbel des Père André. Du hast dich ständig vertan. Du sagtest zum Beispiel:

»Schau, Georges, das ist der Tisch, an dem du *Au pont des Arches* geschrieben hast!«

Es war aber nicht der Tisch, sondern ein anderer, den ich nie gesehen, der zu einem anderen, mir unbekannten Haushalt gehört hatte.

Übrigens konntest du mir nicht sagen, wohin jener andere Tisch aus schön poliertem, spiegelndem Mahagoni, wie ich es so gern habe, gekommen sei. Du hast mir geschworen, es wäre doch *dieser* Tisch, aber ich wußte schon, daß du ihn meiner Kusine Maria, der letzten Verwandten, die dir geblieben war, gegeben hattest.

Denn da zwischen dir, dem kleinen Spätling, und deinen Geschwistern ein so großer Altersunterschied bestand, bliebst du allein von der ganzen Familie zurück, und die einzige, die außer dir die anderen überlebte, war keine Schwester von dir, sondern eine beinahe gleichaltrige Nichte, die wie du eine Nachzüglerin war.

Als ihr Gesundheitszustand ihr nicht mehr gestattete, dich zu besuchen, hörte ich, abgesehen von den Briefen, die du mir selbst in großen Zeitabständen schriebst, nicht mehr viel von dir. Aber du fingst an, die Daten, ja ganze Lebensabschnitte durcheinanderzubringen, so daß du manchmal vom Père André als meinem Vater sprachst.

Bringst du hier in deinem Spitalbett auch noch Menschen und Daten durcheinander? Ich bezweifle es. Dein Blick ist überraschend klar. Allerdings sprichst du wenig, aber das war von jeher der Fall, wenn du von Besuchern umgeben warst.

Aber was du willst, was du beschlossen hast, das willst du noch immer.

»Hör zu, Georges. Du weißt, daß ich den Grabstein, den du dem Vater gesetzt hast, nie leiden konnte.«

Eine große, unbearbeitete Granitplatte nur mit Namen und Datum. Ich hatte immer einen Abscheu vor prunkvollen Grabmälern, Marmorsäulen, eingelassenen Photographien und so fort.

»Übrigens beginnt er einzusinken.«

Meinerseits ist es nicht Gleichgültigkeit, im Gegenteil. Ich hatte für den großen Désiré eine beinahe religiöse Verehrung und habe sie mir bewahrt, aber um sein Grab habe ich mich nie viel gekümmert. Ich bin nie hingegangen, um mich zu sammeln. Es genügt mir, an ihn zu denken, um ihm nahe zu sein.

Und dann, Mutter, sagtest du, ohne die Ungeheuerlichkeit deiner Worte zu erfassen:

»Ich möchte lieber in der Gruft vom Père André und seiner Frau begraben werden.«

Ich war wie betäubt. Du hast mit den Jahren tatsächlich die beiden Männer durcheinandergebracht, die dein Leben teilten.

Hast du meinen Vater wirklich geliebt? Heute zweifle ich daran. Die Zukunftspläne, die du von Anfang deiner Ehe an machtest, galten nicht euch beiden, sondern dir allein.

Du dachtest schon an dein Haus und legtest Geld beiseite, von dem du ihm nichts sagtest. Es war dein Geld, das ist richtig, das Geld, das du dir mit der Arbeit für deine Mieter verdientest. Trotzdem blieb es sozusagen ein persönlicher Geheimschatz, was meinem Gefühl nach mit Liebe unvereinbar ist.

Es stimmt, daß du den Père André ebensowenig geliebt hast. Nebenbei gesagt, frage ich mich, warum du ihn Père André nanntest? Er war überhaupt kein Vater, er hatte niemals Kinder gehabt und auch niemals irgendeiner religiösen Gemeinschaft angehört.

Mein Vater war Désiré.

Das Haus in der Rue de la Loi: Im Erdgeschoß gab es außer der Küche mit der Glastür am Ende des Korridors zwei Zimmer. Beide waren vollgestopft mit Eßzimmermöbeln und alten Fauteuils. An den Wänden hingen Photographien von Christian, von mir, vom Pére André, seiner Frau und meinem Vater.

Zwei Familien waren an der Wand verwechselt, zwei Einrichtungen, in denen du dich selber nicht mehr zurechtfandest. Du teiltest einem jungen Paar zu, was in Wirklichkeit einem alten Pensionär gehörte.

Das hat mich immer beunruhigt. Ich frage mich sogar, ob es mich nicht noch heute beunruhigt.

Ich war zweimal verheiratet. Ich lebe mit einer dritten Frau. Aber es würde mir nie einfallen, meine Erinnerungen durcheinanderzubringen.

Meine Kinder kennen die Herkunft von jedem Möbelstück, jedem Gegenstand, jedem Bild.

Ich glaube bloß, daß es sie gar nicht interessiert.

Du siehst, daß ich dir nichts vorzuwerfen habe, Mutter, und daß ich dir nichts vorwerfe. Du bist deinen Weg gegangen und hast dein Ziel mit einer ganz seltenen, wenn nicht einmaligen Treue verfolgt.

Du hast es erreicht. Daher kommt es wohl, daß hier in deinem Spitalbett dein Blick so heiter und gelassen ist und daß manchmal ein Funke Ironie darin aufblitzt.

Ordinär gesagt:
»Du hast sie alle drangekriegt!«

Meine liebe kleine Mama – du siehst, daß ich fast dieselben Worte wie am Anfang dieses Briefes gebrauche, wahrscheinlich weil ich auch bewegt bin.

Eines Abends, als ich schon auszogen war und gerade zu Bett gehen wollte, rief man mich vom Spital an, um mir zu sagen, daß du gestorben wärest. Ich hatte das Ereignis von Minute zu Minute erwartet, aber als es wirklich eintraf, war es doch ein heftiger Schock.

Ich zog mich rasch wieder an und eilte ins Spital, in das kleine Zimmer, an das ich mich gewöhnt hatte; ich hatte beinahe vergessen, daß es ein Provisorium war.

Du lagst mit heiterem Gesicht da. Es war von einer heiteren Gelassenheit, die es im Leben nicht gibt.

Ich küßte dich auf die Stirn, wie ich auch den Vater geküßt hatte, und setzte mich an dein Bett. Die Nonne war noch immer da, so unbeweglich, als wäre nichts geschehen. Ich fragte sie, ob du gelitten hättest, und sie sagte nein.

Unwillkürlich spann ich meine Gedanken weiter. Diese Woche, die wir, fast ohne zu sprechen, miteinander verbracht hatten, fehlte mir irgendwie. Es war, als sei sie nicht abgeschlossen, als wäre der Kontakt nicht völlig hergestellt gewesen.

Ich wollte dich aber nicht fortlassen, ohne dich gekannt, ohne dich begriffen zu haben. In deinen Augen lag jetzt kein Ausdruck mehr, sondern eine außerirdische Starrheit. Deine Lippen hatten ein für allemal einen rätselhaften Zug angenommen, den ich nicht zu definieren vermochte. Ironie? Beruhigung? Ich weiß es nicht. Ich würde es lieber Beruhigung nennen.

Man hatte dich zurechtgemacht. Du warst schön. Du warst königlich, kaiserlich, wie du dort auf deinem schmalen Bett lagst, und wir waren vor dir nur Menschen mit all ihrem Zaudern und Zögern, mit ihren kleinen Problemen und Ängsten.

Du warst über all das hinaus. In deiner reglosen Starrheit hast du uns beherrscht.

Ich fuhr fort, zu denken. Ich bemühte mich weiter, dich zu verstehen. Und ich begriff, daß du dein ganzes Leben lang gut warst.

Nicht unbedingt gut gegen die anderen, aber gut gegen dich selber, gut in deinem tiefsten Inneren. Du hast gekämpft, um das Ziel zu erreichen, welches das fünfjährige kleine Mädchen sich gesetzt hatte. Du hast die Zähne zusammengebissen. Aber du hattest das Bedürfnis, du hattest von jeher das Bedürfnis gehabt, dich als gut zu empfinden, und darum, Mutter, hast du dein Leben damit verbracht, dich aufzuopfern. Du hast dich für den erstbesten Menschen, der dir gerade begegnete, aufgeopfert, für die Ehen, die zu wanken begannen, für die Einsamen, für alles, hätte ich fast gesagt, was draußen auf der Straße passierte.

In deinem Herzen war ein unerschöpflicher Schatz von Mitgefühl und Geduld für alle. Es gab nichts, was dich abstieß. Im Gegenteil, je schwieriger die Aufgabe war, desto fester hast du dich daran geklammert.

Ist es da erstaunlich, daß du dich nicht mit denen in deinem Umkreis abgabst, die du als die Glücklichen dieser Welt ansahst?

Das waren wir. Du sahst uns entweder nicht oder du reihtest uns in die Kategorie jener ein, die alles erreicht und erhalten hatten.

Du kamst von ganz unten. Du gehörtest zu denen, die nichts mitbekommen hatten, für die jede kleine Freude eine Eroberung bedeutete, die man mit Gewalt an sich reißen mußte.

Du kämpftest immer weiter. Deine Aufgabe war nicht vollendet. Du hast dich mit deinen Mietern geplagt, bis wir in die höhere Schule kamen. Damit war in deinen Augen unsere Zukunft gesichert.

Aber nicht die deine und auch nicht die Zukunft der anderen Leute, die dir begegneten, wenn du in deinem Quartier einkaufen gingst.

Unter uns, uns gegenüber war es nicht Güte, sondern Mutterliebe.

Aber es mußte Güte sein, und nicht nur Güte um der anderen willen. Du hast weder Danksagungen noch Dankbarkeit erwartet. Aber es war notwendig, es war unerläßlich, daß du dich selber als gut empfandest.

Und ich glaube, was ich nach acht Tagen in deinem Sterbezimmer schließlich entdeckte:

Du hattest, wie dein Vater, wie die meisten deiner Geschwister, von Geburt an die Veranlagung zu einer gewissen Schwäche, heute würde man sagen zur Neurose. Ihr wart alle von krankhafter Empfindlichkeit.

Manche versuchten sich vergebens mit Hilfe von Alkohol davor zu schützen.

Die kleine Letzte, die diesen Kampf einer ganzen Familie, diesen fortschreitenden Verfall der einen und der anderen mitangesehen hatte, beschloß in ihrer frühesten Jugend, sich durch eigene Kraft zu retten.

Das war die kleine Verkäuferin der *Innovation* mit ihrem duftigen, fast weißlichen Haar. Das war die Vertraute von Valérie. Das war das junge Mädchen, das den stattlichen Gang von Désiré bewunderte und später den eleganten Schwung, mit dem er den Hut zog.

Als du schließlich eine Ehefrau mit einem plärrenden Kind warst, hast du erkannt, daß das nicht genügte. Du hast ein Haus gemietet und Mieter aufgenommen. Du hast dich zu einem wahren Sklavenleben verdammt.

Bis zum Tode Désirés. Wie viele Jahre später hast du wieder geheiratet?

Ich weiß es nicht. Du rücktest deinem Ziel näher, der Sicherheit, der famosen Pension.

Wie könnte ich es dir verdenken? Ich weiß, daß du im Krieg deine Goldmünzen unter der Kohle versteckt hast. Man hätte meinen können, es wäre der reine Geiz, doch zur gleichen Zeit hast du jene Säckchen für meine Kinder gehäkelt, für jedes eines.

Ich schickte dir Geld, damit du auskömmlich zu leben hattest. Dann kam der Tag, an dem du mir alles zurückzahlen konntest.

Siehst du, Mutter, du bist eines der kompliziertesten Wesen, denen ich je begegnet bin. Wenn ich an dich dachte, erinnerte ich mich oft an die Droschke, die deine Schwester holen kam. Zwischen uns beiden war nur ein dünner Faden.

Dieser Faden war dein leidenschaftlicher Wille, gut zu sein: gegen die anderen, aber vielleicht vor allem gegen dich selber.

Lettre à ma mère, Paris 1974. Der *Brief an meine Mutter* ist 1978 in der deutschen Erstübertragung von Stefanie Weiss im Diogenes Verlag erschienen.

Anhang

Lebensdaten

1903 13. Februar, geboren in Lüttich als Sohn des 25jährigen Désiré Simenon, Buchhalter bei einer Versicherung, und der 22jährigen Henriette Brüll.

1909 Eintritt in das Institut Saint-André; 1914 ins Collège Saint-Louis. Simenon will schreiben und Priester werden. 1915 Wechsel ins Collège Saint-Servais. Die Lehrer stellen Simenon die Themen der literarischen Arbeiten frei.

1918 Wegen einer Angina pectoris des Vaters verläßt Simenon die Schule. Er arbeitet zuerst als Konditorlehrling, dann in einer Buchhandlung, wo er nach sechs Wochen entlassen wird; er hat dem Lehrherrn Widerworte gegeben.

1919 Reporter bei der ›Gazette de Liège‹; Veröffentlichung erster Erzählungen.

1920 *Au Pont des Arches*, der erste Roman (erscheint 1921): »ein kleiner humoristischer Roman über die Lütticher Sitten«.

1921 Einberufung zum Militär. Tod des Vaters.

1922 Ankunft in Paris. Simenon wird Sekretär des Schriftstellers und Journalisten Binet-Valmer.

1923 Heirat mit Régine Renchon, einer Malerin. Erste Erzählungen für ›Le Matin‹ und diverse »galante« Pariser Zeitschriften. Zwischen 1923 und 1933 werden es mehr als tausend. Simenon wird Sekretär und Reisebegleiter des Marquis de Tracy.

1924 Trennung von de Tracy. Simenon beginnt serienweise – zwischen 1925 und 1934 mehr als 180 – Groschenromane zu schreiben. *Le roman d'une dactylo* ist das Werk eines Vormittags auf einer Café-Terrasse.

1927 Alleinherausgeber und Redakteur der Zeitschrift ›Le Merle blanc‹. Der Eigentümer, Eugène Merle, schlägt Simenon vor, für 50 000 F in einem Glaskasten auf der Terrasse des Moulin Rouge einen Roman in aller Öffentlichkeit zu schreiben. Die Zuschauer sollen ihm die Namen der Personen und den Titel sagen. Das Experiment kommt nicht zustande, weil Merle vorher Konkurs macht.

1928 Simenon kauft sein erstes Boot, »Ginette«, und durchfährt während des Sommers Frankreichs Flüsse und Kanäle. Der Reisebericht erscheint in einer Sondernummer von ›Vu‹.

1929 Das zweite Boot, die »Ostrogoth«, wird gebaut. Reisen nach

Holland, Norwegen, Lappland. Im September schreibt Simenon den ersten Maigret *(Pietr-le-Letton)* unter eigenem Namen. Reise auf der »Ostrogoth« nach Wilhelmshaven. Gegen Ende des Jahres Absprache mit Fayard über eine Serie von Maigret-Romanen.

1930–32 Simenon reist und schreibt auf der »Ostrogoth«; Entstehung von rund 28 Romanen, meist Maigrets. 1931 erwirbt Jean Renoir die Filmrechte an *La nuit du carrefour.* Verkauf der »Ostrogoth«. 1932 Reise nach Afrika; Reportage »Peuples qui ont faim«.

1933 Im Sommer Europareise; die Reportage »Europe 33« erscheint in ›Voilà‹. Im Juni Begegnung mit Leo Trotzki in Prinkipo. Die Aufzeichnung des Gesprächs erscheint im ›Paris-Soir‹, 16.–17. Juni 1933. Fünf Romane entstehen. Im Oktober Vertrag mit Gallimard.

1934 Vier Romane. Eine Reportage über die Affäre Stavisky erscheint im ›Paris-Soir‹, Mittelmeerreise. Der Bericht erscheint in ›Marianne‹ unter dem Titel »Mare Nostrum«. Im Herbst bezieht Simenon das Château de la Cour-Dieu nahe bei Orléans.

1935 Weltreise: New York, Panama, Kolumbien, Galapagos-Inseln etc. Während eines zweimonatigen Aufenthalts auf Tahiti schreibt Simenon den Roman *Ceux de la soif.*

1935–38 Bei ständigem Ortswechsel entstehen in diesen Jahren mehr als zwanzig Romane. Am 31. Dezember 1938 erhält Simenon den ersten Brief von André Gide.

1939–40 Zehn Romane. 1939 wird der Sohn Marc geboren. 1940, nach Kriegsausbruch, organisiert Simenon eine Flüchtlingshilfe. Zum Jahresende diagnostiziert ein Röntgenologe fälschlich eine Angina pectoris und gibt Simenon noch höchstens drei Jahre zu leben.

1941–44 Mehr als zehn Romane entstehen, darunter die autobiographischen *Je me souviens* und *Pedigree.*

1945 Vier Romane. Aufbruch in die USA. In New York lernt Simenon Denise Quimet kennen, seine zweite Frau.

1946 Sechs Romane. Reisen kreuz und quer durch Amerika und Kanada. Die Reportage »L'Amérique en voiture« erscheint im November im ›France-Soir‹.

1947–49 Sechzehn Romane. Am 29. September 1949 Geburt des Sohnes Johnny.

1950–52 Sechzehn Romane. 1950 Scheidung und Wiederverheiratung in Reno. 1952 wird Simenon in die belgische Académie Royale aufgenommen.

1953–55 Sechzehn Romane. Geburt der Tochter Marie-Georges. Umzug nach Frankreich. Simenon läßt sich für zwei Jahre nahe bei Cannes nieder.

1956–57 Neun Romane. Umzug nach Echandens bei Lausanne.

1958–60 Elf Romane. Vortrag in Brüssel anläßlich der Weltausstellung. 1959 Geburt des Sohnes Pierre. 1960 wird Simenon Präsident des Festivals zu Cannes. Zusammen mit Henry Miller setzt er die Auszeichnung von Federico Fellinis *La dolce Vita* durch.

1961–64 Vierzehn Romane. 1964 Umzug in das selbst entworfene Haus in Epalinges, sieben Kilometer von Lausanne.

1965–66 Sieben Romane. Am 3. September 1966 wird in Delfzijl eine Maigret-Statue von Pieter d'Hought enthüllt; hier war der erste Maigret *Pietr-le-Letton* entstanden.

1967–70 Vierzehn Romane. Die *Œuvres Complètes* beginnen bei den Editions Rencontre, Lausanne, zu erscheinen.

1971–72 Mehr als fünf Romane. Am 19. September 1972 entschließt sich Simenon, sein Haus in Epalinges – sein 29. insgesamt! – zu verkaufen, in ein Appartement zu ziehen und nicht mehr zu schreiben.

seit 1973 Simenon beginnt, tagebuchartige Notizen ins Diktaphon zu sprechen, die seither unter den Titeln *Lettre à ma mère* (1974), *Un homme comme un autre* (1975), *Des traces de pas* (1975), *Les petits hommes* (1976), *Vent du nord, vent du sud* (1976), *Un banc au soleil* (1977), *De la cave au grenier* (1977), *Une vie comme neuve* (1977), *A l'abri de notre arbre* (1977), *Vacances obligatoires* (1978), *Tant que je suis vivant* (1978), *La main dans la main* (1978), *Je suis resté un enfant de chœur* (1979), *A quoi bon jurer?* (1979), *Au-delà de ma porte-fenêtre* (1979), *Le prix d'un homme* (1980), *Les libertés qu'il nous reste* (1980), *On dit que j'ai soixante-quinze ans* (1980), *Quand vient le froid* (1980), *Jour et nuit* (1981), *Destinées* (1981), *La femme endormie* (1981), bei Presses de la Cité erschienen sind. Heute lebt er in einem kleinen rosa Häuschen inmitten eines Neubauviertels in Lausanne.

1981 Trotz seines 1972 gefaßten Vorsatzes hat er ein großes autobiographisches Werk geschrieben: *Mémoires intimes*.

Bibliographie

1. Pseudonym erschienene Werke

Zwischen 1921 und 1934 (auch noch später, um vertragliche Pflichten zu erfüllen) hat Georges Simenon Geschichten, Erzählungen, Groschenromane und Reportagen unter zahlreichen Pseudonymen veröffentlicht: Germain d'Antibes, Aramis, Bobette, Christian Brulls, Georges Caraman, Jacques Dersonne, Jean Dorsage, Luc Dorsan, Jean Dossage, Jean du Perry, Jean Perry, Georges-Martin Georges, Gom Gut, Georges d'Isly, Kim, Miquette, Maurice Pertuis, Plick et Plock, Poum et Zette, Jean Sandor, Georges Sim, Gaston Vialis, G. Violis.

a) Geschichten und Erzählungen

1919

In ›La Gazette de Liège‹:
Une idée de génie – Les conséquences d'un coup de ciseau – La première gifle – Le langage des cravates.

1920

Ebenda: Neun Erzählungen.

1922

In ›La Revue Sincère‹ (Brüssel):
Le compotier tiède (15. Dezember)

1923

Ebenda:
Engourdissement (15. Juni)
In ›Le Matin‹:
La petite idole – Un coup de feu.
In ›Sans-Gêne‹:
Théodore et la danseuse – Trouillet et la Nourrice – La femme au divan – Les expériences du Docteur Pinoche – La méprise du jeune Bidoche.
In ›Frou-Frou‹:
Le corset de Madame Godruchon – Deux hommes en pyjama – L'admiratrice inconnue – Un professionnel – L'amant ingénu – La sauterelle – La lugubre aventure – La nuit d'amour d'Antonin – Le portrait d'Anna – La tentation du Docteur Antoine – L'ascenseur d'Amour – L'aventure du troufion amoureux – Le timbre d'un sou – La jolie bouffarde d'amour – La fenêtre ingénue – Un virtuose – Fillocheau et le Godruchon – Le mari, la cantharide et l'électricien.

1924

In ›Le Matin‹:
Un homme sur la voie – L'étape – Le grisou – Le saxophone – Mélie – Dédé – L'ivrogne – Convalescence – Tuer – Les Lacroix – Le Timbre – Les Roues – Jeannot – L'avaleur d'aiguilles – Un couple passa – Le chant du soir – L'accident – Méprise.
In ›Sans-Gêne‹:
Tom Gut aux folies amoureuses – Un tempérament qui se révèle – La rencontre de Monsieur Mouche – La tirelire – Le gibier rare – L'impossible réplique – La tournée en Amérique – Les honoraires de Delphine – Les satyres des Galeries Mistouflettes – Un estomac délicat – La vengeance de Madame Pousset – Entresol à louer – On demande une dactylo – Le dentiste – Le feu de cheminée – Un fichu pari – Un maître-chanteur – Le cerf – Le pantalon de la concierge.
In ›L'Humour‹:
Un ami qui a du tact – Le Silène – Une sentimentale – Déductions – Boî-

tes à sardines – Le bon bougre – Histoire américaine – Approximations – Troublantes réminiscences – Une bonne fortune – La nuit blanche de Bidouillard – Un sportif – Un ménage olympique – Impudence – L'enterrement – La pénitente – La petite femme nue – En détail – Et de trois – Le souffleur ésotérique – Un Monsieur cocu – Réclame payée – La cornemuse – La balle – Dilemme – Corrida – Soulagement – Le Phonographe d'amour – La Pommade – Une grue – Indignation – Histoire de Poils – L'amour oublié.

In ›Paris-Flirt‹:

Pêche à la ligne – Frusques et Frasques – Un cœur sensible – Olympiades – En vitesse – Une erreur – Menus emprunts – La cure – Encore un bout de pellicule – Le gigolo – Photos galantes – L'air de la mer – Une femme potelée – L'agrafe – Une femme dévouée – Dinard – La garçonnière – Croquis de vacances – Bouffe les eaux – Deauville – Une vengeance – La dent – Un voyeur – Une voyageuse – Dans la forêt – Robinson – La chambre N° 8 – Un homéopathe – Triples croches et soupirs – Le billet de faveur – Frénésie – Une histoire banale – Le contrôleur – Un grand machin – Fichue sensation – Un maniaque – Flagrant délit – Le placard N° 9 – Le petit chien – L'occasion – Pantalons ouverts – La chaîne.

In ›Gens qui rient‹:

L'assurance – Le bibelot érotique – L'illusion perdue – Le petit chapeau – *Les bibelots d'amour* (Japonaiseries – Les coussins du divan – La chemise pantalon – Ma jarretière-montre – La liseuse) – Comment elles aiment (12 Geschichten).

In ›Paris-Soir‹:

Un monsieur antipathique – La barque de pêche – Le vieux monsieur – Trouillard le perspicace.

In ›Le Merle Blanc‹:

Une mission délicate – Le beau régiment tondu.

In ›L'Almanach de L'Humour‹:

Le phonographe d'amour – La pommade

In ›Miousic‹:

Les histoires de la déshabilleuse.

In ›Frou-Frou‹:

Les bretelles élastiques – L'aventure de Truc – Deux couples enlacés – Biquet et la dame veuve – Un homme d'affaires – La chemise illusion – Adolphe Motte gentil-homme cambrioleur – Nids de passereaux nids d'amour – Murmures et soupirs – Un véritable amour – La dompteuse passionée – Une heure sur une barrique – La culotte de jersey – Petit bout d'ambre – Un tour de cochon – Candeur – Papouillard et le 14 juillet – La nymphe arrangeante – No bananas – Le Kama Soutra – Le piano d'amour – Savoir vivre – Les vaches à sonnettes – Histoire d'une chemise

– Les conseils du vieux suiveur – Une ingénue – La pétaude – 23 *bis* rue Richepanse – L'averse – Une garçonne – Une bonne maison – Le taureau – Des amants qui abusent – J'veux rester nue – Sous le nez du mari – Délit en mer – Les transes de Monsieur Pouille – Un sauvetage en mer – A l'abri dans l'hôtel – Un coin de rue – Un sensible – Confidences d'une Olympiquée – La chicane galante – Fables express – Leurs rêves d'été – L'oreille à la porte – L'Ile des Cœurs – Un lâcheur – Le viol – Cyrille – La maison des turpitudes – Le Glady's bar – Un malchanceux – Je vous avoue – L'amoureuse infortune – Méthodes américaines – Autos d'amour – Une bonne place – Natures mortes – Fraîcheur – Les clientes du petit bar – Rubans – Hésitations – La puce à tout prix – Oculi – Denise et ses sœurs – L'Ile des singes – Les trois rois – Les souhaits de Monsieur Tahin.

In ›Le Sourire‹:

L'hôte inattendu – Une âme champêtre – Poisson d'avril – Double décime – L'athlète au vasistas – Miquette au Grand Prix – Un banquier merveilleux – Le trou de la serrure.

1925

In ›Le Matin‹:

Les larmes – La lettre – Retour – La porte No 9 – M'ame Casaquin – La Preuve – Monsieur Frogeot, caissier – Joë – Le Père Manillon – Le Silence – La Peur du sang – Faits divers – La valise – L'ombre sur le rideau – La barque – L'agresseur – L'annonce – La cavée – Le rôdeur – La nuit atroce – Le pêcheur obstiné – Le récital.

In ›Sans-Gêne‹:

Le beau jeune homme blond – Un homme fichu – Un frère – Saturnin satyre – L'enfant du tamponnement – Un fameux lapin – L'hélicon – L'outil – Tronçon a perdu une femme nue – L'avancement d'Eugène Lamouille – Le sergent noir – Hilarion s'émancipe – La fidélité d'Annette – Le cocu scientifique – L'article 10 – La 40 HP conduite intérieure – Le bonnet de bain gris perle – Un monsieur influençable – Histoire en quatre lettres – Les débuts d'Irma – Monsieur Gustave – Au château de Chaudésir – Un sacré bureau d'affaires.

In ›L'Humour‹:

Bonne volonté – Une femme éhontée – Choses qui volent – Une sale blague – Le chantage du jeune Papotin – Le suçon d'Irma – Histoire d'un sac – Le vertigineux voyage – Les cheveux – Pour vous mesdames – Un violeur – Le drame de la mer – Une occasion exceptionnelle – Lohengrin – Empreintes digitales – L'ingénue aux Olympiades – La rafle – Le livre de médecine – Le pliant – Massage électrique – Pinaléion amoureux – Une brave petite – Grand nettoyage.

In ›Paris-Flirt‹:

De jolies nièces – Une petite main qui se cramponne – L'amant pratique – L'amour en wagon-lit – Pour vingt sous – Le raide roide – Le blé qui lève – Un chiqué historique – Le règlement – Le réveil – Moulin d'amour – L'avant-dernier – Vengeance ratée – Pelotages – Honnête homme – Une vilaine affaire – Comme Salomon – L'ordonnance – Mots d'amour – La vie parisienne – Crotte – Une bonne journée – Vous me rappelez quelque chose – Le pyjama – Histoire morale – Ernestine – Quelques opinions mesdames – La paix conjugale – Fable express – Jaloux – Permis de conduire – Un ménage – Le cambrioleur – Dialogues entendus place Pigalle – Modernes – Odette et son papa – Coup double – Naïvetés de vacances – Le bon trou – Délaissée – Sale métier – En famille – Mauvaise blague – Bien renseigné – Un passionné – Superfluités – Charmante enfant – Il faut semer – Retour de vacances – L'amant résigné – Le paquet – Fameux argument – Le ménage Babolin – Pudeurs – Croquis galant – Sous le plaid – Un maniaque – La dame du Bois de Boulogne – Une bonne blague – Parisienneries d'automne – La Chambre rentre – Une noce au fromage – Un falzar chez la Colonelle – Le dernier soir – Une tenue négligée – La fidélité de Madame Floche – Des vicieux – Banalités – La rencontre – l'aventure.

In ›Gens qui rient‹:

Fleurs et fruits d'arrière-saison – Bals musette.

In ›Eve‹:

L'inconnue.

In ›Paris-Soir‹:

Premier anniversaire (18. Januar)

In ›Paris-Plaisirs‹:

Madeleine-Bastille en douze arrêts galants – Le rouge et le noir – L'art d'être nue – Le nu déshabillé – Le nu tout nu – D'un nu à l'autre – Des tabourets du Cliquet's Bar.

In ›Le Merle Blanc‹:

Aïda – Une tête de poire – Un monsieur pointilleux – Le gigot – Le corbillard – Les cacahuètes – Le dernier mot – Un ami scrupuleux.

In ›Le Rire‹:

Planchard et son taxi – La chambre de bonne – Signe d'argent – L'homme qui voulait être cocu – La treizième chemise – Le truc de Pouillard – Monsieur Pomme cocaïnomane – Machechose exagère – Un veau – Combinaison de vacances – Une arrivée sensationelle.

In ›Le Sourire‹:

Le danseur inconnu – Les pieds sensibles – L'autobus en folie – Le placard aux amants – L'appartement des Fermato – Variante sur le drame a trois – Un virtuose – Une petite femme démonstrative.

In ›Frou-Frou‹:

C'est dans le métro – Une petite femme délicate – Méprise – La dame masquée – Chastes étreintes – Histoires immorales – Un monsieur susceptible – Des amants candides – Monsieur Tiburce marchand d'amour – L'amour au balcon – Le réveillon aux pantalons – Une simple erreur – Le carquois épuisé – Délicatesse – Modernisme – Le masque pâle – Madame triche – L'amant nature – L'anguille sous roche – Rancœur – Rebecca femme entretenue – Allô Kléber – Politesses – Un cercle bougrement vicieux – Pantomimes – Un saligaud – Cinq de l'après-midi – Piston – Un travesti suggestif – Mariage d'inclination – Yvon et Yves – Jolis cadeaux – Un homme – Conditions draconiennes – Un grand seigneur – Barbillon d'avril – De citron – Pâques jaunes – L'épouvantable aventure – Petits trucs de printemps – Polissonneries de saison – La jupe croisée – Savoir y faire – Un bon fils – La catastrophe – Caoutchouc – L'oncle Isidore – Accommodements – Lucile et Eugénie – Un monsieur vraiment tout rond – Un honnête homme – Un malhonnête homme – Un cochon de cocu – Les mœurs – Sous bois – Bobette et le photographe – La culotte rose – Question de poitrine – Tombons l'amour – Icul – Comparaisons – Pas trop n'en faut – Le mari lumineux – Partouzes et surpirses – Un très fâcheux oubli – Monsieur Bob – Le pavillon à musique – Un procès très américain – Occasion providentielle – Les vacances de Lebillard – Le bandit corse – Touche étouffait – Les bonnes amies – Moi dit l'un – Confidences d'un valet de chambre – Confidences d'une femme de chambre – Amours mondaines – Amours vénales – Initiations – Vicieuses – D'un trottoir à l'autre – Hiver, ô bel hiver – Hiver, infâme hiver – Entre portiers du ciel – Bals musette – Bals mondains – Le réveillon des Loiseau.

1926

In ›Le Matin‹:

Le Fakir – S. O. S. – Le beau roman – Le mousse – Le train de nuit – Le flacon – Les cyclamens – L'exemple – Le couple – Soupçons – Un beau joueur – Dénouement – Un brave homme – Le portrait – Le porte-bonheur – Le beau train bleu – Trichet – Le ridicule – Le chien loup – Le bahut – L'amiral – Irma – L'ours – Lettres d'amour – Le vaccin – Le solliciteur – Le colonel – Les vibrants.

In ›L'Humour‹:

Une femme à scrupules – Le phonographe – A peu près – L'occasion – Les chaussettes – Le scandale – La moustache – Flagrant délit – J'enlève ma chemise – Piédestal – Le dégoût collecteur – Une combine – La torpille – Le pot de fleurs – Coïncidences.

In ›Sans-Gêne‹:

Le nu réclame – L'amour en Egypte – Un homme sur les toits – Du danger des courants d'air – L'adultère sentimental – Un mensonge d'avant-garde – Le jeune homme de trois heures – L'amour en famille – Une pièce rare – Secrétariat particulier – L'amant à scrupules – L'amour et la volupté – Frais bocages – L'enflure – Les tarifs de la ferme – Julien – Complications – Lettres d'affaires – Un vilain monsieur – Chemise d'occasion – La bonne – Le danseur de Maman – Essayages matrimoniaux – Un cas de conscience.

In ›Paris-Flirt‹:

La gaffe – Premier flirt – Tante Léontine – L'enivrant baiser – La trace révélatrice – Le pont des soupirs – Une femme à scrupules – Le français tel qu'on le parle – Almanach de 1916 – Les treize vierges de Bouchamour – La cicatrice – Simple histoire en timbres-poste – Les bonnes vacances – On oublie toujours quelque chose – Le coup de vent qui ferme la porte – Le message ambigu – Une jeune fille.

In ›Gens qui rient‹:

Les six chutes d'une honnête femme – Avant, pendant, après – Mon kodak de vacances – Bruits d'amour – La fille du pharmacien – Aventures – Miettes d'amour – Couples en tout genre – Coins de rues – Rideaux entr'ouverts.

In ›Lectures de Quinzaine‹:

Un malade – Coïncidence – La vieille – L'ondée – La gifle.

In ›Paris-Plaisirs‹:

Concorde-Dauphine en six hôtels plus ou moins particuliers – Montparnasse en six séances de pose – Montmartre en six noces – Cuisses nues, jambes en l'air – L'héritage – Griseries et voluptés – Sans chats – Leurs bas.

In ›Le Sourire‹:

Devoirs de vacances – Un fameux viol.

In ›Frou-Frou‹:

Quelques traits de caractère – Un amour au music-hall – Nuit de noces – Pauvre Cyprien – Muflerie de poète – Sec ou à l'eau – Danses lascives – L'autre – Etreintes – Madame Pouche et les Belles-Lettres – La main articulée – Préjugés – Une vengeance compliquée – Un garçon imperturbable – Hôtels meublés – Choses entendues – Masques et accessoires – Serpentins et confetti – L'impossible étreinte – Sempiternelle histoire – Le petit trottin – Sur les grands boulevards – L'odyssée d'un homme exité – L'affaire T – Petite fête – Loufoque – La gourde – A bâtons rompus – Des tourtereaux – La cicatrice – A la lanterne – Le docteur Trucul – M. Octave – Le paravent – La femme de chose – Innocence – Madame Amélie – Une histoire d'argent – Un diable d'homme – Où passer le 1er mai? – Hokala la noire – Les satyres – Une expérience concluante – Les cochons – Une épouse délicate – La bonne à tout faire – La boniche du 3e – Vie de château – L'agent 7.260 *bis* – Vantardises – Femmes qui aiment –

L'ocarina – Toutes ces dames au choix – La rencontre – Dames de bonnes maisons – Gardez le fox – Femmes nues – L'idylle artistique – Le monsieur nu – La dame des chaussettes – Deux ménages – Suivons le guide – Une dame et des messieurs – Monsieur Chose – Les dancings – Les succès de Joë – L'objet de convoitise – Virginie – Le 14 Juillet – Humilité – Lili manucure – La bonne manière – Croquis de plages – On part, on part – Celles qu'on laisse à Paris – Les bonnes vacances – La servante d'hôtel – La maîtresse de Mascarin – L'oncle Arthur – Un amour de petit sein – Vacances parisiennes – Le cocu de mari – La dame en verdâtre – La dame en maillot – Choses entendues en vacances – Un mâle de choix – Chez l'habitant – L'initiatrice – Echange d'aménités – Alphonsine – Le maître baigneur – Yves et Nicolas – Les Pique-niques – Un voyeur – Un tempérament excessif – Dans les coins – L'ouverture – La chasseresse – L'astéroïde – Suivez le guide – Un véritable amateur – A huis clos – Choses qu'on dit en rentrant – On rentre – Souvenirs de vacances – Alice et Victor – Sa petite cousine – Les amours juives – La nouvelle bonne – Le vin nouveau – Le jeune homme intimidé – L'heure H – Une lamentable histoire – Maternité – Mathilde – Le dentiste – Le stock – No, no Harry – Le pantalon de la concierge – Les garçonnières – Sur le seuil – Les rastaquouères – Un bien beau mariage – On se déshabille – La bonne pipe – Le pot aux roses – La grosse Fafa – Dialogues entendus – Méprises – Catherine – La vraie nourrice – Ne rien perdre – La nourrice sèche – Mamuna – A matrices – Arts d'agrément – Professeurs – Une fameuse cuite – La nuit de Noël – Ce pauvre Ducouillon – Croquis de réveillon – Le jeune homme du 3e – Un sacré Noël – C'est Delphine qui invite – Le réveillon improvisé – Chez Monsieur Machin – Un sale type – Au Picratt's Bar – Choses entendues le jour de l'an – Empêchements – Vive l'an neuf – Etrennes.

1927

In ›Sans-Gêne‹:

La veuve inconsolable – Karamazov et les quatorze râles – Le ménage Lafleur – Les maîtresses de ces messieurs – Les amants d'Irma – Etre sur le journal – Le Monsieur de la chambre 3 – L'homme aux douze étreintes – Au ventre qui remue – Un sacré bastringue – La leçon d'amour dans un train – Un jeune homme qui n'a rien dans le ventre – La dame en papier de soie – Une démarche flatteuse – L'amant multicolore – Attention à Héloïse.

In ›Lectures de Quinzaine‹:

Un malheureux – Douleur.

In ›Paris-Plaisirs‹:

Au temps des grandes Duchesses – Discrétions – Bob – Le Dieu à manivelles – Réparation – Le Maharadjah – Pâmoisons – Mon gigolo – Deux cœurs et des cocktails – Un mari nu.

In ›Frou-Frou‹:

Collection – Alcôve – Victor – Fils à papa – Charmant enfant – A fleur de peau – Une grande joie – Une simple histoire d'amour – Choses vues – L'impuissant – Choses entendues – Vengeance – Légère erreur – Une aventure dans un train – Quelques stupidités – Le coup de foudre – Eugénie – La dame au chien – Un beau ménage – La vocation – Question de sauce – L'heure morne – L'odyssée de Lucien – L'irrésistible – Un bon garçon – Avertissement – Le séducteur – Une déveine – Un bougre – Une bougresse – A la hussarde – Parbleu – Escarmouches – Le maquereau – Brave Justin – Une garçonnière délicieuse – Sept croquis de carnaval – Le pompier de service – Le pompier de ces dames – Souvenirs – L'aventurière – Une bonne partie – Poissons d'avril – La sève monte – Recettes – Les premières vacances – Très bien la bicoque – Dans la peau – Sécurité discrétion – Entre deux maux – Un événement – Sam suffit – Villa Mon Rêve – L'avant-dernier – L'amant de Madame Casse-Noix – A trois roues – Le monsieur qui a une auto – Le salaud de l'arbre – La feuille à l'envers – L'émotion – Partouzes et Partouzards – Exilé sentimental – Improvisation – Petite crapule va – Histoire de Nymphes – Au temps des nymphes et des satyres – La nuit du 14 au 15.

1928

In ›Sans-Gêne‹:

L'île déserte – Un cœur obstiné – La fiancée ineffable – Un garçon moderne – Les jurés folichons – Les Finalet veulent du vice – Les jambes de Madame Bignolet – Les soupirs d'Emma – Le Parisien.

In ›Paris-Plaisirs‹:

Véritable histoire d'adultère – Débuts – Le Piège – Un jeune homme délicat – La main – Amours – Ma femme est en bas.

In ›Ric et Rac‹:

Les violons de Terre-Neuva – Jérémie – L 53.

In ›Frou-Frou‹:

Les histoires du Barman – Un drôle de coco – La femme de quarante ans – Un oubli – De fil en aiguille – Boudoirs et placards – Mots d'amour – Ce sacré Eusèbe – En papoue, na – Une tendre – Choses vues et entendues – Agitez – Les dents – Le contrôleur – L'amoureux de Madame Chaume – L'éclusière – Tromper sa femme – Types de femme – Un mélange – Types de casino – Le truc de la cabine – Boby et sa sœur – La poule – Le jeune homme – Le pont neuf – Une gamine insupportable – Une autre – Le 4e monsieur – Une petite qui a du cran – Drôle de type – Cornichon – La grosse Bertha – Liquidation – Plus d'imprévus – Histoires belges – Vieux chose.

1929

In ›Ric et Rac‹:

Le Bonhomme de Lagny – Le grappin de M. Sancette – Fredo la Terreur – L'homme aux allumettes – L'assassinat de la marquise – L'histoire des montres – Les trois clients – Le coffre-fort d'acajou – La dame aux yeux noirs – Le jeune homme pâle – Le nègre et la panthère – Train 133 – Le yacht et la panthère – Le rat du quai – Du dépôt au laboratoire – Le sacre de Napoléon – DKV – Policier Mammouth – Je fais tourner les têtes – Le Kaspern – La Veste – Le monsieur de papier – La petite bonne vindicative – La femme étrange.

In ›Paris-Plaisirs‹:

Moune – Le jeune homme en bleu – L'amour des bêtes – Le patron du petit bar – L'inconnu au coup de chapeau – Jalousie – Ah les femmes – Le bijoutier entreprenant – Raccommodage – Philantropie – Tendresse – Un monsieur qui n'en revient pas.

In ›Frou-Frou‹:

Une plaisanterie peu spirituelle – Cinq cents francs – Une homme serviable – La grosse brute – Bon cœur – Jeune homme – Empreintes – Héroïsme – Fleurs d'occasion – Dignité – T. S. F. – Soir de bravoure – Première chasse – Pluie – La jalousie d'Ernestine – De petits polissons – De sales mômes – Un rude effronté – Lisbeth et sa mère – L'oseille d'Emma – Cette chère Ada – Le maître baigneur – Poste restante – Ce sera à l'œil – L'entêtement – Monsieur Machin – Un incompris – Un divorce – Je ne suis pas celle ... – Juliette – Un homme fichu – La belle barbe – Joseph – Le chauffeur – Le bain de soleil – La grande brute – Un homme tout rond – Le concombre.

1930

In ›Ric et Rac‹:

L'archiviste – Le vase de Delft – Les trois rats de quai – Le yacht et la panthère – Le rat du quai.

In ›Paris-Plaisirs‹:

Les incartades de Madame Folette – Une dame dans une avant-scène – Le petit bar – Gaston – La veine et l'amour – Lettre anonyme – Dolly et Suzy – Un homme délicieux – Croquis parisiens – Mots d'amour – Une petite erreur – Une véritable aventure – Les bonnes vacances – Chacun son tour – Jean – Une vrai surprise.

In ›Frou-Frou‹:

Le portrait de Monsieur Mig – La puce – En musique – Cœur de lilas – A quatre mains – Incompris – L'homme fleuri – Névralgies – Un type extraordinaire – Chambre N° 17 – Les chocolats – Un drôle de mariage –

Un chic type – L'avancement de Monsieur Eugène – Une histoire de ... – Le pantalon de la concierge – Le cocu scientifique – Faire ou ne pas faire – Une bonne surprise – Les Tacotot – Les 22 maîtresses – Eva – La jeune fille aux gifles – La petite dame qui sourit – Mademoiselle Betty – La vengeance en salade – Poste restante – L'amour devant l'objectif – Dame à ménager – Chacun son tour – Sollicitude – Un poison – Tronçon a perdu une femme nue – Coucou – Les portraits – Une histoire courte – Félix – Nénesse – Politesse – Eloquence – Une petite connaisseuse – Confidences – Une petite amie – A recommencer – Monsieur le Comte – Le rabatteur – La tournée – Un sale gosse.

1931

In ›Vu‹:
Sing-Sing ou la maison des trois marches.

In ›Paris-Plaisirs‹:
Le coup du jardin – Tendrement – La caméra – La dame sourde – Le mari au tonneau – La vedette.

In ›Frou-Frou‹:
L'étui à cigarettes – Les souliers – Après – La noce – L'homme bleu – Chéri Minet – L'escalier – Jojo à Lulu – Ernest et Ernestine – Un cas de conscience – Dans les coins – L'hirondelle – Prudence – Rencontre – Les trois larrons – L'enfant du tamponnement – A recommencer – Monsieur le Comte – Le rabatteur – La tournée – Un sale gosse.

1933

In ›L'Intransigeant‹:
La nuit du Pont-Marie – Moss et Hoch.

1935

In ›Le Courrier Royal‹ (Erzählungen und Chroniken):
Histoires de partout et d'ailleurs – Non Monsieur ... – Ici Hollande – Hiérarchie congolaise – Les moules et le député.

In ›Frou-Frou‹:
La gaffe – Cornichon.

1936

In ›Le Courrier Royal‹ (Erzählungen und Chroniken):
L'enterrement, le petit garçon, la girl et l'urne aux cendres – Un homme à sa place et des places à prendre – De la maturité des fruits et des républi-

ques – L'opinion des autres – Une décoration bien méritée – Le colonel national – Sous le signe de l'asticot.

b) Groschenromane

Die Romane erschienen bei Tallandier, in der Bibliothèque des Grandes Aventures sowie der Serie Criminels et Policiers. Bei Arthème Fayard in den Reihen: Le Livre Populaire, Le Roman complet oder L'Aventure. Bei Ferenczi in den Reihen: Le Petit Roman, Voyages et Aventures, Mon Livre Favori, Le Petit Livre. Bei den Editions Prima in der Collection Gauloise.

Von diesen Romanen sind einige nicht erhalten. Die folgende Liste erhebt keinen Anspruch auf Vollständigkeit.

1921

Au Pont des Arches, Georges Sim (Bénard S. A., Liège).
Le bouton de col (nicht erschienen).
Jehan Pinaguet (nicht erschienen).

1924

Le Roman d'une dactylo, Jean du Perry (Ferenczi).
Amour d'exilée, Jean du Perry (Ferenczi).

1925

L'oiseau blessé, Jean du Perry (Ferenczi).
La fiancée fugitive, Jean du Perry (Ferenczi).
Entre deux haines, Jean du Perry (Ferenczi).
Ceux qu'on avait oubliés, Jean du Perry (Ferenczi).
Pour qu'il soit heureux, Jean du Perry (Ferenczi).
A l'assaut d'un cœur, Jean du Perry (Ferenczi).
Pour le sauver, Jean du Perry (Ferenczi).
La prêtresse des Vaudous, Christian Brulls (Tallandier).
Etoile de cinéma, Georges d'Isly (Rouff).
Au grand 13, Gom Gut (Prima).
Aux 28 négresses, Gom Gut (Prima).
Plaisir charnel, Gom Gut (Prima).

1926

Les yeux qui ordonnent, Jean du Perry (Ferenczi).
De la rue au bonheur, Jean du Perry (Ferenczi).
L'orgueil d'aimer, Jean du Perry (Ferenczi).
L'heureuse fin, Jean du Perry (Ferenczi).
Amour d'Afrique, Jean du Perry (Ferenczi).
Celle qui est aimée, Jean du Perry (Ferenczi).
Un péché de jeunesse, Jean du Perry (Ferenczi).
L'orgueil qui meurt, Georges Martin (Le Livre National).
Nox l'insaisissable, Christian Brulls (Ferenczi).
Se Ma Tsien le Sacrificateur, Christian Brulls (Tallandier).
Que ma mère l'ignore! Jean du Perry (Ferenczi).
Les larmes avant le bonheur, Georges Sim (Ferenczi).
Nichonette, Luc Dorsan (Prima).
Histoire d'un pantalon, Luc Dorsan (Prima).
Nuit de noces, Luc Dorsan (Prima).
Mémoires d'un vieux suiveur, Luc Dorsan (Prima).
Nini violée, Luc Dorsan (Prima).
La noce à Montmartre, Gom Gut (Prima).
Liquettes au vent, Gom Gut (Prima).
Une petite très sensuelle, Gom Gut (Prima).
Un viol aux »Quat'z Arts«, Gom Gut (Prima).
Perversités frivoles, Gom Gut (Prima).
Voluptueuses étreintes, Gom Gut (Prima).
Orgies bourgeoises, Gom Gut (Prima).

1927

Défense d'aimer, Georges Sim (Ferenczi).
Les voleurs de navires, Georges Sim (Tallandier).
Le cercle de la soif, Georges Sim (Ferenczi).
Le feu s'éteint, Georges Sim (Fayard).
Paris leste, Georges Sim (Prima).
Un monsieur libidineux, Georges Sim (Prima).
La pucelle de Benouville, Luc Dorsan (Prima).
L'homme aux douze étreintes, Gom Gut (Prima).
Etreintes passionnées, Gom Gut (Prima).
Lili-Tristesse, Jean du Perry (Ferenczi).
Un tout petit cœur, Jean du Perry (Ferenczi).

Le secret des lamas, Georges Sim (Tallandier).
Les maudits du Pacifique, Georges Sim (Tallandier).
Le roi des glaces, Georges Sim (Tallandier).
Les nains des cataractes, Georges Sim (Tallandier).
Le sous-marin dans la forêt, Georges Sim (Tallandier).
Le monstre blanc de la Terre de Feu, Georges Sim (Ferenczi).
Le semeur de larmes, Georges Sim (Ferenczi).
Songes d'été, Georges Sim (Ferenczi).
Le sang des gitanes, Georges Sim (Ferenczi).
Aimer d'amour, Georges Sim (Ferenczi).
Le lac d'angoisse, Georges Sim (Ferenczi).
Miss Baby, Georges Sim (Fayard).
Les cœurs perdus, Georges Sim (Fayard).
Chair de beauté, Georges Sim (Fayard).
Le désert du froid qui tue, Christian Brulls (Ferenczi).
Annie danseuse, Christian Brulls (Ferenczi).
Mademoiselle X, Christian Brulls (Fayard).
Dolorosa, Christian Brulls (Fayard).
Les adolescents passionnés, Christian Brulls (Fayard).
Le document violet, Christian Brulls (Fayard).
La maison des disparus, Christian Brulls (Fayard).
L'amour méconnu, Jean Dorsage (Ferenczi).
Cœur exalté, Jean du Perry (Fayard).
Le fou d'amour, Jean du Perry (Fayard).
Un jour de soleil, Jean du Perry (Fayard).
Les amants de la mansarde, Jean du Perry (Fayard).
Trois cœurs dans la tempête, Jean du Perry (Fayard).
Cabotine, Georges-Martin Georges (Ferenczi).
Aimer, mourir, Georges-Martin Georges (Ferenczi).
Les cœurs vides, Georges-Martin Georges (Ferenczi).
Un soir de vertige, Georges-Martin Georges (Ferenczi).
Brin d'amour, Georges-Martin Georges (Ferenczi).
Haïr à force d'aimer, Gaston Vialis (Ferenczi).
Un petit corps blessé, Gaston Vialis (Ferenczi).
Un seul baiser, Jacques Dersonne (Ferenczi).
Bobette et les trois satires, Gom Gut (Prima).
Une petite dessalée, Luc Dorsan (Prima).
Un petit poison, Kim (Prima).
Le chéri de tantine, Kim (Prima).
L'amant fantôme, Gom Gut (Prima).
Les distractions d'Hélène, Gom Gut (Prima).

1929

La femme en deuil, Georges Sim (Tallandier).
L'île des hommes roux, Georges Sim (Tallandier).
Le Gorille-Roi, Georges Sim (Tallandier).
En robe de mariée, Georges Sim (Tallandier).
La panthèe borgne, Georges Sim (Tallandier).
Un drôle de coco, Luc Dorsan (Prima).
Celle qui revient, Jean Dorsage (Ferenczi).
La Fiancée aux mains de glace, Georges Sim (Fayard).
Les Bandits de Chicago, Georges Sim (Fayard).
Les contrebandiers de l'alcool, Georges Sim (Fayard).
Destinées, Georges Sim (Fayard).
La femme qui tue, Georges Sim (Fayard).
La maison sans soleil, Georges Sim (Fayard).
Le roi du Pacifique, Georges Sim (Ferenczi).
L'île des maudits, Georges Sim (Ferenczi).
Un drame au Pôle Sud, Christian Brulls (Fayard).
Captain S. O. S., Christian Brulls (Fayard).
L'amant sans nom, Christian Brulls (Fayard).
Les pirates du Texas, Christian Brulls (Ferenczi).
Deux cœurs de femme, Jean du Perry (Ferenczi).
L'épave d'amour, Jean du Perry (Ferenczi).
L'amour et l'argent, Jean du Perry (Ferenczi).
Le mirage de Paris, Jean du Perry (Ferenczi).
Cœurs de poupée, Jean du Perry (Ferenczi).
La fille de l'autre, Jean du Perry (Ferenczi).
Une femme a tué, Jean du Perry (Ferenczi).
Nuit de Paris, Georges-Martin Georges (Ferenczi).
Une ombre dans la nuit, Georges-Martin Georges (Ferenczi).
Voleuse d'amour, Georges-Martin Georges (Ferenczi).
Le parfum du passé, Gaston Vialis (Ferenczi).
Trop beau pour elle, G. Violis (Ferenczi).
La merveilleuse aventure, Jacques Dersonne (Ferenczi).
Hélas, je t'aime, Germain d'Antibes (Ferenczi).
Les deux maîtresses, Jacques Dossage (Ferenczi).
Les mémoires d'un prostitué par lui-même, Vorwort von Georges Sim (Prima).

1930

L'œil de l'Utah, Georges Sim (Tallandier).
Le pêcheur de bouées, Georges Sim (Tallandier).

Le chinois de San Francisco, Georges Sim (Tallandier).
L'homme qui tremble, Georges Sim (Fayard).
La femme 47, Georges Sim (Fayard).
L'inconnue, Christian Brulls (Fayard).
Mademoiselle Million, Georges Sim (Fayard).
Nez d'argent, Georges Sim (Ferenczi).
Jacques d'Antifer, Roi des Iles du Vent, Christian Brulls (Ferenczi).
Train de nuit, Christian Brulls (Fayard).
Les amants du malheur, Jean du Perry (Ferenczi).
Celle qui passe, Jean Perry (Ferenczi).
Petite exilée, Jean du Perry (Ferenczi).
La puissance du souvenir, Georges-Martin Georges (Ferenczi).
Bobette mannequin, Georges-Martin Georges (Ferenczi).
La double vie, Georges-Martin Georges (Ferenczi).
La porte close, Georges-Martin Georges (Ferenczi).
Le bonheur de Lili, Georges-Martin Georges (Ferenczi).
Un nid d'amour, Georges-Martin Georges (Ferenczi).
Lili-Sourire, Gaston Vialis (Ferenczi).
Folie d'un soir, Gaston Vialis (Ferenczi).
La femme ardente, Gaston Vialis (Ferenczi).
Les étapes du mensonge, Jacques Dersonne (Ferenczi).
Baisers mortels, Jacques Dersonne (Ferenczi).
Les chercheurs de bonheur, Jean Dorsage (Ferenczi).
Cœur de jeune fille, Jean Dorsage (Ferenczi).
Sœurette, Jean Dorsage (Ferenczi).

1931

L'homme de proie, Georges Sim (Fayard).
Les errants, Georges Sim (Fayard).
Katia acrobate, Georges Sim (Fayard).
La maison de la haine, Christian Brulls (Fayard).
Les forçats de Paris, Christian Brulls (Fayard).
Pour venger son père, Christian Brulls (Ferenczi).
L'homme à la cigarette, Georges Sim (Tallandier).
Marie-Mystère, Jean du Perry (Fayard).
Victime de son fils, Jacques Dersonne (Ferenczi).
Ame de jeune fille, Gaston Vialis (Ferenczi).
Pauvre amante, Jean du Perry (Ferenczi).

1932

La fiancée du diable, Georges Sim (Fayard).
L'épave, Georges Sim (Fayard).
Matricule 12, Georges Sim (Ferenczi).
Fièvre, Christian Brulls (Fayard).
La figurante, Christian Brulls (Fayard).
La maison de l'inquiétude, Georges Sim (Tallandier).

1933

La femme rousse, Georges Sim (Tallandier).
Le château des sables rouges, Georges Sim (Tallandier).
Deuxième Bureau, Georges Sim (Tallandier).
Le paria des bois sauvages, Georges Sim (Ferenczi).
Le yacht fantôme, Georges Sim (Ferenczi).
Le cercle de la mort, Georges Sim (Ferenczi).
L'île de la désolation, Christian Brulls (Ferenczi).
Le lac des esclaves, Christian Brulls (Ferenczi).
Le naufrage du pélican (Ferenczi).

1934

L'évasion, Christian Brulls (Fayard).
La chasse au whisky, Christian Brulls (Ferenczi).
En route pour le bonheur, Maurice Pertuis (Ferenczi).
L'héritier du corsaire, Christian Brulls (Ferenczi).

1935

Le bateau d'or, Georges Sim (Ferenczi).

1937

L'île empoisonnée, Christian Brulls (Ferenczi).
Seul parmi les gorilles, Christian Brulls (Ferenczi).

2. Werke von Georges Simenon

a) Die Maigret-Romane und -Geschichten
[in der Reihenfolge der französischen Erstausgaben]

Pietr-le-Letton. Roman (Fayard, 1931).
M. Gallet, décédé. Roman (Fayard, 1931).
Le pendu de Saint-Pholien. Roman (Fayard, 1931).
Le charretier de la »Providence«. Roman (Fayard, 1931).
La tête d'un homme. Roman (Fayard, 1931).
Le chien jaune. Roman (Fayard, 1931).
Un crime en Hollande. Roman (Fayard, 1931).
La danseuse du Gai-Moulin. Roman (Fayard, 1931).
La guiguette à deux sous. Roman (Fayard, 1931).
La nuit du carrefour. Roman (Fayard, 1931).
Le port des brumes. Roman (Fayard, 1932).
L'ombre chinoise. Roman (Fayard, 1932).
Chez les Flamands. Roman (Fayard, 1932).
Le fou de Bergerac. Roman (Fayard, 1932).
Liberty Bar. Roman (Fayard, 1932).
Au rendez-vous des Terre-Neuvas. Roman (Fayard, 1933).
L'affaire Saint-Fiacre. Roman (Fayard, 1933).
L'écluse n° 1. Roman (Fayard, 1933).
Maigret. Roman (Fayard, 1934).
Maigret revient. Drei Romane: Cécile est morte · Les caves du Majestic · La maison du juge (Gallimard, 1942).
Les nouvelles enquêtes de Maigret. Erzählungen: ›La péniche aux deux pendus‹ · ›L'affaire du boulevard Beaumarchais‹ · ›La fenêtre ouverte‹ · ›Monsieur Lundi‹ · ›Jeumont, 51 minutes d'arret!‹ · ›Peine de mort‹ · ›Les larmes de bougie‹ · ›Rue Pigalle‹ · ›Une erreur de Maigret‹ · ›L'amoureux de Madame Maigret‹ · ›La vieille dame de Bayeux‹ · ›L'Auberge aux Noyés‹ · ›Stan le Tueur‹ · ›L'Etoile du Nord‹ · ›Tempête sur la Manche‹ · ›Mademoiselle Berthe et son amant‹ · ›Le notaire de Châteauneuf‹ (Gallimard, 1944).
Signé Picpus. Drei Romane und fünf Novellen: *Signé Picpus · L'Inspecteur Cadavre · Félicie est là · Nouvelles exotiques* [Inhalt siehe dort] (Gallimard, 1944).
Maigret se fâche. Ein Roman und eine Erzählung: *Maigret se fâche* · ›La pipe de Maigret‹ (Presses de la Cité, 1947).
Maigret à New York (Presses de la Cité, 1947).
Maigret et l'Inspecteur Malchanceux [später: *Maigret et l'Inspecteur Malgracieux*]. Erzählungen: ›Maigret et l'Inspecteur Malchanceux‹ · ›Le témoignage de l'enfant de chœur‹ · ›Le client le plus ob-

stiné du monde‹ · ›On ne tue pas les pauvres types‹ (Presses de la Cité, 1947).

Les vacances de Maigret. Roman (Presses de la Cité, 1948).

Maigret et son mort. Roman (Presses de la Cité, 1948).

La première enquête de Maigret. Roman (Presses de la Cité, 1949).

Mon ami Maigret. Roman (Presses de la Cité, 1949).

Maigret chez le coroner. Roman (Presses de la Cité, 1949).

L'amie de Madame Maigret. Roman (Presses de la Cité, 1950).

Maigret et les petits cochons sans queue. Erzählungen: ›Les petits cochons sans queue‹ · ›Peine de mort‹ · ›Le petit tailleur et le chapelier‹ · ›Le deuil de Fonsine‹ · ›Un certain Monsieur Berquin‹ · ›L'homme dans la rue‹ · ›Vente à la bougie‹ · ›Madame Quatre et ses enfants› (Presses de la Cité, 1950).

Maigret et la vieille dame. Roman (Presses de la Cité, 1950).

Les mémoires de Maigret. Roman (Presses de la Cité, 1951).

Un Noël de Maigret. Erzählungen: ›Un Noël de Maigret‹ · ›Sept petites croix dans un carnet‹ · ›Le petit restaurant des Ternes. Conte de Noël pour grandes personnes‹ (Presses de la Cité, 1950).

Maigret au Picratt's. Roman (Presses de la Cité, 1951).

Maigret en meublé. Roman (Presses de la Cité, 1951).

Maigret et la Grande-Perche. Roman (Presses de la Cité, 1951).

Maigret, Lognon et les gangsters. Roman (Presses de la Cité, 1952).

Le revolver de Maigret. Roman (Presses de la Cité, 1952).

Maigret et l'homme du banc. Roman (Presses de la Cité, 1953).

Maigret a peur. Roman (Presses de la Cité, 1953).

Maigret se trompe. Roman (Presses de la Cité, 1953).

Maigret à l'école. Roman (Presses de la Cité, 1954).

Maigret et la jeune morte. Roman (Presses de la Cité, 1954).

Maigret chez le ministre. Roman (Presses de la Cité, 1954).

Maigret et le corps sans tête. Roman (Presses de la Cité, 1955).

Maigret tend un piège. Roman (Presses de la Cité, 1955).

Un échec de Maigret. Roman (Presses de la Cité, 1956).

Maigret s'amuse. Roman (Presses de la Cité, 1957).

Maigret voyage. Roman (Presses de la Cité, 1958).

Les scrupules de Maigret. Roman (Presses de la Cité, 1958).

Strip-tease. Roman (Presses de la Cité, 1958).

Maigret et les témoins récalcitrants. Roman (Presses de la Cité, 1959).

Une confidence de Maigret. Roman (Presses de la Cité, 1959).

Maigret aux assises. Roman (Presses de la Cité, 1960).

Maigret et les vieillards. Roman (Presses de la Cité, 1960).

Maigret et le voleur paresseux. Roman (Presses de la Cité, 1961).

Maigret et les braves gens. Roman (Presses de la Cité, 1962).

Maigret et le client du samedi. Roman (Presses de la Cité, 1962).

Maigret et le clochard. Roman (Presses de la Cité, 1963).
La colère de Maigret. Roman (Presses de la Cité, 1963).
Maigret et le fantôme. Roman (Presses de la Cité, 1963).
Maigret se défend. Roman (Presses de la Cité, 1964).
La patience de Maigret. Roman (Presses de la Cité, 1965).
Maigret et l'affaire Nahour. (Presses de la Cité, 1967).
Le voleur de Maigret. Roman (Presses de la Cité, 1967).
Maigret à Vichy. Roman (Presses de la Cité, 1967).
Maigret hésite. Roman (Presses de la Cité, 1968).
L'ami d'enfance de Maigret. Roman (Presses de la Cité, 1968).
Maigret et le tueur. Roman (Presses de la Cité, 1969).
Maigret et le marchand de vin. Roman (Presses de la Cité, 1969).
La folle de Maigret. Roman (Presses de la Cité, 1970).
Maigret et l'homme tout seul. Roman (Presses de la Cité, 1971).
Maigret et l'indicateur. Roman (Presses de la Cité, 1971).
Maigret et Monsieur Charles. Roman (Presses de la Cité, 1972).

b) Die Romane und Erzählungen, sowie die Kriminalgeschichten
[in der Reihenfolge der französischen Erstausgaben]

Le passager du »Polarlys«. Roman (Fayard, 1932).
Les treize coupables. Erzählungen: ›Ziliouk‹ · ›M. Rodrigues‹ · ›Madame Smitt‹ · ›Les »Flamands«‹ · ›Nouchi‹ · ›Arnold Schuttringer‹ · ›Waldemar‹ · ›Strvzeski‹ · ›Philippe‹ · ›Nicolas‹ · ›Les Timmermanns‹ · ›Le Pacha‹ · ›Otto Müller‹ · ›Bus‹ (Fayard, 1932).
Les treize mystères. Erzählungen: ›L'affaire Lefrançois‹ · ›Le coffre-fort de la S. S. S.‹ · ›Le dossier n° 16‹ · ›Le mort invraisemblable‹ · ›Le vol du lycée de B . . .‹ · ›Le dénommé Popaul‹ · ›Le pavillon de la Croix-Rousse‹ · ›La cheminée du »Lorraine«‹ · ›Les trois Rembrandt‹ · ›L'écluse n° 14‹ · ›Les deux ingénieurs‹ · ›La bombe de l'Astoria‹ · ›La tabatière en or‹ (Fayard, 1932).
Les treize énigmes. Erzählungen: ››G. 7«‹ · ›Le naufrage du »Catherine«‹ · ›L'esprit déménageur‹ · ›Le corps tatoué‹ · ›Le corps disparu‹ · ›Hans Peter‹ · ›Le chien jaune‹ · ›L'incendie‹ · ›Du Parc Monceau‹ · ›Le Mas Costefigues‹ · ›Le château des disparus‹ · ›Le secret du port Bayard‹ · ›Le drame de Dunkerque‹ · ›L'inconnue d'Etretat‹ (Fayard, 1932).
Le relais d'Alsace. Roman (Fayard, 1933).
Les gens d'en face. Roman (Fayard, 1933).
L'Ane-Rouge. Roman (Fayard, 1933).
La maison du canal. Roman (Fayard, 1933).
Les fiançailles de Monsieur Hire. Roman (Fayard, 1933).
Le coup de lune. Roman (Fayard, 1933).

Le haut mal. Roman (Fayard, 1933).
L'homme de Londres. Roman (Fayard, 1934).
Le locataire. Roman (Fayard, 1934).
Les suicidés. Roman (Fayard, 1934).
Les Pitard. Roman (Fayard, 1934).
Les clients d'Avrenos. Roman (Gallimard, 1935).
Quartier nègre. Roman (Gallimard, 1935).
L'évadé. Roman (Gallimard, 1936).
Les demoiselles de Concarneau. Roman (Gallimard, 1936).
45° à l'ombre. Roman (Gallimard, 1936).
Long cours. Roman (Gallimard, 1936).
Faubourg. Roman (Gallimard, 1937).
L'assassin. Roman (Gallimard, 1937).
Le blanc à lunettes. Roman (Gallimard, 1937).
Le testament Donadieu. Roman [anläßlich einer Neuausgabe des Romans enthielt er zusätzlich die (undatierte) Erzählung ›Le châle de Marie Dudon‹] (Gallimard, 1937).
Ceux de la soif. Roman (Gallimard, 1938).
G. 7 [später *Les sept minutes*]. Erzählungen: ›Le grand langoustier‹ · ›La nuit des sept minutes‹ · ›L'énigme de la Marie galante‹ (Gallimard, 1938).
Les rescapés du »Télémaque«. Roman (Gallimard, 1938).
La mauvaise étoile. Erzählungen: ›L'homme en habit dans son square et le baguard aux nougats‹ · ›Celui qui se battait avec les rats ou la plus banale des histoires‹ · ›Popole et son cuisinier ou la tête a trop trempé‹ · ›Touristes de bananes ou les Adams de Chicago et les Eves de Manchester et d'Oslo dans les nouveaux paradis terrestres‹ · ›Les joies de la pampa ou l'homme qui est prisonnier entre deux gares‹ · ›L'aventure du gentleman anglais et de la femme qui montrait son derrière du haut d'un cocotier‹ · ›Mon ami l'Auvergnat et le Lithouanien solitaire qui n'avait jamais mangé‹ · ›Le politechnicien et le boy à sonnettes‹ · ›L'aventurier syndiqué‹ · ›Celui qui refusait de devenir juge‹ · ›Les chiens des marquises et le percepteur dans la forêt vierge‹ (Gallimard, 1938).
Chemin sans issue. Roman (Gallimard, 1938).
Touriste de bananes. Roman (Gallimard, 1938).
L'homme qui regardait passer les trains. Roman (Gallimard, 1938).
Les trois crimes de mes amis. Roman (Gallimard, 1938).
Monsieur La Souris. Roman (Gallimard, 1938).
La Marie du port. Roman (Gallimard, 1938).
Le suspect. Roman (Gallimard, 1938).
Les sœurs Lacroix. Roman (Gallimard, 1938).
Le Cheval-Blanc. Roman (Gallimard, 1938).
Le Coup-de-Vague. Roman (Gallimard, 1939).
Chez Krull. Roman (Gallimard, 1939).

Le bourgmestre de Furnes. Roman (Gallimard, 1939).
Les inconnus dans la maison. Roman (Gallimard, 1940).
Malempin. Roman (Gallimard, 1940).
Cour d'assises. Roman (Gallimard, 1941).
La maison des sept jeunes filles. Roman (Gallimard, 1941).
L'outlaw. Roman (Gallimard, 1941).
Bergelon. Roman (Gallimard, 1941).
Il pleut, bergère. Roman (Gallimard, 1941).
Le voyageur de la Toussaint. Roman (Gallimard, 1941).
Oncle Charles s'est enfermé. Roman (Gallimard, 1942).
La veuve Couderc. Roman (Gallimard, 1942).
Le fils Carinaud. Roman (Gallimard, 1942).
La vérité sur Bébé Donge. Roman (Gallimard, 1942).
Le petit docteur. Erzählungen: ›Le flair du petit docteur‹ · ›La demoiselle en bleu pâle‹ · ›Une femme a crié‹ · ›Les fantômes de Monsieur Marbe‹ · ›Les mariés du 1er décembre‹ · ›Le mort tombé du ciel‹ · ›La bonne fortune du Hollandais‹ · ›Le passager et son nègre‹ · ›La piste de l'homme roux‹ · ›L'amiral a disparu‹ · ›La sonnette d'alarme‹ · ›Le château d'arsenic‹ · ›L'amoureux aux pantoufles‹ (Gallimard, 1943).
Les dossiers de l'Agence »O«. Erzählungen: ›La cage d'Emile‹ · ›La cabane en bois‹ · ›L'homme tout nu‹ · ›L'arrestation du musicien‹ · ›L'étrangleur de Moret‹ · ›Le vieillard de porte-mine‹ · ›Les trois bateaux de la Calanque‹ · ›La fleuriste de Deauville‹ · ›Le ticket de métro‹ · ›Emile à Bruxelles‹ · ›Le prisonnier de Lagny‹ · ›Le club des vieilles dames‹ · ›Le docteur Tant-Pis‹ · ›Le chantage de l'agence »O«‹ (Gallimard, 1943).
Le rapport du gendarme. Roman (Gallimard, 1944).
La fenêtre des Rouet. Roman (La Jeune Parque, 1946).
L'aîné des Ferchaux. Roman (Gallimard, 1945).
Les noces de Poitiers. Roman (Gallimard, 1946).
Le cercle des Mahé. Roman (Gallimard, 1946).
La fuite de Monsieur Monde. Roman (La Jeune Parque, 1946).
Trois chambres à Manhattan. Roman (Presses de la Cité, 1946).
Au bout du rouleau. Roman (Presses de la Cité, 1947).
Le clan des Ostandais. Roman (Presses de la Cité, 1947).
Lettre à mon juge. Roman (Presses de la Cité, 1947).
Le destin des Malou. Roman (Presses de la Cité, 1947).
Le bilan Malétras. Roman (Gallimard, 1948).
Le passager clandestin. Roman (Presses de la Cité, 1948).
La Jument-Perdue. Roman (Presses de la Cité, 1948).
La neige était sale. Roman (Presses de la Cité, 1948).
Le fond de la bouteille. Roman (Presses de la Cité, 1949).
Les fantômes du chapelier. Roman (Presses de la Cité, 1949).
Les quatre jours du pauvre homme. Roman (Presses de la Cité, 1949).

Un nouveau dans la ville. Roman (Presses de la Cité, 1950).
Les volets verts. Roman (Presses de la Cité, 1950).
L'enterrement de Monsieur Bouvet. Roman (Presses de la Cité, 1950).
Tante Jeanne. Roman (Presses de la Cité, 1951).
Le temps d'Anaïs. Roman (Presses de la Cité, 1951).
Une vie comme neuve. Roman (Presses de la Cité, 1951).
Marie qui louche. Roman (Presses de la Cité, 1951).
La mort de Belle. Roman (Presses de la Cité, 1952).
Les frères Rico. Roman (Presses de la Cité, 1952).
Antoine et Julie. Roman (Presses de la Cité, 1953).
L'escalier de fer. (Presses de la Cité, 1953).
Feux rouges. Roman (Presses de la Cité, 1953).
Le bateau d'Emile. Erzählungen: ›La révolte du Canari‹ · ›La femme du pilote‹ · ›Le doigt de Barraquier‹ · ›Le destin de Monsieur Saft‹ · ›Le baron de l'écluse ou la croisière du »Potam«‹ · ›Le nègre s'est endormi‹ · ›Valérie s'en va‹ · ›L'épingle en fer à cheval‹ · ›L'homme à barbe‹ · ›Le deuil de Fonsine‹ · ›Le bateau d'Emile‹ (Gallimard, 1954).
Crime impuni. Roman (Presses de la Cité, 1954).
L'horloger d'Everton. Roman (Presses de la Cité, 1954).
Le grand Bob. Roman (Presses de la Cité, 1954).
Les témoins. Roman (Presses de la Cité, 1955).
La boule noire. Roman (Presses de la Cité, 1955).
Les complices. Roman (Presses de la Cité, 1955).
En cas de malheur. Roman (Presses de la Cité, 1956).
Le petit homme d'Archangelsk. Roman (Presses de la Cité, 1956).
Le fils. Roman (Presses de la Cité, 1957).
Le nègre. Roman (Presses de la Cité, 1957).
Le président. Roman (Presses de la Cité, 1958).
Le passage de la ligne. Roman (Presses de la Cité, 1958).
Dimanche. Roman (Presses de la Cité, 1959).
La vieille. Roman (Presses de la Cité, 1959).
Le veuf. Roman (Presses de la Cité, 1959).
L'ours en peluche. Roman (Presses de la Cité, 1960).
Betty. Roman (Presses de la Cité, 1961).
Le train. Roman (Presses de la Cité, 1961).
La porte. Roman (Presses de la Cité, 1962).
Les autres. Roman (Presses de la Cité, 1962).
Les anneaux de Bicêtre. Roman (Presses de la Cité, 1963).
La rue aux trois poussins. Erzählungen: ›Le docteur de Kirkenes‹ · ›Les demoiselles de Queue-de Vache‹ · ›Le comique de »Saint-Antoine«‹ · ›Le capitaine du »Vasco«‹ · ›Le matin des trois absoutes‹ · ›La rue aux trois poussins‹ · ›Le mari de Mélie‹ · ›Les mains pleines‹ · ›Annette et la dame blonde‹ · ›Le crime du Malgracieux‹ · ›Le deuil de Fonsine‹ · ›La

piste du Hollandais‹ · ›Le naufrage de »l'armoire à glace«‹ (Presses de la Cité, 1963).
La chambre bleue. Roman (Presses de la Cité, 1964).
L'homme au petit chien. Roman (Presses de la Cité, 1964).
Le petit saint. Roman (Presses de la Cité, 1965).
Le train de Venise. Roman (Presses de la Cité, 1965).
Le confessional. Roman (Presses de la Cité, 1966).
La mort d'Auguste. Roman (Presses de la Cité, 1966).
Le chat. Roman (Presses de la Cité, 1967).
Le déménagement. Roman (Presses de la Cité, 1967).
La prison. Roman (Presses de la Cité, 1968).
La main. Roman (Presses de la Cité, 1968).
Il y a encore des noisettiers. Roman (Presses de la Cité, 1969).
Novembre. Roman (Presses de la Cité, 1970).
Le riche homme. Roman (Presses de la Cité, 1970).
La disparition d'Odile. Roman (Presses de la Cité, 1971).
La cage de verre. Roman (Presses de la Cité, 1971).
Les innocents. Roman (Presses de la Cité, 1972).

3. Reportagen (Auswahl)

»Escales nordiques«, in ›Le Petit Journal‹ (vom 1. bis 12. März 1931).
»Au fil de l'eau«, in ›Le Figaro illustré‹ (1. Mai 1932).
»L'heure du nègre«, in ›Voilà‹ (8. Oktober bis 12. November 1932).
»Europe 33«, in ›Voilà‹ (18. März bis 29. April 1933).
»L'Afrique qu'on dit mystérieuse«, in ›Police et Reportage‹ Nr. 1 (27. April 1933). (Signiert: Georges Caraman.)
»Les grands palaces européens«, in ›Police et Reportage‹ Nr. 5 (25. Mai 1933). (Signiert: Georges Caraman.)
»Police judiciaire«, in ›Police et Reportage‹ Nr. 9. (22. Juni 1933). (Signiert: Georges Caraman.)
»Sa Majesté la Douane«, in ›Voilà‹ (vom 1. bis 28. Januar 1933).
»La caravane du crime«, in ›Détective‹ (28. September 1933).
»Une première à l'île de Ré«, in ›Voilà‹ (7. Oktober 1933).
»Chez Trotsky«, in ›Paris-Soir‹ (15. und 16. Juni 1933).
»En marge de l'affaire Stavisky«, in ›Paris-Soir‹ (25. Januar 1934 bis 11. Februar 1934).
»A la recherche de l'assassin du conseiller Prince«, in ›Paris-Soir‹ (20. März 1934 bis 6. April 1934).
»La machine à suicider«, in ›Excelsior‹ (1. März 1934).
»La Mafia«, in ›Excelsior‹ (10. März 1934).

»Si l'on voulait arrêter les coupables«, in ›Excelsior‹ (25. März 1934).
»Peuples qui ont faim«, in ›Le Jour‹ (April/Mai 1934).
»Des crimes vont être commis«, in ›Je Sais Tout‹ (Mai 1934).
»Mare Nostrum (la Méditerranée en goélette)«, in ›Marianne‹ (27. Juni bis 12. September 1934).
»Inventaire de la France, ou quand la crise sera finie«, in ›Le Jour‹ (Oktober 1934).
»En marge des méridiens«, in ›Marianne‹ (30. Januar; 6., 13., 20., 27. Februar; 3. April; 22. Mai; 11., 18., 25. September 1935).
»Les vaincus de l'aventure« (als Buch: ›*La mauvaise étoile*‹, Gallimard, 1938), in ›Paris-Soir‹ (vom 12. bis 25. Juni 1935).
»Histoires du monde malade«, in ›Le Jour‹ (vom 22. Aug. bis 4. Sept. 1935).
»Les gangsters dans l'archipel des amours«, in ›Paris-Soir‹ (vom 17. bis 21. September 1935).
»Police-secours ou les nouveaux mystères de Paris«, in ›Paris-Soir‹ (vom 6. bis 16. Februar 1937).
»Long cours sur les rivières et canaux«, in ›Marianne‹ (12. Mai 1937). (Als Broschüre bei Editions Dynamo, Liège 1952).
»Au chevet du monde malade«, in ›France-Soir‹ (Dezember 1945).
»Un grand peuple en marche«, in ›France-Soir‹ (Januar 1946).
»L'Amérique en auto«, in ›France-Soir‹ (November 1946).

Zwei Sammelbände mit Reportagen erschienen unter den Titeln ›*A la découverte de la France*‹ und ›*A la recherche de l'homme nu*‹, hrsg. von Francis Lacassin und Gilbert Sigaux (Collection 10/18 Nr. 1052–53, 1976).

4. *Vorworte*

Ludo Patris: *L'homme d'Ombre* (Edition de la Toison d'Or, 1942).
Arthur Omré: *Traqué* (Presses de la Cité, 1945).
Roxane Toplicéano: *Bagatelles et autres* (Fournier, 1946).
Jean Bouret: *Bernard Buffet*, ›Les Cahiers de la peinture‹ Nr. 4 (Achille Weber, 1958).
Paul Fort: *Ballades françaises et Chronique de France* (Flammarion, 1958).
Daniel Frasnay: *La Femme en France*. Album mit Photographien (Presses de la Cité, 1958).
Jean Ambrosi: *Commissaire de quartier* (Editions du Scorpion, 1959).
Quentin Ritzen: *Les Nervures de l'Etre* (Editions Rencontre et Plon, 1967).

Pierre Benoit: *Œuvres complètes*. Band 22 (Cercle du Bibliophile, 1967).
Bernard Buffet: *Lithographies 1952–1966* (Trinckvel, 1968).
Christian Strich [Hrsg.]: *Fellini's Filme* (Diogenes, 1976).

5. *Autobiographische Schriften*

Je me souviens (Presses de la Cité, 1945).
Pedigree (Presses de la Cité, 1948).
Le roman de l'homme, Vortrag, gehalten in Brüssel am 3. Oktober 1958 (Presses de la Cité, 1960).
Quand j'étais vieux, Tagebücher 1960–63 (Presses de la Cité, 1970).
Lettre à ma mère (Presses de la Cité, 1974).
Un homme comme un autre (Presses de la Cité, 1975).
Des traces de pas (Presses de la Cité, 1975).
Les petits hommes (Presses de la Cité, 1976).
Vent du Nord; vent du Sud (Presses de la Cité, 1976).
Une vie comme neuve (Presses de la Cité, 1977).
Un banc au Soleil (Presses de la Cité, 1977).
De la cave au grenier (Presses de la Cité, 1977).
A l'abri de notre arbre (Presses de la Cité, 1977).
Vacances obligatoires (Presses de la Cité, 1978).
Tant que je suis vivant (Presses de la Cité, 1978).
La main dans la main (Presses de la Cité, 1978).
Je suis resté un enfant de chœur (Presses de la Cité, 1979).
A quoi bon jurer? (Presses de la Cité, 1979).
Au-delà de ma porte-fenêtre (Presses de la Cité, 1979).
Le prix d'un homme (Presses de la Cité, 1980).
Les libertés qu'il nous reste (Presses de la Cité, 1980).
On dit que j'ai soixante-quinze ans (Presses de la Cité, 1980).
Quand vient le froid (Presses de la Cité, 1980).
Jour et nuit (Presses de la Cité, 1981).
Destinées (Presses de la Cité, 1981).
La femme endormie (Presses de la Cité, 1981).

6. *Texte über eigene Werke (Auswahl)*

Les gens d'en face (›Les Annales‹, 1. November 1933).
Maigret reprend du service (›Le Jour‹, 19. Februar 1934, anläßlich der Veröffentlichung des Maigret-Romans vom 20. Februar bis 15. März in dieser Zeitschrift).
Quartier nègre (anläßlich des Theaterstücks zum gleichnamigen Roman

im Programmheft des Theaters Galeries Saint-Hubert, Brüssel, vom 11. Dezember 1936).

Sur les décors lointains (›Le Petit Parisien‹, 24. Juni 1937, anläßlich der Veröffentlichung von *Les Rescapés du Télémaque* zwischen dem 25. Juni und 24. Juli in dieser Zeitschrift).

L'assassin (Ankündigung des gleichnamigen Romans in den Cahiers d'annonces der ›Nouvelle Revue Française‹, Februar 1937).

Ceux de la soif (dasselbe, ebenda Februar 1938).

La Marie du port (dasselbe, ebenda November 1938).

La maison des sept jeunes filles (›Ciné-Mondial‹, 26. Dezember 1941, zum Erscheinen des Films von Albert Valentin).

Pedigree (Vorwort für die Ausgabe von 1957, Presses de la Cité).

La prison (Vorwort zum gleichnamigen Roman in der Zeitschrift ›Constellation‹, April 1968).

Außer dem zweiten sind sämtliche dieser Texte in den *Œuvres Complètes* enthalten.

7. *Essays, Artikel, Interviews (Auswahl)*

›La Gazette de Liège‹, 25. März–18. Dezember 1920. Berichte, unterzeichnet mit Georges Sim oder Monsieur le Coq. In der genannten Zeit erschienen 28 Beiträge.

›Revue sincère‹ (Brüssel), »Mes fiches« von Georges Sim. Unter diesem Titel erschienen 1923 sechs kleine Porträts, gewidmet Claude Farrère, Paul Fort, Léon Daudet, Tristan Bernard, Maurice Barrès und Henri Duvernois.

»Comment on écrit un roman policier«, ›L'Eclair du Soir‹ (26. Februar 1932).

»A la providence du voyageur«, ›Témoignages de notre Temps‹ (November 1933).

»Sixième continent«, ebenda (Dezember 1933).

»N'oubliez pas les tigres«, ›Paris-Soir‹ (24. Februar 1934).

»Carlo Rim«, ›Marianne‹ (4. April 1934).

»Les romans qu'on dit policiers«, ebenda (27. November 1935).

»Seul à Paris (Noël de l'écrivain)«, ›L'Ouest-Eclair‹ (26. Dezember 1937).

»L'âge du roman«, ›Confluences‹, Lyon, Nr. 21–24 (Februar 1943). Enthalten in Band 17 der *Œuvres Complètes*.

»L'aventure«, ›Les Etincelles‹, Lyon (Editions de Savoie, 1945). In Band 8 der *Œuvres Complètes* enthalten.

»Le romancier«, ›The French Review‹, USA (Februar 1946). In Band 17 der *Œuvres Complètes*.

»Discours de réception« vor der Académie royale de langue et de littérature française de Belgique. Brüssel, 10. Mai 1952. Veröffentlicht im ›Bulletin‹ der Académie (Juli 1952).

»Le dernier quart d'heure«, Textsammlung von Pierre Lhoste, ›La Table Ronde‹ (1955). Der Text von Georges Simenon findet sich auf pp. 217 bis 218.

»Lettre à Jean Cocteau« anläßlich seiner Aufnahme in die Académie française. In ›Arts‹ (Oktober 1955).

»An interview on the art of fiction« von Carvel Collins. ›The Humanities‹ No. 23, 1956. Wiederabgedruckt in dem Band *Writers at Work*, ed. by Malcolm Cowley (The Viking Press, New York 1958). Die deutsche Übersetzung des Werkes erschien unter dem Titel *Wie sie schreiben* im Sigbert Mohn Verlag, Gütersloh o. J.

»Raimu le colosse«, ›Arts‹ (18. Januar 1956).

»Un écrivain vous parle: Georges Simenon« (anonym), ›Réalités‹ (November 1961).

»Simenon se présente«, Interview von Robert Sadoul, erschienen im ›Bulletin mensuel de la Guilde du Livre‹, Lausanne (Juli, August, September 1957).

»J'ai horreur de discuter littérature«, ›Actualité littéraire‹ (April 1958).

Interview mit Georges Simenon, ›Marie France‹ (Juni 1958).

»Simenon s'interroge«, ›Arts‹ (12. November–3. Dezember 1958).

Ansprache beim Congrès de la Fédération internationale des écrivains médecins, Montreux (Mai 1962). Erschienen in ›Médecine et Hygiène‹, Genf (27. Juni 1962) sowie in den ›Nouvelles littéraires‹ (21. Juni). Enthalten in den *Œvres Complètes* Band 38.

»Le grand amour de Pierre Benoit«, ›Les nouvelles littéraires‹ (8. März 1962).

Interview mit Jean Cau, ›Le Figaro littéraire‹ (16. Februar 1963).

Interview mit Pascal Bergues, ›Lui‹ (März 1964).

»Quand Simenon et Fleming parlent métier«, ›Le Figaro littéraire‹ (9. April 1964).

»Hommage à Pierre Mac Orlan«, ›Revue des Belles Lettres‹ (Lausanne 1965).

»Mes débuts«, Brief an Georges Charensol, Chefredakteur der ›Nouvelles littéraires‹, anläßlich des Erscheinens der 2000. Ausgabe (30. Dezember 1965).

»Simenon raconte Simenon«, ›Paris-Match‹, Interview mit Gilbert Graziani (8. April 1967).

Interview mit Jacques Lanzmann, ›Lui‹ (Juni 1967).

»Les confidences de Simenon« ou le génie de la création subconsciente. Fünf Ärzte haben Georges Simenon befragt. Zusammenfassung dieser Unterhaltung in ›Médecine et Hygiène‹, Genf (5. Juni 1968).

Als Broschur auch bei Presses de la Cité (November 1968) unter dem Titel *Simenon sur le gril.*

»Simenon parle de Simenon«, ›L'Express Rhône-Alpes‹ (November 1970).

Interview mit Philippe Lifchitz. (Nach einer Fernsehsendung vom 22. Oktober 1970 im ORTF.)

Interview mit Jean Valjean, *Révolution*, Paris (10. Juli 1981).

»J'aimerais mourir en dormant«, ›Trente jours‹ (Februar 1987). Schriftliches Interview mit Pierre Merlot.

8. Übersetzungen

Die Romane von Georges Simenon erschienen in 32 Ländern und 41 Sprachen.

a) Die Länder

Argentinien, Australien, Belgien, Brasilien, Bulgarien, Ceylon, Chile, Dänemark, Deutschland, England, Finnland, Frankreich, Griechenland, Holland, Island, Israel, Italien, Japan, Jugoslawien, Neuseeland, Norwegen, Polen, Portugal, Rumänien, Schweden, Schweiz, Sowjetunion, Spanien, Südafrika, Tschechoslowakei, Ungarn, Vereinigte Staaten von Amerika.

b) Die Sprachen

Africaans, Armenisch, Buriatisch, Bulgarisch, Chilenisch, Dänisch, Deutsch, Englisch, Estnisch, Finnisch, Flämisch, (Französisch), Griechisch, Hebräisch, Isländisch, Italienisch, Japanisch, Jiddisch, Katalanisch, Kirgisisch, Litauisch, Mazedonisch, Moldauisch, Norwegisch, Polnisch, Portugiesisch, Romantsch, Rumänisch, Russisch, Schwedisch, Singhalesisch, Serbokroatisch, Slowakisch, Slowenisch, Spanisch, Tartarisch, Tschechisch, Ungarisch, Ukrainisch, Usbekisch, Weißrussisch.

c) Die deutsche Simenon-Edition

Das Gesamtwerk Georges Simenons erscheint seit 1977 in neuen, ungekürzten deutschen Übersetzungen im Diogenes Verlag. Folgende Bände sind bisher erschienen [in alphabetischer Reihenfolge nach dem jeweiligen deutschen Titel; Stand September 1988]:

Maigret-Romane und -Geschichten

Hier irrt Maigret. Roman [Maigret se trompe].
Madame Maigrets Freundin. Roman [L'amie de Madame Maigret].
Maigret und die Affäre Saint-Fiacre. Roman [L'affaire Saint-Fiacre].
Maigret amüsiert sich. Roman [Maigret s'amuse].
Maigret und die Bohnenstange. Roman [Maigret et la Grande-Perche].
Maigret beim Coroner. Roman [Maigret chez le coroner].
Maigret und die alte Dame. Roman [Maigret et la vieille dame].
Maigret und der faule Dieb. Roman [Maigret et le voleur paresseux].
Maigret und das Dienstmädchen. Roman [Félicie est là].
Maigret erlebt eine Niederlage. Roman [Un échec de Maigret].
Maigret und der Fall Nahour. Roman [Maigret et l'affaire Nahour].
Maigret bei den Flamen. Roman [Chez les Flamands].
Maigret und der hartnäckigste Gast der Welt. Erzählungen: ›Der hartnäkkigste Gast der Welt‹ / Le client le plus obstiné du monde · ›Jeumont, 51 Minuten Aufenthalt!‹ / Jeumont, 51 minutes d'arrêt! · ›Die Wachstropfen‹ / Les larmes de bougie · ›Der zweifelhafte Monsieur Owen‹ / L'improbable Monsieur Owen · ›Herr Montag‹ / Monsieur Lundi · ›Man tötet arme Leute nicht‹ / On ne tue pas les pauvres types. (»On ne tue pas les pauvres types« und »Le client le plus obstiné du monde« sind dem Sammelband ›Maigret et l'inspecteur malchanceux‹ entnommen, alle anderen Erzählungen dem Band ›Les nouvelles enquêtes de Maigret‹.)
Maigret und der Gehängte von Saint-Pholien. Roman [Le pendu de Saint-Pholien].
Maigret gerät in Wut. Roman [La colère de Maigret].
Maigrets Geständnis. Roman [Une confidence de Maigret].
Maigret hat Angst. Roman [Maigret a peur].
Maigret im Haus des Richters. Roman [La maison du juge].
Maigret als möblierter Herr. Roman [Maigret en meublé].
Maigret und der gelbe Hund. Roman [L'homme au petit chien].
Maigret und sein Jugendfreund. Roman [L'ami d'enfance de Maigret].
Maigret kämpft um den Kopf eines Mannes. Roman [La tête d'un homme].
Maigret und der geheimnisvolle Kapitän. Roman [Le port des brumes].
Maigret und die Keller der Majestic. Roman [Les caves du »Majestic«].
Maigret und die schrecklichen Kinder. Roman [Maigret à l'école].
Maigret und die kleine Landkneipe. Roman [La guinguette à deux sous].
Maigret läßt sich Zeit. Roman [La patience de Maigret].
Maigret und die kopflose Leiche. Roman [Maigret et le corps sans tête].

Maigret und die alten Leute. Roman [Maigret et les vieillards].
Maigret in der Liberty Bar. Roman [Liberty Bar].
Maigret, Lognon und die Gangster. Roman [Maigret, Lognon et les gangsters].
Maigret macht Ferien. Roman [Les vacances de Maigret].
Maigret und der Mann auf der Bank. Roman [L'homme du banc].
Maigrets Memoiren. Roman [Les mémoires de Maigret].
Maigret und der Minister. Roman [Maigret chez le ministre].
Maigret und der verstorbene Monsieur Gallet. Roman [Monsieur Gallet, décédé].
Maigrets Nacht an der Kreuzung. Roman [La nuit du carrefour].
Maigret in New York. Roman [Maigret à New York].
Maigret in Nöten. Roman [L'écluse n° 1].
Maigrets Pfeife. Eine Meisterdetektivgeschichte [La pipe de Maigret].
Maigret contra Picpus. Roman [Signé Picpus].
Maigret und Pietr der Lette. Roman [Pietr-le-Letton].
Maigret regt sich auf. Roman [Maigret se fâche].
Maigret auf Reisen. Roman [Maigret voyage].
Maigret und der Samstagsklient. Roman [Le client du samedi].
Maigret und das Schattenspiel. Roman [L'ombre chinoise].
Maigret vor dem Schwurgericht. Roman [Maigret aux assises].
Maigret und der Spion. Roman [La danseuse du Gai-Moulin].
Maigret stellt eine Falle. Roman [Maigret tend un piège].
Maigret, die Tänzerin und die Gräfin. Roman [Maigret au Picratt's].
Maigret und die junge Tote. Roman [Maigret et la jeune morte].
Maigret und sein Toter. Roman [Maigret et son mort].
Maigret am Treffen der Neufundlandfahrer. Roman [Au rendez-vous des Terre-Neuvas].
Maigret und der Treidler der ›Providence‹. Roman [Le charretier de la »Providence«].
Maigrets erste Untersuchung. Roman [La première enquête de Maigret].
Maigret und das Verbrechen in Holland. Roman [Un crime en Hollande].
Maigret verliert eine Verehrerin. Roman [Cécile est morte].
Maigret und der Verrückte von Bergerac. Roman [Le fou de Bergerac].
Maigret verteidigt sich. Roman [Maigret se défend].
Maigret und die widerspenstigen Zeugen. Roman [Maigret et les témoins récalcitrants].
Maigret zögert. Roman [Maigret hésite].
Mein Freund Maigret. Roman [Mon ami Maigret].
Sechs neue Fälle für Maigret. Erzählungen: ›Der Kahn mit den beiden Erhängten‹ / La péniche aux deux pendus · ›Die Affaire vom Boulevard Beaumarchais‹ / L'affaire du boulevard Beaumarchais · ›Die alte Dame aus Bayeux‹ / La vieille dame de Bayeux · ›Das Wirtshaus zu den Ertrun-

kenen‹ / L'auberge aux noyés · ›»Etoile du Nord« – Stern des Nordens‹ / »L'Etoile du Nord« · ›Mademoiselle Berthe und ihr Geliebter‹ / Mademoiselle Berthe et son amant. [Sämtliche Erzählungen sind dem Sammelband ›Les nouvelles enquêtes de Maigret‹ entnommen.]

Die Romane und Erzählungen sowie die Kriminalgeschichten

Ankunft Allerheiligen. Roman [Le voyageur de la Toussaint].
Antoine und Julie. Roman [Antoine et Julie].
Auf großer Fahrt. Roman [Long cours].
Der Ausbrecher. Roman [L'évadé].
Bellas Tod. Roman [La mort de Belle].
Der Bericht des Polizisten. Roman [Le rapport du gendarme].
Betty. Roman [Betty].
Der große Bob. Roman [Le grand Bob].
Brief an meinen Richter. Roman [Lettre à mon juge].
Die Brüder Rico. Roman [Les frères Rico].
Der Bürgermeister von Furnes. Roman [Le bourgmestre de Furnes].
Der kleine Doktor. Drei Erzählungen: ›Der Spürsinn des kleinen Doktors‹/ Le flair du petit docteur · ›Die Dame in Hellblau‹ / La dame en bleu pâle · ›Die Spur des Rothaarigen‹ / La piste de l'homme roux. [Alle drei Erzählungen sind dem Sammelband ›Le petit docteur‹ entnommen.]
Die Eisentreppe. Roman [L'escalier de fer].
Emil und sein Schiff. Erzählungen: ›Die Revolte des Canari‹ / La révolte du Canari · ›Die Frau des Lotsen‹ / La femme du pilote · ›Monsieur Safts Schicksal‹ / Le destin de Monsieur Saft · ›Die hufeisenförmige Krawattennadel‹ / L'épingle en fer à cheval [Sämtliche Erzählungen sind dem Sammelband ›Le bateau d'Emile‹ entnommen].
Es gibt noch Haselnußsträucher. Roman [Il y a encore des noisettiers].
Die Fantome des Hutmachers. Roman [Les fantômes du chapelier].
Das Fenster der Rouets. Roman [La fenêtre des Rouet].
Die grünen Fensterläden. Roman [Les volets verts].
45° im Schatten. Roman [45° à l'ombre].
Das Gasthaus im Elsaß. Roman [Le relais d'Alsace].
Die Glocken von Bicêtre. Roman [Les anneaux de Bicêtre].
Die Großmutter. Roman [La vieille].
Das Haus am Kanal. Roman [La maison du canal].
Der kleine Heilige. Roman [Le petit saint].
Im Falle eines Unfalls. Roman [En cas d'un malheur].
Die Katze. Roman [Le chat].
Die Komplizen. Roman [Les complices].
Die schwarze Kugel. Roman [La boule noire].
Die Leute gegenüber. Roman [Les gens d'en face].

Der kleine Mann von Archangelsk. Roman [Le petit homme d'Archangelsk].
Der Mann aus London. Roman [L'homme de Londres].
Der Mann, der den Zügen nachsah. Roman [L'homme qui regardait passer les trains].
Der Mann mit dem kleinen Hund. Roman [L'homme au petit chien].
Der Mörder. Roman [L'assassin].
Der Neger. Roman [Le nègre].
Exotische Novellen. ›Zwischenstation in Buenaventura‹ / L'escale de Buenaventura · ›Ein Verbrechen in Gabun‹ / Un crime au Gabun · ›Der Polizist von Istanbul‹ / Le policier d'Istanbul · ›Mademoiselle Doches Untersuchung‹ / L'enquête de Mademoiselle Doche · ›Der Wüstenflug‹ / La ligne du désert. [Sämtliche Erzählungen sind dem Sammelband ›Nouvelles exotiques‹ entnommen.]
Der Outlaw. Roman [L'outlaw].
Der Passagier der Polarlys. Roman [Le passager du »Polarlys«].
Der Präsident. Roman [Le président].
Schlußlichter. Roman [Feux rouges].
Der Schnee war schmutzig. Roman [La neige était sale].
Die schwanzlosen Schweinchen. Erzählungen: ›Die schwanzlosen Schweinchen‹ / Les petits cochons sans queue · ›Bei Todesstrafe‹ / Sous peine de mort · ›Der kleine Schneider und der Hutmacher‹ / Le petit tailleur et le chapelier · ›Trauer um Fonsine‹ / Le deuil de Fonsine · ›Ein gewisser Monsieur Berquin‹ / Un certain Monsieur Berquin · ›Madame Quatre und ihre Kinder‹ / Madame Quatre et ses enfants. [Sämtliche Erzählungen sind dem Sammelband ›Maigret et les petits cochons sans queue‹ entnommen.]
Die Schwarze von Panama. Roman [Quartier nègre].
Die bösen Schwestern von Concarneau. Roman [Les demoiselles de Concarneau].
Sonntag. Roman [Dimanche].
Striptease. Roman [Strip-tease].
Das Testament Donadieu. Roman [Le testament Donadieu].
Der Tod des Auguste Mature. Roman [La mort d'Auguste].
Tropenkoller. Roman [Coup de lune].
Die Tür. Roman [La porte].
Die Überlebenden der Télémaque. Roman [Les rescapés du »Télémaque«].
Die Unbekannten im eigenen Haus. Roman [Les inconnus dans la maison].
Der Untermieter. Roman [Le locataire].
Der Verdächtige. Roman [Le suspect].
Die Verlobung des Monsieur Hire. Roman [Les fiançailles de Monsieur Hire].

Die Wahrheit über Bébé Donge. Roman [La vérité sur Bébé Donge].
Weder ein noch aus. Roman [Au bout du rouleau].
Zum Weißen Roß. Roman [Le Cheval-Blanc].
Weißer Mann mit Brille. Roman [Le blanc à lunettes].
Wellenschlag. Roman [Le Coup-de-Vague].
Die Witwe Couderc. Roman [La veuve Couderc].
Die Zeit mit Anaïs. Roman [Le temps d'Anaïs].
Die Zeugen. Roman [Les témoins].
Das blaue Zimmer. Roman [La chambre bleue].
Drei Zimmer in Manhattan. Roman [Trois chambres à Manhattan].
Der Zug. Roman [Le train].
Der Zug von Venedig. Roman [Le train de Venise].

Autobiographische Schriften

Als ich alt war. Tagebücher 1960–1963 [Quand j'étais vieux].
Brief an meine Mutter [Lettre à ma mère].
Briefwechsel mit André Gide [Correspondance André Gide–Georges Simenon].
Intime Memoiren und Das Buch von Marie-Jo [Mémoires intimes, suivies du Livre de Marie-Jo].
Ein Mensch wie jeder andere. Mein Tonband und ich [Un homme comme un autre (Mes dictées)].
Die Pfeife Kleopatras. Reportagen aus aller Welt [A la recherche de l'homme nu].
Der Roman vom Menschen [Le roman de l'homme].
Stammbaum. Pedigree. Autobiographischer Roman [Pedigree de Marc Simenon, avec le portrait de quelques oncles, tantes, cousins et amis de la famille ainsi que des anecdotes, par son Père].

Außerdem liegen vor

Drei große Romane: Der Mörder / L'assassin · *Der große Bob* / Le grand Bob · *Drei Zimmer in Manhattan* / Trois chambres à Manhattan.
Drei große Romane mit Kommissar Maigret: Maigret amüsiert sich / Maigret s'amuse · *Mein Freund Maigret* / Mon ami Maigret · *Maigret und die junge Tote* / Maigret et la jeune morte.
Gesammelte Erzählungen: ›Der Arzt von Kirkenes‹ / Le docteur de Kirkenes · ›Die Fräuleins vom Ende der Welt‹ / Les demoiselles de Queue-de-Vache · ›Der Spaßvogel von Saint-Antoine‹ / Le comique de »Saint-Antoine« · ›Der Kapitän der »Vasco«‹ / Le capitaine du »Vasco« · ›Der Morgen der drei Absolutionen‹ / Le matin des trois absoutes · ›Die Straße zu den drei Küken‹ / La rue aux trois poussins · ›Mélies Mann‹ /

Le mari de Mélie · ›Mit vollen Händen‹ / Les mains pleines · ›Annette und die blonde Dame‹ / Annette et la dame blonde · ›Das Verbrechen des Unliebenswürdigen‹ / Le crime du Malgracieux · ›Trauer um Fonsine‹ / Le deuil de Fonsine · ›Die Fährte des Holländers‹ / La piste du Hollandais · ›Der Schiffbruch des »Eisschranks«‹ / Le naufrage de »l'armoire à glace«. [Sämtliche Erzählungen sind dem Sammelband ›La rue aux trois poussins‹ entnommen.]

Das Simenon-Lesebuch. Ein Querschnitt durch das Gesamtwerk (u. a. ›Briefwechsel mit André Gide‹ / Correspondance André Gide–Georges Simenon und ›Brief an meine Mutter‹ / Lettre à ma mère. Mit Chronik und Bibliographie).

Maigret-Geschichten: ›Der Mann auf der Straße‹ / L'homme dans la rue · ›Die Versteigerung‹ / Vente à la bougie · ›Maigrets Pfeife‹ / La pipe de Maigret · ›Maigret und Inspektor Griesgram‹ / Maigret et l'inspecteur Malgracieux · ›Die Aussage des Ministranten‹ / Le témoignage de l'enfant de chœur · ›Maigrets Weihnachtsfest‹ / Un noël de Maigret [»L'homme dans la rue« und »Vente à la bougie« sind dem Sammelband ›Maigret et les petits cochons sans queue‹ entnommen, »Maigret se fâche« erschien zusammen mit »La pipe de Maigret« in *Maigret se fâche*, »Maigret et l'inspecteur Malgracieux« und »Le témoignage de l'enfant de chœur« beide in dem Sammelband ›Maigret et l'inspecteur Malchanceux‹].

Simenon-Meistererzählungen: ›Maigret und Inspektor Griesgram‹ / Maigret et l'inspecteur Malgracieux · ›Der Arzt von Kirkenes‹ / Le docteur de Kirkenes · ›Trauer um Fonsine‹ / Le deuil de Fonsine · ›Die Aussage des Ministranten‹ / Le témoignage de l'enfant de chœur · ›Der Kapitän der »Vasco«‹ / Le capitaine du »Vasco« · ›Mélies Mann‹ / Le mari de Mélie · ›Die Versteigerung‹ / Vente à la bougie · ›Der Schiffbruch des »Eisschranks« ‹ / Le naufrage de »l'armoire à glace« · ›Das Verbrechen des Unliebenswürdigen‹ / Le crime du malgracieux · ›Maigrets Pfeife‹ / La pipe de Maigret · ›Die Straße zu den drei Küken‹ / La rue aux trois poussins. [»Maigret et l'Inspecteur Malgracieux« und »Le témoignage de l'enfant de chœur« sind dem Sammelband ›Maigret et l'Inspecteur Malchanceux‹ entommen, »Vente à la bougie« dem Sammelband ›Maigret et les petits cochons sans queue‹, alle anderen Erzählungen sind dem Sammelband ›La rue aux trois poussins‹ entnommen.]

Über Simenon. Essays, Aufsätze und Zeugnisse von André Gide bis Alfred Andersch.

Weihnachten mit Maigret. Zwei Romane und eine Erzählung: *Maigret und der Weinhändler.* Roman / Maigret et le marchand de vin · ›Weihnachten mit Maigret‹. Erzählung / Un noël de Maigret · *Maigret hat Skrupel.* Roman / Les scrupules de Maigret.

9. *Auswahlbibliographie von Werken und Aufsätzen über Georges Simenon*

Robert Brasillach: »Le phénomène Simenon«, in ›Les Quatre Jeudis‹. Les Sept Couleurs, Paris (1944).

Carlo Bronne: »Simenon académicien«, ›La Revue des Deux Mondes‹ (15. Mai 1952).

Id.: *Discours à Simenon*. Presses de la Cité, Paris (1952).

J.-C. Casals: *Simenon en su obra y en la vida*, Editorial Aldor, Barcelona (1957).

Léon Chenoy: »Propos sur Simenon.« In ›Thyrse‹, N° 1 (1952).

Henri Clouard: *Histoire de la Littérature française, du symbolisme à nos jours*. Band II, S. 325–326. Albin Michel (1962).

Fernand Desonay: »Georges Simenon romancier et académicien.« In ›La Revue générale belge‹ (1952).

Maurice Dubourg: *Petite Géographie de Simenon*, Fenêtre ouverte, Brüssel (1960).

Hugh Eames: »Jules Maigret – Georges Simenon.« In *Sleuths, Inc. Studies of Problem Solvers*, Lippincott, Philadelphia/New York (1978).

Bernard de Fallois: *Simenon*. Mit Texten von Henry Miller, Maurice de Vlaminck, Jean Cocteau, Paul Morand und Jean Renoir.
Ausführliche Bibliographie und Filmographie, Gallimard, Paris (1971).

Frederick Franck: *Le Paris de Simenon*, Dessart, Brüssel (1969).

Edward L. Galligan: »Simenon's Mosaic of Small Novels.« In ›South Atlantic Quarterly‹ (Herbst 1967).

Claudine Gothot-Mersch [et al.]: *Lire Simenon: réalité, fiction, écriture*, Fernand Nathan/Editions Labor, Brüssel (1980).

Miron Grindea: Artikel über Simenon in der *Encyclopaedia Britannica* (1969).

C. Hanlet: »Simenon et le roman policier.« In ›La Revue générale belge‹ (Januar 1952).

Gilles Henry: *Commissaire Maigret, qui êtes-vous?* Plon, Paris (1977).

Marcel Hicter: »Un dimanche avec Simenon.« In ›Synthèses‹ (April 1952).

Patricia Highsmith: »Miss Maigret.« In ›London Review of Books‹ (4.–17. Oktober 1984).

Ferendoun Hoveyda: »On demande l'inspecteur Maigret.« In *Petite Histoire du Roman policier*, Editions du Pavillon, Paris (1959).

Jean Jour: *Simenon et »Pedigree«*. Editions de l'Essai, Lüttich/Brüssel/Paris (1963).

René Kaech: »Figures de médecins.« In *La Littérature contemporaine*, Editions Médecine et Hygiène, Genf (1959).

Robert Kanters: »Simenon, l'anti-Balzac.« In ›Le Figaro littéraire‹, Paris (18. Mai 1963).
Francis Lacassin/Gilbert Sigaux: *Simenon*. Texte, Zeugnisse und Bibliographie. Erstveröffentlichung des vollständigen Briefwechsels zwischen Georges Simenon und André Gide, Plon, Paris (1973).
Michel Lemoine: *Index des personnages de Georges Simenon*. Vorwort von Maurice Piron, Editions Labor, Brüssel (1985).
Cecil Day Lewis: »Simenon.« In ›The New York Times Book Review‹ (12. November 1967).
Claude Mauriac: »Georges Simenon et le secret des hommes.« In *La Littérature contemporaine*, Albin Michel, Paris (1958). Seither zahlreiche Artikel, besonders in ›L'Express‹.
Claude Menguy: *»Bibliographies des Editions originales de Georges Simenon, y compris les œvres publiés sous pseudonymes.«* In ›Le Livre et l'Estampe‹ N°s 49–50, Brüssel (1967).
Marcel Moré: »Simenon et l'enfant de chœur.« In ›Dieu vivant‹ (1951).
Thomas Nercejac: *Le Cas Simenon*. Presses de la Cité, Paris (1950).
André Parinaud: *Connaissance de Georges Simenon*, Band 1, Presses de la Cité, Paris (1957). Keine weiteren Bände erschienen.
Maurice Piron/Michel Lemoine: *L'Univers de Simenon*: Guide des romans et nouvelles (1931–1972) de Georges Simenon. Presses de la Cité, Paris (1983).
Robert Poulet: »Georges Simenon.« In ›La Lanterne Magique‹ (1955).
John Raymond: *Simenon in Court, a study*, Hamish Hamilton, London (1968).
Anne Richter: *Georges Simenon et l'Homme désintégré*, La Renaissance du Livre, Brüssel (1964).
Quentin Ritzen: *Simenon, avocat des hommes*. Vorwort von Gilbert Sigaux, Le Livre contemporain (1961).
Claude Roy: *L'Homme en question*, Gallimard, Paris (1960), S. 282–287.
Gilbert Sigaux: Vorwort zu *Coup de lune*, Club français du Livre, Paris (1955).
ders.: Editorische Notizen zu den *Œvres Complètes*, Editions Rencontre, Lausanne (1967–1970).
Georges Simenon: *Simenon*, avec un entretien inédit de Georges Simenon, L'Age d'Homme, Lausanne (1980).
Roger Stéphane: *Le dossier Simenon*, Robert Laffont, Paris (1961).
Léon Thoorens: »Georges Simenon romancier de la piste inutile.« In ›La Revue générale belge‹ (15. März 1954).
ders.: *Qui êtes-vous Monsieur Simenon?* Editions Gérard, Brüssel (1959).
N. J. Tremblay: »Simenon's Psychological ›Westerns‹.« In ›Arizona Quarterly‹ N° 3 (Herbst 1954).
Pol Vandromme: *Georges Simenon*, »Portraits« N° 2, Brüssel (1962).

Henrik Veldman: La tentation de l'inaccessible. Structures narratives chez Simenon, Rodopi, Amsterdam (1981).

Trudee Young: *Georges Simenon*: a checklist of his »Maigret« and other mystery novels and short stories in French and English translations, Scarecrow Press Metuchen/Mew Jersey (1976).

Zeitschriften-Sondernummern:

a) ›Les Cahiers du Nord‹, N°s 2–3, Charleroi (1939). Texte von André Gide, Jean Cassou, Max Jacob, Vlaminck, René Lalou, André Thérive, Pierre Mille, A. de Monzie, Raymond Escholier, Henri Lavedan, G. W. Stonier und Nestor Miserez (Hrsg. der Zeitschrift).

b) ›Adam‹, International Review, published by the University of Rochester (Rochester, N. Y.). N°s 328–330 (1969). Artikel von Miron Grindea, Herausgeber von ›Adam‹, George Cirella, Zeugnisse von Agatha Christie, J. B. Priestley, Cecil Day Lewis, Storm Jameson, C. P. Snow, Henry Miller, Pamela Handford Johnson, Raymond Mortimer, Jean Cassou, Georg Svenson, Harold Hobson. Dazu Texte von Rayner Heppenstall, John Raymond, Thérèse de Saint-Phalle, Ivan Harrie, Eléonore Schreiber. »Bibliographie, filmographie et adaptations théâtrales de Georges Simenon«, von Claude Menguy. Faksimilierte Briefe von: Hermann von Keyserling, Jean Cocteau, Henry Miller und Georges Simenon. Englischer Text von Georges Simenon: »A novelist is a man who writes novels: I insist on the S.« Briefe von André Gide an Georges Simenon. (N. B. in den Nr. 340–342 [1970] derselben Zeitschrift erschien von Richard Austin: »Simenon's Maigret and Alfred Adler.«)

c) ›Magazine Littéraire‹ N° 107 (Dezember 1975). Artikel von Claude Menguy, Francis Lacassin, Gilles Costaz, Jean-Didier Wolfromm. Mit einer bisher unveröffentlichten Novelle von Georges Simenon.

10. Deutschsprachige Arbeiten über Georges Simenon

Hans Altenhein: »Ein Traum von Maigret.« In: Jochen Vogt (Hrsg.), *Der Kriminalroman*.

ders.: »Als ich alt war.« In ›Merkur‹ Nr. 348, München (1977).

Jürg Altwegg: »Der Goethe der schweigenden Mehrheit. Georges Simenon: Ein Romancier auf der Suche nach dem nackten Menschen.« In ›Die Zeit‹ Nr. 15, Hamburg (2. April 1976).

ders.: »Literatur des Gemeinplatzes.« In ›Basler Zeitung, Magazin‹ (12. März 1977).

ders.: »Glückwunsch, Monsieur Maigret. Eine Figur der Weltliteratur

wird fünfzig.« In ›Tages-Anzeiger Magazin‹, Zürich (10. November 1979).
ders.: »Alles Malerische ist mir fremd.« In ›Brückenbauer‹, Zürich (20. Februar 1981).
Jean Améry: »Das fleißige Leben des Georges Simenon. Diesseits und jenseits von Kommissar Maigret.« In ›Westermanns Monatshefte‹, Jg. 106, H. 7 (Juli 1965).
Alfred Andersch: »Simenon und das Klassenziel.« In ›Die Weltwoche‹, Zürich (29. April 1966). Wiederabgedruckt in ders.: *Norden Süden, rechts und links*, Diogenes, Zürich (1972).
F. B.: »Ein Balzac unserer Tage. Das Wunder Simenon zwischen Literatur und Gebrauchsliteratur.« In ›Der Monat‹, 106 (Juli 1957).
Günter Blöcker: »Maigret und Non-Maigret.« In ›Frankfurter Allgemeine Zeitung‹ (21. April 1979).
Hans-Christoph Blumenberg: »Der Mensch ist niemals schuldig.« In ›Die Zeit‹, Hamburg (12. November 1982).
Pierre Boileau/Thomas Narcejac: *Der Detektivroman*. Aus dem Französischen und mit Anmerkungen und einer Bibliographie von Wolfgang Promies. Luchterhand, Neuwied/Berlin (1967), S. 124–126 u. ö.
François Bondy: »Der Proteus am Schreibtisch. Ein Autor lebt in hundert Gestalten.« In ›Deutsche Zeitung Düsseldorf‹ (23. Juni 1978).
ders.: »Das Wunder Simenon. Ein Balzac unserer Tage?« In ›Der Monat‹ Nr. 106 (Juli 1957).
Fenton S. Bresler: *Auf der Suche nach dem nackten Menschen*. Biographie. Kabel Verlag, Hamburg (1985).
Karlheinz Dederke: »Simenon auf der Suche nach sich selbst.« In ›Der Tagesspiegel‹, Berlin (7. November 1982).
Maria Ehing: »Der französische Kriminalroman und einer seiner hervorragendsten Vertreter: Georges Simenon.« In ›Das Buch‹ II, Nr. IX (1950).
Nino Erné: »Die Wechseljahre eines Autors.« In ›Die Welt‹, Hamburg (4. Juni 1977).
ders.: »André Gide gebeichtet.« ebenda (9. Juli 1977).
ders.: »Das Geheimnis Georges Simenon.« ebenda (3. März 1979).
Helmut Heißenbüttel: *Über Literatur*. Walter Verlag, Olten (1966), S. 106 ff.
Georg Hensel: »Maigret und der Himbeergeist.« In ›Die Weltwoche‹ Nr. 17, Zürich (28. April 1976).
ders.: »Der andere Georges Simenon.« In ›Frankfurter Allgemeine Zeitung‹ (29. März 1977).
Hans-Ludwig Krechel: *Strukturen des Vokabulars in den Maigret-Romanen Georges Simenons*. Lang, Frankfurt a. M/Bern (1982).
Martin Meyer: »Simenon.« In ›Neue Zürcher Zeitung‹ (5./6. März 1977).

Nicolas Neumann: »Mit Morden überleben.« In ›Stern‹, Hamburg (29. September 1977).
Luke Parsons: »Simenon und Chandler.« In ›Contemporary Review‹ Nr. 167 (1960).
Claudia Schmölders/Christian Strich (Hrsg.): *Über Simenon.* Zeugnisse und Essays von André Gide bis Alfred Andersch. Mit einem Interview, Chronik und Bibliographie. Diogenes (detebe 20499), Zürich (1978).
Erhard Schütz: »Simenon spricht zu euch ... Verbrechen als Verbrechensdichtung.« In ›Frankfurter Rundschau‹ (29. Oktober 1977).
Julian Symons: *Am Anfang war der Mord.* Wilhelm Goldmann, München (1972), S. 147 ff.
Ira Tschimmel: *Kriminalroman und Gesellschaftsdarstellung.* Eine vergleichende Untersuchung zu Werken von Christie, Simenon, Dürrenmatt und Capote. Bouvier, Bonn (1979).
Jochen Vogt (Hrsg.): *Der Kriminalroman.* Zur Theorie und Geschichte einer Gattung. 2 Bde. UTB/BRO/Wilhelm Fink Verlag, München (1971).
Wilfried Wiegand: »Simenon der Große.« In ›Frankfurter Allgemeine Zeitung, Magazin‹ (15. Oktober 1982).
Jürgen Wolf: »Technik der Schilderung und des Romanaufbaus bei Georges Simenon.« In ›Die neueren Sprachen‹, 41 (1969).

Filmographie

1932 *La nuit du carrefour*. Regie: Jean Renoir.
Mit Pierre Renoir (Maigret), Winna Windfried, Georges Koudria, Georges Térof, André Dignimont, Jean Gehret, Michel Duran, Jean Mitry, Robert Dalban, Boulicot, Raabi, Jeanne Pierson, Lucie Vallat, Odette Talazac.

1932 *Le chien jaune*. Regie: Jean Tarride.
Mit Abel Tarride (Maigret), Robert Le Vigan, Rolla Norman, Rosine Déréan, Lepers, Gildès, Jean Gobet, Paul Azaïs, Sylvette Fillacier.

1933 *La tête d'un homme*. Regie: Julien Duvivier.
Mit Harry Baur (Maigret), Inkijinoff, Alexandre Rignault, Gaston Jacquet, Henri Echourin, Marie Bourdel, Louis Gauthier, Gina Manès, Line Noro, Missia, Damia.

1941 *Les inconnus dans la maison*. Regie: Henri Decoin.
Mit Raimu, Juliette Faber, André Reybaz, Héléna Manson, Gabrielle Fontan, Mouloudji, Jean Tissier, Marc Doelnitz, Tania Fédor, Jacques Baumer, Noël Roquevert, Marguerite Ducouret, Jacques Grétillat, Lucien Coëdel, Raymond Cordy, Genia Vaury, Arthur Devère, Jacques Denoël, Pierre Ringel, André Brunot.

1941 *La maison des sept jeunes filles*. Regie: Albert Valentin.
Mit Marianne Hardy, Josette Daydé, Geneviève Beau, Solange Delporte, Primerose Perret, Gaby Andreu, Jacqueline Bouvier (die sieben jungen Mädchen), André Brunot, Jean Tissier, Jean Paqui, Jean Rigaux, René Bergeron, Marguerite Deval, Germaine Sainval.

1941 *Annette et la dame blonde*. Regie: Jean Dréville.
Nach der Erzählung, die im Januar–Februar 1941 in *Pour Elle* erschien und 1963 in der Sammlung *La rue aux trois poussins* wiederabgedruckt wurde. Mit Louise Carletti, Henry Garat, Mona Goya, Georges Rollin, Simone Valère, Rosine Luguet, Rexiane, Georges Chamarat.

1942 *Le voyageur de la Toussaint*. Regie: Louis Daquin.
Mit Assia Noris, Jean Desailly, Jules Berry, Simone Valère, Gabrielle Dorziat, Roger Karl, Guillaume de Sax, Alexandre Rignault, Louis Seigner, Marguerite Ducouret, Mona Dol, Christiane Ribes, Serge Reggiani, Hubert Prélier, Jacques Castelot, Martial Rèbe.

1943 *Monsieur la Souris.* Regie: Georges Lacombe.
Mit Raimu, Aimé Clariond, Charles Granval, Gilbert Gil, Aimos, René Bergeron, Paul Amiot, Pierre Jourdan, Micheline Francey, Marie Carlot, Emile Genevois.

1943 *Les gens d'en face.* (Italienischer Film.)

1943 *Picpus.* Regie: Richard Pottier.
Nach *Signé Picpus.*
Mit Albert Préjean (Maigret), Jean Tissier, Alcide Delmont, Juliette Faber, Guillaume de Sax, Gabriello, Noël Roquevert, Antoine Balpêtré, Pierre Palau, Henri Vilbert, Colette Régis, Gabrielle Fontan, Maximilienne, Héléna Manson, Marguerite Ducouret, Sinoël, Huguette Vivier.

1943 *L'homme de Londres.* Regie: Henri Decoin.
Mit Fernand Ledoux, Suzy Prim, Jules Berry, Héléna Manson, Jean Brochard, Gaston Modot, René Génin, Mony Dalmès, Blanche Montel, Marcelle Monthil.

1943 *Cécile est morte.* Regie: Maurice Tourneur.
Mit Albert Préjean (Maigret), Santa Relli, Jean Brochard, Germaine Kerjean, Gabriello, Liliane Maigne, Luce Fabiole, Yves Deniaud, Marcel Carpentier, Marcel Raine, Marcel André, Henri Bonvallet, Henri Vilbert, Maurice Salabert, Charles Blavette.

1945 *Les caves du Majestic.* Regie: Richard Pottier.
Mit Albert Préjean (Maigret), Suzy Prim, Denise Grey, Jean Marchat, Jacques Baumer, Denise Bosc, René Génin, Charpin, Gabriello, Gina Manès, Florelle, Marcel Levesque.

1947 *Panique.* Regie: Julien Duvivier.
Adaption und Dialoge: Charles Spaak.
Nach *Les fiançailles de Monsieur Hire.*
Mit Michel Simon, Viviane Romance, Paul Bernard, Lucas Gridoux, Max Dalban, Lita Recio, Jeny Leduc, Michèle Auvray, Josiane Dorée, Suzanne Després.

1947 *Dernier refuge.* Regie: Marc Maurette.
Nach *Le Locataire.*
Mit Raymond Rouleau, Mila Parély, Gisèle Pascal, Jean Max, Noël Roquevert, Tramel, Marcelle Monthil.

1948 *Le port de la tentation.* (Englischer Film. Originaltitel: *Temptation Harbour.*) Regie: Lance Confort.
Nach *L'homme de Londres*, englisch unter dem Titel *Newhaven-Dieppe.*
Mit Robert Newton, Simone Simon, William Hartnell, Marcel Dalio, Margaret Barton, Ed. Rigby, Joan Hopkins.

1948 *Home-Town* (in England).
Nach *Faubourg.*

1948 *L'homme de la Tour Eiffel*. (Französisch-amerikanischer Film. Originaltitel: *The Man of the Eiffel Tower.*) Regie: Burgess Meredith und M. Allen.
Nach *La tête d'un homme*. Mit Charles Laughton (Maigret), Franchot Tone, Robert Hutton, Bill Phibbs, Joan Wallace, Patricia Roc, Belita und Burgess Meredith.

1950 *La Marie du port*. Regie: Marcel Carné.
Mit Jean Gabin, Blanchette Brunoy, Nicole Courcel, Louis Seigner, Marie Marken, Claude Romain, Julien Carette.

1951 *La vérité sur Bébé Donge*. Regie: Henri Decoin.
Mit Danielle Darrieux, Jean Gabin, Daniel Lecourtois, Claude Génia, Gabrielle Dorziat, Jacqueline Porel, Gaby Bruyère, Jacques Castelot, Marcel André, Madeleine Lambert, Juliette Faber, Meg Lemonnier, A. Kristensen.

1952 *Paris-Express*. (Amerikanischer Film. Originaltitel: *The Man Who Watched The Trains Go By.*) Regie: Harold French.
Nach *L'homme que regardait passer les trains*.
Mit Claude Rains, Marta Toren.

1952 *Brelan d'As*. Regie: Henri Verneuil.
Film in Episoden, darunter eine Adaption von *Témoignage de l'enfant de chœur.*
Mit Michel Simon (Maigret) und Christian Fourcade.

1952 *Le fruit défendu*. Regie: Henri Verneuil.
Nach *Lettre à mon juge*.
Mit Fernandel, Claude Nollier, Françoise Arnoul, Sylvie, Raymond Pellegrin, René Génin, Jacques Castelot, Fernand Sardou, Pierrette Bruno.

1952 *La neige était sale*. Regie: Luis Saslavsky.
Mit Daniel Gélin, Valentine Tessier, Daniel Ivernel, Marie Mansart, Vera Norman, Nadine Basile, Antoine Balpêtré.

1955 *Maigret dirige l'enquête*. Regie: Stany Cordier.
Film in Episoden, darunter eine Adaption von *Cécile est morte*.
Mit Maurice Manson (Maigret), Peter Walker, Svetlana Pitoëff.

1956 *Le sang à la tête*. Regie: Gilles Grangier.
Nach *Le fils Cardinaud*.
Mit Jean Gabin, Renée Faure, Paul Frankeur, Georgette Anys, Monique Mélinand.

1957 *The Brothers Rico*. (Amerikanischer Film.) Regie: Phil Karlson.
Nach *Les frères Rico*.
Mit Richard Conte, Diana Foster, Kathryn Grant.

1957 *Le fond de la bouteille*. (Amerikanischer Film.) Regie: Henry Hathaway.
Mit Van Johnson, Joseph Cotten, Margaret Hays, R. Roman.

1958 *Le passager clandestin*. (Französisch-australischer Film.) Regie: Ralph Habib.
Mit Martine Carol, Serge Reggiani, Arletty.

1958 *Maigret tend un piège*. Regie: Jean Delannoy.
Mit Jean Gabin (Maigret), Annie Girardot, Jean Desailly, Lucienne Bogaërt, Guy Decomble, Hubert de Lapparent, Paulette Dubost, Roger Lannes, Jeanne Boitel, Alfred Adam, Jean Debucourt, Gérard Séty, Olivier Hussenot, Jean Tissier, Jane Marken, André Valmy, Lino Ventura, Dominique Page, Maurice Sarfati, Raphaël Patorni, Nadine Basile.

1958 *En cas de malheur*. Regie: Claude Autant-Lara. Adaption und Dialoge: Jean Aurenche und Pierre Bost.
Mit Jean Gabin, Brigitte Bardot, Edwige Feuillère, Franco Interlenghi, Julien Bertheau, Nicole Berger, Mathilde Casadesus, Madeleine Barbulée, Jacques Clancy, Annick Allières, Gabrielle Fontan.

1959 *Maigret et l'affaire Saint-Fiacre*. Regie: Jean Delannoy.
Nach *L'affaire Saint-Fiacre*.
Mit Jean Gabin (Maigret), Valentine Tessier, Michel Auclair, Robert Hirsch, Marcel Pérès, Paul Frankeur, Michel Vitold, Jacques Morel.

1959 *Le baron de l'écluse*. Regie: Jean Delannoy.
Mit Jean Gabin, Micheline Presle, Jean Desailly, Jacques Castelot, Blanchette Brunoy, Alexandre Rignault, Jean Constantin, Jacques Hilling, Robert Dalban, Louis Seigner, J.-P. Jaubert.

1960 *Simenon, arbre à romans*. (Schweizerischer Film.) Regie: Jean-François Hauduroy. Film-Reportage, gedreht in Echandens. Mit Michel Simon in der Rolle des »Président« für eine Teilverfilmung des Romans.

1961 *La mort de Belle*. Regie: Edouard Molinaro. Adaption und Dialog: Jean Anouilh.
Mit Jean Desailly, Alexandra Stewart, Monique Mélinand, Yvette Etievant, Jacques Monod, Marc Cassot, Yves Robert, Maurice Teynac.

1961 *Le président*. Regie: Henri Verneuil. Adaption von Maurice Druon.
Mit Jean Gabin, Bernard Blier, Alfred Adam, Renée Faure.

1962 *Le bateau d'Emile*. Regie: Denys de La Patellière. Adaption und Dialog von Michel Audiard.
Mit Lino Ventura, Annie Girardot, Michel Simon, Pierre Brasseur.

1963 *L'aîné des Ferchaux*. Regie: Jean-Pierre Melville. Adaption und Dialog vom Regisseur.

Mit J.-P. Belmondo, Charles Vanel, Michèle Mercier, Andrex, André Certes, Barbara Sommers.

1963 *Maigret voit rouge*. Regie: Gilles Grangier.
Nach *Maigret, Lognon et les gangsters.*
Mit Jean Gabin (Maigret), Françoise Fabian, Vittorio Sampoli, Marcel Bozzufi, Paulette Dubost, Armontel, Guy Decomble, Paul Carpentier, Edouard Meers, Ricky Cooper.

1965 *Trois chambres à Manhattan*. Regie: Marcel Carné.
Mit Maurice Ronet, Annie Girardot, Roland Lesaffre, O. E. Hasse, Gabriel Ferzetti.

1967 *Le commissaire Maigret à Pigalle*. (Italienischer Film. Originaltitel: *Maigret à Pigalle*.)
Nach *Maigret au Picratt's.*
Mit Gino Cervi (Maigret), Lila Kedrova, Alfred Adam, Raymond Pellegrin.

1967 *Les inconnus dans la maison*. (Englischer Film. Originaltitel: *Stranger In The House*.) Regie: Pierre Rouve.
Mit Géraldine Chaplin, James Mason, Bobby Darin.

1968 *Maigret fait mouche*. (Österreichischer Film. Originaltitel: *Maigret und sein größter Fall*.) Regie: Alfred Weidenmann.
Nach *La danseuse du Gai-Moulin.*
Mit Heinz Rühmann (Maigret).

1971 *Le chat*. Regie: Pierre Granier-Deferre.
Mit Simone Signoret, Jean Gabin.

1971 *La veuve Couderc*. Regie: Pierre Granier-Deferre.
Mit Alain Delon, Simone Signoret.

1973 *Le train*. Regie: Pierre Granier-Deferre.
Mit Jean-Louis Trintignant, Romy Schneider.

1974 *L'horloger d'Everton*. Regie: Bertrand Tavernier.
Mit Philippe Noiret, Jean Rochefort, Jacques Denis, Silvain Rougerie, Andrée Tainsy.

1980 *L'Etoile du Nord*. Regie: Pierre Granier-Deferre.
Nach *Le locataire.*
Mit Simone Signoret, Philippe Noiret, Fanny Cottençon.

1982 *Les fantômes du chapelier*. Regie: Claude Chabrol.
Mit Michel Serrault, Charles Aznavour, Monique Chaumette, Aurore Clément, Isabelle Sadoyan.

1983 *Equateur*. Regie und Musik: Serge Gainsbourg. Nach *Coup de lune*.
Mit Francis Huster, Barbara Sukowa, Jean Bouise.

Theater-Bearbeitungen[1]

a) Stücke

Quartier nègre. Stück in drei Akten und sieben Bildern von Georges Simenon nach dem gleichnamigen Roman. Musik von Maurice Jaubert. Bühnenbild von R. Moulaert. Schauspieler: Jean-Pierre Aumont, Mayomi, Max Péral, Jean Croisier, etc. Premiere: Brüssel, Théâtre Royal des Galeries Saint-Hubert, 3. Dezember 1936 (bis zum 22. 12.).

Le pavillon d'Asnières. Stück in drei Akten, nach *La nuit de sept minutes.* Adaption von Charles Méré und Robert Ancelin. Premiere: Paris, Théâtre de la Porte Saint-Martin, 12. April 1943.

La neige était sale. Stück in drei Akten von Georges Simenon und Frédéric Dard. Regie von Raymond Rouleau. Schauspieler: Raymond Rouleau, Daniel Gélin, Lucien Bogaërt. Premiere: Paris, Théâtre de l'Œuvre, 12. Dezember 1950.

Liberty Bar. Kriminalkomödie in drei Akten von Frédéric Valmain, nach dem gleichnamigen Roman von Georges Simenon. Regie von Jean Dejoux, mit Jean Morel als Maigret, Rellys, Georgette Anys, Frédéric Valmain, Mary Morgan. Kreiert in Paris im Théâtre Charles-de-Rochefort, am 17. Oktober 1955.

Le flair du petit docteur. England, 1956 *(The Man Who Ran Away).*

Liberty Bar. Adaption von Giorgio Bandini. Premiere: Rom, 22. Oktober 1959.

Les scrupules de Maigret. Adaption von Charles Regnier. Premiere: Zürich 1960.

Maigret se trompe. Stück in drei Akten. Adaption von Arturo Rigel. Premiere: Madrid 1960.

b) Ballett

La chambre. Musik von Georges Auric. Bühnenbild von Bernard Buffet. Choreographie von Roland Petit. Erstaufführung in Paris, Théâtre des Champs-Elysées, 21. Dezember 1955.

1 Die Hörfunk- und Fernsehadaptionen sind zu zahlreich, um hier einzeln aufgeführt zu werden.

Georges Simenons Lieblingsautoren im Diogenes Verlag

Michel de Montaigne
Essais
In Vorbereitung

William Shakespeare
Dramatische Werke in 10 Bänden

Johann Wolfgang Goethe
Faust
Die Leiden des jungen Werther
Gedichte I
Gedichte II
Liebesgedichte

Stendhal
Armance
Roman
Rot und Schwarz
Roman
Die Äbtissin von Castro
Kurzgeschichten
Lucian Leuwen
Romanfragment
Die Kartause von Parma
Roman
Amiele
Romanfragment
Über Stendhal
Materialien

Honoré de Balzac
Die großen Romane und Erzählungen in 12 Bänden
Das Leben des Honoré Balzac
Eine Biographie von André Maurois

Jules Verne
Die Hauptwerke in 25 Bänden
Weitere Bände in Vorbereitung

Nikolai Gogol
Die toten Seelen
Roman

Fjodor Dostojewskij
Meistererzählungen

Anton Čechov
Größte nichtrussische Werkausgabe in 26 Bänden
Das Čechov Lesebuch
Über Čechov
Anton Čechov. Sein Leben in Bildern
Tagebücher, Notizbücher
Denken mit Čechov

Charles Dickens
Ausgewählte Romane und Geschichten in 7 Bänden
Ein Weihnachtslied in Prosa
Charles Dickens
Ein Essay von George Orwell

Herman Melville
Moby Dick
Roman

Mark Twain
Gesammelte Werke in 5 Bänden in Kassette
Tom Sawyers Abenteuer
Roman
Huckleberry Finns Abenteuer
Roman
Kannibalismus auf der Eisenbahn
Erzählungen

Der gestohlene weiße Elefant
Erzählungen

Die Eine-Million-Pfund-Note
Erzählungen

Der Prinz und der Bettelknabe
Erzählung

Adams Tagebuch / Die romantische Geschichte der Eskimomaid
Zwei Liebesgeschichten

Robert L. Stevenson

Werke in 12 Bänden

Joseph Conrad

Lord Jim
Roman

Der Geheimagent
Eine einfache Geschichte

Herz der Finsternis
Erzählung

William Faulkner

Werke, Briefe und Materialien in 29 Bänden

Federico Fellini

Werkausgabe der Drehbücher und Schriften in bisher 17 Bänden

Georges Simenon im Diogenes Verlag

● Biographisches

Intime Memoiren und Das Buch von Marie-Jo
Aus dem Französischen von Hans-Joachim Hartstein, Claus Sprick, Guy Montag und Linde Birk. Leinen. Auch als detebe 21216

Stammbaum
Pedigree. Autobiographischer Roman
Deutsch von Hans-Joachim Hartstein
Leinen. Auch als detebe 21217

Simenon auf der Couch
Fünf Ärzte verhören den Autor sieben Stunden lang. Deutsch von Irène Kuhn
Mit einer Bibliographie und Filmographie und 43 Abbildungen. Broschur. Auch als detebe 21658

Briefwechsel mit André Gide
Deutsch von Stefanie Weiss. Leinen

Brief an meine Mutter
Deutsch von Trude Fein. Leinen

Ein Mensch wie jeder andere
Mein Tonband und ich. Tagebuchnotizen und Erinnerungen. Deutsch von Hans Jürgen Solbrig. Leinen

Als ich alt war
Tagebücher 1960–1963. Deutsch von Linde Birk. Leinen

Außerdem liegen vor:

Über Simenon
Zeugnisse und Essays von Patricia Highsmith bis Alfred Andersch. Mit einem Interview, mit Chronik und Bibliographie. Herausgegeben von Claudia Schmölders und Christian Strich. detebe 20499

Das Georges Simenon Lesebuch
Ein Querschnitt durch das Gesamtwerk
Herausgegeben von Daniel Keel
detebe 20500

● Reportagen

Die Pfeife Kleopatras
Reportagen aus aller Welt. Deutsch von Guy Montag. detebe 21223

Zahltag in einer Bank
Reportagen aus Frankreich. Deutsch von Guy Montag. detebe 21224

● Erzählungen

Der kleine Doktor
Erzählungen. Deutsch von Hansjürgen Wille und Barbara Klau. detebe 21025

Emil und sein Schiff
Erzählungen. Deutsch von Angela von Hagen. detebe 21318

Die schwanzlosen Schweinchen
Erzählungen. Deutsch von Linde Birk
detebe 21284

Exotische Novellen
Deutsch von Annerose Melter. detebe 21285

Meistererzählungen
Deutsch von Wolfram Schäfer u.a.
detebe 21620

● Romane

Einmalige Sonderausgabe
Enthält folgende Romane: Der Mörder / Der große Bob / Drei Zimmer in Manhattan
Deutsch von Linde Birk und Lothar Baier
detebe 21596

Brief an meinen Richter
Roman. Deutsch von Hansjürgen Wille und Barbara Klau. detebe 20371

Der Schnee war schmutzig
Roman. Deutsch von Willi A. Koch
detebe 20372

Die grünen Fensterläden
Roman. Deutsch von Alfred Günther
detebe 20373

Im Falle eines Unfalls
Roman. Deutsch von Hansjürgen Wille und Barbara Klau. detebe 20374

Sonntag
Roman. Deutsch von Hansjürgen Wille und Barbara Klau. detebe 20375

Bellas Tod
Roman. Deutsch von Elisabeth Serelmann-Küchler. detebe 20376

Der Mann mit dem kleinen Hund
Roman. Deutsch von Stefanie Weiss
detebe 20377

Drei Zimmer in Manhattan
Roman. Deutsch von Linde Birk
detebe 20378

Die Großmutter
Roman. Deutsch von Linde Birk
detebe 20379

Der kleine Mann von Archangelsk
Roman. Deutsch von Alfred Kuoni
detebe 20584

Der große Bob
Roman. Deutsch von Linde Birk
detebe 20585

Die Wahrheit über Bébé Donge
Roman. Deutsch von Renate Nickel
detebe 20586

Tropenkoller
Deutsch von Annerose Melter
detebe 20673

Ankunft Allerheiligen
Roman. Deutsch von Eugen Helmlé
detebe 20674

Der Präsident
Roman. Deutsch von Renate Nickel
detebe 20675

Der kleine Heilige
Roman. Deutsch von Trude Fein
detebe 20676

Der Outlaw
Roman. Deutsch von Liselotte Julius
detebe 20677

Der Verdächtige
Roman. Deutsch von Eugen Helmlé
detebe 20679

Die Verlobung des Monsieur Hire
Roman. Deutsch von Linde Birk
detebe 20681

Der Mörder
Roman. Deutsch von Lothar Baier
detebe 20682

Die Zeugen
Roman. Deutsch von Anneliese Botond
detebe 20683

Die Komplizen
Roman. Deutsch von Stefanie Weiss
detebe 20684

Die Unbekannten im eigenen Haus
Roman. Deutsch von Gerda Scheffel
detebe 20685

Der Ausbrecher
Roman. Deutsch von Erika Tophoven-Schöningh. detebe 20686

Wellenschlag
Roman. Deutsch von Eugen Helmlé
detebe 20687

Der Mann aus London
Roman. Deutsch von Stefanie Weiss
detebe 20813

Die Überlebenden der Télémaque
Roman. Deutsch von Hainer Kober
detebe 20814

Der Mann, der den Zügen nachsah
Roman. Deutsch von Walter Schürenberg
detebe 20815

Zum Weißen Roß
Roman. Deutsch von Trude Fein
detebe 20986

Der Tod des Auguste Mature
Roman. Deutsch von Anneliese Botond
detebe 20987

Die Fantome des Hutmachers
Roman. Deutsch von Eugen Helmlé
detebe 21001

Die Witwe Couderc
Roman. Deutsch von Hanns Grössel
detebe 21002

Schlußlichter
Roman. Deutsch von Stefanie Weiss
detebe 21010

Die schwarze Kugel
Roman. Deutsch von Renate Nickel
detebe 21011

Die Brüder Rico
Roman. Deutsch von Angela von Hagen
detebe 21020

Antoine und Julie
Roman. Deutsch von Eugen Helmlé
detebe 21047

Betty
Roman. Deutsch von Raymond Regh
detebe 21057

Der Neger
Roman. Deutsch von Linde Birk
detebe 21118

Die Tür
Roman. Deutsch von Linde Birk
detebe 21114

Das blaue Zimmer
Roman. Deutsch von Angela von Hagen
detebe 21121

Der Bürgermeister von Furnes
Roman. Deutsch von Hans Grössel
detebe 21209

Es gibt noch Haselnußsträucher
Roman. Deutsch von Angela von Hagen
detebe 21192

Die Glocken von Bicêtre
Roman. Neu übersetzt von Angela von Hagen. detebe 20678

Das Testament Donadieu
Roman. Deutsch von Eugen Helmlé
detebe 21256

Der Untermieter
Roman. Deutsch von Ralph Eue
detebe 21255

Die Leute gegenüber
Roman. Deutsch von Hans-Joachim Hartstein. detebe 21273

Weder ein noch aus
Roman. Deutsch von Elfriede Riegler
detebe 21304

Auf großer Fahrt
Deutsch von Angela von Hagen
detebe 21327

Der Bericht des Polizisten
Deutsch von Markus Jakob
detebe 21328

Die Zeit mit Anaïs
Deutsch von Ursula Vogel
detebe 21329

Der Passagier der Polarlys
Roman. Deutsch von Stephanie Weiss
detebe 21377

Die Katze
Roman. Deutsch von Angela von Hagen
detebe 21378

Die Schwarze von Panama
Roman. Deutsch von Ursula Vogel
detebe 21424

Das Gasthaus im Elsaß
Roman. Deutsch von Angela von Hagen
detebe 21425

Das Haus am Kanal
Roman. Deutsch von Ursula Vogel
detebe 21426

Der Zug
Roman. Deutsch von Trude Fein. detebe 21480

Striptease
Roman. Deutsch von Angela von Hagen
detebe 21481

45° im Schatten
Roman. Deutsch von Angela von Hagen
detebe 21482

Die Eisentreppe
Roman. Deutsch von Angela von Hagen
detebe 21557

Das Fenster der Rouets
Roman. Deutsch von Stefanie Weiss
detebe 21558

Die bösen Schwestern von Concarneau
Roman. Deutsch von Ingrid Altrichter
detebe 21559

Der Sohn Cardinaud
Roman. Deutsch von Linde Birk
detebe 21598

Der Zug aus Venedig
Roman. Deutsch von Liselotte Julius
detebe 21617

Weißer Mann mit Brille
Roman. Deutsch von Ursula Vogel
detebe 21635

● Maigret-Romane und -Erzählungen

Weihnachten mit Maigret
Zwei Romane und eine Erzählung. Leinen

Der Goldene Gelbe 88
Einmalige Sonderausgabe. Enthält folgende Romane: Maigret amüsiert sich / Mein Freund Maigret / Maigret und die junge Tote. Deutsch von Renate Nickel, Annerose Melter und Raymond Regh. detebe 21597

Maigrets erste Untersuchung
Roman. Deutsch von Roswitha Plancherel
detebe 20501

Maigret und Pietr der Lette
Roman. Deutsch von Wolfram Schäfer
detebe 20502

Maigret und die alte Dame
Roman. Deutsch von Renate Nickel
detebe 20503

Maigret und der Mann auf der Bank
Roman. Deutsch von Annerose Melter
detebe 20504

Maigret und der Minister
Roman. Deutsch von Annerose Melter
detebe 20505

Mein Freund Maigret
Roman. Deutsch von Annerose Melter
detebe 20506

Maigrets Memoiren
Roman. Deutsch von Roswitha Plancherel
detebe 20507

Maigret und die junge Tote
Roman. Deutsch von Raymond Regh
detebe 20508

Maigret amüsiert sich
Roman. Deutsch von Renate Nickel
detebe 20509

Hier irrt Maigret
Roman. Deutsch von Elfriede Riegler
detebe 20690

Maigret und der gelbe Hund
Roman. Deutsch von Raymond Regh
detebe 20691

Maigret vor dem Schwurgericht
Roman. Deutsch von Wolfram Schäfer
detebe 20692

Maigret als möblierter Herr
Roman. Deutsch von Wolfram Schäfer
detebe 20693

Madame Maigrets Freundin
Roman. Deutsch von Roswitha Plancherel
detebe 20713

Maigret kämpft um den Kopf eines Mannes
Roman. Deutsch von Roswitha Plancherel
detebe 20714

Maigret und die kopflose Leiche
Roman. Deutsch von Wolfram Schäfer
detebe 20715

Maigret und die widerspenstigen Zeugen
Roman. Deutsch von Wolfram Schäfer
detebe 20716

Maigret am Treffen der Neufundlandfahrer
Roman. Deutsch von Annerose Melter
detebe 20717

Maigret bei den Flamen
Roman. Deutsch von Claus Sprick
detebe 20718

Maigret und die Bohnenstange
Roman. Deutsch von Guy Montag
detebe 20808

Maigret und das Verbrechen in Holland
Roman. Deutsch von Renate Nickel
detebe 20809

Maigret und sein Toter
Roman. Deutsch von Elfriede Riegler
detebe 20810

Maigret beim Coroner
Roman. Deutsch von Wolfram Schäfer
detebe 20811

Maigret, Lognon und die Gangster
Roman. Deutsch von Wolfram Schäfer
detebe 20812

Maigret und der Gehängte von Saint-Pholien
Roman. Deutsch von Sibylle Powell
detebe 20816

Maigret und der verstorbene Monsieur Gallet
Roman. Deutsch von Roswitha Plancherel
detebe 20817

Maigret regt sich auf
Roman. Deutsch von Wolfram Schäfer
detebe 20820

Maigret und das Schattenspiel
Roman. Deutsch von Claus Sprick
detebe 20734

Maigret und die Keller des Majestic
Roman. Deutsch von Linde Birk
detebe 20735

Maigret contra Picpus
Roman. Deutsch von Hainer Kober
detebe 20736

Maigret läßt sich Zeit
Roman. Deutsch von Sibylle Powell
detebe 20755

Maigrets Geständnis
Roman. Deutsch von Roswitha Plancherel
detebe 20756

Maigret zögert
Roman. Deutsch von Annerose Melter
detebe 20757

Maigret und der Treidler der »Providence«
Roman. Deutsch von Claus Sprick
detebe 21029

Maigrets Nacht an der Kreuzung
Roman. Deutsch von Annerose Melter
detebe 21050

Maigret hat Angst
Roman. Deutsch von Elfriede Riegler
detebe 21062

Maigret erlebt eine Niederlage
Roman. Deutsch von Elfriede Riegler
detebe 21120

Maigret gerät in Wut
Roman. Deutsch von Wolfram Schäfer
detebe 21113

Maigret verteidigt sich
Roman. Deutsch von Wolfram Schäfer
detebe 21117

Maigret und der geheimnisvolle Kapitän
Roman. Deutsch von Annerose Melter
detebe 21180

Maigret und die alten Leute
Roman. Deutsch von Annerose Melter
detebe 21200

Maigret und das Dienstmädchen
Roman. Deutsch von Hainer Kober
detebe 21220

Maigret und der Fall Nahour
Roman. Deutsch von Sibylle Powell
detebe 21250

Maigret im Haus des Richters
Roman. Deutsch von Liselotte Julius
detebe 21238

Maigret und der Samstagsklient
Roman. Deutsch von Angelika Hildebrandt-Essig. detebe 21295

Maigret in New York
Roman. Deutsch von Bernhard Jolles
detebe 21308

Maigret und die Affäre Saint-Fiacre
Roman. Deutsch von Werner De Haas
detebe 21373

Maigret stellt eine Falle
Roman. Deutsch von Angela von Hagen
detebe 21374

Sechs neue Fälle für Maigret
Erzählungen. Deutsch von Elfriede Riegler
detebe 21375

Maigret in der Liberty Bar
Roman. Deutsch von Angela von Hagen
detebe 21376

Maigret und der Spion
Roman. Deutsch von Hainer Kober
detebe 21427

Maigret und die kleine Landkneipe
Roman. Deutsch von Bernhard Jolles und Heide Bideau. detebe 21428

Maigret und der Verrückte von Bergerac
Roman. Deutsch von Hainer Kober
detebe 21429

Maigret, die Tänzerin und die Gräfin
Roman. Deutsch von Hainer Kober
detebe 21484

Maigret macht Ferien
Roman. Deutsch von Markus Jakob
detebe 21485

Maigret und der hartnäckigste Gast der Welt
Erzählungen. Deutsch von Linde Birk und Ingrid Altrichter. detebe 21486

Maigret verliert eine Verehrerin
Roman. Deutsch von Ingrid Altrichter
detebe 21521

Maigret in Nöten
Roman. Deutsch von Markus Jakob
detebe 21522

Maigret und sein Rivale
Roman. Deutsch von Ingrid Altrichter
detebe 21523

Maigret und die schrecklichen Kinder
Roman. Deutsch von Paul Celan
detebe 21574

Maigret und sein Jugendfreund
Roman. Deutsch von Markus Jakob
detebe 21575

Maigret und sein Revolver
Roman. Deutsch von Ingrid Altrichter
detebe 21576

Maigret auf Reisen
Roman. Deutsch von Markus Jakob
detebe 21593

Maigret und die braven Leute
Roman. Deutsch von Ingrid Altrichter
detebe 21615

Maigret und der faule Dieb
Roman. Deutsch von Stefanie Weiss
detebe 21629

Lesebücher im Diogenes Verlag

Das Diogenes Lesebuch klassischer deutscher Erzähler
in drei Bänden: I. von Wieland bis Kleist, II. von Grimm bis Hauff, III. von Mörike bis Busch. Herausgegeben von Christian Strich und Gerd Haffmans
detebe 20727, 20728, 20669

Das Diogenes Lesebuch moderner deutscher Erzähler
in zwei Bänden: I. von Schnitzler bis Kästner, II. von Andersch bis Urs Widmer. Herausgegeben von Christian Strich und Gerd Haffmans
detebe 20782 und 20776

Das Diogenes Lesebuch amerikanischer Erzähler
Geschichten von Washington Irving bis Harold Brodkey. Bio-Bibliographie der Autoren und Literaturhinweise. Herausgegeben von Gerd Haffmans. detebe 20271

Das Diogenes Lesebuch englischer Erzähler
Geschichten von Wilkie Collins bis Alan Sillitoe. Bio-Bibliographie der Autoren und Literaturhinweise. Herausgegeben von Gerd Haffmans. detebe 20272

Das Diogenes Lesebuch französischer Erzähler
von Stendhal bis Simenon. Herausgegeben von Anne Schmucke und Gerda Lheureux. detebe 20304

Das Diogenes Lesebuch irischer Erzähler
Geschichten von Joseph Sheridan Le Fanu bis Edna O'Brien. Bio-Bibliographie der Autoren und Literaturhinweise. Herausgegeben von Gerd Haffmans. detebe 20273

Das Diogenes Lesebuch deutscher Balladen
von Bürger bis Brecht. Herausgegeben von Christian Strich. detebe 20923

Das Günther Anders Lesebuch
Herausgegeben von Bernhard Lassahn
detebe 21232

Das Alfred Andersch Lesebuch
Herausgegeben von Gerd Haffmans
detebe 20695

Das Gottfried Benn Lesebuch
Ein Querschnitt durch das Prosawerk, herausgegeben von Max Niedermayer und Marguerite Schlüter. detebe 20982

Das Wilhelm Busch Bilder- und Lesebuch
Ein Querschnitt durch sein Werk, dazu Essays und Zeugnisse sowie Chronik und Bibliographie. Herausgegeben von Gerd Haffmans. detebe 20391

Das Čechov Lesebuch
Herausgegeben, kommentiert und mit einem Vorwort von Peter Urban. detebe 21245

Das James Joyce Lesebuch
Auswahl aus ›Dubliner‹, ›Porträt des Künstlers‹ und ›Ulysses‹. Aus dem Englischen von Dieter E. Zimmer, Klaus Reichert und Hans Wollschläger. Mit Aufzeichnungen von Georges Borach und einer Betrachtung von Fritz Senn. detebe 20486

Das Erich Kästner Lesebuch
Herausgegeben von Christian Strich
detebe 20515

Das Hugo Loetscher Lesebuch
Herausgegeben von Georg Sütterlin
detebe 21207

Niklaus Meienberg
Heimsuchungen
Ein ausschweifendes Lesebuch. detebe 21355

Das Sean O'Casey Lesebuch
Herausgegeben von Urs Widmer. Mit einem Vorwort von Heinrich Böll und einem Nachwort von Klaus Völker. detebe 21126

Das George Orwell Lesebuch
Essays, Reportagen, Betrachtungen. Herausgegeben und mit einem Nachwort von Fritz Senn. Deutsch von Tina Richter.
detebe 20788

Das Ringelnatz Lesebuch
Herausgegeben von Daniel Keel
detebe 21157

Das Georges Simenon Lesebuch
Herausgegeben von Daniel Keel
detebe 20500

Das Tomi Ungerer Bilder- und Lesebuch
Mit Beiträgen von Erich Fromm bis Walther Killy. Zahlreiche Zeichnungen. Chronik und Bibliographie. Herausgegeben von Daniel Keel. detebe 20487

Das Urs Widmer Lesebuch
Herausgegeben von Thomas Bodmer. Vorwort von H. C. Artmann. Nachwort von Hanns Grössel. detebe 20783

Die erfolgreichen Diogenes Anthologien

Ehegeschichten
von Joseph Conrad bis Mary McCarthy, für den Literaturfreund ausgewählt von Mary Hottinger. detebe 21529

Familiengeschichten
von W. Somerset Maugham bis F. Scott Fitzgerald, für den Literaturfreund ausgewählt von Mary Hottinger. detebe 21530

Kindergeschichten
von Charles Dickens bis Doris Lessing, für den Literaturfreund ausgewählt von Mary Hottinger. detebe 21531

Ganz gemeine Geschichten
von Rudyard Kipling bis D.H. Lawrence, für den Literaturfreund ausgewählt von Mary Hottinger. detebe 21532

Unheimliche Geschichten
von Ambrose Bierce bis G.K. Chesterton, für den Literaturfreund ausgewählt von Mary Hottinger. detebe 21547

Der goldene Gelbe 86
Sonderausgabe. Enthält folgende Romane: Raymond Chandler, Der große Schlaf / Patricia Highsmith, Zwei Fremde im Zug / Eric Ambler, Die Maske des Dimitrios
detebe 21412

Der goldene Gelbe 87
Sonderausgabe. Enthält folgende Romane: Dashiell Hammett, Der dünne Mann/Margaret Millar, Liebe Mutter, es geht mir gut/Ross Macdonald, Unter Wasser stirbt man nicht
detebe 21524

Gespenster
Geschichten von Daniel Defoe bis Algernon Blackwood. Herausgegeben von Mary Hottinger. detebe 20497

Mehr Gespenster
Geschichten von Rudyard Kipling bis Brian Moore. Herausgegeben von Mary Hottinger. detebe 21027

Noch mehr Gespenster
Geschichten aus aller Welt von Honoré de Balzac bis Anton Čechov. Herausgegeben von Dolly Dolittle. detebe 21310

Hundegeschichten
von Jack London bis Friedrich Dürrenmatt
Mit ganzseitigen Illustrationen von Grandville bis Sempé. Diogenes Evergreens
Auch als detebe 21353

Katzengeschichten
von Guy de Maupassant bis Alfred Andersch. Mit ganzseitigen Illustrationen von Aubrey Beardsley bis Maurice Sendak
Diogenes Evergreens. Auch als detebe 21352

Pferdegeschichten
von Mark Twain bis D. H. Lawrence. Mit ganzseitigen Illustrationen von Henri de Toulouse-Lautrec bis Roland Topor
Diogenes Evergreens. Auch als detebe 21354

Russische Heiligenlegenden
Herausgegeben und eingeleitet von Ernst Benz. Übersetzt und erläutert von G. Apel, E. Benz, W. Fritze, A. Luther und D. Tschizewskij. detebe 21582

Russische Kriminalgeschichten
von Fjodor Dostojewskij bis Anton Tschechov. Herausgegeben von Johannes von Guenther. detebe 21127

Klassische Kriminalnovellen
von François de Pitaval bis Anton Čechov
detebe 21500

Liebesgeschichten aus Amerika
von Edgar Allan Poe bis Ernest Hemingway
Ausgewählt von John Machaffy
detebe 21239

Liebesgeschichten aus Deutschland
von J. W. von Goethe bis Alfred Andersch.
Herausgegeben von Christian Strich und Fritz Eicken. detebe 21122

Liebesgeschichten aus England
von Joseph Conrad bis Muriel Spark
Herausgegeben von William Matheson
detebe 21204

Liebesgeschichten aus Frankreich
von Marquis de Sade bis Georges Simenon. Herausgegeben von Anne Schmucke und Gerda L'heureux. detebe 21251

Liebesgeschichten aus Irland
von G. B. Shaw bis Frank O'Connor
Herausgegeben von Elisabeth Schnack
detebe 20629

Liebesgeschichten aus Italien
von Giovanni Boccaccio bis Alberto Moravia
Herausgegeben von William Matheson
detebe 21202

Jüdische Liebesgeschichten
von Heinrich Heine bis Isaac Bashevis Singer
Herausgegeben von Manfred und Julia Papst
detebe 21240

Liebesgeschichten aus Lateinamerika
von Machado de Assis bis Gabriel García Márquez. Herausgegeben von William Matheson. detebe 21252

Liebesgeschichten aus Österreich
von Adalbert Stifter bis Heimito von Doderer. Herausgegeben von Maria und Herbert Eisenreich. detebe 21123

Liebesgeschichten aus Rußland
von Alexander Puschkin bis Anton Tschechow. Herausgegeben von Johannes von Guenther. detebe 21013

Liebesgeschichten aus der Schweiz
von Jeremias Gotthelf bis Max Frisch
Herausgegeben von Christian Strich und Tobias Inderbitzin. detebe 21124

Liebesgeschichten aus Spanien
von Miguel Cervantes bis Ana Maria Matute
Herausgegeben von Christine Haffmans
detebe 21203

Mord
Herausgegeben von Mary Hottinger
Mit Vignetten von Paul Flora. detebe 20030

Mehr Morde
Herausgegeben von Mary Hottinger
Mit Vignetten von Paul Flora. detebe 20031

Noch mehr Morde
Herausgegeben von Mary Hottinger
Mit Vignetten von Paul Flora. detebe 20032

Oft bin ich schon im Traume dort
Deutschsprachige Dichter und Dichterinnen in ihren letzten Versen. Herausgegeben und eingeleitet von Jutta Rosenkranz
Diogenes Evergreens

Science-Fiction-Geschichten des Golden Age
von Ray Bradbury bis Isaac Asimov. Herausgegeben von Peter Naujack. Mit Vignetten von Peter Neugebauer. detebe 21048

Klassische Science-Fiction-Geschichten
von Voltaire bis Conan Doyle. Herausgegeben von William Matheson. detebe 21049

Spionagegeschichten
und -affären von Goethe bis Eric Ambler
Herausgegeben von Graham Greene, Hugh Greene und Martin Beheim-Schwarzbach. Mit fünfzig Zeichnungen von Paul Flora
detebe 20699

Mehr Spionagegeschichten
von John Buchan bis Ian Fleming. Herausgegeben von Eric Ambler. Deutsch von Peter de Mendelssohn. detebe 21420

Die schönsten Weihnachtsgeschichten aus aller Welt
in 3 Bänden. Herausgegeben von Christian Strich. Leinen